U0925858

想象另一种可能

理
想
国

imaginist

GEOFFREY BLAINEY

A SHORT HISTORY *OF THE* 20TH CENTURY

20世纪简史

从无线电到柏林墙

[澳] 杰弗里·布莱内 著
张心童 译

上海三联书店

A Short History of the 20th Century
by Geoffrey Blainey
First published in Australia in the English language by Penguin Australia Pty Ltd.

审图号：GS（2018）1642号

图书在版编目（CIP）数据

20世纪简史 /（澳）杰弗里·布莱内 (Geoffrey Blainey) 著；张心童译．—上海：上海三联书店，2018.6（2019. 12 重印）

ISBN 978-7-5426-6285-9

Ⅰ．①2… Ⅱ．①杰… ②张… Ⅲ．①世界史－20世纪 Ⅳ．①K15

中国版本图书馆CIP数据核字(2018)第113136号

20世纪简史

从无线电到柏林墙

【澳】杰弗里·布莱内 著　张心童 译

责任编辑/黄　韬
特约编辑/黄旭东
封面设计/彭振威
内文制作/龚碧函　陈基胜

出版发行/上海三联书店
（200030）上海市漕溪北路331号A座6楼
邮购电话/021-22895540
印　刷/山东鸿君杰文化发展有限公司

版　次/2018年6月第1版
印　次/2019年12月第4次印刷
开　本/1168mm×850mm　1/32
字　数/310千字
印　张/16
书　号/ISBN 978-7-5426-6285-9/K·461
定　价/54.00元

目 录

前 言

我在几年前完成了一本世界史。在书中我仅星星点点地提到20世纪，因为20世纪之前发生的重大事件对今日的影响更为深远。作为弥补，我写了一本关于刚刚结束的风云变幻的20世纪的书。本书以叙事风格展开，让读者得以感受历史惊心动魄和前景莫测的力量。

贯穿本书的一大主题便是战争与和平：两次大规模战争和不堪一击的和平。20世纪下半叶的和平时期里，包括铁幕落下、太空竞赛和计算机的盛行在内的很多事件，都受到之前两次世界大战的影响。但战争只是本书的一个主题。本书也追溯了医学方面的非凡发现、汽车飞机和无线电的影响、女性地位的提升、绿色运动、第三世界国家的解放、对体育的狂热、基督教世界和伊斯兰世界前途的变化，以及鲜有人注意的小片段，比如居家厨房的缩小。

严格来说，20 世纪是从 1901 年 1 月 1 日开始算起的，但一个世纪过去后，我们对年代的划分似乎不再那么精确：全世界都在 2000 年庆祝新世纪的诞生。至于 20 世纪的第一年是 1900 年还是 1901 年，我倒不是很较真儿，因而此书的开端也反映了历史难以分界的特点。本书的第一部分描述了 20 世纪初的世界状况。第二部分着墨在两次世界大战和其他诸多种种上。第三部分的叙述从多个方面切入，继续从 40 年代末期开始书写，并以 2001 年的两起戏剧性、象征性的事件作结。

对于这种叙述性历史书，某个具体事件的成因只能以寥寥几句话概括。真正的前因后果还要从故事本身看出究竟。我对事件成因的看法，在我之前的两本书中已经阐述过了：《战争的原因》剖析了战争与和平，另一本《庞大的跷跷板》试着解释为何处在跷跷板一端的思想连同这个思想阵营的所有人会不时发生倾斜。

我倾向于使用更为简练的词汇和术语：Russia（俄国）而不是 the Soviet Union（苏联）[1]；America（美国）而不是 United States。我多处使用"西方"一词，尽管该词并非最佳说法，也越来越无法反映全貌。但用"西方"来指代那些涵盖了基督教传统和世俗主义在内的欧洲血统的国家和民族，

1 中译本在具体语境中仍译为"苏联"。（注释均为译者所加，后同。）

及其对自由民主和规范的资本主义的强调与追求，还是比较合适的。俄国在 1917 年和 1945 年的两起事件过后已经在某种程度上与“西方”分道扬镳，因而“西方”一词不再指代整个欧洲。与此同时，印度、日本以及亚洲一些地区在机构组织和社会态度上更与西方趋同。

感谢那些帮助我梳理书中的叙事和假设的人。我要特别感谢 SEK 赫尔姆 QC，约翰·戴和汤姆·赫利博士，他们都是墨尔本人；还有原先任职于波士顿大学的克劳迪奥·维利斯教授。在我即将完成此书之际，他们都愿意在很短时间内对书中的章节和具体的主题给予意见，让我感激不尽。感谢布里斯班的理查德·哈根和意大利萨尔纳诺的雷蒙·弗劳沃的帮助。感谢我的妻子安和女儿安娜。还有我的编辑米里亚姆·坎内尔，感谢她眼明心细，挑出任何模糊之处。对此我十分感激。我也要特别感谢企鹅出版社的鲍勃·赛森斯与克莱尔·福斯特，他们在我著书的开始与后期阶段与我探讨本书的框架。为了表达我的感激之情，在此特别澄清：书中任何错误，责任完全由我自己承担。

感谢帮助我搜集信息的图书馆和博物馆的工作人员，尤其是墨尔本大学、慕尼黑的德意志博物馆、华盛顿的史密森尼博物馆、伦敦的科学博物馆、伦敦的维多利亚和阿尔伯特博物馆、堪培拉的澳大利亚战争纪念馆，还有维多利亚州立图书馆的报刊阅览室。

杰弗里·布莱内

我的中国之旅

1966 年，中国。

我第一次去中国，是在半个世纪以前。我这个澳大利亚人当时并未意识到，1966 年的 6 月，是中国历史长河中不寻常的一个月，“文革”刚拉开序幕。北京市市长刚被罢职，北京城内是人山人海的抗议者，为市长的下台击掌叫好。在一些人看来，市长有望成为毛泽东的接班人，因而他的罢职引发了一场重大的政治危机。

很快这场革命便席卷学校、剧院和工作单位。红卫兵揣着他们的小红书出现了。资产阶级思想和外国影响在这场革命中遭到批判。数以十万计的人被当众羞辱。公民中的精英销声匿迹。

我完全不知道发生了什么。我的翻译也摸不着头脑。恐怕大多数中国人也都只有猜测、希望和担忧的份儿。十三年后，我作为一个澳大利亚政府代表团的主席再次访问中国。当我和几位中国部长聊天，告诉他们我曾在 1966 年到访中国时，他们吃惊地问我："哪个月？" 他们不相信，那个动荡不安的 6 月，我居然在中国。

我为什么访问中国？作为年轻的历史学家，我只是怀着对中国的好奇，想要亲眼一窥究竟。但外国人不是很容易作为游客获准进入中国。哪怕是海外华人也鲜有机会。美国当然不许本国公民访问中国或与中国通商。

澳大利亚当时向中国出口大量小麦，但并未与中国建立正式外交关系，因而我要等到达香港后才正式申请签证。面试我的中国官员或机构问了我一个关键的问题：去过台湾吗？倘若我的回答是肯定的，我可能就不会被允许进入中国大陆了。

我进入中国境内，乘火车一路从南到北。在广州和北京的时候我是一个人，但我提前雇了一个官方翻译、一辆很旧的东欧轿车，还有一名中国司机。无论我走到哪里，中国人都向我投来惊诧的目光，尤其是城乡劳动者。外国人在当时还很稀奇。

轿车当时也很少见。到了晚上，我们的车没有车头灯，司机要一路鸣喇叭，把如流的自行车和行人驱散到一边。哪怕在北京，大多数交通工具也是古董级别的，晚上，骆驼拉着车在那些优雅的大道上踱过。游客简直太少了，我去参观长城的一段，还有明十三陵，这可是世界上珍贵的旅游胜地，一个外国游客也没见到，中国游客也不到 40 人。

无论是坐火车还是汽车，我都能看到怡人的乡村风光：磅礴的江河，流水灌溉的稻田，中国北方平原上收割的粮食，甚至戈壁沙漠。但城市和城镇则没那么让人兴奋。公园看起来有失打理。为数不多的咖啡馆很少坐满人，一些街道上也充斥着政治宣传的噪音。到处都是喇叭。每当长长的客车离开火车站，就响起响亮的军乐。后来我无意中发现了一个有趣的数字——中国有超过 600 万个喇叭。

在街道上，长长的横幅和彩色的海报谴责着“美帝国主义”。有一次我到剧院观看表演，表演被终止，然后一个官员登台，用响亮热情的声音谴责“人民的敌人”，我的翻译这样告诉我。离开中国，进入蒙古人民共和国后，我在小本子上记下了我的一些想法：“这可能是最彻底的一次重塑社会结构、重塑每一个公民思想行为的举动。”最后，我的这段观察被收在了我的一系列火车纪行的书里。该书记录我从香港开始到荷兰结束的行程，1968 年于墨尔本、伦敦和纽约出版，即《跨越红色世界》(*Across a Red World*)，因为我曾连访五个共产主义国家：中国、蒙古、苏联、波兰和东德。当时正值冷战，核国家之间有可能爆发战争。

当时的中国与世隔绝，唯一忠实的同盟是阿尔巴尼亚——当时欧洲最落后的国家之一。住在北京的外国人里最多的可能也是阿尔巴尼亚人。苏联当时刚与中国断绝同盟关系，可怜了那些不畏麻烦努力学习俄语的中国人，他们突然发现在中国完全用不上俄语了。

当时中国的经济落后。大多数人的日常工作都是艰苦的体力活儿。田地里极少见到拖拉机，铁路上清一色是蒸汽火车。人们的生活水平很低。当时我想，至少在我有生之年，中国是不会进步多少了，但而今中国正以惊人的速度成为经济强国，这是20世纪末最大的一个奇观——也是世界所经历的最卓越的时期。

杰弗里·布莱内

墨尔本

第一部分

第一章

灿如旭日

20 世纪灿如旭日，横空出世。它承载着人类前所未有的希冀。19 世纪成果如此丰硕，人们有理由期待，自此以后，世界将一帆风顺，少灾少难。

襁褓中的 20 世纪，为欧洲人带来无数希望，不论他们身在家乡还是遥远的殖民地。欧洲人民前所未有地迫切希望，他们的孩子能接受良好的教育，而十岁童工在农场和作坊里终日劳作的情况也不再寻常。生活质量得到改善，饥荒越来越少，人们的寿命越来越长。尽管在举国欢庆的场合，仍可见大型陆海军游行过街，但是欧洲主要国家之间的战事已逐渐减少。民主正在蔓延，自由亦在传播。然而，这些美好的前景大多只属于世界上四分之一的人口，似乎尚未降临至非洲、亚洲以及遥远的太平洋岛屿。

悄然而来的 20 世纪，有危难，也有吉兆。1901 年的旭日闪耀夺目。然而，一团缓缓漂移的乌云正盘旋在这曙光之上。

如日中天的欧洲：遥远的帝国

欧洲主宰了世界上的大部分地区。海上的远洋巨轮和大型战舰，大多飘扬着英德法的旗帜。大部分的大城市及其著名宫殿、博物馆、艺术馆和高等院校都在欧洲。世界上大多数的铁路和电报线路，都由欧洲人来建造或出资建造。地球上的主要岛屿，大部分都是英国、荷兰、法国、葡萄牙、西班牙或德国的领地或殖民地。几乎整个非洲和所有的太平洋岛屿，都在欧洲的统治下。在亚洲，不受欧洲帝国统治的主要国家，只剩下中国和日本。

大英帝国已是世界上跨度最广的国家，而尚未达到巅峰。每个人类栖居的大陆，都有大片地域在其治下；每个大洋，都有一串岛屿由其统辖。1900 年，大英帝国可谓海上霸主：北海中的运煤船只、向遥远港口疾驶的远洋巨轮，以及“烟囱结满盐渣”的不定期货船，络绎不绝。英国与中国各有 4 亿人口，加在一起占世界人口总数的一半。

大英帝国不断衍变、失序，没了帝国往日的面貌。在一些殖民地，派驻当地的英国总督大权在握，而在另一些殖民地，总督只是煞有介事、虚应礼仪的人物。在埃及，做决定的是英国最高官员，但任由当地尊贵的帕夏在奢华的办公室抽着长烟卷，威信依旧，亦无不可。另一方面，加拿大、澳大利亚和新西兰高度自治，且其议会较之英国国会更能代表人民。然而，外交方面它们并不自主。尽管如此，泰晤士河畔的“国会之母”——英国国会，吸取了18世纪美国殖民地挣脱其统治的教训，允许加拿大、澳大利亚和新西兰在涉及切身利益时或可忽略乃至藐视英国的外交政策。对于其陆军和海军，各国承担的费用与日俱增，但战端一启，它们还是愿意听命于英国。然而，就遵命的程度而言，非洲和亚洲则恰恰相反。那里的殖民地没有议会，没有本地法官或高级官员，财务收入仰仗英国。

俄罗斯帝国的扩张势头迅猛，以至在地图上已经难以分清旧俄国和新帝国。俄罗斯帝国的泱泱国土西起波罗的海，东至太平洋。它的幅员如此广阔，一端毗邻土耳其和波斯，另一端与朝鲜接壤。以疆域辽阔而论，俄国仅次于大英帝国。

迟至19世纪60年代，俄国的国旗尚未飘扬在一些港口的上空，比如太平洋的海参崴和黑海的巴统，像塔什干和撒马尔罕这样古老的伊斯兰堡垒，也不见俄国国旗在塔楼上招展。这可谓俄国殖民活动的新征兆。俄国新领土的最大一块是在中亚，一个1400英里（1英里约合1.6公里，余同）长、700英里宽的长方形，有广袤的群山平原和奔腾的河水，从里海延伸到蒙古的沙漠，几乎接近英属印度，以至引起国际争端。若想从俄国的一端跨越到另一端，可是一场漫漫长途，要用好几周时间，穿过无数的河流。漫长的西伯利亚大铁路慢慢向东延伸，在20世纪之初已修到西伯利亚的贝加尔湖，即将延至太平洋。俄国国土广袤开阔，有人感叹，即将到来的20世纪，将是俄国的天下。

德国是较迟走上帝国道路的后起之秀。1880年时的德国在地图上还只是星星点点，现已成为了醒目的拼版。德国的士兵、管理者、传教士和商人当时刚刚占据了非洲的西部和东部部分海岸、新几内亚及其附近一连串的岛屿。跨越太平洋离赤道不远的地方，分布着德属萨摩亚、德属瑙鲁和其他的偏远殖民地。大多数的德意志帝国殖民地都相距遥远，倘若一位柏林的检查员要对殖民地的邮局进行年检，只搭乘运送普通邮件的邮轮，或许要八个月的时间才能走遍所有的地方。德国一旦成为殖民大国，就注定要加强海军。在20世纪最初的几年里，德国强大的海军是欧洲的一股不稳定因素。

法国有着三百多年的殖民历史，是个老牌帝国。它的版图之广阔分布仅次于英国。法兰西帝国统领着热带的印度支那，以及北美南美剩余的小殖民地，它也占据了非洲的大部分，包括地中海南岸的一系列领地。法属太平洋岛屿从新喀里多尼亚这一世界上主要的镍矿所在地，一直延伸到具有异域风情的塔希提岛。从幅员上来讲，法国只有俄罗斯帝国的一半，但法国将世界上的主要大洋都揽入了怀中。造访过所有法属殖民地的法国公民，恐怕不足20人。这样说，有据可依，因为有捕鲸船来往的凯尔盖朗群岛处于南印度洋波涛汹涌的大海上，是与世隔绝的荒岛。

庞大的奥斯曼帝国，在许多人看来已是强弩之末。奥斯曼帝国的权力中心位于君士坦丁堡，它坐拥地中海、黑海、红海和波斯湾的海岸。几个世纪以来，它一直摇摇欲坠而终未倾覆。奥斯曼帝国大势已去，国势维艰，引发了第一次世界大战。

当欧洲的外交家和商人觊觎资源丰富的中国时，中国还在沉睡中。这个拥有世界上最庞大人口的国家，也可能被列强视作地产瓜分，岌岌可危。复兴后的日本在 1894—1895 年的战争中打败中国，而中国却能保持国土的完整无缺，实属幸运。简言之，欧洲与美国在侵吞或控制中国领土的问题上各怀野心，相持不下。当台湾刚被日本侵吞之时，像上海、澳门和香港这些中国港口已然在欧洲的控制之下。

这些在 1900 年时看来威武强大的欧洲帝国，仍在继续扩张自己的野心。它们都将在 20 世纪的发展进程中四分五裂。

星条旗的升起

无论在军事上还是政治上，美国都终将给欧洲既散播光明，又投下阴影，只有一些有洞见的欧洲人看出了这一点，而大多数人还尚未察觉。到 1900 年，美国大概有 8000 万人口，比德国至少多出 2000 万。钢铁产量是当时经济的晴雨表，而美国在钢铁生产方面遥居世界之首。美国还是世界上众多商品数一数二的生产国，从烟草到矿物应有尽有。一战前夕，美国的工业产出已经与英德法三国之总和不相上下。

美国是发明创造的乐土，无论是像玛丽·贝克·艾迪创立的基督教科学派，还是美国黑人发明的新音乐比如爵士乐。纽约是创新之都。伊迪丝·华顿在1905年出版的小说《欢乐之家》(*The House of Mirth*) 开篇就描述了这样一位时髦的女郎：她在午后从大中央车站的熙熙攘攘（世界上最迷人的场景之一）中抽身离开，走向一片造型各异的精致房屋，由砖头或石灰岩修成，饰有花坛和遮阳篷，“所有这些都奇妙地契合了美国人热衷新奇事物的特点”。

美国也独创了很多单词短语。从大不列颠群岛来的旅客翻看美国报纸的时候，可能会一整句话都看不懂。1900年，像vamoose（意为“匆匆离开”）、skedaddle（意为“匆匆离开”）和scallywag（意为“淘气鬼”）这样的美国俚语已经在英国广泛使用。同样地，gerrymander（源自马萨诸塞州州长埃尔布里奇·格里的名字）很快就在英语国家中采用，用来描述为本党利益改划选区的情况。即便是“民主”，也有狡黠的创意说法。

在美利坚的土地上矗立着世界上最高的办公楼，最长的铁路线，以及即将超越英国煤产量的最深的矿井。美国在电子工程方面遥遥领先，在1900年代，伦敦使用美国的电子工程技术和设备建造了伦敦市的地下铁路。美国可以读写的儿童比例比欧洲更高，让美国人引以为豪的一系列核心高校也逐步建成。尽管美国在视觉艺术方面并没有悠久的传统，但是它可以用美钞来购买。一幅幅名画从欧洲的城堡宫殿悄无声息地挪移到伦敦的拍卖大厅，最终出现在卡内基、弗里克等美国钢铁与铁路大亨家族的私人画廊中。

美国刚刚成为帝国势力，尽管美国的大多数公民并不把自己看成帝国。美国在 1867 年从俄罗斯那里买下阿拉斯加，它也坐拥夏威夷。它还在最近一场短暂的战争中击败西班牙，暂时占领了古巴和菲律宾。现在，它正在扩充海军，以满足领土扩张的雄心。1908 年就发生了这样一个戏剧性的事件：美国的大白舰队远渡重洋到达太平洋沿岸，海军船员登陆异域，他们漫不经心地穿过街道，毫无欧洲人的架势，迎来大批人群的欢呼。一些观察者饶有兴致地认为，这支规模空前的优雅舰队出现在太平洋上，对日本敲响了警钟。到 1914 年，美国已拥有世界上第三大海军，与其规模甚小的陆军形成奇怪的反差。

美国一直享受着无邻自居的状态，甚至最热衷的运动，比如棒球和橄榄球，也是本土产物。尽管如此，它现在还是把目光投向了外界。它开始计划修建巴拿马运河，如此一来，北美便能横跨世界贸易路线。1900 年，美国向中国北部派遣军队，加入其他诸国，重建义和团起义之后的秩序。而五年之后，美国在自己的土地上巧妙斡旋，为日俄战争画下了句点。

君主和无政府主义者

君主制被美国弃用已久，除了美洲，它在其他地区仍十分普遍。俄国沙皇几乎一手遮天，在外交方面，德国与奥匈帝国的君主往往比国会更有发言权。意大利国王尊重国会，但在他看来，有时僭越于国会之上亦无不可。英格兰女王统治着世界上四分之一的人口，却是欧洲君主中权力最小的。她通常提出许多建议，而鲜下决断。

女王的葬礼可谓极尽君主之威严。1901 年 1 月 22 日周二下午，维多利亚女王在怀特岛的宫殿中与世长辞。她生前希望自己行军事葬礼，因为自己是大英帝国陆海军的首脑。她的棺材覆着白缎，由皇家游艇承载，从怀特岛行至附近的朴次茅斯海军基地，两旁目送的庄严舰队，足有 8 英里长：一侧停泊的是大英帝国的战列舰和巡洋舰，另一侧是炮艇、远洋巨轮以及前来吊唁的国外海军船只。八艘特为此漆成黑色的驱逐舰，为皇家游艇保驾护航。岸上的人可以听到，船上乐队演奏着肖邦的《葬礼进行曲》，曲声喧天，响彻海面。“在这一片庄严哀恸的仪式中，冬日的余晖迸发出熠熠的奇美。”一位记者这样描述道。

翌日，皇室的棺椁由葬礼火车运送至伦敦，途经车站，哀声载道，田中的农民站在瓢泼大雨中，赤脚以示尊重。几乎所有目送者的人生都在女王治下度过。在伦敦，葬礼游行长达一小时，缓缓移往帕丁顿火车站。浩浩荡荡的人群默默相望。一位记者赞赏道：“他们耐心、节制、凝神肃穆地静静等待，灵柩所经之处，人们都屏息以待，强烈的感情都凝结在这异常肃静的一刻。”葬礼游行中，有几位骑马经过的人物，颇为显眼：一位是葡萄牙国王，他没过多久便王位不保；一位是弗朗茨·斐迪南大公，在一战前夕被刺杀；还有一位是德国皇帝，一战结束时失去王位。

多年来，皇家逸闻在各地不绝于耳，当时还没有流行歌手或影星出现，与国王和王后的新闻争夺版面。1905 年，葡萄牙卡洛斯国王造访英国查茨沃斯庄园，种种细节散见于世界各地的报端。卡洛斯国王兴致高涨，迫不及待地去猎杀野鸡、野兔和斑鸠，三名侍者伴其左右，充当他的“装载子弹者”，让国王随时都有装满子弹的枪支在手。他也在午餐篷外玩儿起雪球大战，此番逸闻可谓让读者过足了瘾。与此同时，俄国沙皇不满其军队与日本交战的表现，适逢西伯利亚民兵呈上请愿书，示意沙皇他们愿意“为祖国战死沙场”，让他甚感欣慰。据路透社报道，沙皇漫不经心地在这份牺牲请愿书的一侧写下：“我衷心感谢你们，愿你们的愿望都成真。”

一直以来，英格兰、德国和俄国的皇室，甚至包括法国流亡中的皇室，因为家族联姻，松散地联系在一起。他们通两门语言，一般不需要翻译帮助就可以交谈。赶上皇恩浩荡的时候，他们曾相互馈赠国家级的殊荣。德国皇帝有一次出访英格兰，被授予了陆军元帅的荣誉军衔，而十三年之后，这支军队的士兵将枪口对准了德国皇帝的军队。正如所有的家庭都有纷争，皇家亦是如此。1897 年，在巴黎一个寂静的公园里，被废黜的法国奥尔良王子亨利与意大利国王的外甥大打出手，双方都受了伤。在欧洲君主鼎盛时期，不太会发生严重折损皇家威严的事情。

在非洲，国王的地位逐渐被削弱。马达加斯加皇室在1897年就被法国流放在外，桑给巴尔的苏丹对英国皇家俯首称臣。亚洲所剩无几的独立国家仍在君主的统治之下。中国、日本、朝鲜和泰国为君主制，甚至印度也有个不在其位的君主——英国女王被称为印度的女皇。而印度的王子、诸侯、王公与其他的皇家当权者一众人等也已无往日威风。君主制也散见于太平洋的岛屿上，其中汤加王国在今日仍旧维持着君主制。

欧洲的君主有一个可怕的敌人，那就是无政府主义者。无政府主义者曾是社会主义的同盟，他们在意大利、法国和西班牙备受瞩目。他们相信，强势的统治者不是问题的解决之道，而是问题本身。大多数的无政府主义者不相信国会，憎恶私人财产，也对国家的领导者愤愤不满。在他们看来，所有人都应平等地分享权利和财富。不用说，他们最大的武器便是消除政府。

无政府主义者有两个招数，一个是发起大罢工让全国陷入混乱，另一个是暗杀领袖。其中的极端主义者，当时已经被称为“恐怖主义分子”，他们甚至甘愿去送死，正如一个多世纪之后激进的伊斯兰恐怖分子的所作所为。1894年，法国总统卡诺坐着马车经过里昂。有一个著名的意大利无政府主义者，当时正在法国工作，他向前逼近，刺死了法国总统。卡诺下葬后不久，意大利政府颁布法律镇压无政府主义者和社会主义者，二者在法律中总是被一并提起。尽管如此，很多无政府主义者也并没有退缩。1897 年，正值盛夏好时光，西班牙首相卡诺瓦斯·德尔·卡斯蒂略在圣塔阿圭达的温泉里享受假日，一个意大利无政府主义者扣动左轮手枪，结束了他的生命。暗杀者被捕，接受审讯，并于 12 天后被处死。西班牙急需稳定下来。同月，乌拉圭总统博尔达在起身离开国家大教堂时被暗杀。1898 年，奥地利皇后在日内瓦微服出巡，对于世界五大强国之一的皇后，此举非同寻常。她正漫步街头之时，被一名意大利的无政府主义者杀害。

1897 年，深得人心的意大利国王翁贝托一世险些在罗马遇害。三年后，在米兰附近的蒙扎，无政府主义者还是夺去了他的性命。同年，波斯国王访问巴黎时遇袭，英国王储在比利时遭到一个年轻的无政府主义者的袭击。世上还险些没有了爱德华七世——1901 年，维多利亚女王驾崩，他继位为王，即爱德华七世。1901 年，美国总统麦金莱被无政府主义者暗杀。两年后，塞尔维亚的国王和王后双双被杀，虽然这次并非无政府主义者所为。葡萄牙的国王卡洛斯和王储在 1908 年被无政府主义者杀害。刺杀为近距离行动，刺杀者基本无处可逃：他们要以命偿命。他们和自杀式炸弹袭击者没什么两样。

恐怖主义早已有之，起起伏伏，安静一阵后又猛地再掀高潮。20 世纪下半叶，当恐怖主义的新浪潮席卷欧洲和中东之时，持左轮手枪和利刃行动的无政府主义者早已被大众遗忘。

寺庙的钟声是否将歇?

教堂、清真寺、寺庙、佛塔和犹太教堂，这些场所是人们日常生活中必不可少的，尽管有时也招来指责。几乎每一秒钟，世界上的某个地方都有人焚香、点烛、敲钟。正午或做礼拜前响起的教堂钟声，曾是欧洲无所不在的主旋律，而今日已淡了许多。踏上东方土地的西方人发现，寺庙的钟声更清静，节奏更闲适，有与众不同的氛围。当时有一首家喻户晓的诗歌，是鲁德亚德·吉卜林的《曼德勒》(Mandalay)，其诗道出了缅甸宝塔的钟声："棕榈树的叶，寺庙的钟，有风吹过，他们说。"那些严守戒律的新教徒，哪怕是竭力反对敲钟燃烛，也有自己的一套宗教仪式，包括饭前祷告。

几乎所有西方国家的新生儿都要在教堂中受洗、取名。成人要在教堂举行婚礼。小孩子十有八九都取基督教名字，在当时，《圣经》是为新生儿取名的灵感源泉，要说换以电视剧里的人物来取名，几乎不可想象。当时普遍实行土葬，同时会读上一段《圣经》经文或祈祷文。火葬当时在欧洲是很罕见的。一般同教派的人在墓地的同一区下葬。同一教派的兄弟姊妹死后也比肩长眠。

很多西方国家禁止在周日进行各种娱乐与体育活动，甚至电车和火车也有所限制。在大城市，口才最好的神父声名远播，很多知名学者都是牧师。教堂吸引了大批人才，他们受神感召，终身为业，令人赞叹。大城市的日报会招纳这样的记者，他们的任务就是报道热门教堂中的布道，而不是像今日，去报道热门餐馆的菜单。

佛教和基督教是全球性的宗教，有最多的信众，二者一直宣扬人生在世并不完美——在佛教看来，人生甚至是悲苦的。很多基督徒，哪怕是少数，猜想着20世纪会不会是末世。

1901年1月1日，在堪萨斯州托皮卡市的伯特利圣经学院，修神学的学生会猜想，在20世纪的第一天，盼望已久的救世主是否会二次降临。正当众学生祈祷之时，其中的一位，艾格妮斯·欧兹曼，突然开口说起了一通陌生的语言，一些人事后琢磨，她说的或许是中文。那些看过《圣经》新约的学生指出，早先的基督徒也可开口说方言[1]，由此推测，可能这个年轻学生受了上帝的恩赐，让她能够用她不懂的语言祷告讲道。学生们如痴如醉，他们意识到，自己可能正在见证一场浩荡的宗教复兴运动的萌芽。他们从这座小镇开始，广散消息。一百年后，他们创立的五旬节教会（Pentecostal churches）和神召会（Assembly of God）已有几千个，从莫斯科到新几内亚的高地，再到巴西拥挤的街头，遍布各地。

世上的大多数人，或深信不疑，或隐隐觉得，死亡并不是生命的终结，而对很多人来说，来世的恩赐更是无穷尽的。“相信人死后可以不朽，几乎世界各地皆然。”英国的一位宗

1 说方言（speak in tongue），指突然说起人无法理解的语言，被一些基督徒看成是圣灵的恩赐。

教学者阿尔弗雷德·葛尔威如此写道。阿尔弗雷德受托为一部顶级的百科全书撰写“不朽”这一条目。他补充道，最有学问的人从伦理、唯物、社会和哲学的角度均得出人的灵魂不朽的结论。在当时，尽管地狱之说不再盛行，但天堂与地狱的信仰被视为西方文明的基石。人们相信，倘若没有圣恩和惩罚，文明将会崩塌。

20 世纪初，基督教传播福音的热切之心甚于伊斯兰教。伊斯兰世界在政治上处于弱势。大多数伊斯兰的土地都在基督徒的治下。荷兰人控制爪哇和苏门答腊，英国人掌管印度的穆斯林地区以及马来属邦。俄国的基督徒支配了中亚平原山川的伊斯兰地域，阿富汗除外。北非大多数的伊斯兰地区，都是法国、英国或西班牙的殖民地。激进的伊斯兰教徒觉得蒙羞，因基督徒在他们的国土挥刀弄枪，周日设为官方的礼拜日，而各处对酒也毫不限制。奥斯曼帝国的大本营在君士坦丁堡，它是伊斯兰世界剩下的唯一可以和基督教势力抗衡的力量，它统治了大部分的小亚细亚、阿拉伯半岛、北非所剩不多的土地以及巴尔干地区。这个大帝国在第一次世界大战后便灰飞烟灭了。

成千上万的基督徒聚集在北美、欧洲、新西兰等地，他们资助传教士远走异域，这些善男信女在殖民政府的庇护下，设立教堂，并随之在周边建起医院和学校。有时，一岛之民，或者一整片地区都皈依了基督，但在人口众多的中国和印度，尽管皈依基督者日众，但在当地仍是少数。传教士们也有所牺牲。阿尔伯特·施韦泽是巴赫管风琴音乐方面的世界权威。他在1913年舍弃大部分家当，轻装上路，从阿尔萨斯一路辗转到加蓬，为西非人治病、传道。尽管大多数的传教士并不是政治激进分子，然而在他们的影响下皈依基督的一些亚洲人和非洲人，最终领导各自的国家走向了独立。

世界的主要宗教出现了两个影响力渐强的劲敌。其一是为人类创造奇迹的科学，它本身几乎就是一门能和其他宗教较量的信仰。一些神学家，动用最新的语言学、考古学与科学的方法，质疑圣经字面的正误，包括一周七天创世记的故事。很多有过良好教育的基督徒都出现了信仰危机。他们心里想要相信，而脑袋说“不”。威廉·尤尔特·格莱斯顿是研究《圣经》的学者，也长时间担任英国首相，他将信徒失去信仰的情况表述为“降临在一个人或一个国家头上最难以言喻的灾难”。这种灾难的感觉，有时被称为“上帝死了”，在受过良好教育的人士当中日益蔓延。

另一个劲敌是无神论和世俗主义。社会主义者、无政府主义者以及其他的激进改革派将几大宗教视为仇敌。宗教安抚大众，但批评者认为，或许时机已到，人们该觉醒过来，不再对周围的不公平现象袖手旁观。面对这些批评，基督教会竭力抵抗。英国的“自由思想家”查尔斯·布拉德劳，作为英国下议院的议员，他拒绝如往常那样照《圣经》宣誓，被逐出下议院。北安普顿的选民再三将选票投给他，直到1886年，他最终得以重获下议院席位。国会中的宗教之争，基督徒多是赢家，但是在法国、意大利和拉丁美洲的几个国家里，天主教会逐渐失去对学校及其教学内容一直以来的主导地位。

倡导科学、社会主义和自由神学的大旗高高飘扬，主教们更少让步。他们往往立场坚定。他们对国际关系有很深的影响。在和平时期，教皇利奥十三世或许是世界上最有影响力的人物。德国与西班牙在加罗林群岛的争端，是教皇利奥十三世做的裁决，可见他位高权重，找不出有什么大人物能裁定此事。然而当大国卷入的大战来临之际，教皇的影响力并不比头号野战炮的影响力更大。大战之中，天主教国家不再占据上风，教皇的影响力也有限。英美德三个超级经济大国当中，新教徒的力量超过了天主教徒。1901年，八个鼎立的军事大国中，只有法国、奥匈帝国和意大利是天主教国家，甚至法国也是一个世俗共和国。

摇篮摇摆之际

那些缔造了20世纪上半叶历史的人物，在1900年之时，大多尚在襁褓中，或还是不足十岁的孩童。其中有这么两个男孩儿，后来成了纳粹德国的领袖——赫尔曼·戈林和约阿希姆·冯·里宾特洛甫。阿道夫·希特勒当时十一岁，比他们俩大一些，安安静静不太讲话。在法国，夏尔·戴高乐正在庆祝他的十岁生日，而后来大力帮助解放法国的战时将军德怀特·艾森豪威尔，当时还是堪萨斯州的一名小学生，恐怕他们俩脚下还摆着玩具士兵。俄国领袖尼基塔·赫鲁晓夫在冷战的危险期执政，而此刻，他还是个农家的孩子，年仅六岁。

年龄相仿的还有小男孩儿“伯蒂”，当时他腿上不得不套着夹板，矫正他外翻的膝盖，还被告知不能用左手写字。他之后成为乔治六世，当时欧洲风起云涌，他算是为数不多的幸存下来的君主。尚在襁褓中的鲁霍拉·霍梅尼，八十年后将统领伊朗，成为令人敬畏的“阿亚图拉”（ayatollah）——伊斯兰称谓，在 1900 年时尚不为西方世界所知，这一年，也是霍梅尼的生年。有几个孩童，离他们日后功成名就的那片土地还很远：果达·梅厄这个乌克兰的小孩，成了未来的以色列总理。她出生之时，以色列还未建国。

还有几个尚在父母怀抱中或街上嬉戏的孩子，他们长大后也都成了国家领袖，而在他们儿时，他们的国家还未建国。南斯拉夫的铁托和肯尼亚的肯雅塔。三位音乐家——纽约市的奥斯卡·汉默斯坦二世、德国的保罗·欣德米特和挪威的克尔斯滕·弗拉格斯塔——很快就要上学了。与此同时，早期的电影明星玛丽·毕克馥，已经被她天真痴想的父母看成小神童。在中国，毛泽东年仅七岁，是农家子弟，但他未来成长为强大的共产主义领袖，结束了农田私有的制度。还有几位主要的亚洲领导人——日本裕仁天皇和印度尼西亚的苏加诺——皆出生于 1901 年。当时学术氛围浓厚，或许比我们这个时代的算术算得更明白，1901 年被公认为新世纪的元年。

这些孩子们没有一个料到，世界大事的风起云涌、战争的危机与和平将把他们推往何处。从概率上看，1900 年的孩童们大多数都不会在他们的一生中远行。众所周知，大多数人会在小地方或小村庄里终老，甚至会在他们出生的房子里离世。

家庭教育在当时仍是主要的教育方式，还没出现各式各样的学校，可与家庭教育的影响相提并论。从斐济到日本，从秘鲁到瑞典，年轻人都是受家庭教育长大的，但是抚养教导孩子的方式千差万别。在热带的新几内亚，各类文化并存，人们讲着六百多种语言。与新几内亚各异的教育方式相比，欧洲内部的差异不是很大。在天主教地区，孩子一生下来就受洗，但在新几内亚的一些地方，孩子要先能活过那段最娇弱的时期，才起名字。倘若孩子在出生的第一周就夭折，人们很少为此哀悼：并非孩子的父母冰冷无情，而是他们以为，下一个孩子会接着降临。北非的伊斯兰教徒庆祝孩子出生的第七天，多数的欧洲家庭庆祝孩子的第一个周岁生日，但是一些新几内亚人庆祝的可能是孩子第一次剪头的那天。在一些地区，人们有用树皮布来缠孩子的头以便将其拉长的传统。

在 1900 年，母乳喂养几乎是普遍的做法。在一些岛屿，孩子一岁前就断奶，而在其他的一些岛屿，孩子可能到四岁还在享受母乳。如果孩子尚未断奶母亲就离世，通常就找个乳母，其实就是找另一对乳房代替。但是在新几内亚，他人的母乳被视作毒药弃之。

1900年，很多适龄入学的孩子连一个星期的学都没上过。因为缺人手，他们成为童工，到田地、森林、私宅甚至地下矿井中劳作。没有他们的劳作，非洲和亚洲的生活水平肯定会更低。可能只有在日本，童工属于罕见的现象。但在印度和中国，有大批的小孩儿在白日里劳作。印度1911年的人口普查显示，仅有1%的女性能读会写。重要的是，在印度规模很小的中产阶级中，竟有很高比例的男孩都上学，甚至上了大学。

生活水平较高的国家普遍是最早实行强制入学的。义务教育实际上禁止了儿童日日劳作的情况发生。19世纪30年代的英国，甚至才9岁的孩童就在工厂、煤矿和磨坊里做工。他们不知教科书为何物，但到19世纪末，英国已经实行强制入学。英国治安法庭上的两大主要罪行，一是醉酒，二是孩子没有照常上学。

很多孩子都没什么童年。一位俄国官员在1909年去往中亚的布哈拉，他痛心地看到“9岁的小妈妈们无辜的脸庞，她们瘦伶伶病怏怏的，干枯无力的小手，染有散沫花色斑驳的指甲，托着那么小的婴孩”。她们为了能有些成年女性的样子，把眉毛反复抹成了一道黑线。

在不列颠诸岛、斯堪的纳维亚、德国和新英格兰，一些地方和人群对儿童的态度已较以往有所不同，是未来的一个新征兆。他们不再把孩子看成是小大人儿，而是比成人想象力更丰富、更有活力的个体。反观欧洲和亚洲的传统，孩子可以露面，但不许讲话。若是他们在正式的场合，在成人的陪同下讲话，那也只是因为被问到了他们的观点。苏格兰作家罗伯特·路易斯·史蒂文森略带讽刺地描述道：

童言童语真心话，
有应有答不虚假，
讲究餐桌好礼仪，
尽其所能不逾矩。

新一轮的儿童文学风潮中，孩子们被塑造成了英雄。调皮的木偶匹诺曹的故事，最初出现在1880年的意大利儿童期刊《儿童报纸》上。还有其他一些引人注目的故事，刊登在专门面向儿童的周刊或半月刊中，包括英国的《少男报》和美国的《青年之友》。英国的一些最厉害的年轻作家——包括罗伯特·路易斯·史蒂文森和鲁德亚德·吉卜林——现在同时为儿童读者和成人读者写作。他们的新作与日益受欢迎的《绿野仙踪》和《彼得兔的故事》同时摆在书店，争夺读者的注意。彼得兔的创作者是比阿特丽克斯·波特。故事的开篇简单而引人入胜："在很久很久以前，有四只小兔子。"波特将兔子的英文首字母r大写，她宣称，兔子和看故事的孩子一样，是重要的生灵。

与此同时，在德国有位更年长的作家卡尔·迈，他因欺诈和小偷小摸多次被抓。他的故事充满冒险精神，不着边际，或发生在阿拉伯沙漠，或发生在美国狂野的西部，让广大青少年深深着迷。他的 60 多本书在德国出售，卖出超过 700 万册。各个国家都推出面向青年读者的书，它们引人入胜，在 1880 年到 1910 年期间，如雨后春笋般涌现。

很多读者在长大成人很久之后，还为这些故事着迷。阿道夫·希特勒在成为德国总理之后，他在萨尔茨堡附近的山中居所来了一位十二岁的访客，这位小访客描述道："我特别看了，这位元首在闲暇里喜欢哪种类型的文学。"他发现，当中不少是卡尔·迈的书。将近十年之后战争来临，芝加哥的物理学家正秘密准备引发第一次核裂变，向原子弹的进程迈进，他们为裂变过程的每个部分都取了独特的名字。这些名字出自艾伦·亚历山大·米恩的《小熊维尼》(*Winnie the Pooh*)。昂山素季，日后缅甸的英雄领袖，为刚出生的儿子取名金，正是因为她喜欢吉卜林故事里头那个叫金的男孩。

第二章

黑麦啤酒和香水

大城市似乎成了这个时代的标志。超过百万人口的城市，欧洲有六七座；放在一个世纪以前，这样的大城市只有伦敦。伦敦这座全球最大的城市，当时已有600万人口。1900年时，第二大城市是巴黎，人口接近300万，柏林排第三，是前三甲中发展最快的一个，有将近200万人。接下来是维也纳，还有俄国的两座城市——圣彼得堡和莫斯科。俄国的这两座城市排在前头，并非因为俄国城市化程度高，而是俄国疆域辽阔，与欧美其他国家相比，能容下更多的人。

大城市的魔力和磨难

庞大的城市，好比一座座各有所长的村庄组成的大集团，每一座都由铁路、电车、马拉公车和马拉的士连为一体。20 世纪初，伦敦的报纸是在离圣保罗大教堂不远处的舰队街上编辑印刷的；钻石商和珠宝商在哈顿花园附近来来往往；芬斯伯里云集着钟表匠；长亩街成了新机动车的展厅和车库炙手可热的地段。所有的城市在郊外都有富人区和穷人区，当然也有适合那些不愿归在二者任何一方的人居住的区域。当时的郊区，已然在改头换面。在 1800 年，伦敦靠近英国央行的社区的人口曾有 12.8 万，而在一个世纪之后，银行和商务办公室纷纷出现，居民的人口只有往日的五分之一。诸多尖塔耸立的教堂矗立依旧，但曾经的信众却已不在。

很多欧洲城市也多少经历着相似的变化，古老的传统摇摇欲坠。1895 年的慕尼黑，每三年的狂欢星期一，都会举办屠夫节，每七年举行桶匠舞。桶匠的工作众所周知，即制作木桶，桶中可储藏黄油、苹果、饼干、啤酒、葡萄酒和其他数十种物品，当时还没有廉价的塑料、钢铁和纸板容器取而代之。

邻近城镇和乡下的剩余人口涌入城市，城市规模迅速壮大。1900 年，本地人口已经只占维也纳总人口的一半。它是当时欧洲最昂贵的城市，拥挤的公寓比比皆是，因住处狭小不足，很多居民把邻近的咖啡店也当成额外的住所。维也纳是奶油、冰蛋糕和咖啡之乡，饮茶则是英国人和俄国人的嗜好。维也纳也是古典音乐之都——诞生了交响乐团的指挥马勒。西格蒙德·弗洛伊德的新型心理学也诞生于维也纳。纳粹也在维也纳萌芽，1907 年，年幼的阿道夫·希特勒从乡下来到维也纳，城市中犹太人口占据十分之一，反犹主义政治潮流日渐盛行，希特勒就是在那里受到了这股潮流的熏染。

古典音乐和戏剧都集中在大城市。现场音乐是当时唯一的音乐形式，因为人们家里很少有留声机，也还没有收音机。很多城市有了交响乐团、歌剧、宗教清唱剧、钢琴独奏会和军乐团，那些从小城镇搬去莱比锡或布拉格的音乐爱好者庆幸，他们有生以来第一次听到了交响乐团或大众铜管乐团演奏。谢菲尔德是英国的钢铁之城和餐具之城，居民热衷合唱音乐，1897 年的圣诞节，宗教清唱剧《救世主》被表演了不下 15 次。这个时代充满了业余者的参与精神，为谢菲尔德节庆演唱巴赫弥撒曲的每一位合唱团成员，都收到了指挥家亨利·伍德爵士一份沉甸甸的笔记。这份关于如何诠释与演唱音乐的笔记长达 168 页！

白天大城市里的观光客尽量远离那些人满为患的狭小公寓，这些公寓只有在公共走廊的尽头才有水龙头和厕所。避开这些贫民窟很简单，因为它们一般都不在著名景点的附近，远离那些宫殿、画廊、大教堂、公园、大道、露天圆形大厅和政府部门。铁路车站是最热闹的——巴黎圣拉扎尔车站是世界最繁忙的车站——街道上的马车络绎不绝，电车铃铛哐啷作响，人行道上还有乐队演奏，希望过往的行人能留下一些硬币零钱。

大城镇的街道上往来的面孔，透出了他们日常工作的气息。大多数的居民工作一天回到家，衣服和手上都沾着工作味儿——印刷工作的油墨、磨坊里的面粉、谷壳味儿、马厩里的粪便味儿、皮靴厂的皮革味儿，以及工厂和铁道的煤烟味儿。饮用水和清洗水不是随时都有的。1897年的一辆夜班火车上，一位旅人正从罗马去往法国，他注意到一位蕾丝掩面的意大利女人，五六十岁年纪，她不停舔着手帕的一角，然后用手帕一点点擦干净整张脸："跟猫咪给自己梳洗的样子一模一样。"香气往往遮掩了缺水的不足，火车的过道上设有叮当作响的机器，投入一分钱能换来一点古龙水。

办事员和白领人数剧增——这似乎预示一个大多数人衣着整洁上班的时代即将到来。在办公桌前工作的人很多，站着坐着的都有。大机构依赖于加快信息流动的新发明：大城市中便士邮票和一天三次的邮政快递，钢笔尖取代了鹅毛制成的鹅毛笔。到1852年，英格兰进口了1028.6万根鹅毛笔和6.1万根天鹅毛笔，通常是从鹅类成群的波罗的海港口进口而来。半个世纪之后，钢笔成了主流。

城市的办公室开始使用雷明顿的打字机、电话和加法机——这些都在19世纪70年代发明。高级职员使用自来水笔，更节省时间，因为自来水笔不同于钢笔尖，不用每半分钟就蘸一次墨水。打印机使用一页碳复写纸，放在打印白纸下方，于是打印的内容就干干净净地复印完成。到了1910年，一些特快列车上还设有打印室，随着列车疾驰，速记员可以为商人记下信息并打印出一份来：从伍尔弗汉普顿到伦敦的特快列车上就有这样的打印室。越来越多的年轻女性成为打字员，她们在每个工作日涌入大城市，办公室不仅用来办公，也成为滋生恋情的地方。

廉价纸张的出现，为这些创新画上了一个圆满的句号。在过去，碎布、旧床单和二手衣服是纸张制造的材料，但到了 19 世纪 70 年代，人们已经可以用木纸浆制造出更廉价的纸张。由于森林取代了二手服装店和碎布商人，成为纸张的主要来源，20 世纪初每日的纸张印刷量与一个世纪前相比，翻了百倍。尽管如此，纸张也没被浪费掉。欧洲大多数的小学非常节约用纸，鼓励学生在一个长方形的深色平板上写字，可用湿布抹掉，反复使用。

最大的百货商场，也同大机构一样，开始试验创新。弗兰克·温菲尔德·伍尔沃斯在一个美国农场长大，他在出售各式各样商品的小商店里工作。后来他创立了自己的商店，以 5 到 10 分的低价专门售卖廉价商品。商人历来都将商品放在橱窗后面或柜台后面，防止顾客的手弄脏商品或商品被偷，而伍尔沃斯把他的商品陈列在一个长桌上，让顾客可以拿起来挑选。1879 年，伍尔沃斯第一家成功的“5 到 10 分”店诞生于宾夕法尼亚州的兰开斯特；二十五年之后，他的连锁店大加扩张，西至科罗拉多。一战前夕，他的公司拥有超过 600 家商店，其中包括纽约醒目的伍尔沃斯大楼，当时世界上最高的建筑。大楼是哥特复兴风格，似乎没什么不妥，它比大教堂还要高。

水稻小麦田里的艰辛劳作

纵观人类历史，大半情况下，传统的利齿都紧紧咬住当下不放。在 1900 年，传统的牙齿仍旧锋利。播种庄稼、照看牲畜，是世界上绝大多数人每日应尽的义务。水稻和小麦田、牛羊的牧场、椰子香蕉与橡胶的种植园、葡萄园和橄榄园以及其他水果园，人们的日常生活就围绕着这些地方打转。欧洲的日常生活与非洲无异。每个清晨，从挪威到莫桑比克，人们早起，观察天象，看看是降雨、起风，还是什么别的天象，是有助于收成，还是对收成有害。

丰收是件大事。倘若无收，数以百万计的人将饥肠辘辘、营养不良或患上严重的疾病。大部分的庄稼都由人的双手收割，一小拨的男男女女，还有孩子，日出而作，日落而息。在西欧，马拉的机器日渐盛行，用来收割小麦、黑麦和燕麦；在更东边的地区，男男女女用锋利的镰刀收割。紧随其后的人，用轻绳将割下的秸秆绑成捆、扎成束。麦捆被放在温暖的阳光下晒干，然后放在推车或货车里，运往打谷厂。接着，赤脚劳作的人会用木制的连枷来脱谷粒。

收获谷物需要团队的协作。收割要趁好天气赶紧完成，托尔斯泰的小说《安娜·卡列尼娜》中有一段话，生动而不无夸张地描写了收割的紧迫性："所有的人，从最年迈的到最幼小的，三四周来劳作不息，比往日卖力三倍，他们喝着黑麦啤酒，吃着洋葱和黑面包，夜晚打谷运麦捆，一天早晚睡不到两三个小时。”托尔斯泰接着说：“年年每逢此时，全俄国上下皆是如此。”

世界的大多数地区，重物全都凭人力搬运。在没有修路或通火车的陡峭山区，总会看到这一幕，搬运工们被重物压弯了腰。在印度和克什米尔的边境，有一个名为“暴风雪”的隘口，多有负担重物的搬运工经过。在中国南方，几乎所有进口的盐都由搬运工搬运，他们把芒硝放在扁担里，然后挑在肩膀上运送入境。沉重的负担使这些要走山路的搬运工没法坐下来——因为一旦坐下来，他们就再也站不起来赶路了。霜雪天路滑，因负重过大，搬运工一旦跌倒就难以起身再站直。“我们已经看见了一具又一具横尸，”一位旅人在1931年这样写道，“但我们还没走出一英里。”从红海延伸到黄海的繁忙港口，一队队的男人从岸边把一袋袋和一筐筐的煤扛到轮船上，因为当时几乎没有传送带。对那些衣冠楚楚的乘客来说，往邮轮装煤的场景不免有些煞风景，还有那些戴着浅色帽子和白手套的女性，她们要在海边度过一天，要是被煤粉脏了衣服，可是够她们懊恼的。

在更富裕的国家，对于很多工作，马都比大汗淋漓的男男女女要实用得多。那些用来犁地和收割的高大马匹，每三个月就要换新的马蹄铁。但是那些在城镇的鹅卵石路和坚硬地面上缓慢前行的马匹，要每几周就换一次马蹄铁。铁匠可要足够有力气才能抬起马腿，将铁片钉在马蹄上。有时马足有一吨重，铁匠工作的时候，马就这么倚着铁匠。有一首诗歌《村里的铁匠》，在英语世界广为流传，它这样赞颂铁匠：这些力气大的人，手臂肌肉发达，“手掌粗大结实”。

军队需要马匹，于是也要配有一个蹄铁匠和铁匠团队。英国军队在1901年与南非的布尔人作战，他们拥有24.8万匹马和骡子——役畜比士兵还多。美国陆军仅限招士兵10万人，却在招募更多的骑兵。美国虽然即将拥抱汽车时代，但还是对马有着很深的感情。新上任的总统西奥多·罗斯福宣称，美国的骑兵无论徒步作战还是马背上作战，样样都行，让人闻风丧胆。

多数人养动物或宠物是出于实际的目的，而不是为了让它们给自己做伴。猫可以吃掉粮仓和厨房里的老鼠。狗可协助打猎、牧羊，大一点儿品种的狗，比如伯恩山犬，可以拉较轻的推车，哈士奇和满洲小马被用在即将开启的惊心动魄的南极洲探险中。阿拉伯等地养猎鹰，它们是极佳的空中猎手。鸽子也受人喜爱，可以用它炖上一锅好菜，若是信鸽，可让它长途飞行传递信息。会唱歌的小鸟运气最好，它们声音悦耳，羽毛亮丽，被关在笼子里。若是鸟儿在陌生人靠近的时候发出叽叽喳喳的声音或尖鸣，也可家养，做看守鸟用。金丝雀另有他用，可被送去煤矿，发现是否存在危险气体。

一般的欧洲农村家庭，第一次搬进城里，不需要那么多动物，也没什么地方养它们。城市逐渐发展，人们的生活更富足、寿命更长，开始养得起宠物并把这当成一件趣事。英国城市最早开始大规模养宠物——英格兰的纽卡斯尔在1859

年举办了首个犬展或犬会，这一风气传入欧洲大陆，很多宠物狗都取英国名字，例如布莱奇和瑞德（无所谓布莱奇是否真的是条黑狗[1]）。在美国，家养宠物出现在第一代卡通电影中，可见其受欢迎的程度：《菲利克斯猫》于1917年面世，《米老鼠》稍晚一些出现。美国的宠物狗本来多过宠物猫，但在20世纪的最后十年，猫的数量达到6200万。与此同时，在1900年，大英帝国领土广袤，每天晚上，当这些英国统治者回到家里，发现猫正躺在舒适的椅子上，而狗则躺在火炉前，猫狗间的地位一目了然。

世界大部分地区的农家日常生活极为相似。用桶从井或溪流中取水，搬着木柴走上一段路，送到生火做饭的地方，晚上在主房间里点上油渍渍的蜡烛。典型的意大利家庭的生活并非想象中那么充满田园风光，与那些在托斯卡纳和翁布里亚翻新过的古老石砌农庄度假的人想象的也大不相同。一大家子人挤在楼上，动物养在楼下，粪肥和一摞摞秸秆就堆在不远处，用作下一轮的庄稼肥料。赤脚的孩童，并没有按时上学，他们跟着缓慢的牛车去往附近的树林里，装满一车的柴草和一捆捆树枝归来。人们从不浪费任何柴火，哪怕是烘焙面包。特殊的面包烤炉要用珍贵的木柴，因而不是每天都要捏面团烘烤棕色面包。大批量的烤面包送到餐桌上的时候往往已经不新鲜了。条件艰苦的时期，人们常常要考虑这

1 布莱奇即Blacky，可泛指黑色动物。

样一个辛酸痛心的问题：面包够大伙儿吃吗?

下雨天时，女人就做别的农事。女人们把农场种植的亚麻纤维，织成衣服、简陋的床单，或是黄色的餐桌布。夜晚的托斯卡纳农场上，年龄大一点儿的女孩儿临篝火而坐，专心地“绣制她们的婚礼用料”，此工程经年累月，正如漫长的“订婚期”。一些新人的订婚期甚至长达八到十年。大丰收一次，就突然景气起来，村子里也会突然掀起一阵婚潮。意大利同其他地方一样，靠农活为生，靠天气吃饭。

在层林叠嶂的撒丁岛上，很多农庄都是用久经日晒的砖块砌成的，这些房屋没有烟囱，任由炉火产生的乌烟瘴气在屋子里飘散不去。这些农庄本是罗马帝国的粮仓，养过些小品种的牛、驴等牲畜。人们用这里的一小群羊的羊奶制成佩科里诺干酪，看管这些羊群的牧羊人就高达35000人。为了造福农民，该地成立的商品银行在播种季节伊始借给农民种子，农民丰收时再偿还。参加一战的撒丁岛的兵士们没离开过乡下，他们看到像热那亚和米兰这样富饶繁荣的城市，大为震惊，仿佛是18世纪的人们得以一窥20世纪的盛景。

非洲和亚洲的一些农村地区，生活质量可能比欧洲的很多农村还高。1904年，西藏山谷里的普通农民，过着舒适的生活，让来访的英国探险队队长W. F.奥康纳惊讶不已。他发现，让西藏人最快活的，莫过于坐下来喝喝由最粗的茶叶制成的“酥油茶”。他补充说，典型的西藏人“莫名其妙像极了爱尔兰人”，他们都爱歌唱，爱讲些奇闻异事。反观亚洲和非洲的一些地方，还在实行奴隶制，与这里欢乐的场景形成反差。

身为奴隶，比欧洲的任何少数民族面临的困难都糟糕。尽管在 19 世纪 80 年代，奴隶制在巴西和盛产蔗糖的古巴岛上已经被废除，可仍然存在于非洲和阿拉伯半岛。运奴船在晚上出没于北非的港口。土耳其有大量的家庭奴隶，甚至在 1889 年奥斯曼帝国废除奴隶制之后，还是留下了少量的家庭奴隶。

接下来的一年，英国将黑尔戈兰小岛转手德国，以桑给巴尔和附近的非洲岛屿作交换。黑尔戈兰小岛位于战略要地，是嵌在北海上的一枚岩石嶙峋的纽扣。英国率先在本土及其殖民地废除了奴隶制，却将依旧奉行奴隶制的领地纳入囊中。法律修正之后，桑给巴尔的奴隶至少可以出现在当地法院上，重获自由身，但首先他们要证明自己有能力自给自足。很多人宁可依旧保持奴隶身份，因为他们可拥有一间小屋、花园，还有几天的自由日，可以去耕种他们的土地。一名奴隶在听闻他获得自由后抱怨道："我可不会离开我的主子。他待我如子，给了我食物、衣服和一切。"

在繁茂的奔巴岛——阿拉伯语意为"绿色"——丁香园依旧由奴隶来照看。丁香用处很多，可延长食物保质期，清新口气，缓解牙痛。花苞红熟之时，一大帮非洲人爬上树，从丁香中撷取出花苞，放到手工制成的篮子里，放在太阳下晒干，最后再由其他奴隶运送到距离最近的港口，交到印度商人手中。1895 年，住在奔巴岛和桑给巴尔的人口约 20.9 万人，其中三分之二是奴隶。两年后，苏丹正式废除奴隶的法律身份，但仍有人到非洲大陆去捉捕奴隶，把他们载上小渔船，送往奔巴岛，在一片漆黑中登陆，躲着不被英国的巡逻船看见。

非洲仍延续着奴隶制。20 世纪 20 年代，埃塞俄比亚高原的迪塔山谷里，很多奴隶家庭要每周为他们的主子工作四天，耕地、搬送柴火和净水，照看婴孩在内的一大家子人。估计在 20 世纪 20 年代，埃塞俄比亚有 200 万奴隶。三十年后，沙特阿拉伯仍有大概 50 万劳作的奴隶，多为家仆。

热带地区的男人们被招去遥远的异地，从事低薪的工作。在印度、中国和太平洋西南的一些岛屿，那些签约的奴隶都是从他们的家乡被掳走的。招募之时，这些奴隶被许诺，过三五年或更长时间，他们便可以重返故土。这些契约奴隶工作的地方主要在南非的金矿、锡兰（今斯里兰卡）和阿萨姆的茶园、秘鲁的海鸟粪矿藏，以及从西印度群岛延伸至斐济的甘蔗园。现在通常将这些人称为奴隶，虽然这样称呼容易令人误解。真正的奴隶制像是不治之症：毫无出路。

1900 年蔓延着乐观向上的情绪，最让人欣慰的一点，便是很多古老的痼疾恶习已逐渐被消除。奴隶制是这些痼疾之首。

人口的阶梯

欧洲几乎占据了世界四分之一的人口——比今日的比例更高。过去的250年里，欧洲人口的增长比亚洲更快，比非洲更是快得多。欧洲有大批的人移民他乡，尤其是在过去的五十年里，不然欧洲在人口的阶梯上将站得更高。大批欧洲移民远渡重洋去往波士顿和纽约，使得美国成为世界强国，同时也有大批移民移居拉丁美洲、加拿大、澳大利亚、新西兰、南非、北非的几个区域，还有广袤的西伯利亚的许多城镇。

尽管有大量人口流出，欧洲仍然人口密集，亚洲罕有这样的情况。瑞士的山脉人烟稀少，低地人口密集，二者综合，比中国的人口还要密集。欧洲经历了漫长的人口迅速增长期，这是其称霸世界的一个秘密，但在1900年之前，已有迹象表明，欧洲人口的快速增长将会放缓。爱尔兰便是一个征兆。19世纪40年代的马铃薯饥荒之后，爱尔兰的人口逐代减少。一群爱尔兰的年轻人坐船移民美国，那些留下来的最后都结婚成家了。数不清的爱尔兰女人最后都未结婚，或者在生育年岁所剩无几的时候才结婚。

法国是个谜题。与同时代其他国家相比，法国的人口增长十分缓慢。法国人并不热衷于移民，爱尔兰的人口解释并不适用于法国。法国的出生率下降，苦艾酒一度背上了罪名。1832—1847年之间，法国士兵在阿尔及利亚作战的时候，很喜欢喝这种鲜绿色的苦艾，它被当成一种亚热带的药物，士兵打完仗返乡之后，依旧钟情于它。但据说苦艾会引发“噩梦和幻觉”，被斥为男性不育和士气不振的祸根。1870 年，法国对战德国，一溃千里，于是战后追究起来，就一直没离开过国家士气和男性生育能力的话题。这绿色的苦艾也在战后反思的问题之列。二战时，苦艾酒在法国被禁。

法国人口降低的原因是在卧房里，而非酒吧里。19 世纪下半叶，大多数的法国夫妇都不再想生一堆孩子。与邻国相比，法国人结婚的年龄更晚，用多种方法避孕。法国出生率下降，正是 1900 年的英格兰和威尔士（还没有爱尔兰）、挪威和瑞典的前兆。在北欧和西欧，家中子女的人数比东欧南欧更少。今日，几乎所有欧洲国家的出生增长率都比法国经历苦艾之争的时期还要低。

除了为数不多的璀璨的西欧国家，以及由欧洲主导的异域，其他地方人民的生命仍旧动荡不安。新生儿和中年人的死亡率很高。自然灾害频发，严重的饥荒降临非洲和亚洲。瘟疫敲开了亚洲城市的大门，1896 年，发生在孟买的黑死病瘟疫，让上百万印度人在接下来的十年里丧生。疟疾在热带地区肆虐，而南意大利也疟蚊猖狂。“疟疾”一词，就是从意大利语引入英语的。20 世纪初期，意大利每年有超过 1.2 万人死于疟疾。20 世纪上半叶，欧洲爆发最严重的自然灾害，意大利也未能幸免，这场 1908 年发生在墨西拿的大地震，夺去了 7.7 万名西西里人的生命。

可能在 1900 年，世界上一半的人都没有看过医生或进过医院。患上重病的人仍然求助于民间偏方或古老的草药疗法。在欧洲的很多村庄里，也有人向钉马蹄铁、对马的疾病略知一二的人咨询人身上的病症。在非洲，若有人病危将逝，人们可能抱着最后一丝希望，召来预言家、占星师或者亡灵巫师。直到 20 世纪，很多国家才建立起首所医学院。

第二部分

第三章

暴风骤雨

实践发明家在塑造着未来。在早期工业革命的蒸汽时代，著名的发明家通常是苏格兰人或英格兰人。19 世纪 50 年代到第一次世界大战期间，掀起第二波发明浪潮的发明家则多是美国人。1850 年后，美国发明了发电站和电力传输线、留声机、电话、便宜的照相机和胶片、钢筋铁骨的摩天大楼、电梯、开采炼化石油的技术、飞机，以及轰动一时的轻质金属铝。与此同时，欧洲大陆发明了无线电传输、X 射线、爆破岩石的炸药、内燃机、各种步枪和机关枪，同时改进了已有的机器、小工具和配方。

以上的大多数成就通常都归功于心无旁骛、孤身作战的发明家。实际上，大多数的成就是向其他发明家和理论家借力，也往往从异域获得启发。伟大的发明家通常站在以往发明家的肩膀之上。作为历史学家，我们容易忘记这些肩膀。

新机器和新流程影响着成百上千的人类活动。新型摄像机、最先进的光谱仪和望远镜的敏感的感光板，颠覆了星斗测算和定位的方式。1801 年，法国整理出一份包括大约 47390 个星斗的大概位置的一览表，但在 1887 年巴黎盛大的摄影大会举办之后，赤道南北的一系列天文台，开始将天空划分开来，分工研究，确定出超过 200 万个星斗的准确位置。天文学家也要带上最先进的摄像机；1896 年 8 月 9 日，在新地岛的北部冰区，威廉·沙克尔顿捕捉到了罕见且稍纵即逝的日食影像。多亏这些最新的仪器，让人们发现了太阳和星辰如此相似，引人遐想。

审时度势的人士不禁惊叹于阵阵袭来的暴风骤雨般的变革。20 世纪正是风云变幻的大时代。器物的变化更迅猛——摧毁生命的武器、延长生命的药物以及交通、能源和节省劳力的设备应运而生。新的意识形态分散蔓延开来，未来会发生什么实在是更难预料。很多新思想都是通过法语传达的。法语写作的小说作家维克多·雨果宣称，丰富活跃的思想，以锐不可当之势席卷而来，即将大展身手。“你可以抵挡军队的进攻，但无法抗拒思想的来袭。”他写道。实际上，宗教、经济、政治和哲学领域的新思想之浪潮此起彼伏，无序可寻。

新世纪伊始，新思想的浪潮冲击着旧思想的堡垒。在欧洲，社会主义和无政府主义的口号不绝于耳，女性要求平等权利，少数民族为自身的权利抱怨抗议。与此同时，西方思想也在震撼着沉睡已久的亚洲。无神论者宣称上帝死了，不久之后又宣称上帝从未活过。人们盼的、怕的，都被第一次世界大战彻底左右了。实际上，正是在某种期望和担忧的环境下，才有了一战。

握手言和的时代

20 世纪初的几年，是各国握手言和的盛大时刻。世界仿佛在缩小。地上和海下的电报设备，似乎将世界上每一个角落的城市和大城镇联结到了一起。从伦敦或利物浦，每两周或每个月，便有邮轮驶向世界上大部分的主要港口。长途铁路连通了雅典以外的欧洲偏远地区。美国的铁路贯穿东西两岸。西伯利亚大铁路连接起莫斯科和西伯利亚，甚至远达贝加尔湖畔。一开始，机车和客车还曾借由渡船穿越贝加尔湖。到 1900 年，甚至非洲和南美洲也有了长途铁路，这些铁路很可能最终交汇，形成跨越大陆的铁路线。

每日的新闻摘要快马加鞭地传遍全球：因电报费用高昂，摘要便显得很重要。蒸汽印刷机和便士报的出现，使得刚刚脱盲的人群能了解到全球的新闻，远远胜过他们的祖父一辈。这确实是一场信息革命，尽管当时还没人为那个时代如此定名。

每片远离海洋、有人类栖居的大陆，都有新城市崛起。欧洲贸易遍地开花，新的交通方式出现，这些都是大部分新城市出现的原因。在一座低矮的山丘上，坐落着这样一座小城马瑙斯，它位于遥远的亚马孙雨林，从大西洋坐远洋渡轮要走上1000英里。那里可是亚马孙州主教的尊位，他的一众天主教信徒散居在辽阔的丛林和开垦出的空地上。当地人划着独木舟进入马瑙斯，轮船远道而来，也已是寻常。到1902年，这个丛林港口发生了天翻地覆的变化。一些街道上出现了有轨电车，城市人口接近四万。在炎热的夜晚，歌剧院的窗户敞开来，空气自由地流入，街上散步的人可以听到传出来的歌声，或甜美或柔和，堪与欧洲城市中的歌声媲美。歌剧院在20世纪20年代重建之后，更为壮观。

随着季节更迭，河水高高低低，最高落差可达33英尺(1英尺约合0.3米，余同)——现在的落差更大，如何在港口建立合适的码头是个难题。沿着河岸长长的石制河堤，建起了浮动码头，可谓别出心裁的设计。到了1907年，来自北美和欧洲港口的大轮船，在这里装载上各式各样的货物，包括皮革与犄角、巴西坚果、可可，尤其还有橡胶。这里是世界上繁忙的橡胶港口，当时各种自行车和第一批汽车都需要橡胶。

国际经济的发展，促进了其他一些遥远城市的崛起。南非的高原上，世界上最大的矿城约翰内斯堡，正在开采着世界上银行与国库急需的黄金，产量甚于今日。在干旱的澳大利亚西部，矗立起卡尔古利金矿，一系列的蒸汽抽水站向其运送淡水，运程超过300英里。之后人们才发现，在世界范围内，“还从未抽送过体量如此庞大的水”。在中国的哈尔滨，圆顶似洋葱的教堂一座座拔地而起。哈尔滨今日人口超过300万，当初该城的建立，是为了服务于从俄国一路而来的铁路。

无论是商务出差还是休闲旅行，在当时已经成了一门产业。因为会有罪犯跨越边境或去往国外港口的情况发生，人们争辩着是否要在边境检查护照或其他旅行文件，但当时的国际环境很友好，检查护照往往被认为是多余的。护照在很多国家被废除，到一战前夕，护照已经变得很罕见——但是战争改变了这一现状。旅行支票成为新的护照，最早于1891年由美国运通卡发行。旅客觉得这不可思议，这么一张华丽的小纸条，大名一签，就可用来支付酒店的账单。最早的多功能信用卡要到20世纪50年代才面世。

一年到头都有国际会议，参与的有邮政人员、倡导和平的人士、统计学家、科学家、气象学家、士兵、社会主义者、语言学家或者传教士。国际上甚至达成了军备方面的协议。1899年，在海牙，俄国沙皇举办了一场关乎战争与和平的会议，成果之一便是禁止在空中气球上使用武器。不同的国家之间，不同的信仰教条之间，也露出不寻常的和谐迹象。1910年，罗马市长埃内斯托·内森刚刚走马上任，他出生于英格兰，是共济会成员，显然不是天主教徒。

最新的通信技术，往往被誉为和平的君[1]；电报机虽最初

1 《圣经》中曾将耶稣称为和平的君（Prince of Peace），见《以赛亚书》9∶6。

被捧为传递兄弟姊妹之情的桥梁，但宣战也要用到电报机。铁路可以承载无数和平的游客，也可承载成队的武装士兵。世界越来越小，但并不意味着就越来越友善。越来越多的国家针对国外货物增加关税，自由贸易的思想逐渐消退。陆海军开销在国家预算中的比重也日渐增大。尽管如此，一些观察家认为国际和平的氛围仍然正浓，1911 年剑桥的《大英百科全书》中收录了一篇名为《和平》的文章，该文笔调乐观地预测，“理智的力量”稳稳超过了军国主义。然而在下一版的百科全书中，这种文章已然不见踪影。

20 世纪初年，商务与思想全球流通，人们普遍认为，大国之间也会享有更长久的和平。欧洲的很多政治家聊以自慰，他们认为，欧洲人的生活方式而今依赖于源源不断的海外进口商品，无论是新战舰所需的油，大众和军队所需的小麦及冷藏食品，巩固银行系统的黄金，还是其他的重要物品。因此他们预测，战争一旦爆发，商务和金融活动都会被彻底打乱，通货膨胀随之而来。经济一旦崩溃，战争也会马上终止。

大多数当时的欧洲人放眼 1900 年的世界，都认为他们实属幸运。这个年代的人，哪怕已经是耄耋之年，都经历了一段大国之间相对和平的时期。此外，很多人相信，和平会持续下去。一方面，人们期望着国际和平；另一方面，陆海军开销庞大的军费又令人担忧。

世界上总是有某个角落在打仗，但大多是小打小闹，死伤轻微，只是参战的人遭殃，影响不到其他人。拿破仑战争过后的九十年里，欧洲也不乏国际战争。俄国和土耳其每一代人都要打上一仗，好像是预定的体育项目。相反，德国、法国和奥匈帝国在1859年到1871年之间，小仗不停，因为其中的某一场战争的间接影响，还成立了红十字会组织。巴尔干诸国也在一战之前有过一场匆匆收尾的短暂交锋。

各地战事频仍，各国旗帜飘摇，欧洲理应为自己庆幸。在1815年到1914年间，欧洲从未有过任何一场全面战争——全面战争的杀伤力往往最大。仅仅在19世纪50年代有过一场克里米亚战争，超过三个大国参战。法国和英国站在土耳其一方，而俄国孤军作战。此战规模不大，三年就结束了。1900年，欧洲的国际战争与前一世纪相比，缩短了很多，可谓另一大幸事。人们普遍认为，欧洲大国对战，一般不会长久。1870年，人们以为，德国是快速战争的常胜将军，它调动铁路、电报和最新的火炮机枪，来势汹汹，敌人还未穿上制服就被德军击败。看来现代武器有助于缩短战争，尤其是工业大国之间的战争。

1900年到1914年之间最要紧的战争，爆发在日俄之间。二者都对亚洲寒冷的东北地区虎视眈眈。1904年2月8日，战争在中国满洲打响。日本在家门外作战，派遣军队和输送供给都十分便利，有天然的优势。相反，俄国不得不通过世界上最长的铁路派遣军队。此外，俄国海军力量枯竭，不得不跨过半个地球派遣战舰。俄国的战舰从波罗的海出发，跨越北海，穿过南非之角和新加坡附近狭窄的海峡，最后缓缓驶过中国南海，逼近日本水域。1904 年 10 月，俄国战舰在跨越北海时，还曾误射多格滩附近的英国渔船。每隔几天，俄国战舰缓缓行进的情况就见诸全球报端，该路线成了海战史上最长的一条进攻航线。

最后在 1905 年的 5 月，两国海军在雾气弥漫的一天里狭路相逢。第二天即将过去之时，大多数的俄国战舰已经消失殆尽。它们在海底，沉的沉，残的残。

日俄战争为国际政治的风云变幻拉开了序幕。俄国差点儿爆发了一场深得人心的左翼革命。日俄战争也向世界宣告，一直退居次位的东亚，或许会东山再起。此外，该战也透露出一丝山雨欲来风满楼的意味。倘若一场距离欧洲甚远的短期战争就足以打开新局面，那么一场发生在欧洲大本营的全面战争又将会如何挪移乾坤?

社会主义抬头

社会主义是条细流丛生的宽广大河。基督教本身也有社会主义和个人主义的细流，因主说“骆驼穿过针眼，比富有的人进入神的国更容易”！一个世纪以前，在德国和英格兰的浪漫主义诗人眼里，农民、庄稼汉和挤奶工的身价与公爵和公爵夫人没什么分别，他们的诗行影响了无数读者。大批乡下人口涌入城市，有助于激进思想的广泛传播——社会主义就有多个版本，是在城市里发扬光大的。资本主义制度本身意味着财富一代代积累，人们不免要质问：财富逐渐增加，为何不让更多的人共享？受卡尔·马克思等人激发的革命分子宣称，没收这部分财富，他们有妙方。他们主要的办法是让农场、工厂、铁路和船只、商店、银行以及保险公司全都国有化。一大部分社会主义的支持者，想要更为实际的社会主义形式，综合各种长处。这些人是不是该叫作社会主义，有待商榷，但大体上还是。

社会主义的抬头，源自越来越深的不公正感和艳羡心理。生于爱尔兰的批评家和智者萧伯纳指出，在纽约，有女士可以为其死去的狗定做饰有粉缎的高级棺材，而“一个活生生的孩子，要赤着脚在结冻的排水沟旁觅食，饥寒交迫”。他这样形容：“文明在朝着丑恶荒唐、每况愈下的方向挺进。”极贫和极富之间的差距是否越来越大，并不明晰，但越来越多的批评家将矛头指向了它。在俄国、印度和中国这样的地方，宏伟的宫殿与狭小寒冷的乡间茅舍有天壤之别。

在很多岗位上，人们用罢工来发泄不满。一些罢工是暴力的，军队警察不得不暴力镇压。1902 年初，在奥匈帝国港口的里雅斯特，工人罢工，要求 8 小时工作制，12 人丧命。美国的钢铁厂和煤矿也出现了罢工，引发致命的冲突。1912 年，西伯利亚的勒拿河爆发金矿工人罢工，秘密警察动用武器，出面镇压，致使 170 人死亡。一次新的有组织的大罢工可以让整个城市和乡村瘫痪数日。

卡尔·马克思，先知和经济史学家，他称宗教为人民的鸦片。然而，对很多人来说，社会主义本身就如同强大而令人信服的宗教，有自己的一套理论和经典，一套解剖恶与罪的说法——资本主义，它也有自己的一套信仰，秉持人类会抵达胜利终点的信念。很多劳工运动的领袖，他们将基督教与他们理解的社会主义融合在了一起。卫理公会在英国建立了工党，引人注目。

尽管美国的知识分子并非像欧洲那样，兴致高昂地走集体主义路线，但是他们开始攻击那些实力最雄厚的资本家。被称为"扒粪者"的新闻记者，对这些大企业口诛笔伐，颇有成效。华盛顿出台反垄断法，遏制在石油、钢铁和铁路行业明目张胆的私有垄断现象。在美国，劳工党从未跻身过两大党之列，但在1900年，谁还会预料得到呢？美国是平权方面的先行者。早在欧洲的社会主义者有所动作之前，美国就已经走在追求平等的道路上了；美国人追求经济机会和个人主义，在18世纪70年代的革命中摒弃了国王和男爵的制度。

在这一阶段，社会主义或半吊子的社会主义还没有在任何国家得到多数人的支持。1899年，法国的社会主义力量已然足够雄厚，社会主义者亚历山大·米勒兰受邀加入法国内阁。在澳大利亚，社会主义羽翼已丰，以至于"相对激进"的劳工党在1904年短暂地执政，而在1908年后频繁执政。在芬兰这个俄罗斯帝国里相对独立的地区，社会主义者在200个议会席位里占有80席。在德国1912年的大选中，每三个选民中就有一个支持社会主义政党。社会变革的议论四起，犹如拥有诸多军团的大军，一些走在最左端，还有一些行进在最右端的仍旧维护私有财产，只要数目不多就不成问题。

人们普遍认为，社会主义要想执政，只能通过和平方式，而不是武装革命。在 1848 年这一革命年，造反抗议的人甚至一度占据西西里和德意志北部这样相距遥远的地区的大街，但大多数还是遭遇了失败。巴黎在 1871 年经历了一场血腥的革命，但革命最后土崩瓦解。俄国在 1905 年差点闹起革命，最后也流产了。

若问起当时的政治观察家，世界上哪个国家可能第一个尝试社会主义并有所作为，在 1910 年，答案通常是新西兰。新西兰的政府掌管着诸多产业以及几乎所有的铁路，政府也提供养老金和免费教育。政府还在一些行业要求最低薪资、较短的工作时间，以及工作纠纷的强制性仲裁。人们不被允许拥有大型地产，酒精贸易也规范甚严。这样的法律让社会主义者为之一振。“新西兰比世界上任何国家都适合试行封闭的社会主义制度。”一位加拿大的社会主义专家如是说。他认为新西兰比俄国更有可能进行社会主义实验。他宣称：“俄国没有民主政府，社会主义的前景令人怀疑。”

谁配投票?

民主虽然声势浩大，但毕竟是新生产物。世界上大多数人都还没有投票权。世界上 90%的成年人没有在选举中投过票。尽管民主在欧洲取得了进步，尤其在法国、英国、斯堪的纳维亚和瑞士这样的地方蒸蒸日上，但是彼时之民主，以今日标准看，尚不能算彻底的民主。欧洲看似可以与美国在民主发展方面相抗衡，但欧洲大多数超过 21 岁的男性和所有的女性仍旧没有投票权。

欧洲人口第一大国俄国，直到 1905 年，革命挫败，国家杜马成立，这才有了国会。但国会的主要职能是发表言论，而不是治理国家。在欧洲人口第二大国德国，一些重要的决定，也不在德意志帝国民选议会的控制范畴之内。奥斯曼帝国也有了那么点儿民主的尝试，但也只是蜻蜓点水。大多数的民主制度中，最贫穷的人往往没有投票权。巴西恐怕是当时南美洲为数不多的、有点样子的新生民主国家之一，可是乞丐、僧团，以及陆海军中的普通成员均不可投票。在很长一段时间里，美国算得上是这个不完美的世界里最纯粹的民主国家，可美中不足的是，尽管贫穷的非裔是人数相当的少数种族，美国仍旧积极地反对或禁止非裔投票。

一些民主党人担忧，在文盲率高、自治经验少的国家快速展开民主，政府容易滋生腐败。布莱斯勋爵，英国政治家，于 1907 年成为驻美大使，他非常了解世界的民主状况，可能也最有发言权。他对报纸和政客进行的误导性宣传的影响表示担忧。他也感喟，民主倾向于以金钱或其他好处收买选民、选举区和利益集团，倘若政府能为国家的全局利益着想，这些钱财好处恐怕也未必能降临到这些选民的头上。他断然宣称："现代世界里管理最得力的两个民主政府，也是最贫穷的两个，即1899年之前的奥兰治自由邦和瑞士联邦政府。"他们显然没有收买选民。

民主的扩展之势，深得人心，甚至在中国也是如此。中国当时统领朝纲的慈禧太后，卒于1908年。此时的清朝已支离破碎，继位的小皇帝回天乏力，四年后便退位了。中国国民党的机会随之到来。这些年轻的国民党人大多留学西方或日本，他们敬仰美国，推崇美国的民主制度。他们的领袖孙中山是个广东的基督徒，在夏威夷和香港接受教育。这位年轻的医生与他的同志们帮助推翻了清朝，试图建立起民主制度。但是要想成功推行民主制度，要有辩论的底子，公民权利的启蒙，也要有些对公民责任的认识。中国的第一次国家选举是在1913年，年轻的改革者获胜，但这也成了那个时代中国的最后一次选举。野心勃勃的将军袁世凯，很快就废除了国会。历史悠久的君主制被废除，中国迎来一系列军事领导人的统治。

言论自由是民主制的要素，言论自由岌岌可危的国家，中国不是唯一一个。20世纪初，世界上四分之三的民族的公民自由是薄弱或危险的。甚至在欧洲，几个最大的帝国也一直不情愿把自由放手给个人。俄国小说家列夫·托尔斯泰名声响亮，以至于他可以抨击政府，他在1901年警告沙皇，四十年前已从农奴升格的农民，仍旧低人一等。他们在本国出入依旧需要护照。凡有士兵到来，农民有义务提供食宿，安排推车来搬运军用品，尽管他们自己还要用推车务农。

俄国将高调的政治宗教异见者关进监狱，专门的政治警察有很大的关押拘留的权力。19 世纪 90 年代，俄国剧作家安东·契诃夫访问维也纳，他在给母亲的信中写下了他对自由的感受："在这里，人们可以随意读书，畅所欲言，怪哉怪哉。"在他的祖国，侦探成双成对地观察着政治异见者的一举一动，包括什么时候离开家门、信件发送到哪儿、读什么报纸、有谁来电拜访。侦探一般伪装成马拉的士的司机，就在政治鼓动者的屋门外静静守候。目标前脚迈出家门，的士司机后脚就轻易地跟踪起来。

在俄国的大学里，学生若要互相表达一下不满，也一定要有教授在场。俄国犹太人有几百万，已成为国中之国。他们举行宗教事宜的前提是一定要住在被划分出的拥挤的犹太区。移民美国日益成为上策。俄国对外而言，文明已十分发达；文学、音乐、芭蕾和其他的艺术创作都大放异彩，但能享有公民权利的人却少之又少。

女性的一席之地

欧洲诸国的平权道路上，当然有一派是争取女性权利的。争取女性权利的领袖呼吁女性拥有离婚的平等权利、与男性在财产上平起平坐、投票权、就读大学尤其是医学院的权利。在医学院解剖室里陈列的赤裸裸的人体，被认为不宜女性观看。到了1900年，上述的权利大多都已实现，尤其在基督新教国家。然而在欧洲，却仍看不到有一位女法官、女政治家、女将军，或是大企业的女领导。有意思的是，君主制是最古老的机构之一，有时却允许女人位于所有男人之上。1900年最著名的女性莫过于维多利亚女王，她正高顶大英皇冠，庆祝自己登基63周年。

当时罕有女性在选举中投过票。1893年，新西兰是第一个允许女性在全国选举中投票的国家；与此同时，美国的三个小州已经允许女性在州内而非全国的事宜上投票。欧洲女性还够不到选票箱。成群结队的女性孜孜不倦地游说，参与的还有男性，他们为女性争取投票权，部分是因为他们相信，如此一来，便可打击卖淫、酗酒和其他社会问题，洗涤国家生活。

首次女性可以投票、进入国会的全国选举发生在1903年的澳大利亚。在为数不多的参与者中，维达·戈尔茨坦有望赢得一席。维达34岁，还未成婚，她性格坚韧，当有人插话打断她时，她能干脆坦荡地回应。维达渴望成为世界上第一个进入国会的女性。1903年12月16日周三，维达走在墨尔本市中心潮湿的街道上，前往一个投票厅，焦急地等待了40分钟后门终于开了——早上8点整，邮局里的钟恰好敲响。她的目标是四个空缺的议员位置中的一个。她需要10万张选票才能赢得这个席位。她虽没选上，可获得了5.1万张选票，虽败犹荣。看起来似乎她早晚会赢得一席，但等到澳大利亚诞生第一个女性国会议员时，已经是四十年之后了。

每个书店里都会看到女性小说家的书——偶有人预感，女性有一天将主导英语小说写作世界——从维也纳到布宜诺斯艾利斯的高雅歌剧院和剧院，也可以听到女性演员和歌手的声音；但是女性指挥家和作曲家却凤毛麟角。埃塞尔·史密斯，其父是一名镇压过印度叛变的英国炮兵军官。埃塞尔在英国成为音乐家，也叛变了这么一次。埃塞尔的母亲称她为海燕。这只海燕来到莱比锡，跟着勃拉姆斯这个圈子的人学习，得到评论家的盛赞，称她为世界上第一个创作了歌剧、清唱剧、大规模交响曲和弥撒的女性。1898 年，她的首个歌剧创作在德国公演，更是大获好评。回到英格兰后，她投身于倡导女性投票权的斗争中。作为一个想引来大众注意的女性投票权倡导者，她被短暂地关进霍洛威监狱，而在监狱里，她站在牢房的窗口前，用牙刷指挥着她的抗议音乐，吸引了更多的注意。1914 年，经过十年的鼓动宣传，只有两个国家——德国和挪威——的女性终于获得了投票权。

在俄国，年轻女性很少有机会接受高等教育，如果父母都同意，并提供资助，她们倒是会去国外转一转。她们的朝圣地是激进的苏黎世，她们有时会坐在苏黎世的咖啡馆里倾听左派的言论。比起俄国，苏黎世的人更尊重她们的智识，她们很可能就开始批判起俄国沙皇和东正教教会来。1894 年，俄国警察局局长的一份分外精确的报告指出，在瑞士的大学学医的俄国年轻女性中，有 42% 的人容易接纳“有害的”观点。俄国最后终于有了面向女性的医学项目。

在中国和印度，除了一些例外，普遍来讲，女性的权利是不存在的。选新娘或新郎的差事，是交给家长或其他亲戚。寡妇不能再婚，世俗的压力迫使寡妇要对亡夫忠诚。直到 1950 年，这些已经式微的习俗才被中国共产党废除。尽管这些亚洲的婚姻习俗看似是开历史的倒车，但那些恪守旧俗的人，却可能看不起西方一些对于结婚、离婚、养育子女的态度。

1900 年，在东亚，人们三世同堂、共处一个屋檐下是司空见惯的。在韩国，90% 的女性与父母遴选的丈夫共度一生。直到 20 世纪 60 年代，韩国的法律还规定，23 岁以下的女性和 27 岁以下的男性需要父母的同意才能结为连理。日本也有相似的习俗，在日本，大多数的新人与父母同住，通常是在丈夫的家里。纵观全球，在 1900 年，反倒是欧洲对待女性财产、婚姻和子女的态度颇不寻常。

种族问题的导火索

当传统的欧洲强权面临少数族群时，往往会产生冲突，矛盾一触即发，无论是在国中还是边境。倘若少数民族去的是不同的教堂，冲突往往愈加激烈。英属爱尔兰是一块冲突区。巴尔干半岛和黑海的土耳其人势力开始慢慢消退。在中欧，斯拉夫人与德国发生冲突，而在阿尔卑斯山，意大利人与奥地利人不和。两场世界大战都是在这种冲突下爆发的——为维护主权与尊位，强大的欧洲与那些虽有特色但实力上略输一筹的少数族群展开对抗。

波兰人并没有自己的国土，他们能够滔滔不绝说出一长串对德国和俄国统治的微词。在奥托·冯·俾斯麦的带头提议下，德国试图劝说或逼迫波兰人放弃自己的语言，不要他们那么激烈地表达情绪。1901 年，在弗热希尼亚，大约二十个波兰的小学生，或许是受到父母的影响，拒绝以德语背诵他们的宗教教义问答。学校的督学鞭笞了这些孩子。家长言辞激烈地抗议之后，他们被关进了监狱。还有几位家长被彻底激怒了，因为他们认为，耶稣基督同他的门徒讲话的语言现在被禁了——就是波兰语!

帝国之中，奥匈帝国领土内的人口最密集、最多元，有十一个主要的少数族群。它毗邻四个大国，其中三个有少数族群居住，这些少数族群在奥匈帝国亦有分布。这种地域分布，想要维持和谐太难。种族冲突迅速在一个个国家间蔓延开来，为即将到来的第一次世界大战埋下了祸根。

巴尔干半岛有三个不同的族群和宗教互相较量。尽管土耳其人的统治已告一段落，但还是有大量的穆斯林留了下来。波斯尼亚和黑塞哥维那的首都萨拉热窝，有超过一半的穆斯林，他们有一百多座清真寺，包括欧洲最雄伟的一些。萨拉热窝是奥匈大帝国的一部分，其中的穆斯林被维也纳的天主教徒统治。在同一座城市里，住着大量的塞尔维亚人，他们是东正教徒。他们效忠边境另一头的塞尔维亚新王国。

在波斯尼亚和黑塞哥维那，很多年轻的塞尔维亚人感到，他们被特殊的斯拉夫兄弟之间的情谊牵系着，他们必须收复被奥匈帝国篡夺的失地。塞尔维亚的民族主义者加夫里洛·普林西普，在波斯尼亚的一个泥土地面的房子里长大，房子没有窗户，房顶上没有烟囱，只有一个让烟通出去的洞。他在1912年试图加入塞尔维亚军队，抵抗土耳其人，但因为地位低下、体弱多病，他被拒绝了。当这场短暂的战争结束之后，他迫不及待地加入一个秘密的塞尔维亚协会，叫作“黑手党”。他要尽自己的一份力，赶走占据他们祖国的奥匈帝国。塞尔维亚军队的一个派系给了他们一伙人六枚炸弹和四支勃朗宁左轮枪，助他们执行这个大胆的计划，这些炸弹枪支被秘密运到了萨拉热窝。

1914年6月28日，这一天是塞尔维亚的庆典日，奥匈帝国的王储斐迪南大公将要检阅萨拉热窝的军队。斐迪南大公由其妻索菲亚陪伴。他的行程已经完全对外公开，因此很容易被瞄上。另外，正值夏日，他的皇家维也纳式豪华轿车可折叠的车篷也降了下来，要想袭击这夫妇俩更是容易。

来访的斐迪南大公夫妇被车送往市政厅享用官方午餐，同时普林西普和他的同志们在路旁等待，准备好引燃第一枚炸弹。他的同伴在武器使用方面很生疏，错过了唾手可得的目标，还误伤了一名士兵。午餐过后，斐迪南大公好心地决定绕路去医院一趟，慰问受伤的士兵，而这个行程并不在官方的活动行程中。途中，他的司机转错了路，需要慢慢地给车调头——暗杀的第二次机会来了。就在几步之外，普林西普用左轮枪开了几枪，杀死了大公及其妻子。

弗朗茨·约瑟夫是奥地利的皇帝，匈牙利的国王，堪称欧洲最有经验的君主，统治着多方领土，因此，他立的储君十分重要。大多数奥地利人听闻储君的死讯，怒火中烧。德国的威廉大帝表示了同样的愤慨。尽管塞尔维亚政府并没有发起或支持这场暗杀，但他们如此疏忽，使得爆炸物和左轮枪落到密谋者的手里，因而成了众矢之的。塞尔维亚人收到了最后通牒，虽然事发后没有及时站出来，但最后还是作出道歉。塞尔维亚是个内陆国家，首都是贝尔格莱德，与奥地利隔水相望。1914 年 7 月 29 日，暗杀事件后的一个月，贝尔格莱德响起了第一声奥地利的枪声。

与此同时，普林西普和其他密谋者被捉。有些人被处以死刑，但是普林西普还是个青少年，留了他一条生路。1918 年，他因肺结核死于波西米亚的监狱里。当时第一次世界大战即将结束，正是他的暗杀活动，导致了一战的爆发。

第四章

战争之最

第一次世界大战是20世纪的重大事件，它使经历过的人心伤难平，也为后世带来经久不息的影响。俄国革命爆发，30年代经济大萧条，都为一战所赐。20世纪30年代的经济大萧条是有史以来最惨重的一次经济衰退。也正是这场战争，直接或间接地促成了希特勒和纳粹德国的抬头，引发第二次世界大战。一战之后，西欧的全盛期已过，国际霸权地位不再，而美国和苏联崛起，双雄称霸。一战期间，一位英国政治家拟定的一份关于巴勒斯坦的计划，导致今日的中东依旧战火不息。

20世纪的很多发明创造，都是出于两次世界大战的需求而问世，包括长途飞机、原子能、外空探索、医药的重大发明，甚至还有第一台计算机。倘若没有1914年到1918年的这场战争，20 世纪依旧是风云变幻，新发明会有，政局沉浮也会有，但是一战为诸多事件定下了格局，或催着一些事提早发生，或拽着一些事慢点儿走，还有一些事，被拦路改了道。

就算 1914 年没有战事，战火也迟早要烧起来，后续的战争中，英雄榜可能会完全重写，当今的全球政治格局也会改头换面。一战规模之庞大，后力无穷。战争耗时之久、范围之广，是意料之外的，愤怒与仇恨来了，赢家也因此诞生，这一切的一切都为接下来几代人烙下了深深的伤痕。

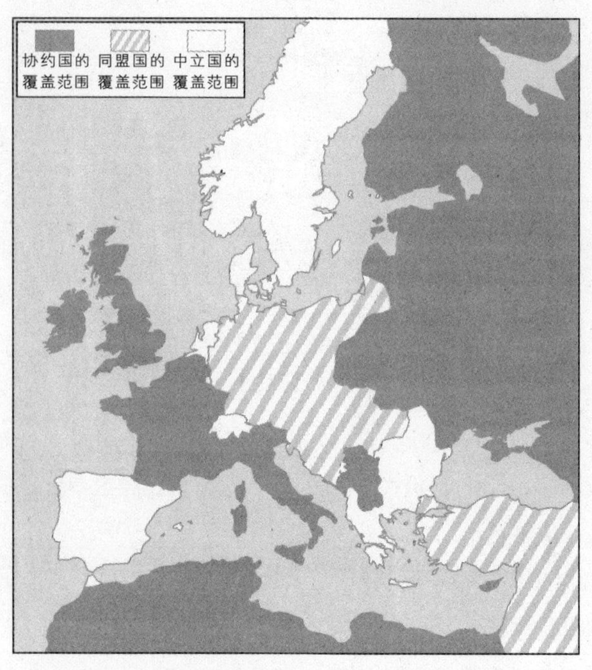

一战欧洲战场各阵营示意（1915 年 6 月）

战争时间表

一战于1914年爆发，不可思议的乐观精神和悲观情绪交缠在一起。虽说死伤惨重是在意料之中，但这场战争应该长久不了。人们普遍这样认为，是因为近期欧洲的战争都是短期战争。最近的一次牵扯了至少两个大国的欧洲战争，发生在法国和普鲁士之间，爆发于1870年。因有铁路、电报和现代武器，不到几个月便分出胜负来。人们以为，眼下的这场战争到圣诞节就该收场了，最多也迟不了多久，再加上人们有一种盖过常识的强烈的直觉，觉得复杂的银行和金融系统挨不了长期的战争，大众也吃不消，一旦食物和军需匮乏，各国领导人就不得不聚首言和了。

因为战争的开局起了决定性的作用，各个阵营总要在短时间内预备好，彼此伸出援手。参战国匆匆宣战，急派陆军冲往边境，海军驶向海上，有时被说成是战争爆发的次要原因。与此相反，战争如此紧锣密鼓，是因为人们相信，战事一开，便不可避免，也长久不得：落在后头、姗姗来迟的，将会付出沉重的代价，在准备就绪之前被打垮或者吓倒。战争开局，发生在1914年7月28日，奥地利和塞尔维亚之间。塞尔维亚的萨拉热窝被看成是战争的始作俑者。接下来7天的时间，两国各请出帮手：德国站在奥地利一边，而法国、俄国和英国互相结盟。不到一周的时间，这五大国和几个小国就在宽广的欧洲战场上兵戎相见，烽火从北海向东飘入波兰的平原、匈牙利的山川，同时海上的争战远达中国海、南美寒冷的一隅，以及热带太平洋岛屿的港口。

最初持观望态度的国家小心翼翼，待时而发。他们是该加入这场已经被称为“大战”的战争，还是保持中立？战争爆发后的一个月里，日本参战抵抗德国，派出精良的海军，但拒绝了将陆军遣往欧洲战场的请求。1914 年 11 月，土耳其人站到了德国一边，翌年 5 月，意大利出人意料地加入了另一阵营。其他的一些国家，三三两两地宣战，还有一些直到 1918 年才做出决定。参战国越多，让各国在谈判桌上相见就越困难。甚至在 1914 年末，要想心平气和地协商出一份和约都几乎是不可能的。

战争的第一周，民族情绪高涨、爱国之潮浓烈，出乎意料。成百上千的村庄和市郊的会堂里，忠君爱国的会议正在举办着。第一个周日，教堂的钟声绵延不绝，讲台上尽是爱国的宣讲。一位德国的历史学家将该战的爆发称为“无比欢欣”的一刻。年轻的英国诗人鲁珀特·布鲁克如此写道：

> 此刻，让我们感谢神使我们跟上他的时辰。

布鲁克是一名海军官员，战争的第一年就被埋葬在了地中海的岛屿上。

在一些参战国，人们期望工会和劳工党可以站出来反战。与此相反，其大多数的年轻成员被招募入伍，或冷静地接受征调。爱国主义情绪来势汹汹。战端一启，来自伯明翰的旅客被困在了度假地德国，维也纳的商人也滞留在英国港口，举目无友。皇室之间攀比着谁的国力更强。俄国皇室与德国一向关系紧密，而俄国首都的名字圣彼得堡充满德国味儿，为了积极展现爱国情绪，其名也被改为斯拉夫腔的彼得格勒。同样，1914 年，一位资深的英国皇室成员，因拥有德国姓巴滕伯格，一帮反德的人逼他从第一海务大臣这样至高无上的尊位上退下来。三年后，他家把姓氏改成了英国味的蒙巴顿。

本以为少数民族会置身事外，没想到他们也加入爱国主义的浪潮中。爱尔兰内战一触即发，在是否忠于大英帝国的问题上心也不齐，但还是暂时对英国表示忠诚，并为英国陆军提供新兵团。在俄国，受压迫的少数民族也宣誓效忠。波兰、爱沙尼亚、拉脱维亚和立陶宛誓与俄国并肩作战。一位犹太的发言人不无怜悯地道出了他人心中所想，他言辞庄重地说：“我们的过去和现在，都备受压迫。尽管如此，我们终究是俄国的公民，是祖国忠诚的子孙。”

法国政局四分五裂，而国家统一的氛围浓烈。战争爆发时，法国国会全体成员站着聆听总统介绍受挫的谈判，期望保留和平，总统说：“我们不再因党派相隔，我们同是法国同胞。”听者打破沉默，鼓掌示意。尽管法国媒体如同其他大多数自由国家的媒体一样，但当时也对事实进行审查过滤，只为国家统一，镇压来袭的德国人。

在法国，事实可不容乐观。陆军的大炮要开火却缺少炮弹。救治伤员动作缓慢。四处躺着流血或包扎着的军队士兵，他们在等待救护车的到来。若是等不到，他们就被抬上担架送去铁路货车处。这些货车原本是用来运送牛马的。德国军队在比利时和法国北部长驱直入，巴黎面临沦陷危机。

法国的总司令霞飞建议将政府撤到遥远的波尔多港口。1914 年 9 月 2 日的傍晚，法兰西共和国的总统和部长们秘密从巴黎的一个火车站离开，一辆特殊列车远远跟在后头，载着外国大使和其他外交官们。波尔多一片混乱，找不到一张床。两个音乐厅阿波罗和阿罕布拉都装备好了，供议会两院举办下一次会议。法国多家日报匆匆搬出巴黎，四处征用印刷机来印报纸。法国北部的战场上，法国士兵有英国军队的救援而屹立不倒。巴黎安全了，巴黎人民在 12 月欢迎他们的政府归来。

西线或法国前线相互较量的两军现在相持不下，毫不退让。德国在最初的几周势不可挡，接着如步行般慢了下来，再接着就是徐如爬行，最后便戛然而止了。对方则猛挖战壕，把大地当屏障。尽管德国占领了几百码土地，甚至还没那么多，但是死伤惨重，代价巨大，只要军队一挺进，对方就火力全开。一有士兵受伤，一茬人很快就会补上去，仿佛军队能够守住它的战壕墙，屹立不倒。这就是为什么这场战争耗时长久而远超预期。

各军队在大战初期的规模就已不小，之后愈加庞大。到了1914年，大部分的欧洲国家几乎动员了所有的国中年轻男性，甚至包括中年人，进行军事训练。早在19世纪80年代，德国、奥地利、法国、俄国、意大利和日本就设立了强制性的军事训练。在早先的战争中，要训练规模如此庞大的军队，种粮食买食物，将其运送到军营，显然超过了当时大部分国家的运载能力，也几乎是不可能办到的。但到1914年，经济强盛的国家已有能力将大量的男人派遣到军队中去，将大批的女人从其他的岗位调往兵工厂。而在拿破仑战争中，一国可把国民生产总值的12%花在战争上，而一战的主要参战国几乎花掉了国民生产总值的一半。实际上，过去的一百年里，能源利用水平提高，劳动力大幅解放，使得在一战开始的几个月里，可以留出大批的人去承担造枪、开枪的任务。

战争的头四个月里，伤亡情况远比想象中严重。西线8000名比利时士兵、1.7万名英国士兵和8.5万名德国士兵均战死沙场，但这些数字远远不及法国30万的阵亡数字。在法国的土地上每死一名外国士兵，就有四名法国士兵丧生。加在这份灰色名单上的，还有那些受伤的士兵，以及在俄国或东线上战死的人。

日复一日，有成千上万的家庭，忽然听到敲门声，他们从电报信使、邮差、牧师或神父那里惊闻，当兵的家人已经战死沙场。对于同样有儿在前线厮杀的邻居来说，这可不值得庆幸。1914年幸运存活下来的士兵，在1915年面临的危险更大，因为炮弹的攻势更猛，机枪的扫射更致命。

从新西兰到波兰，从法国塞内加尔到纽芬兰，报纸和教堂门口公布的死亡名单令人恐惧。很多平民，目睹了战争的惨状，他们开始返璞归真，享受四季轮回。春天来临之时，那些写日记的法国女人听到了此季夜莺初鸣、杜鹃啼叫，欣喜不已。澳大利亚人注意到在潮湿的草地上刚开出的番红花。意大利人懂得欣赏那牧场上还阳参的一点红。小说作家大卫·赫伯特·劳伦斯在其1916年2月7日的日记里记下了英格兰海岸强劲的海风、咆哮的海浪，还有空气清新的味道——“好像新的血液在升腾”。他自问：“欧洲的这场沸沸扬扬的人类大混战，又算得上什么呢？”

加利波利——消逝的要地

一战到处是转折点，有痛失良机的时刻，也有鉴机识变的关头。加利波利就是这样的一个转折点。加利波利是土耳其的一个半岛，它是通往又窄又短的海路达达尼尔海峡的关卡，该海峡连接地中海和黑海。这条海路不足27英里，形如瓶颈，在接近恰纳克之处，间隔仅1英里。

战争开始前，德国已意识到这条海路的重要性，试图拉拢土耳其为同盟，进而控制达达尼尔海峡。尽管土耳其军队士气高涨，但在最近几次战争中屡屡受挫。德军重整了土耳其军队。他们派遣世界上最精良的“戈本”号（Goeben）战列巡洋舰驻守君士坦丁堡的港口，在那里可以遥望宏伟的德国大使馆。到了傍晚，船上灯光通明，威武的火炮让驶过的渡船上的乘客惊叹不已。这艘战舰仿佛一张浮动在眼前的支票，正是贫困的土耳其所缺乏的。德国的这张支票奏效了。战前不到一周，德国和土耳其秘密签约，结成军事联盟。土耳其帝国一路南下，几乎可以望到苏伊士运河的北岸，这也是德国战时势必拿下的关键海路。

达达尼尔海峡对俄国也至关重要。俄国无法走波罗的海，因为出口被德国的船只和潜艇控制。因而黑海对俄国海军十分关键，为西方同盟供给粮食的俄国粮船，也依赖黑海。随着战争的进行，俄国需要西方同盟的枪支军火，但是如何运来？正如图中所示，英格兰的供给船只可驶过北挪威，

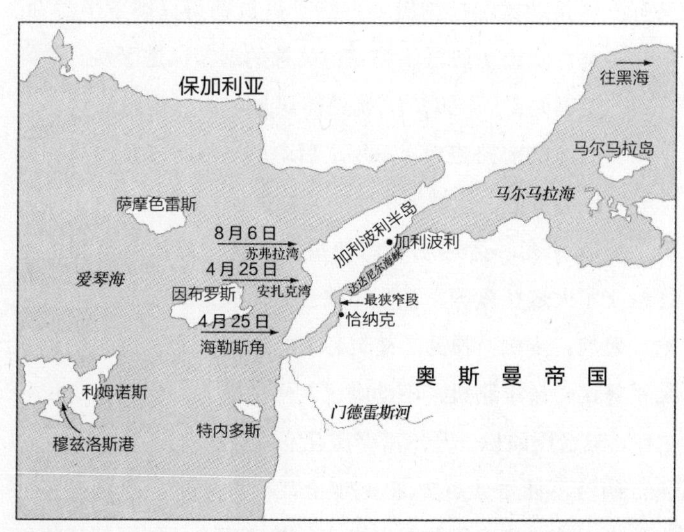

入侵加利波利（1915 年）

直至摩尔曼斯克北极港，整批护卫舰都要经过这条罕有人迹的路线，也就是未来的二战路线。但在1915年，俄国还未在摩尔曼斯克港口建立铁路，连容马车通过的道路都没有，摩尔曼斯克几乎毫无用处。固然可以通过遥远的太平洋沿岸到达俄国腹地，但此路是世界上最长的铁路线。全程几乎只有一条轨道，哪怕是120辆机车沿路昼夜不息地奔波，能运送到莫斯科的战需物资也是杯水车薪。铁路的终点站，也就是太平洋的海参崴港口，开始大批进口铁丝网、军火和其他必不可少的材料，等着被机车送往遥远的俄国前线，前线的士兵已经缺乏军火供应。

俄国地形独特，加上德国海军控制了波罗的海的海口，又有土耳其助德国控制黑海，等于是被勒得只剩下半条命。海路堵塞，就连圣彼得堡和城内高耸的烟囱也遭了殃。战端一启，俄国的工厂、铸造厂就急需煤炭，而往常的煤炭多是由波罗的海的海路进口。三年之后，正是战时漫长的海路封锁导致经济混乱，让俄国革命的领袖抓住了机会。

1915年初，达达尼尔海峡成了关键。英法急需想办法将枪支军火送往俄国。俄国不缺士兵，但急缺重机枪、轻机枪、大炮、步枪、弹药，甚至冬天的制服大衣。庞大的俄国陆军好比一台压路机，不动则已，一动惊人。但在战争伊始之年，这台压路机一开始没碾压几下就戛然而止了。

倘若不能给士兵都配上步枪甚至机关枪，招募再多的士兵也无济于事。只要能有更多的枪支军火，俄国就能组织起庞大有效的陆军，从而迫使德国出于自卫目的，从西线调动成百车的士兵到东线。如此一来，两线的战果都会发生变化。

英国海军实力雄厚，开始琢磨着如何拿下达达尼尔海峡，之后便可攻取土耳其的首都及军火工业中心君士坦丁堡，接着便可打通去往俄国的海路。这个算盘似乎打得很容易。三年之前，意大利的鱼雷艇在对抗土耳其的一场短暂战争中，实际上进入了达达尼尔海峡。自信十足的英国海军制订雄心勃勃的计划，打算先轰炸达达尼尔海峡海口附近的土耳其要塞。英国在这次袭击中吃了败仗，损失惨重。

土耳其人被吓醒了。先是海上袭击，接下来很可能就有陆上突袭。土耳其人最初试图将其首都移至遥远内陆的铁路终点站安卡拉。1915 年 1 月，土耳其只有两个师团扼守着达达尼尔海峡，但到了 4 月，师团增至六个，同时也巩固了要塞。

土耳其能守住要塞，多少是因为英国和法国有点飘飘然，并未掩饰它们大量的进攻准备，进而慢慢靠近土耳其的海岸。从 4 月 11 日开始，袭击前的两周，据英国战争史官方说法，在希腊利姆诺斯岛一望无际的穆德洛斯港口上，“船只舰队形形色色，一应俱全，从庄严的‘伊丽莎白女王’号，到不起眼的拖网渔船，从傲然挺立的大西洋邮轮，到脏得要命的泰晤士驳船”，即将到来的战舰护卫队则需另找别的小岛的港口停泊。这些活动，都被土耳其的一架军用飞机一览无余，每日报道，它一路畅通无阻，每日飞到港口上空，再匆匆飞回土耳其，带回最新的消息。倘若英法联军入侵，也不稀奇了。

1915年4月25日周日，英国、法国、澳大利亚和新西兰的军队终于在加利波利半岛登陆，在达达尼尔海峡附近危险地站住了脚。此次行动死伤惨重，这场较量很快陷入僵局。之后，英法派来了增援部队，倘若登陆得再早些，或许已然征服这片高地。与此同时，俄国的一支陆军正集结在黑海的敖德萨港口，准备好在君士坦丁堡发动另一场袭击。最终这支军队被调往别处。

土耳其人如坐针毡。他们在达达尼尔海峡附近遭英法联军袭击，又在高加索山脉受到俄国庞大陆军的威胁。1915年5月27日，就在达达尼尔海峡之袭一个月后，土耳其政府断言，他们还面临着内部敌人的威胁。土耳其决意要将亚美尼亚的基督徒驱逐出境，那些住在君士坦丁堡和伊兹密尔港口城市的人除外，因为这些城市监控起来很容易。没过多久，那些亚美尼亚人就卷着不多的行李上路，从东边的安纳托利亚被赶到了叙利亚沙漠。沿途，男女孩童被土耳其的士兵和平民杀害，还有更多的人死于疾病和饥饿。据估算，土耳其的亚美尼亚人死亡人数达60万。但一些历史学家预计死亡人数有100万，这场驱逐也被形容为“大屠杀”。1939年，希特勒回味起这场可怕的驱逐活动，隐隐表示，这招也可以用在他的敌人身上。

英国和法国在一条海岸山丘和浅滩带上，与土耳其人打了八个月的仗，两军发现，要在达达尼尔海峡获胜是不可能的。该年末，两军的士兵被连夜撤离，坐船而归。最后，加利波利被遗弃了，除了那些土耳其的要塞和所有的坟墓，什么都没剩下。

倘若协约国成功夺下达达尼尔和君士坦丁堡，他们便能每周都向缺枪少弹的俄国运送军需品。对于俄国来说，战争的结果也将截然不同。但是，战争并没有这样转折。

血流成河

索姆河在靠近法国和比利时的边境静静流淌着，战争前夕，途经河上的骑车人不会多看上一眼。两年之后，在索姆河附近，英法两国的大军正悄悄集结在战壕和防空洞、前线后方的帐篷区，还有被炮轰的断壁残垣的村庄，他们准备好，迎接世界史上最猛烈的一次战役。协约国的士兵中，很多是从被放弃的加利波利调过来的，他们希望撕开德国的战壕线，突破德国的炮兵营，为这场没有动静、陷入僵局的战争重新打开局面。大批的重型枪支、榴弹炮、机关枪以及步枪都各就各位了。战争计划开始前的一周，德国猜想着接下来会发生什么。他们的战线正在遭受持续不断的轰炸。沿着这狭长的西线，大概发了 150 万发炮弹。

1916 年 7 月 1 日，日出后不久，英国的攻击开始了。成千上万的士兵藏身战壕，他们沿着短梯，爬到顶部，接着向德国战线逼近。英国战壕后，是经过训练的后备部队，他们也随之前进。他们如背包客一般装备加身，自带食物、军火和水，时而走，时而跑，时而在地上匍匐前行，一路有弹坑，也有铁丝网的阻拦。防守的德军零零散散地被逼退，或战死沙场，整个战壕都被一网打尽。前方仍然是重重战壕和设防的兵营，还有那些沉重的德国大炮，向迎面而来的敌军狂轰滥炸。

英国将军对前线战况了解甚少，因为传回来的消息支离破碎又断断续续。他们盼望能以武器装备和人力取胜，在开战的前一两天就让德军丢盔弃甲。但是第二天过去甚至第二周过去，他们也没能如愿。大部分地区的德军都坚守住了战线。与此同时，在荒无人烟的地方，浮尸遍野，残体横陈，偶有刚刚受伤而血流不止的士兵，获救的希望渺茫。倘若他们能及时被送去战地医生护士处照料，其实还是能保住性命的。

索姆河战役持续了四个多月。一茬士兵倒下，又一茬士兵现身战壕，继续作战，枪声轰鸣，死伤无数。战争正式画下句号，是在1916年11月18日。英国的死伤数为419654人。在这场漫长的战役中，加上德法的死伤者，一共将近百万。要不是有一段时间军火耗尽，死伤数可能更甚。如此的枪林弹雨，双方遥远的钢铁厂、炼铜厂和兵工厂都已经供不应求。

战争胜负部分取决于双方兵工厂的生产供应能力。战争伊始，德国在诸多方面都是世界领先的制造国，包括化学、重要的机械工具、球轴承、火花塞和光学设备等一系列的物品。英法的工业实力不及德国，需大量从美国进口。倘若没有美国的进口物资的供给，恐怕英国和法国在第一年就已败下阵来。第一次世界大战，是一场制造厂、钢铁厂、煤矿、兵工厂和造船厂的战争，对它们的依赖程度，甚于以往的种种战事。

德国决意拦路挡下往欧洲运送军需物资的美国货船。德国打造了一艘艘雪茄形状的潜艇，配有柴油发动机，可在夜晚的海底悄然航行。潜艇善隐藏，往往出其不意：它能向附近船只发射致命的鱼雷，让对方无暇改道。1914 年 9 月，在英国与荷兰之间的海域上，三艘英国巡洋舰正排成一列航行，突然遭到三英里外的一艘德国 U9 潜艇的袭击。三艘巡洋舰被鱼雷击沉，丧生者众，堪比两年前撞冰山而沉没的大型客轮“泰坦尼克”号。

德国的造船厂开足马力造船，崭新的潜艇出现在东大西洋、北海，甚至地中海。不仅英国的战舰，客轮和货船也都是德国的攻击目标。一场大动作的袭击就发生在“卢西塔尼亚”号上。“卢西塔尼亚”号从美国出发，行至爱尔兰南岸附近，航程即将结束，甲板上满载妇女儿童，这天是 1915 年的 5 月 7 日的下午。一艘德国潜艇突然向其发射了两枚鱼雷。德国舰长此时就在潜艇上，望着这艘远洋巨轮缓缓消失在海上。当晚，1198 名男女老少沉入了大海。

世界各地谴责之声猛烈，因而德国决定放过客轮和中立国的船只。尽管如此，中立国的舰队被击沉的情况仍时有发生。美国从中立国到参战国，最大的诱因便是德国的潜艇对美国船只的间歇性攻击，尤其是1917年的前几个月里。

在陆地上，疾病让死伤人数增加。西线的战役多在施肥的农地上进行。微生物让士兵的伤口感染，很多士兵死于破伤风，直到新的血清被研究出来。关押战俘的营地，尤其在东欧，爆发了斑疹伤寒的流行病。大概战争的第一年，被广泛称为“弹震症”（shellshock）的神经紊乱症弥漫开来，难以治愈。五年之后，被弹震症夺取记忆的男人，躺在了遥远的奥克兰、萨尔茨堡和旧金山的收容所和医院里。自从毒气被用作武器发射出去，双方数十万的男子因此病倒。

阿米巴痢疾，尽管在北非常见，但直到1915年的夏天才缠上欧洲人，在加利波利的战壕中肆虐。大多数的英国士兵都难逃此劫，因阿米巴痢疾通过成群的苍蝇传播，只有在寒冷的天气里，苍蝇消失，此病才会慢慢消失。确实，“阿米巴痢疾是加利波利战役失败的决定性因素之一”，中校兼医药专家亚瑟·F. 赫斯特这样写道。通过公厕苍蝇传播的细菌性痢疾，一到夏天，就在东普鲁士和宽广的东线肆虐，也在之后的战争中蔓延，包括温暖的萨洛尼卡，以及美索不达米亚和巴勒斯坦。1916年夏，几乎马其顿的每一位士兵都因携带病毒的蚊群而罹患疟疾。在美索不达米亚，很多士兵中暑，“几乎致命”，直到特殊的中暑站点建立起来，才得到缓解。一战的四年里，80%的士兵死于子弹、弹片和烈性炸药，只有 20% 的士兵死于疾病。按照大多数战争的标准，如此低的疾病死亡率堪称奇迹。

战争让太多人丧命，但也拯救了生命——那是在战后很久之后了。战争推进了输血技术的提高，在 19 世纪 60 年代美国内战之时，至少有四场手术进行了输血。在接下来的半个世纪，几名北美外科医生的输血技术已经熟练，他们通常从其他家庭成员中取血。1916 年的西线，一名加拿大的外科医生教给人们这项救命的技术，一年之后，随军队前来救援的美国外科医生提高了实践的能力。两方的战壕中，成千上万的士兵都因麻醉、输血和手术的新技术保住了性命。

中立国的踌躇

"世界大战"这一说法让人觉得每个有些分量的国家都参战了，但是在 1914 年的圣诞之际，也就是战争开始将近五个月后，欧洲至少十个国家的国民都在庆幸没有参战。三个斯堪的纳维亚国家并未参战。荷兰依旧中立，而相邻的比利时已被战火淹没。人们往往忘记了，一国想要中立，除非邻国允许它这么做。1914 年时，比利时企图保持中立，但是德国另有企图，吞并了比利时，将其作为通往法国的主要军事门户。

西班牙保持中立，而葡萄牙变起了戏法，一半保持中立，一半成为英国的同盟，直到 1916 年，葡萄牙收到了德国的宣战书。意大利曾短暂保持中立，但在意大利上千个村庄广场上的汉白玉战争纪念碑上，列着一个乍看上去颇为不寻常的年表：他们哀悼着在1915年到1918年之间献身一战的意大利士兵们。保加利亚、罗马尼亚和希腊更迟加入战局。欧洲之外的为数不多的几个大国里，美国和中国这两个大国直到1917年才参战，并且中国的角色很小。拉丁美洲的中立国也很多，直到战争快结束时才参战。但是分散在各地的英国领土、英联邦和英属殖民地一开始就加入了战争，由于其中一些地区人口不多，相比之下死伤惨重。

一场战争中有封锁、有武器，哪怕中立国也会吃不消。在欧洲，最依赖旅游业的瑞士也遭了殃。在阿尔卑斯山上，客房和餐厅无人问津，酒店和旅社的管理人怎能不沮丧。瑞士山庄采尔马特，依偎在马特宏峰的山脚，该村雇有170名登山向导，帮助那些在最后一个和平的夏天到来的旅客，而今一名也用不上了。在和平时期，瑞士需要进口一部分粮食，而在战争时期，瑞士下令，商店只能卖干面包，以此来降低粮食的消耗。

袭击随时可能到来，因而瑞士军队需要扼守前线，青少年填补了稀缺的农工岗位。因为蔬菜紧缺，男孩儿们在曾经优美的公共花园里翻土种下土豆和欧洲防风草。因瑞士不开采煤矿，乘火车也受到限制。一些湖上已经看不到明轮船及其黑色的尾烟了。邮差也少见了。

战争给那些等待时机的社会改革者带来了机会。戒酒运动在女性之间如火如荼地展开，赢得了几百万人的支持，使得美国和澳大利亚出台政策限制酒类销售。一些皇室如今在为国家干杯的时候，换上了柠檬汁。俄国禁止了伏特加酒的销售。

在西方，争取女性投票权的运动得益于战争，获得了很高的声势。女人们指出，她们在兵工厂和化学厂工作，而她们的儿子、兄弟、男朋友或丈夫正在前线送命，但她们却无权投上战争或和平的一票。帕里著名的歌曲《耶路撒冷》，第一次在1916年伦敦的阿尔伯特音乐厅中演唱便听者如潮，大家纷纷前来支持女性选举权。1919年，德国、瑞典和波兰的女性获得投票权，翌年，美国女性首次可以在总统选举中投票。对于英国、法国，以及其他几个老牌民主国家的大多数或全部的女性来说，争取投票权的斗争还要持续下去，但是一战推动了她们的平权运动。在新西兰，这个最先赋予女性投票权的国家终于允许女性进入国会了。

与此同时，战事依旧进行。它何时会结束？人们牢骚满腹并断言，战争会在家门口结束，而不是在前线。

第五章

彼得格勒闹起义 巴黎谈和平

1916 年末，各方参战部队的不满情绪严重，几乎掀起了兵变。死伤人数暴增，冬日里的战壕惨不忍睹，吃的食物单调乏味，任何一方想要获得决定性胜利，希望都很渺茫。军队的士气不振，市民的心也跟着散了，士兵的家书，哪怕经过了审查，也把这怀疑的情绪传达至家中。哪只军队先挨不住垮下来，战争的胜负可能就见分晓了。

共产主义革命

俄国军队是最早溃散下来的。俄军在战争之初的数月里失去了大量军官。波罗的海和达达尼尔海峡被封锁，海外盟国的援助运不进来，造成俄国军需匮乏。很多俄国士兵连一把步枪、一双靴子都没有。缺的不光是步枪，还有轻型和重型的武器。俄国前线太长，从波罗的海延伸到黑海，在多处被德国和奥匈帝国节节逼退。德国和奥匈帝国各控制了东方战线上的很长一部分。华沙失守，波罗的海附近以及乌克兰的大片农田也都落入德国手中。大批俄国农民逃亡东部，这些人要填饱肚子，对于俄国本就混乱不堪的官僚体制来说是个包袱。英国和法国的媒体很少会报道这样挫败人心的消息：他们的盟国士兵更愿意成为战俘，俄国军队里临阵脱逃的人员就有将近百万。

军队溃散，后方本土的人民跟着陷入了更深的恐惧和不满。俄国人大体上非常爱国，但他们的国家很可能就要第三次在大战中失利了。俄国在 19 世纪 50 年代的克里米亚战争中吃了败仗，在 1905 年又输给日本，现在更是败局已露，前景不祥。在过去的几百年里，还没有哪个大国遭遇如此的三连击。

皇室一向是忠诚的核心所在，这次却让忠臣死党们失望了。沙皇尼古拉二世出任军队指挥官，很快便失去民心。他的妻子亚历山德拉越来越不受欢迎，她一心依赖于修士拉斯普京，受其左右，因为她的儿子似乎得益于拉斯普京的治愈之术。城市中的食物和燃油供给紊乱不定。1916 年末，俄国城市中行业动荡频仍。很多罢工活动展开，先是抱怨工作环境，而后表达了对政治更大的不满。若有什么团体组织要发表反对政府的政治观点，是很冒险的，但是通过罢工来表达政治不满是合法的。

男人都冲去前线了，日常的经济活动越来越混乱。通货膨胀远远超过工资水平。1913 年到 1917 年之间，面粉的价格翻了三倍，盐翻了五倍，而黄油翻了八倍还多。许多家庭比在和平时期更加难以填饱肚子，部分是因为铁路无法承担食物和军需物资的运输。充当政府耳目的秘密警察私下里汇报，劳作者萎靡不振，产生了与 1904 年到 1905 年间革命失败时的人们类似的不安情绪。

国难当头，很多俄国人纷纷为国出谋划策。1916 年 12 月的圣彼得堡，修士拉斯普京被保皇派暗杀，人们希望皇宫可以理智冷静下来。但沙皇对良言充耳不闻。沙皇皇后还在拉斯普京的墓前祷告呢。

冬日惨淡，胜利也很渺茫。彼得格勒爆发起义，哪怕很少上街抗议的女性也在 1917 年 3 月的国际妇女节组织起队伍浩荡的游行。总能见到一列列的家庭主妇、仆人和孩童，顶着冰雹雨雪在面包房外安静等待，希望能买上面包。尽管在英国和德国食物确实紧缺，但是他们聪明地设计了配给制度，所有公民一概包括。俄国不同。俄国善于限量配给自由，却无法应付配给面粉和糖这样简单的任务，无法令所有人都按额领取。全国上下，办事不力、效率低下的情况随处可见，民怨四起。

沙皇为了压下革命的苗头，从前线召回了忠诚的军官和士兵。铁路员工拒载他们。1917 年 3 月，沙皇被逼退位。一些联合起来的公民，其中包括俄国首富，组织起新政府，一心希望打赢这场仗，重振国威。这些提倡改革而非革命的人们，带来了希望。他们最大的敌人，也就是组织严密的布尔什维克党认为，希望怎可来自他人之手。

布尔什维克的领袖是个知识分子，在1901年开始用“列宁”这一化名，他流亡途中断断续续住过英格兰、法国、奥地利和瑞士。列宁身材壮硕紧实，个子略小，额头饱满，下巴一副坚毅的样子，文笔刚劲有力。他领导布尔什维克党发展巧妙的战术，精于趁机得势。在秘密警察眼中，布尔什维克党与激进派相比，要不出什么花样，好摆平，而列宁本人却爱争辩，不太可能领导社会主义阵营团结一致。列宁不被看好，反而让他和他的政党得以默默得到他方援手。1912年，奥匈帝国的布拉格举办了一场至关重要的会议，列宁高调亮眼地出席，反而是他的敌人俄国激进派被政治警察阻止，不得离开俄国，遂未赴会。

让人想不到的是，列宁势如破竹，大放异彩，尽管他还没胆子回到俄国。到了1917年，布尔什维克党在军队和工厂里已势力庞大，他们控制了其中上百个工人委员会，被称为“苏维埃”。列宁回国的时机已经到来。

1917年4月，列宁和他的几个同事，坐着把守森严的火车，从流亡地瑞士出发，途径战时的德国，坐渡船跨越波罗的海，踏上俄属芬兰，最后坐火车抵达圣彼得堡。

列宁返回圣彼得堡，他的足智多谋受到欢欣鼓舞的布尔什维克党的欢迎。列宁施展他的政治手段，用心经营，打造着他所谓的“无产阶级和农民的革命民主专政”。他希望先在国内掀起革命，再到国外。他无意看着战争继续：实际上战争危险地分散了焦点。因此，德国政府秘密施以钱财上的援助，把他送回俄国。列宁的胜利，德国乐观其成。

克伦斯基出任新政府的战争部长，他希望可以最后使一把劲儿，掀起俄国的爱国主义热情，在东线取得胜利。他随勃鲁西洛夫将军乘车经过前线，希望燃起俄国士兵的斗志，最后奋起一搏，击退敌人并取得胜利。勃鲁西洛夫在临时搭建的讲台上发言，上千名士兵人头攒动。克伦斯基形容这些士兵为“身着灰色戎装、披坚执锐而不满且踌躇的人”。此时，大批的俄国普通士兵依然愿意为国捐躯，甚至加入特殊的“死亡营”，而反观另外一部分人，他们“由布尔什维克党的煽动分子主导”，恨不得放下武器，投身打造共产主义社会。

俄国的反击战以失败告终。德军锐不可当，拿下波罗的海的里加城，越来越畅通无阻。众多俄国士兵干脆丢下了他们的长枪。很多士兵甚至都无枪可扔。

法国和英国得到警告，布尔什维克党人可能控制俄国而退出战争。一大批俄国的犹太人在几场新的政治运动中颇有势力，倘若可以劝服他们继续作战以抵抗德国，结局也可能翻盘。一个让人动心的提议浮出水面。1917 年 11 月 2 日，就在布尔什维克夺权之前，英国外交大臣阿瑟·贝尔福宣布，在战争结束之际，英国会积极推动在巴勒斯坦打造一个犹太民族的家园。犹太代表团被派去圣彼得堡发布这个好消息，也就是后来的《贝尔福宣言》。从此中东今时再不如往日了，因为贝尔福没有食言。

俄国军队的指挥官试图镇压布尔什维克党人和其他颠覆势力，这些颠覆者最厉害的时候，几乎控制了首都的街道。指挥官召集其突击部队重建秩序，但是军队已经不再受他控制。

混乱之际，列宁退回到芬兰的一个藏身之地，准备好好利用自己亲手造成的这场大乱。他乔装返回圣彼得堡，剪了胡须，还戴上了假发。他知道在布尔什维克政变前夕，自己处境危险，很可能被捕甚至枪毙，而这场政变也很可能就是他的翻身之日。11月6日的傍晚，仍旧是俄国日历中的10月24日，列宁向老同志们写了一封紧急信件："我们必须不惜一切代价，就在这个傍晚，就在这个夜里，夺下政府。"

一夜之间，由精明的列昂·托洛茨基组织起来的力量，夺取了火车站、邮局、电话局、银行、发电站、跨越运河和河流的重要桥梁，以及首都的所有中枢，直捣莫斯科的克里姆林宫。列宁控制了几座城市，正式成为第一届人民委员会的领导人。

尽管列宁获胜了，但是他仍面临敌人反扑的危险。占俄国人口大多数的农民，很有可能反对他的共产主义政府。列宁抢先采取了行动。他已经向农民承诺，给予他们免费的农地，尽管他并不相信土地私有制。列宁向农民许诺了土地，同时不给予被没收了地产的地主任何的补偿，这正合农民和城中激进派的心意。

列宁已经决定要让俄国退出战争。他想要和平，建立革命社会，继而鼓励带动起整个欧洲范围内的社会主义者。1918 年 3 月，在俄国西部的布列斯特–立陶夫斯克，列宁与德国和土耳其签订了和平条约，但是对于俄国的爱国主义者来说，这是丧权辱国的做法。一部分俄国领土转手给了德国、罗马尼亚和土耳其。乌克兰和格鲁吉亚也曾一度拱手让人，尽管最后它们又被夺了回来。很快，俄属波兰、俄属芬兰，还有拉脱维亚、爱沙尼亚和立陶宛这三个波罗的海省份，纷纷独立。一大片农田现在已不在列宁的控制之下，这片刚开始新实验的土地，面临着更严峻的粮食紧缺。

美国拨动了天平

俄国的革命合了德国的心意。德国的三大劲敌之一已经放下武器，这可是 1914 年以来柏林听到的最令人欢欣鼓舞的消息。东部和平，德国士兵便可大量调往西线，德国也最终有望打败法国了。

在法国，最初的迎战热忱已经消失殆尽。到了 1917 年中旬，大约一半的法国军队都开始厌战，除非他们的抱怨得到回应，食物和休假津贴得到改善。休假来到巴黎的士兵携带着激进派的报纸，谈着要叛变。1917 年 11 月，意大利的军队在阿尔卑斯山的脚下，忍受着天寒地冻的环境，险些哗变。几乎其他所有的协约国军队都时不时士气懈怠。双方的士兵都经历着枪林弹雨，赌上性命，可也看不到战争收尾的迹象。

俄国这几个月局势不定，而美国是另一个未知数。猜不出美国总统伍德罗·威尔逊这盘棋会怎么走。他到底会火速派大军跨越大西洋，抵抗德军，还是会似幽灵般谨思慢行，先紧锣密鼓地备战，再决定美国在战争中要担任怎样重要的角色？

威尔逊天赋极高，其父为长老会牧师，其母一副爱瞎操心的命，年幼的总统苗子还有两个同样爱操心多虑的姐姐。威尔逊在美国南方长大，经历过内战。他年幼罹病，才华还未显露。在普林斯顿大学就读期间，威尔逊显露出一些创新精神——大学的主考官并不总认可这一资质——但还没到聪慧过人的地步。他差点儿在佐治亚州的亚特兰大当了律师，但最终还是返回母校普林斯顿当了老师，并在 1902 年被选为校长。他追随父亲的足迹，成为教堂外不担圣职的布道者，他话语流利真挚，悲天悯人，捎带激动的话腔掩饰了他对自己观点的绝对自信，吸引了众多听众。他是民主党，1910 年成为新泽西州的州长。不到两年时间，他在总统大选中胜出。他是政坛上蹿起的火箭，从他的言语中可以看出，是上帝指引了这枚火箭的轨迹。

1916 年，威尔逊连任总统。在面对德国潜艇的挑衅时，他试图让美国在战争中保持中立，但是德国一而再再而三地惹怒他。1917 年 4 月，美国国会同意向德国宣战。美国陆军规模非常小，不比四年前的塞尔维亚军队大。因而在威尔逊宣战之后，在将美国的第一个军团派往法国前线的六个月前，美国急需征兵操练。1918年伊始，也就是一战的最后一年，仅仅有17.5万名美国士兵抵达了法国。

德国仍有获胜的希望。俄国签立和约退出战争之后，德国得以从东往西调兵，开展猛烈袭击，向巴黎方向长驱直入44英里，但之后又戛然而止。此后，德国获胜的希望已日渐渺茫。1918年8月，英法联军合攻德国，将其击退，加上附近有越来越多的美国士兵投入战斗或正在备战，协约国又多了一重胜利的保障。倘若战争继续，美国150万大军足以让战势扭转，这是让德国相信获胜无望的最大原因。美军是德国战败的决定性因素——决定了德国的未然，而非已然。

到1918年9月，德国的同盟军已经开始厌倦战争。保加利亚单独签署停战协定。奥匈帝国四分五裂，南斯拉夫人、捷克人和匈牙利人纷纷独立出来，各自立国。10月底，土耳其人签署停战协定。几天之后，奥匈帝国的投降书被收下。德国的同盟分崩离析，那些后起的国家成了德国最新的敌人，尤其是南美洲的国家，、它们或许希望在和平桌前能稳稳拿到自己想要的待遇。

德国现在已是孤身作战。德国士兵仍旧在西线勇猛作战，但在1918年11月的前十天里，在一片冲突、匮乏和无望的氛围下，德国平民的生活支离破碎。在基尔港，德国水兵发动了起义。各个城市的罢工让兵工厂和造船厂陷入瘫痪；巴伐利亚的一场社会主义革命成功了；而在柏林，德皇威廉二世退位。11月11日是德国的国耻日，却是其他国家企盼的好日子，上午 11 点，停战协定签订，战争在欧洲结束。三天之后，德属东非也放下武器，在那里，抵抗英国的鏖战持续了四年。在接下来的几天里，停战的消息慢慢传入了那些没有无线电装备或者因离陆地过远接收不到消息的货船上。

和平桌上的战役

和平到来了，可这意味着什么？每个国家都想要和平，但它们对和平的理解各不相同。战争结束前一年多，和平计划就已具雏形。1917 年 8 月，教皇本笃十五世表态，希望和平的到来是以保留战前的国家边界为基础的。1917 年 12 月，在英国仍为少数党的工党声称，战争只有在引领全世界走向民主与和平的前提下才是正义之战，而“世上应永远再无开战之日”才是和平扎根的基础。

1918 年 1 月 8 日，威尔逊总统在华盛顿提出十四点和平建议：一个聪明人打趣说，只有教授才会列出十四点这么多。威尔逊主张建立永久的全球性议会，即国际联盟，担任未来的和平缔造者，平息纠纷。这个想法并不是源自威尔逊，但由他发扬光大。他想要的和平，是对战败国从轻处理，而不要过于严苛。他希望，如果向德国保证给予他们公平宽容的条件，德国就会立即召回其潜艇。威尔逊希望能尽可能地分裂帝国，解放生活在奥匈帝国和奥斯曼帝国的少数民族。对于战胜国，他默默地希望能削去它们殖民地的羽翼。

八个月后，战争即将结束，在纽约的歌剧院中，威尔逊面对着几千张殷切的脸庞，慷慨陈词，但法国人可不买他的账。威尔逊言下之意是，法国尤其应该多宽恕少记恨，他主张宽容的和平条约。他呼吁战胜的大国，战争一结束，就该“不偏不倚”，不要在金钱上存私心。几个月里，在上亿人的眼中，他似乎在为世界上大部分民众发声，甚至包括许多已经长眠地下的士兵们。

1918 年 12 月 13 日，战争结束后一个月，威尔逊踏上了欧洲的土地。威尔逊被视为解救疾苦大众的政治家，法国和英格兰的人民都欢迎他，甚至包括那些还没弄清他和自己的观念其实是相冲突的人。年轻的美国诗人 T.S. 艾略特当时正住在伦敦，他望着威尔逊走向白金汉宫，人们夹道鼓掌，旗帜飘飘，他将这形容为一场“无与伦比、鼓舞人心的盛景”。艾略特后来写信给母亲提到此事，告诉她所有的国家“都如此相信我们”。威尔逊抵达罗马和米兰之后，他看到有横幅上写着“欢迎和平之神到来”。这位大人物最后终于到达了巴黎的和平会谈桌前，仿佛头上顶着光环，可唯一的问题是，其他政治家可看不到他的光环。77 岁高龄的克列孟梭，代表法国的声音，尽管他对这位到访的宾客彬彬有礼、热情欢迎，却认为威尔逊的讲话对伤痕累累的法国来说一文不值。

战胜国的领袖们为漫长的和谈在巴黎聚首，他们对威尔逊提出的公平正义的和平条约可提不起兴趣。它们在这场漫长的战争中身负重担，心伤累累，他们要德国和奥地利支付巨额赔偿。这些国家的人民，可能报复的心态更是强烈。他们赞同英国政治家埃里克·格迪斯爵士的说法：格迪斯爵士把德国比作柠檬，坚持说要把它挤到“果仁都吱吱发响”。在巴黎，赢家们想要瓜分德国的腹地，它们也确实如愿了。它们也想夺去德国所有的殖民地，这也成为现实。它们没收德国的海军，遣散德国的陆军，并向德国索要一大笔罚金，称为“赔款”，用来赔偿战争的一部分开销。1871 年时，德国曾在战后和平协约里严惩战败的法国，而在 1919 年凡尔赛宫签订的和平协约，可谓以牙还牙，而且 1919 年的惩罚更严厉。

和平协约坚称，此战唯一的罪魁祸首就是德国和德皇威廉二世。这一说法并不太说得通，也有失公允。很多德国人有些许被欺骗的感觉也属正常。他们清晰地记得，签订停战协定之前，威尔逊总统本人向他们许诺，会给予他们公平的和约条件，他也曾坚定地宣称，美国“并不妒忌德国的伟大”。总而言之，威尔逊总统妙语连珠，频频许下真诚却不负责任的承诺，他心有余而力不足，没法兑现承诺。

公平或许并不在和平条约的考虑范围之内。这场战争，漫长而残酷，死伤惨重，耗费的钱财无以计数。倘若德国战胜，它也同样会充满报复心态，严厉指责英法俄挑起战端，索要最高价的赔偿。

与此同时，欧洲沉浸在和平的欢欣当中，但是不同于 1914 年的昔日和平。战争打乱了贸易纽带，摧毁了成千上万座村庄，大片的牧场和农田遭到严重破坏，上百万头牛死掉，数以百计的铁路和桥梁摇摇欲坠，而沉没的货船比1900年全世界的货船总和还多。生活的方方面面都乱了步调，东欧尤为严重。1919年，城市中的牛奶紧缺，儿童的生命难保，大多数人的膳食中缺乏脂肪。很多地区都不播种了。在波兰东部靠近平斯克的地方，人们“靠着植物的根、草、橡子和石南花充饥”。他们的面包大多由橡子和一小撮黑麦面粉制成。战后的第一个冬天里，很多人都没有靴子或鞋子穿，也买不起火炉里烧的燃料，因为铁路被战争损坏，从煤矿运到波兰或捷克城市中的煤炭少之又少。战俘回到祖国的时候，把斑疹伤寒也带了回来，在营养不良的人当中传播开来。英国的人道主义救援主管威廉·古德爵士1919年时在东欧工作，对这些观察详加记录。他感受到了“忧心忡忡的富人与食不果腹的穷人”之间的反差，尤其是在维也纳。

与此同时，世上又添了一桩更糟糕的祸事。一波新的流感席卷全球。1918年，在拥挤的法国战场上，欧洲、美国和非洲的士兵混杂，据说流感最初就是从这里传出来的。它在澳大利亚偏僻的原住民营地以及非洲和南美的丛林居住区中传播。几百万印度人因此丧生。流感也蔓延至海上的船舶。这个被称为西班牙流感的病魔导致的死者人数比一战的还多。

漫长的巴黎和谈上众说纷纭，也不乏翻脸拍桌的架势，威尔逊总统也没了之前演讲的威风。他更倾向于抽象的大道理，而非确凿的折中方案。另外，尽管有时他的言论占了上风，可力排众议的不止他一个。所提出的国际联盟契约或章程被称为盟约，是长老会的措辞风格，显然受了威尔逊的影响。同时，威尔逊肩负压力，身体状况急转直下。他无法入眠，开始怀疑自己人在搞什么把戏。他高烧不退，被告知是染上了西班牙流感，这一消息并未向媒体公开。他可能也患上了中风。

这份和平条约经多方插手，甚至拳脚相向，里面尽是眼花缭乱的折中条件，几乎是各种原则的一次大交锋。和平条约在凡尔赛宫签订后，威尔逊总统就势必要想办法让美国国民买账。他需要让美国人民相信，即将成立的国际联盟，对美国、欧洲和世界其他地区都是大好事一桩。美国传统上坚持奉行孤立主义和干预主义政策，单枪匹马成就伟业，并引以为豪，它希望依旧可以自成一派做主人。然而，威尔逊倡导的国际联盟的前景尚难预料。

威尔逊自信地归来，他以为在国际联盟中，自己的祖国将最有呼风唤雨的能力。舆论大多倒向他这一边，威尔逊得到 33 个州的州长的支持，但是持怀疑态度的人越来越多。威尔逊在众议院和参议院均遭失利，他在自己的国土也再没有了王者的威风。威尔逊坐着火车巡游全国，从大西洋城市到太平洋沿岸的圣地亚哥，他伸着胳膊与夹道的群众握手，面对户外的几千群众慷慨陈词，最后累到筋疲力尽。他两颊的肌肉开始断断续续地抽搐起来。1919 年 10 月 2 日，威尔逊在返回华盛顿后患上中风，导致左半身瘫痪。他的第二任妻子伊迪丝默默承担起他的诸多公民责任，直到一年多之后，他为时四年的任期结束。他的政治遗产，便是这个自己的国民拒绝加入的国际联盟。

国际联盟的第一次会议在 1920 年召开，它似乎成了全世界的灯塔。尽管规模不大，但会议的召开是为了照亮未来的道路，防止战争，倡导社会正义。该会议也旨在保护在欧洲治下的原住民，扫除奴隶制的残余，帮助终日辛劳做工的人民卸下重担。这好比一个拥有两院的议会，一个是会议更频繁、规模小而影响大的上议院或理事会，另一个是所有成员国每年会见一次的全体大会。

首届理事会包括四个常任理事国——英国、法国、意大利和日本，同时也包括由全体大会选举出的代表。美国、中国、俄国和德国缺席，极大地削弱了理事会的荣誉和影响。其中两国的缺席单单是因为战败国无权加入国际联盟。同时，全体大会的成员也并没有全面代表世界的各个地区，而是以欧洲国家及其海外的前殖民地为主导。大英帝国明显占了很重的分量，因为 29 个最初的成员国包括英国、加拿大、澳大利亚、新西兰、南非和英属印度。

国际联盟的目标是解决可能引发战争的争端，评判国际联盟的作为也要以此为标准。一开始，这个目标似乎可以达成。芬兰和瑞典就波罗的海岛屿的问题相持不下，但双方同意让国际联盟来做裁定，他们也适时接受了将岛屿归属芬兰的裁决。其他的一些争端包括波兰与立陶宛的边境问题，以及阿尔巴尼亚的边境问题。并不是所有的裁决都让人满意。

一个更加迫切的问题是，一个大国在身陷冲突漩涡的中央时，是否该接受国际联盟的裁决。墨索里尼的意大利抛出了冷静的答案。1923 年，意大利在面对希腊科孚岛的争端之时，对国际联盟不屑一顾。十年之后，攻占了东亚一隅的日本，也没把国际联盟放在眼里。国际联盟警告墨索里尼停止对阿比西尼亚（今埃塞俄比亚）的战争，然而他对此置若罔闻。

大战的收支表

战争死伤的名单似乎长得没有尽头。塞尔维亚是一战的导火索，而非发动战争的国家，它损失最惨重。塞尔维亚 15 岁到 49 岁之间的男性，每四个当中就有一个死于战争。接下来的几年里，很多塞尔维亚的女性都因找不到新郎而伤心。土耳其和法国，罗马尼亚和德国的损失紧随塞尔维亚，士兵和平民都算上，失去了 13% 到 15% 的男性人口，也同在最易受牵连的这一年龄层。其他的参战国中，就男性人口而言，奥匈帝国失去了 9%，意大利失去了 7%，英国总共失去了将近 6%，尽管苏格兰的死亡率更高一些。俄国战死人数为 5%，比想象中更低，低于新西兰，而高于澳大利亚，但俄国是较早退出战争的。在加拿大，大多数的年轻法裔拒绝参军，而美国较迟加入战争，死伤数也较少。没有人可以估量，世上有多少英才殒命——诗人、工程师、牧师、工会领导、教师、画家、建筑师、水手和飞行员、外科医生、医院护士长，以及死无声息的下一代政治家。

战争让欧洲垮了下来。这个世界上的经济政治巨人等于是自断了自己的几条命脉。参战诸国负债累累，为了偿债，不得不割舍变卖它们在国外的资本地盘。即便是战胜国也损耗了相当多的财力。英国在 1914 年是最大的放贷国，在战后，其金融霸权地位也让给了美国，而美国此前一直欠着欧洲的钱。法国这个财政强国亏了不少，而德国更是亏得一塌糊涂。犹太裔先知梅厄，生活在公元 1 世纪后的小亚细亚，他有这么一段话，颇有见地 :“当举起斧头砍树的时候，树也提供了斧头的把手。”欧洲被它自己的斧头肢解了。

最大的金融赢家是美国，它在战中的角色较轻，当欧洲的竞争者们被战争的浪潮淹没之时，美国已经在发展巩固自己的产业了。另一个获利的是日本 : 在几百年里，头一次有东亚国家被尊为国际领导，在巴黎和谈中，日本以五大国之一的身份参与。日本作为战胜国，瓜分到的领土不多，但它努力争取在国际联盟盟约中加入一条，即所有住在其他联盟国的“外国”公民都应获得公平正义的待遇。

这条微妙的条款表面的目的，并不是主张让日本、中国和其他的国民不加管制地移民到更为宽广富饶的国家，而是帮助那些住在美国加利福尼亚州的日本人，因为当时加州刚出台一项法律，使这些日本人无法拥有土地。但是日本也有计划让一批人移民其他地方。当让日本的与会代表否认这一想法时，他们拒绝了。这项提倡某种形式的种族平等的条约，未能加到盟约当中去。

尽管如此，日本也已跻身强国之林，两年之后，它开始展露出对其他强国的兴趣，日本头一次有储君出游外国。1921 年 3 月，日本人民诚惶诚恐地为皇太子裕仁饯别，看他坐上战舰去往英格兰朴次茅斯，沿途在香港和大英帝国占有的其他五个港口停泊。在他于英国停留了三周，即将离开英国去往法国、比利时、荷兰和意大利时，他宣称："我很高兴可以一窥英国国民生活和组织架构的方方面面。"

尽管一战让日本得了好处，但对西方而言却是当头一棒。西方长期以来在物质和精神上都秉持着乐观的情绪，对人类进步的信念也可追溯到 1900 年，一战狠狠打击了西方的自信心。但是这次大战也不是致命的打击。在某种程度上，它让人们继续怀有进步的信念，因为还在襁褓中的社会主义俄国，已成为很多国家上亿人希望的根基。它是人类历史上最罕见的一次实验，还是在这样一个泱泱大国中开展起来。

对于社会主义者来说，这场战争对于当时和接下来的五十年都是个转折点，其转折的意义甚于今日。非洲、南美和亚洲的很多年轻的激进人士都对俄国战后的社会主义实验啧啧称奇。印度的年轻人尼赫鲁，也就是后来的印度总理，深受俄国的鼓舞，他说："我深信不疑，俄国的革命推动了人类社会的进步，燃起了永不熄灭的火焰，为世界迈步走向'新文明'奠定了基础。"

第六章

乌托邦和噩梦

整个文明世界的人们都打开晨报或晚报，迫切或不安地想要知道俄国发生了什么。共产主义，这一人类历史上卓越的发明，被上百万人视作他们未来的先声。有人断言，整个世界可能最终都会实现共产主义。哪怕俄国还是孤军奋战的先行者，它将注定影响外面的世界。俄国不仅是世界上国土最广阔的国家，也是世界第三人口大国，比沉睡中的非洲的人口还要多。

刚刚走马上任的布尔什维克领导，控制这么一个四分五裂的国家，挑战很快就来了。内战爆发，俄罗斯的白军和红军之间的战斗此起彼伏。1918 年 8 月，英国和日本的军队从东进入西伯利亚，在俄国寒冷的北部，英军攻打了摩尔曼斯克和阿尔汉格尔港口。在更为温暖的南方，在黑海地区，一个反布尔什维克的共和国在顿河附近成立。新的一年里，法国派遣了一支远征军到敖德萨港帮助俄国白军。这些挺进的协约国士兵尽管人数不多，却似乎一度有可能扭转局面，威胁到列宁和他的共产党人。

一战结束后，协约国并没有马上对付共产主义俄国。大多数的协约国士兵和水手已然厌战。协约国的政府已经无法筹集足够的资金支持舰队和军团作战。战争让凡事枯竭——正是因为这种枯竭，俄国政府于1917年诉诸和平。各国已经不可能同心协力地反抗俄国新政权了。

稻草人和政治委员

内战打得正火热之时，俄国公民纷纷从受战争侵扰的城市中涌出。他们能在乡村果腹、安身。斑疹伤寒的蔓延加速了人口从城市到乡村的迁徙。在1918年到1920年之间，圣彼得堡的人口几乎减少了一半，而在新首都莫斯科，许多街道异常冷清，房子空无一人。圣彼得堡曾改名彼得格勒，而很快又改称列宁格勒。支持旧沙皇统治的人士，但凡有机会，都逃出了俄国。为了躲避追捕，最容易的路线是通过西伯利亚大铁路，远走中国，而不是抄近路去法国。很快，俄罗斯人在中国的哈尔滨和上海的郊区住了下来。

金融系统也开始混乱。大战期间物价飞涨，内战期间情况更差。俄国经历了严重的通货膨胀——天文数字般的通货膨胀，德国紧随其后。在1913年，俄国的一个卢布可以购买一包糖，但是在1921年，要买等量的糖，家庭主妇需要大概1.7万卢布。官方的通货膨胀指数往往不经意间测试了政府的财务实力。从这个测试来看，列宁的俄国一开始只是新手水平。

新政权正式的目标是建立新社会，但是被战争四分五裂的旧社会，需要先缝合在一起。铁路损毁严重。内战期间，俄国白军曾一度占领了全国五分之四的铁路，就在这样的争夺和拉锯之间，3762座铁路桥梁就被毁掉了。战争之前，俄国拥有1.7万辆蒸汽机车，而到了1920年1月，只剩下4000辆。恐怕世上属俄国铁路遭到的毁坏最为严重。尽管如此，蒸汽火车却是成百上千种活动必不可少的，包括将丰收的粮食从乡村运往饥饿的城市，以及将煤炭运往在寒冷中瑟瑟发抖的城镇。

提供市内交通的是马匹，而不是载货汽车，但到了冬天，饲料稀少。大概有十几万匹马被吃掉——这也是它们最后的用途了。马拉雪橇要么消失不见了，要么被一两个人拉着走。除非铁路通车，否则没法将燃料运往大城市，于是很多机关工厂都在没有暖气的严冬里工作。在剧场里，观众瑟瑟发抖，而演员们则在冷空气中搓着双手，晃动着指头。

恐惧，日渐成了政府的武器，不分昼夜地挥舞，手法残暴、拙劣、冷酷无情。很多人开始不再敢想什么说什么，哪怕是对亲密的朋友。倘若有人在政治、宗教、经济、文学或视觉艺术方面，被政府怀疑思想不正确，政府会把这些人从家里或单位里强制带走，数年音信全无。邻里之间反目成仇。监视熟人或朋友的人还受到嘉奖。还有一些人，他们被视为人民的敌人，遭到拷问和关押。

现改称共产主义的布尔什维克政权，开始向旧日的中产阶级也就是资产阶级宣战。1918 年 11 月，在《红色恐怖》杂志里，一位秘密警察的长官说道，不需要证据就有理由指控该阶级的一员“在话语或行动上颠覆苏维埃权威”。原先的银行家或工厂主哪怕向新政权示好也未能幸免。“我们要消灭资产阶级。”他宣称。共产主义者们学起了沙皇，组织起关押敌人的劳教所。他们甚至还雇用了往日的老警卫和狱卒。

英国哲学家伯特兰·罗素支持新的政治思想，1920 年，作为一个激进派代表团中地位尊贵的一员，他走访俄国，目睹了彼得格勒贫穷凋敝的日常景象，而那么多新官员却生活奢侈，罗素十分震惊，尽管他的行程也在奢侈生活之列。有一天，他遇到俄国的四位重要诗人，每一个都衣衫褴褛，像是稻草人般，指甲脏兮兮的，满脸胡须。比起这些饥肠辘辘的诗人，更让罗素震惊的是当时人人自危的气氛。他形容在俄国的那段时间是“越来越惊心的噩梦”。

人们为新俄国找出许多借口来，其中有一些是合理的。这个国家被战争毁掉了半壁江山。任何政府，无论是共产主义，还是自由派或保守派，想让这片伤痕累累的土地重整旗鼓，都步履维艰。一些心软的人也暂时原谅了新政府的统治，因为已逝的沙皇也曾有自己的秘密警察。对于俄国这些血流成河的事件，还有一个借口，也是西方的很多自由派和激进派一开始所接受的——共产主义还在尴尬的实验阶段。他们理直气壮地恳求批评者嘴下留情："请给共产主义者时间完成他们的实验。"

共产主义者在1920年赢得内战。3月，安东·邓尼金的俄国白军溃不成军。8月，俄国红军在华沙附近被波兰人击败，只得割地给波兰，波兰人也就心满意足地撤退了。11月，红军攻下南部的塞瓦斯托波尔港口。然而直到1922年，以太平洋的海参崴港口为中心的东部省份才重回祖国俄国的怀抱。

红笔一挥

共产主义的实验有时停滞下来，突然又一跃向前，接着又停下来。起初，许多城市里的产业纷纷国有化。政府接管运营了银行、私有铁路、造船厂还有大型工厂。小工厂不在其列，还有那些只有十个工人而没有电力驱动的机器的工厂也可仍旧保持私有。这些规定中也夹杂着例外情况，拥有机器但是只有五个工人的工厂也可仍旧在私有制的管理下。

大型地产被国有化了。大笔一挥，史上最大规模的土地没收活动随即完成。全球都受到了冲击。对于大多数的保守派和那些走中间路线的人来说，私有财产是社会秩序与自由的堡垒。从此之后，人们对没收和再分配也越来越习以为常。

从波罗的海到遥远的太平洋，在上万个村庄和周边的土地上，大多数的栅栏都被拆掉或重新排列。到处都是一两亩大的家庭农场，全都由自家人耕种。富农是这场革命中的失败者。数百万的贫农第一次成了赢家。

很多俄国人忘不了曾经吃过的苦头，于是欢迎或接纳了新政权。几百万俄国以外的人读到俄国重建的消息，都跟着欢欣鼓舞。倘若俄国成功，自己的国家也可以效仿同样的道路。热忱高涨的社会主义者等不及看到那幸福的一天，向那新圣地迈进。其中的一些是美国人，他们建立起农业公社，取名叫“红旗”或“无产阶级生活”。2500名杜霍波尔派成员(Dukhorbors)从加拿大返回俄国，建立他们的公社，奥地利、犹太、捷克和芬兰的社会主义者也聚集于此，过起一同劳作的生活。来自遥远的昆士兰的澳大利亚人，迫不及待要在乌克兰建立他们的集体农场。一群犹太的热忱分子带来了自己的拖拉机——在这片用驮马的地方，拖拉机算是奢侈品了。这些公社中有一部分是一时兴起，没有延续下来。

一股社会改革的浪潮席卷俄国。俄国引入了西方历法。新的人民法院建立起来。政府接管了整个教育系统。书籍报纸的出版都被政府独揽，反共产主义的思想被禁止在市面上流传。陆军改革，大多数的老将军和老上校要么人间蒸发，要么移民。新官员的帽子上不再饰有华丽的徽章，袖子上也没有了那几道杠。俄国革命二十五年后，纳粹军队兵临莫斯科城下，旧沙皇时代军队制服的立领和勋章标志才又出现在人们眼前。

婚姻制度被颠倒了过来。无论是夫妻哪一方提出的离婚都能轻易通过，因为女性在婚姻中与男性平起平坐。女人显然在新政权下获益：她们的地位上升了，那些在沙皇时代有钱有佣人的少数派除外。起初，继承私有土地是不允许的，但在 1922 年，政策改变，允许继承一小部分。坐火车和有轨电车都是免费的——直到政府再也负担不起。

革命带来了宗教自由，但很快便不保。政府鄙夷基督教，很多教堂都成了无神论的博物馆。婚姻不再是宗教仪式。俄国的东正教会失去了原有的地位、土地和收入，无力支付主教和神父的薪资。1918 年 2 月，新的主教威胁要将他教会的敌人逐出教会，无人理睬他。很多东正教的主教和神父不支持政府的做法，他们都因真实或莫须有的忤逆政府的罪名，遭受牢狱之灾甚至送命。他们是革命的敌人，这一点无可辩驳。

俄国经济陷入现代历史的动荡时期，步履蹒跚。俄国的粮食种植滞后。俄国曾经是世界上领先的粮食出口国，敖德萨在一战前是繁荣的谷物港口，然而现在俄国连自己的人民也养不起。农民现在什么好处都捞不着了，他们的余粮要卖给政府，换回的只是没什么价值的纸币。那么他们超额完成任务又有什么意义？列宁意识到，农民们陷入了一场“非常严重的危机”中，于是他的心软下来。1921 年 3 月，他暂时把时间往回拨了一下。农民受到激励，种植更多的谷物，一部分可以在市场上出售。谷物交易曾经是违法行为，而现在则被视为造福群众的措施。农民甚至可以雇佣劳工。这一转变被称为“新经济政策”。它其实是旧政策，只是暂被恢复，以此来防止饥荒，减少动乱。

1921年夏天，严重的干旱阻碍了经济生活的复苏。伏尔加地区的草干枯了。农民的收成少得可怜，也没有钱购买食物。据说在某条街上，女人们争先恐后地抢着新鲜的马粪，因为里面含有未消化的谷物和其他饲料，可以拿来做饭。斑疹伤寒夺去了几万个体弱多病的人的生命。所谓的“救援”姗姗来迟，这些帮助来自美国政府、美国红十字协会、基督教青年会、基督教女青年会，还有从贵格会到路德会的一系列美国教会。之后当选美国总统的赫伯特·胡佛组织起这些外国的资助活动，包括提供粮食、谷物种子和医药，可拯救百万人的生命。苏联暂时收起它的傲气，接受了这些援助。总之，传染区的800万俄国人都接种了美国的疫苗。接着天降甘露，庄稼抽出新芽，人们欢喜不已，到1923年，苏联实际上已经开始出口谷物了。

新经济政策造福了城镇。1921年，私有商店重新开张，突然间，私营餐馆或书店零零散散重新冒出来，沿着街道往下走，囤了一堆玩具或女人帽子的老商人又开张了。一时自由之风吹来，各处辗转的商家光明正大地走在大街上，不再害怕会因为有偿交易而被民兵逮捕。在共产主义统治的前几年，开开心心地逛街消遣可不是光彩的事情，而现在，人们又重新出现在大街上，亚瑟·兰塞姆在《俄国的六周》一书中对这样的景象啧啧称奇。

很多俄国顶级的音乐家、作家和画家认为自由是一去不复返了。他们离开俄国，用行动来表达对政府权威的蔑视。尽管他们对革命秉持着模棱两可或敌视的态度，却并不妨碍他们继续热爱故土的森林、草原还有俄国人民的礼仪举止和生活方式。谢尔盖·拉赫玛尼诺夫在革命爆发后离开俄国，住在法国和美国，然而没有了祖国的乡间美景和独特的文化氛围，他感到灵感枯竭，写不出交响曲了。音乐在他的脑海中淤滞不出。“我感到自己在异邦像个孤魂野鬼。”他在1939年这样说，但他也打算回去。马克·夏加尔久居国外，他意识到，在他流亡的六十多年里，他所有的画作都有那么一抹“怀念国土的感伤”。

作曲家伊戈尔·斯特拉文斯基在1917年时已旅居国外。当听说俄国君主制已经废除时，他雀跃不已。他写信给在圣彼得堡的母亲说：“我的心永远停留在与你在一起的快乐时光。”慢慢地，他从远处察觉到那快乐已经消散，甚至蒙上了阴影。哪怕在晚年，他也毫无怀念圣彼得堡的乡愁。1955年，他拒绝了访问芬兰附近地区的邀请，解释说：“这次访问之地，离我再也不想去的一个城市太近了。”论情怀，论心之所向，他还是不折不扣的俄国人，每次他谱曲，在最后一个音符旁标注的日期都是根据旧俄国的日历，而非西方历法。

早在革命时期前很久，马克西姆·高尔基就被誉为现实主义小说作家。他寻求变革，具有反叛精神，他赞许列宁治下的俄国，并一直在书桌前观察共产主义俄国初始阶段的发展。后来高尔基辗转到卡普里岛，部分是为了健康，之后他返回斯大林治下的苏联，度过了人生的最后五年。高尔基被政府奉为上宾，他高兴地看到，上百条街道、幼儿园和作家俱乐部，甚至是城市，都以他的名字命名。然而这位荣归故里的英雄开始察觉到，斯大林对作家、电影制片人和艺术家有浓厚的兴趣，而这只是一种伪装，他们真正的角色其实是任凭执政党摆布的仆人。高尔基的反抗开始了。他私下里称斯大林是“野兽般的跳蚤”，咬噬着周围人的身体。有谣言称，高尔基是被斯大林下令暗杀的。

与此同时，列宁被尊为革命英雄。1924 年，他患中风病逝，享年 54 岁。他的遗体经过防腐处理，被安放在在莫斯科红场的陵墓中，列宁墓原为木质结构。四十多年之后，一些访客被（按照惯例）护送到队伍的最前端，静静地等待瞻仰遗容，他们眼中看到的，是一个穿着整洁灰色套装的人，姜黄色的胡须，好像来自沙皇时代质朴的郊外，是位彬彬有礼的银行经理。列宁的大脑很早就被从尸体中移除，忠诚的苏联科学家将其解剖，声称列宁的大脑十分特别，无愧为一个浴火重生的民族的开国领袖。

钢铁之躯

列宁通过实践行动和纠正意识形态获得了成功。他的继承者约瑟夫·斯大林相信，重新燃起共产主义之火的时刻已经到来。列宁将俄国改造为共产主义国家，而斯大林让俄国恢复了它世界霸权的地位。

斯大林来自高加索山脉的一个偏远省份，父亲是皮匠，母亲是洗衣妇。俄语并非斯大林的母语，他能说流利俄语之后，也有很重的格鲁吉亚口音。他的本名是朱加什维利，但之后改叫斯大林，意为“钢铁之躯”。他胡须浓密，脸上有小的痘疤，很多初见他的人以为是战争留下的伤痕，更添大将之风；这些伤痕似乎透露着，他曾为了布尔什维克政党出生入死打天下。之后他时时被人描述为拥有钢筋铁骨，在他的鼎盛时期，常能见到他高耸的雕像。实际上，他体态更为敦实，而非高挑。

在神学院中待了一段时间后，斯大林开始投身政治。东正教会很少培养出他这么一个宿敌。斯大林以卡尔·马克思的著作为指导，从 20 多岁一直到 30 多岁，都密谋要推翻沙皇。他的热忱遭到了惩罚，几度被流放西伯利亚。他的第一任妻子叶卡捷琳娜是虔诚的基督徒，在他流亡最长的那段时间之前就已过世。

1917 年，空气中酝酿着革命之风，斯大林匆忙返回圣彼得堡，在布尔什维克的主要报刊当起了编辑。对于像他这样

苏联和土耳其（1925 年）

的人，脑袋灵光，善弄权术，节节攀高但羽翼尚未丰满，报界是个强大的跳板。在1924年列宁去世之后，斯大林几乎大权在握，他牢牢抓住了这个机会。更有希望成为接班人的列昂·托洛茨基被排挤在外，五年后被逐出苏联。他逃得还是不够远。1940年，他被斯大林派人暗杀于墨西哥城。

在斯大林的治下，农民的生活被慢慢打破。可怜的乡民，在1917年还支持革命，因为政府许诺给他们一小块田地，然而在十几年之后，他们的那点奖励也逐渐被收回了。有2500万块的家庭式小农田都被以人民的名义没收了。平原上放眼望去，尽是劳动者多得数不过来的集体农场。这是全球耕作史上最大的一次变革，因为人口众多的苏联以乡村为主，大部分的人都在田间劳作。集体或国家农场的优势是容易实施机械化，能以更少的劳力产出更多的食物。毋庸置疑，大批的贫农最后都倾向于这种大农场上的集体生活，他们能够操作机器，成为这方面的专家。

大多数的个体农民，也就是富农，劳动效率很高，在新苏联的饥荒时期作了不少贡献，然而在1929年却被拎出来受罚。哪怕他们仅仅拥有几头牛，租出一小块儿多余的农田，也被冠上资本家的罪名。还有什么罪行比这更严重？他们被流放到偏远地区，甚至直接没了命。那些暂时留在自家农田的人，宁愿宰杀了他们的牲畜，将其吃掉或者做成熏肉，也不想看着它们被政府没收。苏联的绵羊群甚至山羊群，减少了一半。20世纪30年代初期，气候恶劣，加上农业生产失序，饥荒降临。将近一千万人死去。

斯大林加强了苏联的国防力量。外界认为苏联不友善，苏联也认为外界对它怀有敌意。苏联斥巨资加强陆海军和年轻的空军，加大力度实现国家的工业化。这样一来，打仗时它便不必再严重依赖进口的军需，避免沙皇时期俄国出现的情况。一战的加利波利战役，就是为了打开海道，让军火可以进入军备匮乏的俄国。斯大林不想在另一场战争中倚赖靠不住的外部支援，这不难理解。

他发起运动，生产更多的电力、重型机械、铁、钢和煤炭。这一运动在1928年发起，称为五年计划，结果提前完成，于是又出炉了新的五年计划。走访了新城老镇的农民被所闻所见惊呆了：满眼尽是隆隆作响的机械打桩机、电锯、风镐、蒸汽压路机、起重机和新颖的发动机。他们印象中的谷场消失了，取而代之的是屋檐下的工厂、仓库和新的公寓楼。起初，天空满是烟囱冒出的烟留下的一道道痕迹，直到首批电力通过长长的电线投入输送。

1928年到1940年期间，苏联的钢铁、水泥和煤炭的年产量翻了四倍。火车和汽车制造从每年800辆上升至14.5万辆，尽管较之美国，这个数字还微不足道。造船厂、机车车间和拖拉机制造厂极速扩张，让西方的很多工程师都投以艳羡的目光。火力发电厂和水力发电计划是重头任务，出现在鲜艳漂亮的画报上。这是史上工业进程最快的阶段，代价则是很多俄国人吃的面包比以往少了，每周黄油的配额也随之减少。苏联不太容易偿还外贷，它不再轻易向外借款，它不得不为工业的成功发展做出一定牺牲。人民炖锅里汤汁稀薄，食物的份量更小了，只为把财力用在支付新电网上。啤酒和烟草的配额也减少了，省下来的钱用去建新的学校。

到 1939 年，苏联已成为世界第三工业大国，成就惊人。苏联人民有理由为他们在物质上所取得的成就而欢欣自豪。教育和某些文化方面也取得了长足的发展。最后一位沙皇登基之时，俄国的识字水平还非常低，而如今已经能和大部分西方国家持平。高等教育和技术教育是免费的，吸引了大批年轻的男男女女。健康医疗水平与二十五年前相比有很大提高。表演艺术的诸多领域都达到了很高的水准，尤其是芭蕾、歌剧和交响乐团。苏联大城市参加文化活动的人口比例比大多数的西方国家还要高。

苏联密切地关注着国外在科学技术方面的最新创见。最新的外国机器被拿来拆解、仿造。苏联地位甚高的工程师和技术人员研究或采用起新技术来，动作快得很。哪怕是被称为“契卡”的秘密警察也采用了新的辅助工具。很多 20 世纪被独裁者采用的警务创新，都是从西方借鉴而来。1899 年，俄亥俄州阿克伦的警方首次使用机动车。一年之后，警犬也可能是在比利时的根特首次出现。英国发明的指纹分类技术也轻而易举地被独裁者用在政治抗议者身上。广播和麦克风也是极权社会的重要工具，用于政治宣传、间谍和窃听活动。

斯大林的个人崇拜之风

统领国家的最高委员会最终倒了下来。委员会基本成了总书记斯大林一个人的天下。最初不满足于高谈阔论民主的布尔什维克党造就了一位独裁者。

斯大林有值得高度赞扬的地方，因为他重建了俄国，快马加鞭地实现了国家的现代化。他在苏联已可一手遮天，但他还不满足，觉得还没得到应有的尊重。他开始在历史书上拔高自己的地位，尤其是美化他还未成气候的那段时期。列宁曾经赞许过一位见证了俄国革命的美国共产主义者写的书，那就是约翰·里德的《震撼世界的十天》(*Ten Days That Shook the World*)。但斯大林可不高兴，因为书中列举的1917年的英雄中没有他。因而，他将此书从俄国的图书馆中移除。著名作曲家肖斯塔科维奇谱写的一支歌剧，由于斯大林不喜欢，也被禁了。不受斯大林待见的生物学家、植物学家、经济学家和士兵们被降职，要么送往西伯利亚偏远的省份和关押营，要么干脆被枪决。

1917年投身十月革命的忠诚人士也不安全。二十多年后，很多人都被行刑队枪决或被子弹从后面打爆了脑袋。外国的共产主义者，在处境危险的时候，向莫斯科寻求庇护，受到欢迎，后来他们可能忽闻一阵敲门声，就和家人永别了。而今，当统治德国的希特勒向党派的老同志表忠诚时，斯大林却开始害怕忠诚的同志，尤其是身居高位者。1936年到1939

年期间，他的一批批假想敌均遭逮捕，接受审判，或者未经审判就被枪决了。1938 年，在蒙古发生过一场苏联与日本之间的不出名的小战争，后来参与这场战争的军事指挥官也遭到逮捕。布柳赫尔元帅曾在内战时保卫共产主义俄国，但显然他在哈桑湖抵抗日军时领军不力，因而被召回莫斯科枪毙了。

与此同时，苏联正在发起一场夸张的宣传运动，将斯大林塑造成苏联人民的慈父。这位曾经有抱负的修道士，现在成了无神论者，被百万群众奉为上帝，能够回应祷告或改变人生。莫斯科的《真理报》如此建议读者："如果你在工作中遇到困难，或突然自我怀疑，想想他，想想斯大林，你就能找回自信了。"尽管很多公民都惧怕他，还是有无数的人尊敬他，因为他重建国家，为他们找回了自尊。自豪的苏联人一直充满爱国热情，这是斯大林不朽的功勋。

同时，苏联共产主义的成功，无论是实是虚，都影响了其他地区的政治。尽管法国、意大利、德国和其他几个民主国家的共产主义政党并没有掌权，但他们都赢得了大批拥护者。倘若机会一来，他们定可凭武力一举夺权。他们专注于武装自己，他们的几个敌对党派，也学会了诉诸武力。意大利的法西斯和德国纳粹开始抬头——他们拥有自己的街头武装力量——部分就是因为共产主义势力的崛起，它强大的魅力影响了千千万万欧洲人的思想。

第七章

老苏丹和青年土耳其党

俄国和土耳其这对宿敌，在一战之后，都决绝地走上了新的道路。它们直面失败、知耻而后勇，重整旗鼓，试图一雪前耻。早期苏联的社会主义尝试实在引人注目，土耳其也进行了伊斯兰史上最大胆的实验。土耳其新上任的军事领袖试图揭开土耳其各个阶层生活的面纱。

两国尝试的新路中，苏联更具影响力。苏联将集体主义和唯物主义看作未来的方向，在全球吸引了大批追随者。但长远来看，土耳其革新的意义更为深远。伊斯兰教的势头被压下来了，但他们并未被打败。到了20世纪末，展露出圣战般决心的是伊斯兰教，而非共产主义。

强弩之末的帝国

1900年的奥斯曼帝国，强大无边，地跨三大洲。尽管它在北非和巴尔干半岛失势，却几乎独揽小亚细亚，统治着《圣经》旧约和新约中记载的大部分城市。奥斯曼帝国由苏丹统治，加之苏丹是哈里发，是先知穆罕默德的代治者，因而备受尊崇。麦加圣地便在奥斯曼帝国中，为了方便每一年的朝圣活动，从地中海到麦地那修建起了绵长的铁路，修路的资金来自从各地信徒那里收集的硬币和纸币。

1900年时，奥斯曼帝国形成了多宗教多民族的格局。君士坦丁堡内清真寺、宣礼塔和圆形穹顶林立，百万人栖居于此，但只有一半是穆斯林。商务繁忙的士麦那港口——现在被称为伊兹密尔——就坐落在圣经中的以弗所城废墟旁，希腊人在其中占主导地位。爱琴海另一头的奥斯曼大港口萨洛尼卡，是欧洲唯一一个犹太人是最大族群的重要城市。奥斯曼帝国中的又一大少数民族是擅长经商的亚美尼亚基督徒。但这个人口密集的大帝国中最大的外来人口是阿拉伯人，有600万之多，他们住在远离君士坦丁堡和安纳托利亚高原地区的地方，并不把自己看成土耳其人。

帝国中绝大多数是土耳其人，担任陆军军官和公务员职位的也都是土耳其人。大帝国长期在苏丹的统治下，恪守传统，而土耳其的爱国主义者不时希望能将民主带入帝国里来。在陆军军官的帮助下，他们逐渐得势。正是这一政权促进了与德国的军事联盟。土耳其于一战中败北之后，在奥斯曼帝国的废墟上，一位年轻的陆军军官开始建起一个新国家。

青年土耳其党的蹿起

穆斯塔法·凯末尔出生于萨洛尼卡港，该港口现已在希腊境内。他的父亲是奥斯曼的一个自以为很大牌的小官员。穆斯塔法的母亲小其父20岁，她对儿子影响很大。穆斯塔法金发碧眼，意志坚定，心怀责任感，并隐隐露出一股自豪之情。“我们都注意到了他说话的样子，总是昂起头，手插口袋。”他的母亲观察道。尽管他在穆斯林的环境中长大，他的一位祖父还能背诵《古兰经》全文，但是他对西方总是充满向往，当时西方的影响已经侵染到了萨洛尼卡这个大港口城市。他就读军校的时候，终于可以脱下土耳其学童穿的松垮蓬松的土耳其长裤，换上西式制服，凯末尔好不欢喜！

时任陆军少校的穆斯塔法·凯末尔20多岁时，奥斯曼帝国正苟延残喘。他随军去往托布鲁克小港口外的利比亚，试图抵抗向内陆逼近的意大利军队。几年之后的一战期间，他从一众土耳其军官同侪中脱颖而出，成为战略家和加利波利战役高潮中勇敢的抵抗者。凯末尔意识到了制造神话和宣传活动的力量，他加以运化，为己所用。尽管利曼·冯·桑德斯将军是这次成功抵抗战的主要组织者，但穆斯塔法之后声称，他是加利波利战役的总参谋。同事们越来越注意到他的组织能力，还有他那躁动的野心。

他希望有朝一日能让土耳其走向现代化，当他见到未来的苏丹时，他的野心更加膨胀了。1917 年，穆斯塔法·凯末尔参加了一个前往德国的战时代表团，他发现同行的人里有一张友好的陌生面孔："他走了进来，对着我们的方向微微鞠躬，然后坐到了右边的沙发上。"在奥斯曼帝国，人们坐的位置很有讲究，而这位奇怪而冷漠的访客显然地位不凡："他合上双眼，仿佛陷入了沉思。"翌年，这位心不在焉沉默寡言的人成为苏丹穆罕默德六世。后来，奥斯曼帝国节节败退，这位新苏丹没有施展出该有的领导力，使得协约国乘胜占据了君士坦丁堡和其他关键的地区。这时，凯末尔脱颖而出。

作为 1919 年爆发的土耳其国民运动的领袖，凯末尔试图重掌国家政权。凯末尔击退了在英法美支持下占领繁忙的士麦那港口和境内大片区域的希腊。他再次成为民族英雄。他领导的征战迅猛铁血，18 万希腊和亚美尼亚难民从小亚细亚逃往希腊大陆。他的谋略如此精妙，1922 年 9 月，他的军队几乎有望重夺达达尼尔海峡，进攻加利波利半岛。他的军队人数远远超过战胜的协约国军队。在战后协约的条款下，协约国英法意占据着这条狭长海峡的两侧。

协约国没料到事件如此逆转，他们面临着是否要为刚刚赢得胜利的战争再战的决定。在伦敦，英国内阁召开紧急会议，首相劳合·乔治承认："让土耳其人占据加利波利半岛，实在是不可思议，我们应该战斗，竭力避免这样的情况发生。”应乔治的请求，新西兰和纽芬兰承诺派出军队。塞尔维亚、希腊和罗马尼亚也受邀出兵。英国增援力量马上就要各就各位——战列舰、巡洋舰、一个中队的潜艇、一个编队的驱逐舰，还有来自直布罗陀、马耳他、埃及甚至英国的运兵船，以及埃及的飞机。9 月 15 日，英国内阁举行了漫长的会议，讨论倘若凯末尔成功后果会如何，并发送秘密电报给英国领地："倘若协约国从君士坦丁堡败下来，或仓皇撤军，可能会对印度以及其他我们负责的伊斯兰教群体带来严重的后果。”加利波利的战争墓地可能“落到无情的凯末尔派手中”，这又是个忧心之处。几周内，很可能再起战火。

协约国在对抗土耳其的长期战争中一直捷报频传，但凯末尔的出现和他的七万土耳其大军可能会消除协约国的军事优势。协约国而今莫衷一是，或是焦急不安，或是镇定自若。法国坚决反战，而英国也犹豫不决。谈判于焉展开，决绝的穆斯塔法·凯末尔提出的要求大抵都得到了满足。加利波利又重为土耳其领地，协约国驻军撤出了君士坦丁堡。

此刻是土耳其的欢喜之时，却是英国和法国的不祥之日。吃了败仗的德国会如同土耳其一样：同仇敌忾，爱国情绪高涨，加强武装力量，清除一战后加诸其身的赔偿惩罚。

土耳其正欢欣鼓舞的这个月，出现了两个政府并立的局面：一方是畏缩怯懦的苏丹穆罕默德六世，占据着港口城市君士坦丁堡，另一方是来势汹汹的穆斯塔法·凯末尔，雄踞自由的内陆小镇安卡拉。凯末尔又一次先发制人。他要求苏丹解散其在伊斯坦布尔委任的部长们。当苏丹拒绝之后，国民议会于11月1日在安卡拉召开，除一人反对之外，其他人达成共识，决定让土耳其成为共和国。实际上，议会进一步宣布，准确来讲，自从1920年3月16日起，苏丹即失去统治地位。正是在这一天，苏丹默许胜利的协约国占领了他所在的荣耀之城君士坦丁堡。

被赶下台的消息传到了苏丹耳朵里。他妄想城中的民众能奇迹般地站在他身后，真是大错特错。为安全起见，苏丹和他的小儿子在1922年11月17日被秘密地从皇宫送到了岸边。第一任入主伊斯坦布尔的苏丹在五个世纪前威风凛凛而来，而今，末代苏丹坐上一辆英国救护车秘密逃到了港口。一些有识之士形容说，这个一直被称为“欧洲病夫”的政权标志性地终结了。

末代苏丹从他的家乡坐上英国战舰HMS“马来亚”号，该战舰的名字刚好与一座伊斯兰岛屿重名。他一度住在麦加这个之前的苏丹从未屈尊访问的圣地，之后与他的三位夫人在意大利的圣雷莫海滨胜地度过余生。他最后因中风于1926年5月病逝。

苏丹被废除，哈里发制也随之取消。奥斯曼帝国的苏丹一直被奉为哈里发——先知穆罕默德在世的代治者以及全世界穆斯林的名誉领袖。哈里发相当于伊斯兰世界的教皇，只不过更为低调，权力更小。他潜在的威信是很重要的；在一战中，他号召住在大英帝国的上千万穆斯林挺身而出，发起一场讨伐异教徒的运动，抵制压迫他们的基督徒。加利波利的印度军队接到了从土耳其飞机上洒下的无数传单，呼吁他们放弃英国军队，加入他们战壕里的土耳其兄弟，不然“头颅不保”。哈里发呼吁的讨伐异教徒运动并没有成果，说明远在土耳其的哈里发权威鞭长莫及。在穆斯塔法·凯末尔看来，哪怕是土耳其也不再需要哈里发了。驱逐了苏丹，哈里发的位置不但空缺出来，也成了累赘。

凯末尔不露声色地慢慢执掌了伊斯兰世界，仿佛葬礼游行般的静默徐缓。他将哈里发的名位留给了苏丹的外甥阿卜杜拉·麦吉德。麦吉德是名爱国主义者，多少支持凯末尔，他意识到，必须要做出退让。他第一次出席周五的公开祷告，身着历代苏丹喜欢穿戴的长袍和头巾。但是凯末尔严令他穿西装，甚至双排扣长礼服。

没了孔雀羽毛加身的新任哈里发，每周五出现在公众面前，但是时间不长。大国民议会表决通过了凯末尔关于不再需要哈里发的建议。因此，有了一个简单的替代方案。新的政府部门可以管理清真寺、伊斯兰学校甚至伊斯兰的法庭，而阿拉伯的当权者若被授予阿里发的尊位，定会受宠若惊。1924 年 3 月召开的大国民议会，决定废除土耳其的哈里发。哈里发在伊斯坦布尔的宫殿的电话线被掐断，防止他寻求外援。一天早晨，哈里发和他的四位夫人中的两位，被护送到了郊外的火车站，一直等到半夜，最后东方列车驶进，专门载上了他的随行人员。他从伊斯兰世界去往西方的途中经历了一两个小波折。他在瑞士被临时拒绝入境，因为在瑞士不允许一夫多妻。

遥远的小镇安卡拉成为新的土耳其共和国的首都。安卡拉一直以“安哥拉”之名被西方熟知，安哥拉羊毛和马海羊毛就来自这片高地。凯末尔在1920年临时将这个小镇选作首都，部分是因为它远离海岸，不容易遭到希腊人和其他入侵者的袭击。该地在冬日里海风劲吹，而到了夏日，蚊子如黑云般从火车站旁的沼泽地袭来。到了1925年，安卡拉已经体面多了：沼泽地被清干，一家舒适的酒店开张，新建的公园为那些希望在晚上讨论政治时事的人提供了便利，当他们漫步回家时，也有电站点亮街灯。人们纷纷议论，希望建起电话局和广播电台，服务这里的五万居民和几个大使馆，这几个大使馆正依依不舍地从美丽的海边旧址搬往这里。

脱毡帽揭面纱运动

凯末尔作为总统，试图将土耳其改造成像法兰西共和国一样的世俗国家。清真寺起初并未受冲击，人们可以如往日一样做礼拜。在尘埃飞扬的村庄里，那些犁地摘果、牧场放羊，或在路旁骑驴赶驼的大众平民，他们的宗教活动一如往常。

一些传统的奥斯曼禁令或禁忌正一点点被取消。凯末尔看不得女子佩戴面纱，他在1924年宣布：“让女性露面示人。”女人们可不情愿接受他的建议，但在城市里，女人们日渐摒弃了面纱。

凯末尔对于男性的合适帽装的命令更强硬。毡帽几乎是有头有脸的土耳其男性的象征，甚至凯末尔本人在成年后也大多戴着这种柔软的红色高帽。毡帽和伊斯兰的身份紧密相连，以致那些公开戴有帽檐的帽子的人往往被看作西方的异端。毡帽可能起源于摩洛哥，没有帽顶和帽檐，在清真寺举办的宗教仪式中，被人广泛佩戴，因为戴上它，礼拜者可以坐在地上深鞠躬，让额头触碰到地面。而在 1924 年，戴毡帽的习惯被禁止，此举声势浩荡，引来巨大争议。

当大多数人还习惯于在清真寺内以帽遮首时，贝雷帽取代毡帽流行起来，贝雷帽是种有帽舌的布帽，看起来像棒球帽，帽舌戴在后面，这样在鞠躬的时候，前额便可虔诚地碰到地面。其他的着装礼节也传播开来，公务人员须戴西式帽子，上学的男孩儿女孩儿要穿上法式的黑色围裙。

凯末尔本人并没有走入清真寺重新制定宗教礼仪和祷告的规矩，但他几乎是站在门外发号施令。凯末尔下令，在高高的宣礼塔上带领祷告的人要改说土耳其语，而非阿拉伯语。伊斯兰教的阿訇上街时不再穿传统的服装。禁酒令本来在伊斯兰生活中很普遍，凯末尔也开始质疑，先是私下里，后来则是在公开场合。在允许当众喝酒前很久，就有一位访问者注意到，有一次，向凯末尔端来的一个大黄铜盘里，就摆放着威士忌，凯末尔一口喝下这些酒，如同刚从沙漠里来的口干舌燥的人。

在哈里发制废除的十年里，土耳其矢意向前，焕然一新。土耳其换上了新的时钟，穆斯林惯用的从日出算起新一天的阳历，也换成了从午夜算起的新历。土耳其还开始采用国际数字系统和拉丁字母表，而且规定每个人都必须有姓氏。原为希腊语的君士坦丁堡也改为伊斯坦布尔，安哥拉也正式易名安卡拉。

女性的地位逐步上升，尽管城市的情况好过农村，公共领域好过私下里。男性要与唯一的妻子或众多妻子中的一个离婚，也采用瑞士的离婚法。女儿同儿子一样可以继承家产，女性可以在国会选举中投票。1935 年，18 位女性在改革后的议会中各占据一席，并且出现了第一位女性法官。在面纱掩面的年长女性的指摘声中，土耳其举办了第一届选美比赛，选美王后诞生。在一些温和的批评者眼中，女性的地位看似上升，实则下降。

凯末尔给社会生活带来了巨大的变革，也立志为经济生活注入新的活力。让他引以为豪的是，土耳其有一千多辆汽油驱动的拖拉机。但在 1925 年，比起数以十万计的犁地和推车的牛马驴骡甚至男男女女，这个数字不算什么。农民的生活，没有工业区改变得那么剧烈。甚至城市和城中的商店集市都如奥斯曼帝国时代一样闲适如常。一些游客表示，商业还不如往日有活力，因为往日的旧帝国城市里充斥着希腊人、犹太人、亚美尼亚人和其他精明的商人，而现在他们已不见踪影。新的商机被遏制了，因为中东的石油储量在一战结束时还不明晰，而随着奥斯曼帝国的消亡，其已落入西方人之手。

凯末尔思维活跃，面对诸多议题和情况，他都唯我独尊。1923 年，凯末尔有位英国的远客聊天时说了忤逆主人的话，凯末尔“皱起了眉头，整块额头都低沉下来，仿佛他的眉毛上聚满了雷雨云”。他的不悦很快波及全国。无数有才华的公民都被迫流亡。难缠的政敌不得离开土耳其，其中的一些还被审判处决。可能会成为眼中钉的政党被连根拔起，铲除殆尽。这位土耳其之父欣赏西方的议会和国民大会的制度，但前提是成员要经过他的遴选。他的所为已僭越了总统的身份。最后，他几乎认为自己与国同大，直接改名为阿塔图尔克（意为“土耳其之父”）。

这位铁人逝世于 1938 年 11 月 10 日，几乎恰逢一战休战协议签订二十年。尽管在其执政期间逃离土耳其的亚美尼亚人、库尔德人和希腊的少数民族都不太尊重他，但大多数土耳其人都崇拜或尊敬他。像凯末尔这样努力推动国家变革的领导人，可谓凤毛麟角。

针对阿塔图尔克的政绩，很多人认为这改革早该实行，也有很多人认为是耻辱之举，伊斯兰地区的人民热烈而愤怒地讨论着他的功过。阿富汗国王阿马努拉不无谨慎地最先效仿起阿塔图尔克。他甚至提出为女性提供教育，此提议引起了阿富汗上上下下从山间到峡谷的一片强烈抗议之声。1929 年，在穆斯林领袖的谴责下，他被强迫踏上了流亡之路。伊朗在 1935 年更进一步，大规模废除了佩戴面纱的习俗。反对新的世俗主义的声浪起起伏伏，在半个世纪之后达到高潮，伊朗重新实行起严格的宗教规定。

人们普遍预感，更多的伊斯兰国家会效仿新的土耳其，尝试民主，支持女性权利，视清真寺为独特的宗教生活，而将其与政治和社会生活分离开来。但在半个世纪之后，在大多数的伊斯兰土地上，清真寺依旧管辖着人们的日常生活，酋长和将军之衔日渐占据主导地位，选票箱不再被看成自由的大本营，而不过是个小小的棺材盒罢了。

第八章

突飞猛进

有几位发明家，年纪轻轻就在艰深的领域解决了复杂的问题。意大利人伽利尔摩·马可尼在20多岁就发明了无线电的雏形。当时只能通过电话或电报沿着电线传送消息，马可尼发明了无须连接电线就能传送消息的方法。他的这一惊人成果最初被命名为“无－线”，反而是以否定的方式命名。然而对当时的一代人来说，“无线”简直太神奇了。

神奇的消息

马可尼发明的无线电基于早期理论家的工作展开：他将早期的理论变成现实。马可尼最早的无线设备于1899年初露光芒，当时一艘英国的海军巡洋舰向附近船只发送了一条消息。对近在咫尺的船只发送消息并没什么了不起，但是能沿着长长的海岸发送消息就算是奇迹了。奇迹发生在 1901 年 6 月，一条消息在没有依靠电线的情况下从怀特岛发送至康沃尔。当时很多科学家都认为它的用途有限，因为在他们看来，地球的弧线会阻止消息跨越宽广的海洋或陆地。1901 年的 12 月 12 日，一条无线电传送的消息从英格兰跨越大西洋到达纽芬兰，破除了这种说法。到了 1907 年底，跨越大西洋发送的无线电信号，比通过古老的海底电缆传送的消息更便宜。

尽管当时无线电还无法传送人的声音，但它可以快速传送人们熟悉的摩思密码的圆点和短线——电报也使用相同的符号。这些加密的信号在夜晚听来比白天更加清晰，而下一代无线电站发送的语音留言也确实在晚间更为清晰。

人的声音是否也能通过无线电清晰地传送？这一可能性令人兴奋，因为现在已为旧发明的电话，当时只能用于短途通信。几乎所有的通话都只能在城市内进行，并且话费昂贵。1910 年，伦敦的有钱人可以打给巴黎的电话用户，但没法打去罗马或纽约。在 1914 年一战即将爆发时，令政治家焦急的消息还不是通过电话在欧洲各城间传送。他们的紧急消息大多通过印刷的电报传递。

大陆之间的快速通信都是通过海底电缆实现的，而在宽广的印度洋和太平洋，遥远海岛上的转发站成了战时易被攻击的对象。敌方可能切断电缆，摧毁孤立的电报站，导致一片静寂。各种恐惧和谣言四起，解释为何收不到消息——直到最后，可能两周之后，海军舰队会带着装备齐全的团队赶往遥远的海军港口修复电缆。1914 年，在印度洋上，一艘德国武装巡洋舰炮轰了科科斯群岛，也就是海上非常重要的一个有线电台。无线电无须电缆，也没法被切断，因而幸运地成为替代的通信方式。

战争促进了无线电波的研究。美国加入战争后，需要在华盛顿和法国之间安全快速地通信，于是便在波尔多附近建立了配有波尔森电弧发射机的无线电台。从远处望去，它看起来像是乡下的火车站，旁边围绕着金字塔形的桅杆。尽管这个无线电台并不传送人的声音，因为大西洋太宽广，但是它可以模仿电报，发送加密的信号。到了 1920 年，世界上可能大概有十几个这样的长距离无线电台。这些信号可以远达每一片陆地，尽管偶尔有人抱怨，在日出和日落之时，有些信号不太清楚。

因为无线电无法长距离发送声音，所以每个城镇要建起自己的无线电台，服务当地群众：匹兹堡最先开始，由业余爱好者和实验者在 1920 年建立。内莉·梅尔巴女爵士在伦敦附近的广播室举行演唱会，之后几天便引起一阵轰动，进港的船只带来消息说，在几百公里以外的海面，船长、无线电操作人员和一些乘客涌进房内，听着她微弱而令人激动的声音。无线电台如雨后春笋般出现，多数时间用来传送来自留声机的音乐，或者传送艺术家在其演播室里的现场表演。到了 1930 年，伦敦或奥克兰的无线电台若费一些周折的话，已经能够广播当地周六的赛马大会或者周日的教堂礼拜，但此种活动要求有技术人员，外面要有货车，还要到处装上麦克风。

到 20 世纪 30 年代，富裕国家的大多数家庭都配有一套无线电设备：它们体积庞大，带有很大的闸门，放在一个华丽的胡桃木或橡木制成的盒子里，立在四条腿上，由于太过沉重，没法轻松从一个房间搬到另一个房间。在这个设备的前端，有个讲究的拨号盘，通常由被称为胶木的新型棕色塑料制成，标出了能收听到的每个无线电台。更昂贵一些的无线电设备能利用强大的发射器，收听到一些外国的电台，尽管大部分要在深夜里。这些外国电台在拨号处被特别标出来——奥斯陆、华沙、巴黎、罗马、的里雅斯特、维也纳——且只有在房外立起高高的天线的情况下才能收听。1939 年时，无线电如何快速影响日常生活的指南面世，发人深省。尽管大多数人都是通过报纸或口耳相传得知一战爆发的消息，但在 1939 年，数百万的欧洲人已能通过家里复杂的无线电设备收听到二战要闻了。

无线电促进了音乐唱片的发展，让留声机盛行起来。这台笨重的设备是爱迪生在 1877 年发明的，经过多次改良后终于投入使用。在 20 世纪 20 年代，留声机唱片的一面只能保存四分钟的音乐，然后要手动给它翻面，反面再听上四分钟。尽管如此，留声机唱片，尤其是爵士乐唱片，在 20 世纪还是大卖特卖。由乙烯基制成的可长时间播放的唱片，要到二战之后才得以撼动第一代短唱片的地位。

20 世纪的前二十五年里，娱乐业还很混乱。许多灵光的新点子涌现，电影一开始并不是特别起眼。电影当时也没那么装腔作势。当时只有默片，因而与话剧相比，并未被视为一种艺术形式。没有语言，演员只能靠夸张的演技，动用上眼睛嘴巴和手，或在合适的时候干脆正面栽倒在地上。早期电影的发展，多是由那些聚集着寻乐人群的商场推动的，每个人投上一分钱，通过一个猫眼儿观看简单的动态图像。

花一小笔钱就能制作一部影片，因此很多国家都出现了制片人，尤其在法国。制片人并不担心照明技术，而出现在影片中的演员也没有服装师和化妆师的帮忙：这些专业人士一般属于剧院而不是电影制作。每部电影都匆匆完成。仅仅在 1909 年，纽约的制片人先驱大卫·沃克·格里菲斯就完成了 142 部电影，大多为短片。在遥远阳光西岸的好莱坞成为电影业重镇之后，电影制作才慢下来，贵起来。

欧美最好的电影风靡全球。因为他们是无声的“电影”，因而在外国的礼堂或剧院播放时，不存在语言的障碍。屏幕下方会加上字幕，但也只是两三个词而已。会有一位译员站在屏幕旁的台上，大声向观众翻译。如果电影戏剧性很强，也会雇用钢琴家或小提琴家演奏应景的音乐——根据电影故事的需求，音乐或紧张或舒缓。大多数的影片都很短，一晚上能播上十部或更多。

在南美洲或南非的郊外，如果天气很好，夜晚的户外会有进口电影播放，用一个大大的白幕作为银幕。电影播放员自己开着卡车，从一座城镇游转到另一座，他亲手握着胶片，转动卷轴。大部分的影片均面向大众，在最初全球流通的几年里，多是一大群人集体观看。对于第一次看电影的人来说，观影的体验是非常强烈的，尤其是像美国的罗斯科·阿巴克尔参演的喜剧那样的影片。

玛丽·毕克馥第一个获得了“美国甜心”这一称号。她的本姓是史密斯，生于加拿大，1909 年出现在大卫·沃克·格里菲斯的“影片”（motion picture）《克莱蒙娜的小提琴工匠》中。格里菲斯电影中的演员通常都是匿名的，但毕克馥坚持要在广告牌上打上她的名字，这是百老汇剧院或歌剧院著名歌手享受的待遇。最终，她成了全世界第一个人尽皆知的脸庞，哪怕是统治着世界四分之一土地的维多利亚女王，人们也只是通过国内和殖民地邮票上的图章知道了她的样子。玛丽·毕克馥结过三次婚，对于一个新的电影明星来说也不足为怪，但她确实成了全世界人们的甜心。而在欧洲可说不准，因为很多欧洲人更倾心于丹麦女星阿斯塔·尼尔森。

20 年代的大城市里修建起昂贵的电影院，能容纳 2500 人或更多，还会雇佣有很多演奏者的乐队提供音乐，还有一群女孩儿在幕间休息时出来跳舞。周六晚上看电影已经成了社交惯例，哪怕是那些之前在周六晚上静心准备周日礼拜的夫妇，亦是如此。当无声电影被“有声电影”取代，彩色电影取代黑白电影之后，电影明星的名气，比任何在台上现场演出的演员还要大。

麦克风是另一创新，它快速改变了政治演说和流行歌曲的表达。声音不够洪亮的政治家现在可以在户外面对上千听众演讲。一派新的流行娱乐艺人哪怕没有扯开嗓子高歌的本事，现在也迫不及待地握住麦克风了。从那时起，界定好声音的传统标准开始改变，从传统演唱中分化出了流行唱法。歌手十分欢迎这种新技术，比如鲁迪·瓦里和平·克劳斯贝，他们可以轻轻地对着麦克风歌唱，甚至耳语或呢喃，他们的听众比任何接受传统训练的歌手的听众还要多。人们喜欢上了低沉和沙哑的声音，因为麦克风突出了这一特色。

广播和留声机唱片的出现，让这一新类型歌手的听众成倍增长。平·克劳斯贝在 1942 年战时演唱了《白色圣诞节》，风靡全球。同时，几位新歌手开始跳脱传统教育强调的品位、道德观、遣词和语法。在 19 世纪，教室曾被视为拯救文明的圣地，而如今却出现了一群颇具说服力的反对传统教育的人，里面也不乏无知的人，他们挑战了学堂教育的权威地位。

自 20 世纪 20 年代以来，长途无线电报、电台、留声机、麦克风和电影，对家庭生活、政治和娱乐业都产生了影响。与此同时，汽车的发明，更快地变革了日常生活，但除美国外，汽车当时还未在家家户户普及。

汽车的恐惧和欢乐

在 1900 年时，一些国家还完全没有汽车。大城市间的道路不适合让时速 30 公里的车辆通过，并且早期汽车的引擎并不完善。很多车消耗的水比油还多，行驶在上坡路上的驾驶员常常可以在前方看到，有蒸汽从散热器的沸水中喷射出来。当时汽车的设计并未考虑夜间行驶，除了在灯火通明的城市，甚至烧煤油的车头灯也不够亮。

女人很少开车，因为汽车这台机器仍旧是给那些身强体壮会摆弄机械的人准备的。不够结实的轮胎经常在郊外的路上被扎破，不是碰到锋利的棘刺或马蹄铁钉，就是遇上路上尖锐的金属或破碎的玻璃。要给车换上备用轮胎，准要费点儿气力又弄得一身脏。想要发动引擎，也要用手不停地转动手摇曲柄。要是引擎逆火，曲柄会不听使唤，手臂很容易受伤。

一些豪华汽车可以用电启动。1908 年，俄国沙皇拥有一辆法国车，只要一转开关便能启动，飞快地开走。对于随时面临暗杀危胁的君主，这样又快又可靠的汽车显得很重要。1912 年，美国制造了一辆昂贵的能电动开启的凯迪拉克，七年之后，法国出现了并不昂贵的雪铁龙旅行车，具有电动开火装置和像样的电动车头灯。法国对早期汽车的开发贡献巨大，从沿用至今的法语名词便可见一斑：底盘（chassis）、汽化器（carburetor）、车库（garage）、豪华轿车（limousine），以及汽车（automobile）本身。

更多的女性想要开起车来。每次上路，她们都小心地穿好防护帽、手套和大衣。她们晓得，每次开车停下来后，都要重新梳理头发，整理衣服，因为大多数车里都会吹进风和灰尘。要是想开车去朋友家参加正式的下午茶，下车不加整理就走到门前简直是不可能的。

早期的汽车和闹哄哄的摩托车可不招人待见。1902 年在纽约，一份医学期刊谴责这些“闻起来像恶魔一样的”汽车，打扰了街上散步的人，对“行人和马匹来说像是恐怖活动”。伍德罗·威尔逊在还未当上美国总统之前，对那些开车的有钱人傲慢的态度惊骇不已，他说：“在美国，没有什么比开汽车更有社会主义的风气了。”应该强调的是，在他的国家，社会主义气息尚未传播开来。

美国疆域辽阔，繁荣富强，开车再适合不过了。到 1914 年，美国的汽车生产量超过其他任何国家。作为世界汽车业之城，底特律有它的优势，那些小规模的制造商和组装商可以将工作外包给上百个附近的工程车间和铸造厂。就在底特律的高地公园，曾经的农场男孩亨利·福特成为一名颇有天赋的机械师，制造了他自己的汽车。福特改善了装配线，这和发明汽车本身一样重要，然后他开始制造廉价而可靠的汽车。他雇佣的员工都负责一项细分专门的任务：转动螺丝、拧紧螺栓、增加一个额外的零件，或者审查检验成品。这些工人分分秒秒地做着同样的工作，比起那些制造货车车厢或马拉大车的前辈，他们不需要太多主观能动性，不需要有多方面的才华。与此同时，汽车制造的瓶颈不见了。这边新漆还在慢慢风干，那边新车已经需要宽广的停车棚了。而且到了1923年，给新车用硝基喷漆快干的好点子已经被人想出来。

亨利·福特发家致富的故事引人称奇。他成了人们热议的对象。他的人生故事在1923年发表，据说在德国出了30个版本，其中一位热心的德国读者便是当时还在监狱里的阿道夫·希特勒。哪怕在并不相信白手起家故事的新苏联，工程师们也积极地研究福特造车的方法。福特车简直太受欢迎了，销量远超主要的竞争对手，比如法国的雪铁龙、英格兰的奥斯汀和莫里斯，还有意大利的菲亚特。年复一年，福特拒绝改造T型车的基本设计，最后全世界有1500万辆福特车在路上驰骋，这一纪录直到下一代的耐用型大众汽车出现才被打破。

汽车日益变得更加便宜舒适，也更可靠。到了1930年，新车一般都有了防水车顶、塑钢门窗和玻璃窗，保护乘客不受天气影响。大多数的新车使用更安全的液压制动器，轮胎更结实，并且汽油里加入了铅，引擎噪音也更小。然而当时还没有马力强劲的引擎，倘若小型汽车要开上陡峭的山路，手动换挡一次，车速就变慢一次。有些车还要停住缓一下，等散热器里的热水翻滚完，再哐啷哐啷地开上山顶。

欧洲大多数的家庭都没有汽车或摩托车，他们以为可能永远也负担不起。但在美国，一般家庭都负担得起新车或二手车。有时到了高峰期，大城市的十字路口会堵满汽车，还有缓缓前行的马车也来添乱，尽管马车数量已经越来越少。高峰期以外是不太堵车的，大多数开车的人都能在路边找到停车位。

曾经在美国大城市的主要街道上随处可见的有轨电车，突然受到了威胁：汽车来占地盘了。长途火车自行其道，但也好景不长。20 世纪 20 年代末，美国的铁路交通从业人员达 170 万，包括超过 30 万的职员，但很快次要的支线就关闭了，有了这个先例，从英格兰的约克郡到澳大利亚的塔斯马尼亚的铁路主管们很快纷纷效仿，汽车和卡车剧增的地方皆是如此。到 20 世纪后半叶，荒凉的火车站和寂静的火车隧道，已经是常见的一景。

在土地广袤的国家，汽车改变了人们的生活方式。城市大街上原来成堆的马粪也越来越少，因而街道更干净，夏天的苍蝇也更少。在郊区，人们可以把房子建在远离火车站的地方，城市也得以扩张到更广阔的地区。游客曾经需要乘坐火车或轮船前往海边或山中的度假胜地，但现在去新的度假地仅仅靠汽车就够了。路边的小城镇面临危机，因为拥有汽车的人可以去更大的城镇购物或寻求服务。很多国家的周日曾经很寂静，有轨电车和火车在中午前提供有限的服务，但是开车的人打破了原先周日通勤的限制。

汽车解放了人。车带来了自由，人们无须再受限于其他交通方式固定的时间表，可以摒弃原先单调的差事和例行程序。汽车也改变了恋爱和婚姻，到哪里购物，到哪里野餐度假，如何举办葬礼，去哪里的教堂做礼拜，去哪里看电影。汽车拥有者们需要的配套设施很快就在美国设计出来。在20世纪20年代，美国加州出现第一家汽车旅馆。1933年，第一个汽车影院在新泽西开业。两年之后，俄克拉荷马州设立第一个停车收费表。汽车银行和汽车餐馆随后也很快出现。同时，英国在世界上率先设计出人行横道。英国赋予行人先行权很有魄力与勇气，因为汽车是马路杀手，仅美国因交通事故丧生的人数到20世纪末就达数百万。机动车也改变了战争与和平的局面。1940年，希特勒的坦克、装甲车和其他车辆迅速获得胜利，这在之前的世界战争里是不可想象的。

飞行："坐上不可思议的机器"

在俄亥俄州的代顿制造和修理自行车的同时，莱特兄弟开始用心琢磨如何制造一架飞行器。他们先从滑翔机试起，然后思考如何建造一架引擎驱动的能飞的机器。尽管他们接受的正式教育有限，但在尝试了无数高度复杂的计算和实验之后，他们在自行车制造车间做出了第一个四缸发动机。1903年的12月17日，奥维尔·莱特驾驶着他的飞机，在空中飞了12秒。那天早上，他的哥哥威尔伯又飞了一次，这次飞了足足一分钟：从开始到落地共飞了260米。尽管奥维尔觉得他们能在强风中飞行已经很了不起了，但媒体并不相信他们的故事。这也不是坏事，因为他们还没有为他们的飞行机器申请专利。

他们之后能飞的距离越来越长，他们的巧思还没被很快地模仿。但在1909年的7月，一位意识到这种简易飞机前景的法国人进行了一次飞行，激发了人们的想象力。在一个夏日，在不到40分钟的时间里，路易·布莱里奥从加莱跨越英吉利海峡，飞往多佛。一年之后，想通过辛普伦山口从瑞士飞跃阿尔卑斯山到意大利的飞行失败了，飞行员丧生：很多早期的飞行都难逃死亡的厄运。

在莱特兄弟实验的二十年时间里，飞机已经速度极快，超过了最快的远洋巨轮。但有一个很大的不同。一艘远洋巨轮可以承载上千名旅客，提供宽敞豪华的空间，但是一架大型飞机只能承载飞行员和一两名乘客，也只能带很少的行李，即便如此，飞行员还要频繁地降落加油。飞机有两翼，一个巨大的木质螺旋桨，拥挤的座舱，看起来像一只笨拙的大鸟，无法安全地穿过强大的热带风暴。

1926年，经验丰富的英国飞行员艾伦·科巴姆决定飞跃中东，去往新加坡和澳大利亚，他刻意选在季风季节沿着亚洲的海岸飞行。因为乌云压顶，十分危险，所以他选择了一架配有一对滑板或浮体的飞机，这让他可以在紧急情况下降落海面。强大的西德利–捷豹发动机给他添足了底气，他在一个长长的夏日，从伦敦飞往那不勒斯，并于天黑后到达目的地。又过了一阵子，他要穿过热带的积云，这下他可没招了。尽管他躲过几场暴风雨，但哪怕是在白天，雨水也模糊了他的视线。

科巴姆没有携带无线电设备，一路也没有天气预报，但他仍然觉得，哪怕在季风季节，邮件航线还是可以飞的，只要飞行员准备好等上一两天，直到云散日出。一年之后，查尔斯·A. 林德伯格孤身从纽约飞到巴黎，证明了在良好的天气状况下长途飞行的可能。他连续在空中飞行了 33 个小时。倘若他载有两名乘客，或者季候风没有放他一马，这次长途飞行可能就无法实现。

对于长途旅行，巨大的充气气球或飞艇指引了未来的方向。1926 年的 5 月，一艘巨大的飞艇甚至准备要跨越北极。挪威人罗尔德·阿蒙森是第一个到达南极的人，他组织起了这次极地探险活动，由翁贝托·诺毕尔将军驾驶飞艇，墨索里尼称这两人的联手是伟大的联盟："意大利人不屈不挠的勇气加上挪威人坚定不移的意志。"在多次试图预测天气之后，飞艇奇迹般地飞到了挪威的斯匹次卑尔根岛上方；诺毕尔将军向着下方白茫茫的海洋望去，小心地听着汽油发动机抽搐的声音。飞艇的操纵装置结了冰，一些细微的部分正在脱落，储存气体的庞大的表层出现了小洞。忙于修补漏洞的飞行员已无暇睡觉。

到了第三天，机组中的一名意大利人乘着降落伞找到了着陆的地方，飞艇在飞行了 3400 英里之后，降落在遥远的阿拉斯加附近的平地上。晚些时候，罗马当天下午的报纸兴奋地做出预测，这条跨越北极的新航线将连接起欧洲和东亚。

大型飞艇的速度尽管仅是远洋巨轮的两倍多一些，承载量却是以往的带翼飞行器都无法比拟的。但它们造价昂贵，在早期阶段易出事故。1922 年，美国陆军庞大的齐柏林飞艇“罗姆”号撞到高压电线上，34 人丧生。翌年，法国的齐柏林飞艇“迪克斯缪德”号坠海，艇上人员无一生还。英国最著名的大家伙 R101 飞艇，形若巨鲸，在 1931 年驶向印度，但在法国的一场暴风雨中坠毁，46 人丧生。在俄亥俄州建造的“阿克伦”号，为美国海军所造，能够承载 5 架小型飞机以及一众乘客；1933 年，“阿克伦”号在新泽西沿岸风雨交加的天气里飞行，最后沉入大海，73 人丧生。

德国最优良的商业飞艇“兴登堡”号由 4 个奔驰柴油发动机驱动，比后来出现的大型喷气式客机还要庞大。1937 年，它跨越大西洋进行正常的载客服务，当时是顺风，它达到了最快速度，航程耗时约两天一夜。但它在新泽西准备着陆时失火坠毁，36 人丧生。与此同时，诺毕尔将军本人似有上天庇佑，过着空中飞人的生活。在另一次南极探险任务中，他的意大利飞艇坠毁，7 人丧生。他之后被俄国人雇为设计师，建造出可飞行 130 小时的新飞艇，打破了世界纪录，而在 1938 年，这艘飞艇在试图拯救被困在极地冰盖的苏联科学家时坠落，13 人丧生。

小型的有翼飞机开始成为主流，唐纳德·道格拉斯的全金属 DC-3 飞机既快速又实用，效率无可比拟。一些航空公司开始组织每周飞行，跨越大洋洲，甚至太平洋，大多数使用飞行船。但少有乘客负担得起，即使负担得起，他们也不想去冒这个险。很多重要的政治家依然选择搭乘远洋邮轮或长途火车参加外交会议，同时通过无线电报甚至电话来和同事保持联系。

20 世纪 30 年代，飞机的发展，无论是速度还是承载能力，都因随时可能爆发的战争加快了步伐。二战中的很多关键性胜利，都是由空中的实力决定的。法国在 1911 年拥有的通过认证的航空飞行员人数，比欧洲其他国家总数都多，但到 30 年代，它也没能发展出足够强大的空军。反而是德国，在二战爆发前五年，大胆地建造了最强大的作战舰队和教练机——总数达三万。

新的石油之王

在 20 世纪初，最重要的矿物资源是黑煤。一国想要成为工业大国，非有大量的煤层不可。欧洲在蒸汽时代冉冉升起，也多得益于其丰富的煤炭资源。整个地区浑浊的天空中，露出了井架和煤矿的废石堆。几乎年年都有矿井事故发生，仅一年，英国就有 1000 名矿工因这些事故丧生。到了 20 年代，煤炭的地位开始受到一种新出现的燃料的挑战，但该燃料当时还不易开采，在欧洲大多数地区也储量不足。

这一挑战了煤炭地位的燃料便是石油（petroleum）——这一词源自两个拉丁单词岩石和油。1859 年，美国最早系统地在宾夕法尼亚州钻井开采石油。俄国也很快成为产油大国。被称为帕西的宗教团体敬火，一些成员一直以来都走访里海西岸的小镇巴库，他们在那里敬拜因流出地表的石油而燃起的火焰。巴库对俄国来说是理想的石油开采地。在 19 世纪 70 年代，俄国人在巴库发现了丰富的石油，然后用管道抽取运输出来，560 英里长的管道绝对是世界上最长的管道，跨越群山抵达黑海。1892 年，满载石油的油轮率先经过达达尼尔海峡和苏伊士运河，将石油送到了东亚的港口。然而，俄国主要产油大国的优势地位很快就过去了。

这些早期油田的开采生产出一种有用的产品——煤油，它点亮了曾经使用蜡烛的百万人家的灯火。汽车飞机的兴起，加上船只和发电站对石油和柴油的需求，使得石油的需求量倍增，大多数的石油来自美国，来自俄克拉荷马州、堪萨斯州和加利福尼亚州的新油井。到 1925 年，世界上每月有一半的石油产出都来自美国，而另外的一大批则来自委内瑞拉和墨西哥。石油开采供大于求，以致一些石油巨头希望最好一二十年里都别再发现新的油田。

中东的深层石油储量隐藏在层层沙子和干燥的岩石下面。1908 年，来自昆士兰的律师兼企业家威廉·达西创立了一个开采石油的集团，率先在波斯发现了石油，达西靠在南回归线上的摩根山开采金矿发家。二十年后，就在波斯邻国伊拉克1500英尺深的地下也首次发现了石油。当钻到石油的时候，石油会喷过油井铁架，一直喷溅到地表，很快形成易燃的沼泽。

新西兰的采矿专家弗兰克·霍姆斯少校认为，阿拉伯半岛兼具沙漠、群山和长滩的地形具有丰富的石油潜力。1922年，他到达了岛上港口巴林，他撑着白色雨伞，头顶遮阳帽以及阻挡苍蝇的面纱，造型独特。巴林有前景的财富来源莫过于枣园和沿着沙滩海岸线的珍珠捕捞，直到日本出现了养殖珍珠，成了真珍珠的竞争品。因而巴林也需要寻求新的生财之道。令人欣慰的是，霍姆斯预言成真，1932年，加州的标准石油公司在此开采出了石油。六年之后，在科威特和沙特阿拉伯也发现了石油。骆驼、马和驴子还没有那么快被取代，他们还是阿拉伯国家载人和载货的主要工具；而这些珍贵的动物需要的是草堆、灌木和其他饲料，而不是石油。

世界的石油很丰富，中东还没成为最大的产油区。然而在20世纪的下半叶，中东却成了世界上主要的石油产区，它能让那些大国跟着它的节奏手舞足蹈，也能停止音乐让他们哭哭啼啼。

聪明的爱因斯坦和他的盲点

研究纯科学的人往往神秘而难觅踪影，那些致力将科学里程碑介绍给读者的报纸也难以解释他们的科学成果。当中东发现越来越多的石油之时，科学研究的焦点指向了另一种潜在的出乎意料的能源来源。

1895 年圣诞节的德国，威廉·伦琴教授宣布他发现了 X 射线。他有一张让人印象深刻的照片，伦琴夫人带着婚戒的一只手的 X 射线照片。X 射线被发现之后，直接或间接地促进了一股更为抽象的研究之风在诸多欧洲的大学、实验室和书房中展开。在法国，亨利·贝克勒尔发现铀能够放出射线，皮埃尔·居里和玛丽·居里夫妇发现了镭，并且发现它的放射性是在物理领域而非化学领域。在英国，约瑟夫·约翰·汤姆逊发现了原子可以再分，新西兰的移民学者欧内斯特·卢瑟福发展了核理论，捕捉到了“潜伏在原子中”难以置信的能量的意义。在德国，马克斯·普朗克发展了量子理论，使关于能量流动的知识得到革新：能量的流动不是持续的，并非如人们过去所想。年轻的丹麦人尼尔斯·玻尔在英国学习研究，他在 1913 年的论文《关于原子和分子的组成》中将这一大胆的想法进一步拓展。人们年复一年普遍接受的物理学真理，或者广为人知的“自然科学”，被狂风席卷，连根拔起。很多新理论都是充满谬误的。自然而然，只有胜者被人们记住。

在每一个知识探索的新领域，都有一些学者先知先觉，以致还没有多少人能理解他们的发现。奥地利人路德维希·玻尔兹曼提出了关于能量和原子的理论，颇受争议，当时一些化学家和哲学家甚至怀疑原子是否存在。当他于

1906 年在意大利自杀身亡时，人们已经开始倾向于相信他的理论。

阿尔伯特·爱因斯坦也加入了这场科学旋风，做出了有意义的贡献。大多数能理解其他领域进展的科学家，都将爱因斯坦誉为 20 世纪最伟大的科学家。他被尊为科学圣殿中的元老级人物。至于他是否能在一个世纪后地位依旧，就不得而知了，因为每一百年都要重写过去的英雄。

爱因斯坦，德国犹太人，童年在慕尼黑度过，他的父亲在那里经历了电器业的起起伏伏。爱因斯坦一开始在学校的成绩并不杰出——小提琴才是他的所爱。他真正受教育是在苏黎世，在那里他成为冉冉升起的数学家，年纪轻轻便成为伯尔尼专利局的职员。爱因斯坦开朗大方，聪慧而不自夸。他身材矮小，小口厚鼻，双颊饱满，一头乱糟糟的黑发。他的照片开始出现在全世界的报纸上，毛茸茸的小胡子成了他的标签。

有俗语云，除了布谷鸟钟，瑞士什么也没发明过。但爱因斯坦的成就否定了这一说法，他的大部分工作都是在瑞士的城市中展开的。1905 年，他 26 岁，他的相对论不同凡响，颠覆了人们关于光、空间和时间的理解。他的第二个巨大成果，是发表于 1916 年的广义相对论，当时他是战时柏林的教授。广义相对论基于星光的偏转，只有在日全食发生之时才能被准确地测试。1919 年 5 月 29 日，在几内亚湾的一个岛屿，一支英国远征队对日全食进行了细致的观测，经过一系列辛勤的计算，证明了爱因斯坦的广义相对论是正确的。对于理解宇宙的简单性和复杂性，爱因斯坦堪称第一人。

爱因斯坦是如何发现这些隐藏的真理的？科学是逻辑和理性的缩影，因为人们相信，伟大的科学家通过逻辑思考和语言过程获得真理。但是爱因斯坦得出这些大胆而具有颠覆性的结论，并不是通过系统的计划。语言和数据也不是他至关重要的敲门砖。他对新知的追求是通过他卓绝的智慧和脑力上的飞跃实现的。

人们猜想，他无论进入哪一个领域，都会是灵光闪耀的天才。他对战争与和平的看法，也被看成其天才的产物。他最能欣赏物理世界的复杂性，却简单地看待人性和国际关系。他曾一度相信可以轻易消灭战争。他在一个不合适的时机宣扬和平主义，他的话语颇具影响力，意外地帮助希特勒扫除了一些蹿起的阻碍。爱因斯坦最后明智地选择离开德国，于 1932 年底迁居美国，就在希特勒成为总理之前。

20 世纪的前三十多年是基础科学卓越的播种期，研究对象包括物质、时间、空间和能量，它们的实际后果还无法预测。其中的一个研究分支，即原子及其内部的爆炸性能量的研究，当时还未得到重视。正是这一研究分支，在 1945 年将世界引向灾难边缘。

第九章

敲响意大利爱国强音的鼓手

意大利是现代与原始的融合。罗马有醉人的合唱团，训练有素的外科医生，全然投入的神学家，以及世世代代留存下来的建筑；米兰有技艺纯熟的工程师和匠人，还有享有盛名的歌剧院；但在乡村，大多数人都过着穷苦日子。一战前夕，普通的意大利家庭都生活在乡下，他们的生活水平更接近北非，而不是德国。1910 年，在意大利的城市中，法律仍旧允许九岁的孩童在工厂做工。

墨索里尼的出现

意大利一直以来就四分五裂，多种地区，多种方言，很难在精神上统一起来。在南方，文盲情况非常普遍。在卡拉布里亚，只有30%的人能读会写，而在遥远的北方，识字的人则多得多。作为新生的民主国家，意大利享有投票权的人尚不多，直到1912年，观念才有了很大进步，年满21岁能识字的男子和年满30岁不识字的男子，加上退伍士兵，获得了投票权。

意大利发展中的重工业尚不足以弥补其落后的农业。意大利虽跻身欧洲的人口大国之列，却没有能与鲁尔和英格兰媲美的丰富煤田、大型铁矿以及烟雾笼罩的钢铁厂。尽管如此，意大利可不缺人。意大利的人口从1861年的2100万，蹿升到一战前的3700万，要不是大批人口移民海外淘金，这个数字还要更高。到了圣诞节，就有人从美国往意大利汇款，给意大利的经济做出贡献，也补助了还在意大利家乡的家人，算是给国家和家庭的圣诞礼物。

由于在一战开始的前几个月暂时保持中立，意大利受到了两方的拉拢。让人错愕的是，它加入了英法一方，成为协约国成员。意军在阿尔卑斯山的山脚和山腰上，勇猛地抵抗奥匈帝国三载有余，却不见什么圆满的战果。意大利迫切地希望跻身强国之林，也确实曾被许诺，协约国战胜，意大利便能分到好处。但在1919年的巴黎和会上，意大利大失所望，意大利的代表有一次甚至愤然离席。英国和法国已是庞大的帝国，获取了最丰厚的殖民地，尤其在中东和非洲。但英法却没有履行承诺分给意大利期望得到的地盘，包括西非的多哥，也可能包括高加索山区的一块殖民地。意大利拒绝了这些分配，只接受了非洲的一点点领地和珍贵的澳大利亚蒂罗尔。很多意大利人感到，与其在战争中沉重的牺牲相比，所获得的回报实在是九牛一毛。

意大利的爱国之鼓，正等待一位铁腕的政治家出现并将其敲响，引起老兵的共鸣。即使是平民也渴望听到爱国强音的奏响。他们经历了战时面包的紧缺，部分原因是从黑海港口运出的面粉和谷物无法送达。1917 年 8 月，工业城市都灵爆发了一场面包引起的暴动，大约 50 人丧命。

一战过后，政局的混乱加剧了经济的凋敝。1920 年，意大利已处在了革命爆发的边缘。在亚得里亚海海港安科纳，一个营的士兵发动兵变。这对于意大利南北两方都发出了信号，是时候让农民夺取农田，让工人们占据工厂了。罢工让铁路、城市电车和发电站都陷入混乱。战后短暂但严重的经济大萧条波及了每个欧洲国家，也让意大利的局势更加不可收拾。墨索里尼登场的时机已经成熟。

黑衣党现身罗马

大多数的意大利人第一次见到墨索里尼，是在一张黑白照片上，镜头摆得巧妙，让他的脸庞，尤其是下巴，看起来雄壮威严。墨索里尼让意大利人相信，他能够为多灾多难的意大利做出一点事情来。他确实一度做到了。

墨索里尼的父亲是名投身革命的铁匠，因而墨索里尼的教名取自墨西哥革命中的解放者贝尼托·华雷斯。他的母亲罗莎是名乡村教师，是反对革命的虔诚的天主教徒。年轻的贝尼托继承了父母两人的特点，想成为激进派，也想成为教师。20 世纪初，在多个城镇谋求教职一一被拒后，墨索里尼迁居瑞士。

墨索里尼很有语言天赋，文笔口才也都十分出众，他回到故乡费利和位于奥地利边境的特伦托，成为激进派报纸《阶级斗争》的编辑。这期间，他因直言不讳而被捕入狱。最后他受邀成为社会主义官方报刊《前进》的编辑。一战爆发时，他谴责宣扬中立的社会主义阵营，主张意大利参战，抵抗德语国家，将说德语的人视为自然而然的敌人，因为他们占据了意大利的东北部地区。在他的社会主义立场增添了民族主义色彩之时，墨索里尼于 1914 年 11 月创办了《意大利人民报》。意大利参战后，墨索里尼曾在靠近奥地利边境寒冷的北部山区服役。1917 年，他被手榴弹所伤。他参战的经历后来证明是他的一笔政治财富。墨索里尼公开演讲的时候，很多参加过战争的老兵都深有同感，认为他在为他们发声。

墨索里尼生性好斗，踌躇满志，1919 年 3 月，也就是战争结束四个月后，他在米兰建立了他的法西斯党。他的法西斯党在动荡的政治舞台上还是个小角色，主要活跃于意大利北部，呼吁在国家动荡中重建秩序——但事实是该党反倒添了乱。它谴责高失业率，鼓励帮助工人，但并非通过工会组织；它同时承诺会镇压资本主义的个人主义之风。该党也主张让国家取代强势的企业、工会、大学和议会，扮演执法、仲裁和启迪民心的角色。它也寄希望于国家本身，而非国际主义。

墨索里尼相信语言的魔力，也深谙拳头的力量。法西斯党其名的原意实际上是束棒，是在古罗马时代象征权威的权杖。他迫不及待地希望同与其较量的其他政治团体一样，创建自己的武装力量，逐渐壮大。在意大利，购买枪支很容易，在国内混乱的 1921 年，政府曾短暂允许 90 万意大利人购买枪支。到了 1921 年，身着黑衣的法西斯党人狠狠给了敌人一点教训，他们占据公职，捣毁敌方的政治集会。在一些城市里，黑衣党与武装的社会主义分子发生争斗，他们还在其他一些城市与警察对抗。冤冤相报，冲突频频发生。1921 年，在佛罗伦萨，一名共产主义者向表达爱国热情的学童游行队伍投掷了一枚炸弹。又有一次，同样在佛罗伦萨，一个工厂厂长的幼子被杀。几乎每周都有暴力流血事件发生，哪怕是葬礼游行也不安全。

墨索里尼的法西斯党先从城市开始发展，然后他们对乡村经历苦难的农工表示同情，吸收了很多新成员。在农村，很多人都害怕共产主义和社会主义最后会没收私产，因而更倾向于支持法西斯主义。此外，很多经历过战争的老兵都更喜欢墨索里尼。但归根到底，所有支持墨索里尼的选票加在一起也只是少数，还不能使他的党派成为多数党。1921 年的大选中，法西斯党赢得 35 个席位，但是两个多数党各自赢得了超过 100 个席位。

到 1922 年 10 月，法西斯党已经聚集到足够多的支持者，可以组织一场大规模集会，展示它慑人的威力了。在罗马的火车站，一列列的到站火车在几天内就载来了 3 万法西斯党人，之后这个数字又很快达到 5 万。几乎所有人都穿着款式各异、深浅不一的黑上衣。这群乌合之众持着步枪、手枪、棍棒和鞭子当武器。只要一和国家军队起冲突，他们必败无疑。但在罗马街头的一次冲突中，士兵差点儿拒绝向同胞们开火，因为法西斯党中的很多人都当过兵。

面对聚集于罗马的一众黑衣党，国王维克托·伊曼纽尔三世和首相达成共识，必须要宣布国家进入紧急状态，军队有权在街上维护秩序。次日清晨，国王改变主意，拒绝签署进入紧急状态的公告。尽管国王本人并不支持墨索里尼，但他相信，是时候出现一位铁腕领导，组成联盟，暂时地组织领导起这个飘摇动荡、四分五裂的国家了。墨索里尼是国王私下的人选。这一决定令人错愕，因为在大国会中，墨索里尼的法西斯党势单力薄，人数远远少于自由派、天主教、保守派，甚至少于社会主义者和共产主义者的总和。另外，墨索里尼相信共和制，他最后很有可能推翻君主制。

墨索里尼收到传唤他前往罗马的皇家电报时，他人正在米兰。1922 年 10 月的这个难以忘怀的周日傍晚，他被他的情妇玛格丽塔·萨尔法季送到火车站。萨尔法季是个有钱的犹太人，是著名的艺术评论家。即使在当时，墨索里尼也无比自信，他认为只要时机成熟，自己就能为意大利重建秩序和效率。就在晚上 8 点半前，去往罗马的特快列车即将驶出，他嘱咐向他致敬的火车站站长要准点发车："从这一刻开始，一切都要尽善尽美。"当时的意大利民心涣散、产业效率低下，尤其是火车站最容易引来一片抱怨之声，墨索里尼的话说起来容易，做起来难。

当时那个时代的列车并不是直达，就在墨索里尼快要到达罗马之前，也就是次日上午将近 11 点，他先去酒店稍作停留，然后会见国王。国王个子不高，腼腆但意志坚决，他邀请墨索里尼组成新内阁。墨索里尼的 14 人团队又增添了他选出的三个法西斯同党和两个战争英雄——也就是军队的首领。他向大众暗示：这次他所掌控的是军队，而不是他衣衫褴褛的黑衣党。六周之后，国会以多数票（反对者是社会主义者和共产主义者）授权墨索里尼及其内阁执政一年，通过法令管理国家，而非国会法案。在墨索里尼第一年的摸索中，他安邦有方，大多数的意大利人都很满意。他的心里还在酝酿着更宏伟的计划。他渴望罗马帝国能够重生。

1924 年的全国大选中，法西斯党动员全国的力量和资源助选，而他们四分五裂的敌人，甚至都没动用起最基本的资源。法西斯党赢得了 599 个席位中的 403 个。最终，他们废除了选举，因为墨索里尼认为意大利不需要选举。在意大利这个民主国家，本就有遏制有前景活力的新苗子的传统，而墨索里尼干脆将它们连根拔起。但是话说回来，民主加速了自己的灭亡。

艰辛的不止意大利一个。在战后的最初几年里，大多数的欧洲民主国家都冲突频发，经济萧条，没能很好地发挥民主制度的优势。一系列的新议会基于法国和比利时的模式，经选举产生，这激励了诸多政党，因为它们无法凭一己之力获得足够的席位，以自身的权力进行统治。这种被称为比例代表制的选举方式加剧了局势的分裂。于是政府决策普遍不够果断，政局多变不定。很多欧洲国家都试图效仿意大利强硬的解决之道。

意大利的风光与阴影

意大利成了欧洲人的话题。不断有来访者评断着墨索里尼在最初几年里的政绩。尽管一些人对其不吝赞美，但是民主党人往往震惊于他们的所见所闻：禁止敌对政党，将持不同政见者遣送到岛屿监狱，缺乏正常审判程序。禁止罢工，干预大学，媒体审查，这些都让民主党人担忧。报纸、书籍、广播甚至广告招牌都要经过审查。对于那些秉持异端政治思想的人，可能只有在家里和在教堂的忏悔室才能安全地表达自我。一党专政往往伴随着被定于一尊的思想。

墨索里尼杂乱的政治鼓点，让阿尔图罗·托斯卡尼尼从欢喜最后变成反感。托斯卡尼尼是世界首屈一指的指挥家，也是斯卡拉歌剧院的首席负责人。战后，托斯卡尼尼同很多意大利爱国者一样支持墨索里尼，以至于1919年在米兰，托斯卡尼尼代表法西斯党参选议员。伴随着对法西斯的希望的破灭，托斯卡尼尼开始用他的音乐指挥棒表达抗议。20世纪最隆重的音乐盛事《图兰朵》首映，他拒绝演奏法西斯国歌。很多人认为他很有骨气，还有很多人谴责他不忠。但在世人眼中，他可能是除墨索里尼以外最著名的意大利人，因而他在舞台上的抗议，破坏了意大利的名誉，报复迟早要来。1931年3月14日，在博洛尼亚，当托斯卡尼尼走入剧场准备指挥之时，他和他的妻子遭到一伙法西斯恶棍殴打。三个月后，他离开了他的国家。

很多游客并未察觉到，欺凌和恐吓的活动充斥着公共和学术生活。另有人反驳说，真要从严治国，让法西斯分子来要好过共产主义者。另外，在墨索里尼执政早期，意大利经历了一番脱胎换骨的变化。改变的不只是意大利——芬兰和其他几个欧洲国家也经历了复苏，但在意大利更为明显，因为它是活脱脱从一个烂摊子里走出来的。经济茁壮发展，失业率有所缓解，罢工已不多见，公务人员也少有贿赂的情况。南意大利无法无天的黑手党也慢慢销声匿迹。在乡村，沼泽曾是滋生疟蚊的温床，大多数农民没有土地。墨索里尼领导排干沼泽，增加地主和佃农的数量，他的做法深得人心。

墨索里尼对许多繁忙的铁路线展开电气化改造，开始挖掘隧道，在分隔博洛尼亚与佛罗伦萨和罗马的山底下开通了直达的铁路。游客欣慰地看到，名声一直很臭的意大利火车居然准点发车了——这么说确有夸张之嫌，但是至少是通车了。墨索里尼修建了第一条高速公路——从米兰到湖泊地区——很多时髦的汽车开始沿着这条路疾驰，比如玛莎拉蒂、蓝旗亚和阿尔法罗密欧，它们是意大利工程设计的后起之秀。

意大利的政策是很多早期的法西斯分子都没预料到的。1919 年 8 月，法西斯党的代表大会在佛罗伦萨举行，一些成员企图没收宗教团体的地产。十年之后，他们改了作风。墨索里尼在 1929 年准备签订协议，让教皇所在的梵蒂冈成为独立的国家。几十年里，教皇都深感是自己故乡里的囚犯。在世人的记忆中，教皇国一直独立门户，其势力下的领土从罗马沿着山脊延伸到亚得里亚海，现在教皇国解散，独立的梵蒂冈已无任何领土。哪怕是全世界最有影响力的圣彼得大教堂，而今也坐落在世俗国家的土地上。

墨索里尼和教皇庇护十一世经过一系列谈判达成共识，在古罗马的一隅，建立一个完全独立的梵蒂冈城国，意大利将在此派驻大使，梵蒂冈也将派大使到意大利。当教宗离开本国，进入意大利领地之后，也享有意大利首领的保护，免受侮辱和身体伤害。在意大利所有的公立学校，主教拥有合法的权利，可以委任牧师为天主教徒的孩子讲授宗教课程。佩戴十字架几乎在学校里成了强制性的要求。国家甚至承认天主教的宗教节日，在这些节日里，人们会为国祷告。尽管如此，新的梵蒂冈城国有权制定自己的外交政策，在二战的某个阶段，它成了很多人逃离意大利的避难所。

自文艺复兴之后，意大利就一直再未如此朝气蓬勃，很多站在政治罗盘中央或偏右的观察者都啧啧称奇。意大利在国际盛事中屡获殊荣，尤其是1933年和1934年。来自乌迪内的拳击手普里莫·卡尔内拉，赢得了全球重量级拳击冠军，意大利也在足球世界杯中夺冠。水上飞机在当时是快速长途旅行的主要方式，意大利的飞艇让很多国家艳羡不已。意大利的远洋客轮“雷克斯”号打破了横渡大西洋的速度纪录。墨索里尼沉浸在了这些国家盛举的荣光当中。

尽管墨索里尼后来被希特勒盖过了风头，但他在20年代可谓举足轻重。他的崇拜者中包括了当时还远未成气候的希特勒。甚至那些到意大利欣赏古典音乐和戏剧的有文化的德国人，也不免吃惊地看到，这个曾经混乱无度的国家如今已重整旗鼓。倘若意大利在经济负担如此沉重的情况下还能有所作为，那么有这么多优势的德国，又能取得怎样可观的成就？从某种程度上来说，墨索里尼的成功为希特勒铺平了道路。

第十章

全球经济大萧条

一战大大削弱了欧洲，它的人口和经济产值在全球的比例都大幅度下降。全球的金融中心转移到了当时经济蓬勃发展的美国。主要的欧洲强权头一次开始依赖纽约，而纽约这个金融领袖在应对危机上，没有伦敦那么有经验。不幸的是，纽约 1929 年的金融危机比伦敦史上经历的任何危机都要严重。

尽管美国经济在 20 世纪 20 年代有它的薄弱环节，但欧洲自身的经济问题已使其举步维艰，相较之下，美国便没那么严重了。这场大战势必要付出代价。英国和德国的国家债务已经翻了 11 倍，法国和意大利的国债也翻了 6 倍。欧洲在战后很快就遭遇了另一场金融瘟疫。物价上涨，如被风吹舞的树叶，漂浮不定。到 1922 年，奥地利的物价上涨 1.4 万倍，波兰上涨250万倍，而俄国则高达40亿倍。一年之后，德国甚至打破了这些惊人的纪录。这样的通货膨胀，哪怕亲身经历的人也难以理解。然而，他们确实知道，他们周五晚上领回家的薪水要是花在周六晚上，能买到的东西要少得多。我们称其为通货膨胀，但它其实就是一片混乱。

尽管英国、法国和很多其他国家都试图避免这场再糟糕不过的通货膨胀，但它们无法避免通货膨胀的后果。全球经济好比一台庞大的供暖系统，空气到处流通，一些房间的高温也定会影响其他房间的温度。通货膨胀最终被控制下来，却留下了后患。

20世纪20年代的另一场大混乱，今日的欧洲人一定不难理解，因为他们正在经历相反的东西。欧盟的成立，消除了诸国的边界，使得欧洲大部分地区实现自由商贸与投资，增进了地区的繁荣。而1918年一战结束后的欧洲，一股相反的潮流正在翻腾。欧洲当时众国初创，纷纷划定的新国界，竟长达12500英里。新成立的国家制定关税，设立海关办公室，这都是前所未有的。港口与原来的内陆地区分开，铁路线与临近的港口隔离，面粉厂的谷物来源也被切断。欧洲的国家货币从战前的14种增至战后的27种。

华尔街的恐慌

美国在20世纪20年代蓬勃发展。时髦锃亮的轿车在街头涌现，一系列靠银行贷款修建的新房子在郊区如雨后春笋般铺展开来。股票交易所里热火朝天，因为要借钱买股票简直太容易了。但是股票的热潮并未持续太久。到 1929 年 10 月，钢铁厂和汽车工厂已经没有原来那么忙碌，制造商裁掉了一批木工、瓦工和电工。但人们仍旧保持乐观，尤其是股票交易所里。

1929 年 10 月 24 日周四，纽约的股票交易所匆匆开市，但前景并不乐观。但不知真是事出有因还是假象而已，一个个小时过去，人们开始陷入悲观的恐慌之中。几乎所有人都想要卖掉股票，随着价格猛跌，逢跌买入的投机商出面，但只过了一个小时，他们就发现自己的议价已经不再划算。还有一些人在最低价时买进，但到一天结束的时候，他们吃惊地发现，自己好价格买进的股票已经不见好了。恐慌的消息四处蔓延，前来观望的人涌入华尔街，紧紧盯着记分板。《纽约时报》评论说，很多年轻的男女紧张地看着价格一跌再跌。当天售出的股票总数，超过交易所历史上任何一天销售量的 1.5 倍还多。

赔钱的交易太多，交易手续也忙不过来了，经纪商租下了酒店一整层的房间，这样他们的职员就能工作到很晚，睡在酒店里，然后第二天一早继续回到办公室工作。股票市场的残局也影响到其他市场。棉花、铜和大多数的大宗商品的价格也都跟着下跌，让人吃惊的是，可可的价格并没有下降，是个例外。

接下来的几天里，大多数的银行家和交易商大声宣布，经济和股票交易都运行良好。百万富翁中的老大约翰·洛克菲勒还有他的儿子都公开买股，以示信心。大恐慌后的5天里，报纸上尽是口气冷静而笃定的评论。《纽约世界报》宣称“世界并没有经历大灾难”，同时路易斯维尔和芝加哥声誉良好的报刊也同意这样的说法，认为尽管这次猛跌迟早要来，但是也会带来经济复苏。俄克拉荷马州塔尔萨市的一家日报警告说，这些疯狂的投机行为，伴随着繁荣和萧条，可能会“危害整个经济”，然而这一观点几乎无人响应。《纽约时报》在10月30日的头条指出国民的情绪“大体上是良好的”，同时该报还登出大篇幅奢侈品的广告，比如为司机设计的“考究”的羊毛呢制服，还有昂贵的女士蓝狐麂皮鞋。这样时髦的广告很快就不见了踪影。

对于富人的信誓旦旦，大众可不买账。他们自己的股票已经一落千丈——为什么他们还要装作若无其事？有几周，美国的股票曾短暂上涨，可随即又降得更多。广播关于最近美国股市崩溃的报道，让那些坐在邮轮一等舱、驶过北大西洋的乘客为之一震，当时的富人还主要是坐船出行。几位乘客发送出私人无线电报，要把自己的很多股票都卖掉。还有一些人打算等到了港口下船的时候才卖出，以为他们有大把时间。当轮船停泊在纽约码头的时候，大量的乘客纷纷涌向公共电话亭，但为时已晚。

随着股票价格下跌，地产的价值也随着降下来，尽管伦敦和巴黎没有像纽约降得那么猛。所有国家的主要商品除黄金外几乎全都跌价了。经济繁荣之后出现衰退是正常的，但这次的萧条后患严重。恐惧马上变成了恐慌。银行开始倒闭，光是美国就有9000家小银行倒闭。奥地利、德国、捷克斯洛伐克和其他富裕国家的大银行也相继关门。法国的货币政策旨在加强黄金储备，让席卷全球的经济衰退雪上加霜。

很多人只购买生活必需品。新车很难卖出去，因而底特律和都灵的汽车制造商也不再大量买进钢铁和橡胶，它们的供应商继而裁员。主妇们不再给家里添置新衣，在城市和数千英里以外的农场，羊毛、棉花和皮革的需求日渐萎缩。当假日来临，南非、里维埃拉还有日本和瑞士山中的度假村也空出了一半儿。

这次经济大萧条的影响，远远超过世界大战，人们感到大家都生活在同一个地球上，没有哪个地方不受北半球发生的重大事件的波及，哪怕是安第斯山脉和里约海湾也不例外。

与世隔绝的拉丁美洲

早在20世纪初，巴西就被视为沉睡中的巨人，迟早会醒来。它坐拥沿海的沙漠——一场干旱曾让50万人丧生——广阔的热带雨林还有高耸的热带山脉。巴西拥有南美洲一半的土地和接近一半的人口，它与智利之外的每一个南美洲国家接壤。巴西边境绵长，要处理各种各样的边境争端。巴西与英属圭亚那漫长的纠纷，直到1904年意大利国王严肃地宣判了仲裁结果后，才平息下来。巴西拥有世界上最大的橡胶树区，橡胶树是即将来临的汽车时代至关重要的商品。巴西也是钻石的主要供应国，直到后来南非的金佰利突起，跃居其上。巴西原称巴西共和国，资源丰富，但未得以好好利用。它和其他邻国一样，对金融风暴和政治跌宕已经习以为常。

巴西主要的敌人是阿根廷。在1800年，阿根廷还是拉丁美洲人口最稀少的国家，但一个世纪之后，它的人口增长同美国一样迅速，甚至比巴西还要快。到了1910年，阿根廷成了繁荣的标志。那些相继停靠在里约热内卢和布宜诺斯艾利斯的客轮，除了景色，从各方面来讲都更倾心于阿根廷的首都。布宜诺斯艾利斯，处在平原环绕的河口，美不胜收。它是迄今为止南美洲最大的城市，全球前15大城市之一，从布宜诺斯艾利斯驶出的火车去往潘帕斯草原，城中的歌剧院和天主教大教堂威严耸立。英国人持有并掌管铁路，而管理大型客轮码头的则是当地的意大利人，这些船只在宽广的河口里游弋。当时来自欧洲的主要移民群体便是意大利人，他们把阿根廷看作美国以外的第二个梦想的移民地。阿根廷的农业五谷丰登，谷物超过牛肉，成了1904年主要的出口商品，很多意大利和西班牙的劳工迁居于此，在丰收期间务工赚大钱。

智利、玻利维亚、秘鲁、巴拉圭和乌拉圭在内的一些南美国家，并未效仿欧洲的军事联盟。当 1914 年大战开启时，这些南美洲的独立国家袖手旁观。这些国家大多都是在战时繁荣发展起来的，避开了战争的蹂躏。只有因德国的潜水艇袭击而恼羞成怒的巴西，在战争的最后一年加入，派遣了一支舰队到欧洲水域，并派遣飞行员和医生到法国前线。反观与英德都过从甚密的智利，连根手指头也没抬一下。其他参战的国家，也是赶着战争的最后几个月加入的。

尽管大战没有给南美洲带来太多伤害，但南美洲却没能逃脱全球经济大萧条的影响。经济大萧条如一场大战一样杀伤力强大，尽管战争给人带来的是死亡和伤痛，但经济大萧条带给人们更多的是震惊和贫穷。而且，这场经济危机的受害者比战争的受害者多得多。

失业——全球的瘟疫

在 20 世纪 20 年代有大批移民涌入的国家，此时已经不再接受移民。意大利人也不再移民到巴西和阿根廷。澳大利亚曾经是移民者的聚集地，它在 30 年代初期流失的移民比涌入的还多，因为很多移民都重返故乡了。美国在 1931 年接受的移民不足 10 万人，是 1862 年以来的最低点，而那时美国正在打内战。1933 年，美国接受的移民仅有 2.3 万人。成千上万的失业人口巴望着离开欧洲，但后来得知美洲的情况同欧洲一样糟糕。

一些曾经承载移民的客船在支付完它们的工程师、主厨、服务生和客舱乘务员薪水之后，就停在岸边生锈了，一位看守员走在木制的甲板上，发现周围都是散步的人群。当然船只也已经不再需要煤炭了，大批煤炭工人随即失业。这些工人于是也没钱为家里添新鞋增新衣，而这一决定——要乘以500倍的效应——同时也摧毁了遥远工厂的就业岗位。这里5个工作岗位没了，那里就有500个人丢掉饭碗，失业涤荡全球，波及玻利维亚的矿工、新西兰的锯木师和法国的钢铁工人。当这些人失业或者一周只工作三天时，另一股余波又马上袭来。世界淹没在一轮接一轮的经济动荡之中。

失业的阴影迅速席卷南美洲的蒙得维的亚和瓦尔帕莱索，非洲的开普敦和阿尔及尔，世界各地无一幸免。1932年，一些国家的官方失业率超过30%。大多数国家只提供微薄的社会保障，民不聊生，惨景空前。

在开车路过汉堡和柏林间的高速公路后，海因里希·豪瑟于1932年称，整条路上“站满了无家可归的人”。其中的一些是有经验的工匠，他们穿着各自行业的服装——瓦工戴着高高的毡帽，送牛奶的人身着红色条纹衬衫。很多找工作的人拎着鞋子，或把鞋子搭在肩上，免得鞋子的皮革磨旧。时不时可以看到父亲推着装满东西的手推车或婴儿车，母亲带着孩子走在后头。一批人刚刚离开，高速路对面就有另一批人涌入城里。有时看到有粮食可以挖，旋踵间就有上百号人偷起了土豆。农民寡不敌众，管也管不过来。这样的情景见诸每个工业国家的报端，苏联除外。

在这新世界的农村地区，可以看到形单影只的男人或一家子人在路边找工作。黄昏降临，在一个小镇旁边的免费露营区，先是来了几辆车，上头“载着帐篷、床铺、家用品以及小孩儿”，还有几条狗跟着一溜小跑。满载货物的老卡车出现了，小贩试着出售锅碗瓢盆，骑自行车的人把食物和衣服放在二手的糖袋里。篝火的光亮还有食物的香味，为这疲劳的一天画上了句点。在澳大利亚，有上百个这样的驿站，供那些一直在路上却无处可去的人歇息。

数以十万计的欧洲家庭，因赚钱养家的人失去了工作，不得不和亲戚搭伙以减少开支。他们购买的食物仅限于土豆、大米、洋葱、糖浆、茶、糖以及最廉价的面包。为了赶上大减价销售，他们不惜走上几英里的路；他们沿着铁路线走，拾起从车上掉下来的煤块儿；倘若住在煤田附近，他们会爬上废弃的岩石堆，用榔头尽可能地找煤。实在囊空如洗了，他们就把胸针、挂坠盒、手表和其他小的贵重物品拿去当铺借钱。

很多雇主愿意雇用年轻人，因为他们肯接受更低的薪金。因而青少年的失业率要比成年人低。这一政策对老兵不利。上百万的士兵，在20岁的年纪于一战的战场或海边死里逃生，15年后，他们发现自己在他们曾经效忠热爱的国家里，已经成了经济上的弃儿。

经济大萧条很早就波及中国。丝绸这一奢侈品的出口市场几乎崩溃。此外，生丝的需求量也受到欧洲新式合成人造纤维的冲击。日本廉价倾销的出口货品，也严重影响到中国城市棉纺织品的制造。中国一向看天吃饭，而1931年长江流域暴发的洪水可谓是雪上加霜，而三年之后，又逢干旱。

日本在20世纪20年代已成为颇有实力的制造国，它在50年代后展现出的生产力和技艺在当时已初露端倪。日本最成功的领域是纺织业，到1932年，它的棉织品出口量比英国还大。曼彻斯特本为纺织革命的大本营，现在纺织厂却人去楼空，一部分是因为日本的商业活力四射，而印度的纺织业也逐渐扩大。但是日本也遭遇了经济大萧条的冲击。它的办法同其他国家一样，就是加大出口。结果则是大量未卖出的产品囤积在全世界的仓库和商店里。

全球的经济衰退对非洲和印度的影响较小，还有那些邻里之间自给自足的小农地区。只耕种一小块玉米地自给自足的中非家庭，受到的影响不大，但他们为全球市场生产咖啡的表亲们，其收入可能只有过去的一半。在橡胶园工作的马来人也深受影响，因为全世界对橡胶轮胎的需求大大缩减，而他们种植大米蔬菜、养有几只鸡的自给自足的邻居则鲜受影响。

一些经济数据本身就有悲观的倾向。统计学家往往计算没有工作的人，而不是基数更庞大的工作人群。哪怕是经济萧条最严重的几个月里，每三个适龄工作的英国人中就至少两个有工作，收入足够养家，还时不时有闲钱能买张球票，买袋便宜的糖果，买张座位最便宜的电影票，或买上热腾腾的鱼和咸咸的薯片，在街上趁着包装纸袋还冒着热气的时候吃下。敏锐的观察家乔治·奥威尔认为，正是这样简单而让人满足的事情，从某种程度上防止了英国人闹革命。

为什么全球经济冻结到几乎僵死，而没有领导人或团体挺身而出让经济复苏？这场空前惨重的经济大萧条，部分是因为太多人出售产品和服务给其他人。五百年前，大多数欧洲人还住在村庄里，而村庄里的主要工作就是生产食物、燃料和衣服，自给自足，很少有额外的贸易，因而国内或国际的贸易就算出现问题，影响也很小。但反观1930年，世界上超过一半的人都直接或间接地依赖于贸易，因而贸易一旦下滑，人们的工作和生活水平就会受到影响。尽管当时已有国际联盟这样的政治合作组织存在，但是还没有促进经济合作的大型组织。

当然，政治家、布道者和经济学家都大声疾呼，要为经济危机寻找出路。然而经济理论对最得当的解决方法——让政府往衰退的经济里大量注入货币——也持怀疑态度。这一解决方案，尽管能创造就业，也能导致通货膨胀。通货膨胀如蛇般四处盘踞，因为在战争期间，严重的通货膨胀会冲击所有的国家，尤其是1923年的德国。实际上，一国政府若能谨慎地创造就业，让通货膨胀不那么严重，这也算切实的解决失业问题的办法。但可以理解，根据最近的经验，这种方法更像是毒药而非解药。有意思的是，希特勒的德国试图尝试这种解药，还奏效了。

政治的刀锋

经济风波也影响了政治。1930 年，日本首相浜口雄幸被暗杀，圣雄甘地在英属印度发起了一场不服从的公民运动，库尔德人在波斯和土耳其边境起义，埃塞俄比亚人发动了反抗君主的起义，犹太人和阿拉伯人在巴勒斯坦兵戎相见。到处都是诉诸武力的情况。墨索里尼在佛罗伦萨发表的演讲中承认，语言自然很漂亮，但是“步枪、机枪、船只、飞机和大炮更漂亮”。当年，他主张修改《凡尔赛和约》，满是爬虫的罐头被敞开了口。在德国，希特勒的褐衫党同样呼吁修改《凡尔赛和约》，当时的褐衫党尚未取得政权，却大可在德国的城镇中发起进攻，屠杀犹太人。与此同时，芬兰的法西斯分子尝试发动政变，而波兰的激进领导人已身陷囹圄。

在 1930 年到 1931 年期间，拉丁美洲的长期罢工、上街游行和暴力反抗频频发生，结果 20 个国家的执政党里有 11 个遭到推翻。1931 年，日本进攻夺取中国东北，为六年之后全面侵略中国拉开了序幕。1932 年，南美洲面临武装混乱。玻利维亚与巴拉圭之间爆发战争，秘鲁与哥伦比亚交战正酣——倒霉的国际联盟受邀解决该争端。哪怕是相对稳定的国家也不乏剧烈的论战。1933 年，西澳大利亚试图脱离澳大利亚，此举赢得了大多数选票。

资本主义陷入无序的状态。在很多圈子里，资本主义都被斥为是道德和经济的堕落。约翰·梅纳德·凯恩斯，这位剑桥的天才后来大力巩固并重新包装了资本主义，他在 1936 年敲响警钟："世界将无法再忍受大批的失业。"以他的观点来看，失业正是"当今个人主义资本主义"的一部分。曾经神通广大的资本主义不再能为数以千万计的工薪阶层提供工作岗位，共产主义而今更受人青睐。

在全球经济大萧条期间，苏联提供了就业岗位，哪怕是低薪水高风险的岗位，想要工作都有工作，不想要的也有。很多自愿背井离乡的俄国人都重返故乡：包括著名的作曲家普罗科菲耶夫，人们热烈欢迎他归来，他后来留了下来。重返故乡的俄国人很快就找到了工作。尽管他们知道，俄国没有懒人，但他们没有完全意识到，20 世纪 30 年代早期，有多少工作是外面看不到的政治犯做的。几十年后，一位西方的历史学家访问白海—波罗的海运河，他赞赏那运河结满风霜的林荫大路，在白晃晃的阳光下如此醒目，他也欣慰，很少看到运河建筑工人条件艰苦的营地，但其实有 20 万人为工作献出了生命。

基本的政治思想和理念此起彼伏；当某些思想大行其道时，它们看似无坚不摧；当它们一旦失势，似乎就会永远退出历史舞台。在 20 世纪 30 年代，被广泛誉为"未来出路"的是共产主义的苏联，而不是资本主义的美国。萧伯纳以智慧诙谐的笔触，道出了几百万西方改革者的心声，他预言苏联的集体农场和田园城市将"一鸣惊人，大获成功"，整个西方都可拿来作为样板。萧伯纳兴奋地说道，斯大林那些"扫除了贫穷进而繁荣文明起来的城市”现在遍布于草原和沙漠。他甚至不用提起那些相反的情景，那些散见于欧洲大城市里肮脏的贫民窟，还有居高不下的失业率。

经济大萧条随着损失惨重的世界大战接踵而至，挫败了人们对人类进步的信心。虽然俄国人还是信心满怀，西欧却一蹶不振。德国小说家托马斯·曼痛感西方丧失了进步的信心，捍卫自由主义、人文主义和民主的运动曾一时势头猛烈，为1900年的世界带来希望，现在却脱离了轨道。他质问，在1937年，这场运动到底在哪里栽了跟头？他的回答是，道德方面出了问题——“因为对任何方式的狂热的厌恶，因为宽容，因为不够强硬的怀疑主义倾向：总而言之，是在自身的善良上栽了跟头。”

面对独裁者，所有坚守道德的行为，难以拧成一股绳，又容易引起人们争论，如一根火柴般脆弱。在德国，这些火柴即将毁于一旦。

第十一章

希特勒渐成气候

在欧洲各国中，经济大萧条对德国的冲击最大、伤害最深。德国对所有新的政治见解和方案都采取开放的态度。共产主义、社会主义或者资本主义，到底哪条出路是正确的，或者还有因地制宜的方案？

德国已经经历了一段混乱期。大战结束后，德国皇帝流亡荷兰，德国所属殖民地被战胜国瓜分，德国海军自行将大部分舰队凿沉，大部分的商船也被没收。在《凡尔赛和约》的框架下，大小不等的德国领土被割让给法国、波兰、捷克斯洛伐克、丹麦、比利时和但泽自由市。德国要向战胜国支付巨额赔款和大量商品，虽然并没有都付清。

魏玛这座优雅的小城，代替柏林成为临时首都，而城中的议会成员并不觉得握有实权。共产主义势力在诸多城市里根深叶茂，他们受苏联的鼓励，试图伺机发动政变。他们的敌人也高度警觉，同样咄咄逼人。在年轻的民主国家，子弹和选票争着坐庄。德国的演说家罗莎·卢森堡，是最早的受害者之一，除了一位皇室成员，她是第一个成为国家级政治人物的女性。一战的大部分时间，她都是在德国的监狱里度过的。罗莎·卢森堡成为共产主义团体斯巴达克同盟的创始人，也是战后重要的政治家。她在1919年被害。几个月里，政治暴乱、革命和反革命的浪潮席卷了德国的各个城市。

很多领导人仍旧希望德国可以免于冲突。瓦尔特·拉特瑙，德国工业巨头之一的负责人，也是哲学家和内阁的主要成员，他希望贫富之间的冲突可以消除。1922年，他在斯图加特发表演说，宣扬他的观念，他认为德国会成为和平的缔造者，因而欧洲人不会再生活在这样一个“被仇恨毒害、冤冤相报、充满毁坏和争吵的世界”。两周之后，他在离开家坐车去往外交部的途中，被子弹和手榴弹杀害。

这位爱国分子到底错在了哪里？一小帮爱叫嚣的德国人认为，他没有挺身而出与战胜的法国抗衡，同时他也是犹太人。德国政坛上的忠诚与仇恨，暗流汹涌且错综复杂，反犹主义便是其中一股力量。然而犹太人在战后的政坛举足轻重，从政人员所占比例也很高，能取得这样的局面，多是因为有非犹太人的支持。1918年底，慕尼黑城曾一度成为巴伐利亚社会主义共和国的首都，而其大多数的领导人都是犹太人。但犹太人和德国人一样，内部分裂。社会主义共和国的首领是犹太人库尔特·艾斯纳，他被一名有部分犹太血统的军官暗杀。

到1924年，暗杀和政变的日子逐渐过去，德国的民主制似乎才稳定下来。尽管如此，包括官僚体系在内的德国社会的大多数人还是心有不满。对很多德国人来说，民主制是来自遥远西方的舶来品，而这种政府形式毫无效率可言。当时政党林立，而没有任何一个有能力总揽全局，因而这些少数党通常结成联盟共同执政。哪怕是这些少数党联盟里，也挑不出一个多数党来。因而在1926年，四个政党连手组织新政府，尽管它们也只占有德国国会（Reichstag）三分之一的席位。这一新政府在七年的时间里遭遇了第十三次政治危机。这次危机围绕着国旗，国旗反倒成了分裂的象征。

魏玛共和国挂着两面旗帜，主要的一面是黑红金三色旗，这三个颜色是为了庆祝1848年的革命胜利以及一战后共和国的诞生。大多数的德国保守派不喜欢这面旗，他们更中意战前黑白红的帝国旗帜。次要的这面黑白红旗成了商船旗，挂在德国以外的海外港口。德国总理汉斯·路德，其地位相当于一国首相，他更喜欢帝国的旧旗，希望可以多加使用。路德得到总统兴登堡的关键支持，他改变规章，让昔日的俾斯麦和被罢黜的德国皇帝的这面旧旗，几乎成了共和国的官方国旗。这场旗帜之争引发了一场政治危机，路德下台。

国家政治中缺乏有头脑的人才。汉斯·路德能成为总理，可见虽然在地方实力雄厚，但国家政治却完全是另外一码事。汉斯·路德曾担任工业大城埃森的市长，却不是议会选举出的成员。在魏玛寻找路德的接班人时，最先被看好的是康拉德·阿登纳，他当时是科隆的市长，天主教徒，并非议会成员。尽管阿登纳并未被选上，但下一场大战之后将有他施展身手的机会。

一战后的十五年里，德国人时不时地期盼出现一位铁腕领袖，一位大胆爱国的实干家，可以在必要的时候站出来，力排众议，平息政坛上唇枪舌剑的争吵。这位领袖终于出现了，十几年后，当大多数德国人看着他们满目疮痍的祖国，才后知后觉，这个人并不是期盼中能化腐朽为神奇的领袖。

希特勒的心路历程

阿道夫·希特勒，出生于奥地利，家乡在布劳瑙，父亲是奥地利的一名海关职员。按照当时的标准，希特勒有较好的教育机会，他 16 岁来到维也纳，一心扑在美术事业上。多年学画无果，希特勒辗转到了德国慕尼黑，于战争爆发之际参军。他在西线冲锋陷阵时，遭毒气所伤，因作战勇敢获得了勋章：他的任务是在枪林弹雨、噪音烟雾间传送消息，是个吃重的差事。战壕里的同志情谊让希特勒深受鼓舞，但德国的战败让他大失所望。被国家的领导人背叛的感觉，对希特勒来说比其他士兵来得更强烈，他还把背叛的罪名不分青红皂白地套在了犹太人身上。

很多人期待德国出现新领袖，于是希特勒这位曾经的陆军下士毛遂自荐。他从一个巴伐利亚的小团体中节节攀升到最高层，这个团体不久便改名为德国民族社会主义工人党。希特勒临街演说，言辞急切地讨论德国的困境。工人党的成员巴不得与更强势的共产主义在街上拉开阵势较量。希特勒加强自己的保护，免受暗杀。他的司机在挡风玻璃上放置了刺眼的探照灯，观察任何可能跟踪他们的可疑车辆。

与长期在激进运动中积累了丰富经验的墨索里尼相比，希特勒的政治经验并不多。墨索里尼即将执掌意大利之时，对希特勒这号人物还闻所未闻。在接下来的两年里，几家意大利的报刊注意到了希特勒，部分是因为他的突击队员和街头霸王在德国掀起了不小的动静。希特勒因试图推翻巴伐利亚政府而被捕。身陷囹圄期间，他在牢房中研究德国问题的出路；之后写就他的回忆录和宣言《我的奋斗》，于1925年出版，当时只有几千人读过。

希特勒的纳粹党，实际上只占据着德国政治阵营的第二梯队中一个不起眼的位置，德意志帝国议会连续几次投票，纳粹党获得的选票都寥寥无几，远远落在社会主义者和共产主义者后面。希特勒一直以来的死敌是共产主义，或者如他所称的“犹太-布尔什维克阴谋”。他不断扬言要复兴德国。

除了观念坚决、言辞激烈以外，他的举止行为，一开始看来并不像大多数的平民主义领袖。他的生活多少有些简朴。希特勒不烟不酒，少肉养生，生怕患上癌症。作为一个单身汉，他在狗和美女上花的精力差不多。他也不乏崇拜者。希特勒是个民族主义者，他热爱德国的森林山川；风格激昂的德国作曲家中，他最爱瓦格纳。但他对外国旅行却提不起兴趣。德国就是他的世界。

希特勒穿着有板有眼，梳着一抹熨帖的黑色侧背头。他私下里随便聊天的时候，有点拘谨——而一旦登上公共讲台，冲着麦克风慷慨陈词时，他又完全是另一副模样。于是，这头绵羊摇身一变成了老虎。他可以激情澎湃地脱稿说上整整一个钟头，甚至两个钟头。他演讲时太卖力了，总是说出一身大汗。一出汗，他就喝德国本土的矿泉水补充水分，有时一次演讲要喝上12小瓶水。

希特勒有教练指导他的发音，帮助修饰他的手势和演讲技巧，于是造就了他天生的激昂和铿锵的口才兼而有之的演讲风格。他在台上魅力四射，容易陷入一股盲目的愤怒感。观众的热情被他点燃了，反过来，听众时而安静聆听，时而掌声雷动，也给希特勒打足了气。他的演讲，好似日后才出现的流行音乐演唱会，成了曾经庄严的德国政治舞台上的一出大戏。

倘若不是世界经济大萧条，希特勒的纳粹党可能不会有机会在政坛上大显身手。自1918年以来，德国经济就已脆弱不堪。对战胜国支付巨额赔款，严重地打击了德国长久以来的自信心，尽管在和约修改的条目下，真正支付的赔款数额并没有那么惊人。此外，政府额外出钱出策扶植各种产业，也削弱了德国的经济，抵制谷物进口让大的普鲁士农场受益，钢铁和煤炭产业价格居高不下，因战争死伤无数而劳工长期稀缺，工会也得以保持了很高的薪资。无论究竟是哪些具体的原因掺在一起导致了经济的混乱，在浪漫的魏玛举行议会的年轻共和国，一直没什么像样的作为。德国在 1850 年到 1914 年之间创造的经济奇迹，曾助其攀上欧洲强权的塔顶，而今的德国，开始在狂风中摇摇欲坠。

20 世纪 20 年代初期，德国受到恶性通货膨胀的冲击。几个月内，经济大混乱的乌云弥漫每一个主要的街道、农庄，以及工厂的烟囱间。世界经济大萧条到来，德国又受重创，严重程度超过其他所有的大国。银行和工厂倒闭，小商店小作坊的业主无力再雇用那么多的员工。1932 年德国的工业产出只有此前的 1929 年繁荣时期的 60%。在柏林、德累斯顿和其他的德国大城市里，放眼望去，满目都是衣衫褴褛的人，他们捡拾柴草充当燃料，或是翻着垃圾箱，这样的情景，放眼一百年属此刻最比比皆是了。德国全国的失业率高达 30%，而英国是 22%。

德国所经历的这些屈辱和苦难，反而为希特勒的政党提供了有利的政治土壤。他的敌对执政党派，无论是社会主义、中间路线派还是右翼的联盟，似乎都无力挽救颓势。乍看上去，德国共产主义政党组织良好，似乎比希特勒还更能从经济萧条中获益，因为它指明了出路，但是它激进的商品而今正摆在苏联。小农场和小商业业主害怕德国成为共产主义的天下，因而也倒向希特勒一边。尽管希特勒的政党被称为民族社会主义者，但在1928年的大选期间，希特勒在德国靠近丹麦边境的石勒苏益格－荷尔斯泰因州农村地区获得的支持，是在鲁尔和柏林的工业区获得的支持的12倍。

爱国精神和果敢的行动，希特勒二者都具备了。人们趋之若鹜地加入纳粹党，党员人数壮大到20万，其中一半人做好了身着褐衫上街游行的准备。1932年德国进行选举，希特勒出乎意料地获得18%的选票。很少有哪个国家的选举有这么频繁的。同年的又一次选举中，他获得37%的选票，纳粹党一跃成为国会中最大的党派。1933年1月，他被授予总理之职，实际上相当于首相，受邀组成联合政府。1934年8月，共和国年迈的总统逝世，大受欢迎的希特勒以88%的选票赢得总理和总统两个宝座。大选期间，他调动了广播、扩音喇叭、火炬游行、口号条幅还有宣传活动等所有武器，实在是不可思议的本事。

德国民主的覆灭

希特勒借着民主这个阶梯步步高升，最后再把这个阶梯扔掉。实际上，他是先破坏它然后将它毁灭。尽管如此，只要他在上台三年之后同意参选，再讨一次德国选民的欢心，他想要获得他们的支持易如反掌。一战败北让德国人蒙羞，和平条约让他们深感太苛刻，接踵而至的经济大萧条也让他们尝尽了苦头，希特勒很懂得如何填补德国人对自尊和安全感的强烈需要。

希特勒算是残害肢解了德国的政治生活。他废除其他的政党，打压工会，将忠诚于纳粹的人安插到大公司的董事会里。陆军的高级官员要私下里向希特勒表忠诚。他也控制了教会——天主教徒的活动要有梵蒂冈的批准，新教徒的活动要得到路德会六个神职人员中的五个的许可。牧师马丁·尼莫拉曾是战时的潜艇英雄，他公然反抗，建立起新的宣信会(Confessional Church)，但是他和他的几百位路德会同胞却遭受了被捕的厄运。对殴打、关押或当众羞辱的恐惧，已经渗透到了新生活当中。

约瑟夫·戈培尔，任国民启蒙宣传部部长，他控制了报纸、广播、剧院、音乐和电影，确确实实让国民更无启蒙的渠道，他的所作所为完全和他所谓的职责背道而驰。学校教室里满是政治宣传教育。受难的十字架被换成了世俗的十字架——"卍"字。纳粹在德国国内大行其道，以致戈培尔都犯不上去阻挠或禁止外国的广播。相反，他鼓励大众购买便宜的广播，确信人们肯定更钟情于本土的节目。人们的收音机成为一个个政治宣传的小堡垒，地位超过了人们的大众牌汽车。

之前吃不饱饭的数以百万计的德国儿童和成年男女，过上了好日子。失业率大幅度降低，在 1935 年初，几乎降到了所有工业社会的最低点。当经济呈现繁荣的势头、工厂烟囱黑烟再起时，德国是不太容易抗议这个无情的独裁者的蹿起的。

当其他国家的政府正在勒紧腰包的时候，德国正大肆支出。德国兴修扎实的高速公路系统，重植森林，建造城市公寓，这些都创造了就业机会。德国也不懈地重整军备。虽然在希特勒掌权之前，《凡尔赛和约》禁止德国军队整军练兵，但德国还是悄悄地在苏联的地盘儿上测武器、试战略。如今希特勒公然重整军备，快速重振海陆空三军，而当时阻止那些民主国家重整军备的，正是它们的选民。

希特勒的压迫愈演愈烈，他的敌人已经看不清他的真面目。共产主义者和社会主义者将希特勒视作资本主义的产物，他们声称，希特勒是那些在财务上支持他的政党的实业家的代表。但其实在最初的十年里，支持希特勒纳粹党的多是小企业而非大企业。希特勒还会时不时抨击垄断企业。这些企业的利润完全受纳粹的控制，有时候甚至是强行取得。

又有另一派观点断言，希特勒是戴着面具的社会主义者。当然，纳粹党的官方名字是“民族社会主义”，希特勒也确实承认五一劳动节这一欧洲左派欢庆的节日为全国性节日。但是希特勒允许私有财产。自打 20 世纪 20 年代末期，纳粹党中的社会主义力量逃之夭夭后，他就算不上半个社会主义者。

很难用左派和右派来给希特勒贴标签。他是个革命家，闹的是自成一格的革命。他反对民主和法院独立。他对任何不听他话的组织都一概打压。人民的希望和恐惧的情绪一摇摆变化，希特勒的策略也跟着改汤换药。在他眼里，他和他的政党不为任何的组织或势力效命，一切都只为了德国。他是爱国主义者当中的爱国主义者。

希特勒的德国，并不是唯一走向极权的国家。在中欧、东欧和欧洲地中海地区，民主的实验一而再再而三地遭遇失败。1919 年，保加利亚慢慢出现独裁者统治的局面，1923 年，西班牙开始在军事统治和反军事统治之间徘徊。1926 年，立陶宛效仿波兰近期的道路，当时波兰的陆军及其著名的领导人毕苏斯基正在强盛起来。南斯拉夫几乎放弃了民主，采用皇家式的独裁统治。葡萄牙也走向独裁统治，而罗马尼亚在 1930 年、匈牙利在 1932 年，德国和奥地利在 1933 年，皆出现了独裁政府。可能是欧洲教育水平最高的拉脱维亚，在 1934 年也不例外，其总理成为独裁者，拘留了很多国会的同侪。爱沙尼亚也想要强势的领导人，但五年之后，它又操持起了民主制。暗杀、肃清、政治关押，在许多新生国家都是家常便饭。这期间，在中欧和东欧，可能捷克是民主搞得最像样的国家了。

这些年对于政府当局并不轻松。失业率居高不下，种族和阶级冲突频发。那些实验民主的国家里，也几乎根本过不上民主的生活。另外，在全国大选时，人们更喜欢比例代表制，但这会导致国会里众多政党并存的局面，而又没有一个政党人数够多，能挑起大梁。

欧洲的政治混乱和经济困境让希特勒有机会废除 1919 年的《凡尔赛和约》，他是用威胁和暴力做到的。欧洲大国民不聊生，并未对希特勒的威胁给予足够重视。英法这两个民主大国的领导忙于赢得大选，而希特勒则已废除大选。

希特勒出手一向果断。1935 年 3 月 16 日，他宣称《凡尔赛和约》限制了德国军队的规模，已经不再适用，他准备招募将近 50 万德国陆军，其规模远超过法国境内的法国军队。三个月之后，希特勒说服英国，让他得以重建德国海军，直到达到英国海军三分之一的规模。德国也得以建造潜艇，虽然《凡尔赛和约》特别禁止德国这么做。英国没有知会法国便给德国亮了绿灯。

英法两国的政治家和公众舆论，在 1935 年，出现前所未有的和谐局面，但尚未太过明显。倘若一战的这两大战胜国能保持头脑清醒、动作迅速，便能趁希特勒还在招兵买马的时候火速出击，威胁希特勒收手。恐怕希特勒除退让之外也就别无选择了。翌年，希特勒志得意满，更甚一步，他规模大增的陆军重占莱茵兰。1938 年，他又挥师挺进不太可能剧烈反抗的德语国家奥地利，接着再夺下捷克。希特勒好似一位拳击手，掐准了出拳的时间。

第二次世界大战之后，很多人都对战争的发生不可思议：一个处于弱势的德国，在前一次大战战胜国的眼皮底下，重整军备，重树威风。毕竟，1918 年，是战争史上最艰难取得的胜利，战胜国沉浸在喜悦的汪洋中。而今，二十年后，它们又全输了回去。容不得它们思考一下，就败了下来。20 世纪 30 年代，它们疲于战争，把胜利当成是理所应当。这样想，是大错特错。

不幸的是，主要的战胜国英国和法国，并不是天然的同盟。在过去的六百年里，它们往往是敌人，20 世纪 30 年代作为协约国盟友，合作得也不是很顺利。英国一直生活在岛上，得天独厚，大海是其天然的屏障，希特勒开始重整军备的时候，英国也有理由先坐视不管，犹豫一下再说。反观法国，则没法坐以待毙。但法国不想在没有英国积极的军事支持下对付希特勒，可英国就是迟迟不出手。在英国和法国的国内，多种多样的公众舆论也有一大部分是犹豫不决的，不确定要不要在这一关键时刻对抗希特勒，在当时看来，这样想是有合理的原因的。很多人尤其是保守派，将斯大林看成是比希特勒更危险的敌人。更多的人寄希望于国际联盟来缔造和平，他们没有意识到，国际联盟丝毫派不上用场。希特勒深知可怜的国际联盟根本没本事：而他进一步削弱了国际联盟的作用。

英国还特别发起了一场浩浩荡荡、深得人心的和平运动，充斥着各种高尚的思想，也有很多现实派人士希望把维护和平的重任交托出去：交给国际联盟。正如很多经济大萧条期间的民主国家一样，当时的英国人民也希望自己的国家可以多花钱在社会保障上，减少国防支出。在大选期间，英国受人敬仰的中间路线者斯坦利·鲍德温不想逆着主流舆论行事："设想一下我真的到乡下去，宣称德国在重整军备了，我们也要如此……"他事后承认，倘若真呼吁这样的政策，他势必要输掉 1935 年 11 月的大选，没法一举获胜。之后他后悔自已犯的错误，承认不应该向“和平民主”妥协。

大多数西欧国家的公众舆论都反对重整军备，不料他们却成了希特勒的帮凶。尽管他们表达起厌战情绪时很有一套，但是并未意识到他们这样做所隐含的效应。在 20 世纪 30 年代中期，想要谋求国际和平，并不是在英国和法国发动和平的圣战，而应该在德国。因而，这样的一场和平圣战根本不可能发生。就算发生，也可能被无情地压下去。

犹太人和吉普赛人的灾难

在 1900 年，大多数犹太人都生活在中欧和东欧，尤其是俄国和奥匈帝国，但即便是在这些地区，他们也只是少数种族。他们大多数穿着特异，在周六而不是周日做礼拜。在当时那个民族主义之风猛吹的时代，旁人觉得他们跟别人不一样，他们也如此自视。

欧洲的每一个大城市里都有犹太教堂，远离欧洲的地方，也有数百个犹太教会颇为兴旺。美国的犹太人口增长迅速，在 1995 年，美国拥有世界上最多的犹太人口，尽管在当时看来几乎是不可思议的。在澳大利亚和新西兰，大城市中的很小一部分犹太人成为很多机构的领导，不单单是在政府和军队里。在东方国家中，哪里有商务港口兴起，哪里就能找到犹太人的墓地。1846 年，在小小的新加坡，犹太贸易公司多过中国的贸易公司，六十年后，新加坡有了两个犹太教堂，包括马海阿布（意为“父辈之盾”）犹太会堂，如今依旧可以在滑铁卢街上看到它优雅的柱子、阳台和呼呼作响的风扇。

犹太人前所未有地融入了西方社会，因为远古时期加诸他们身上的禁令已经解除。在欧洲，犹太民族在大学、古典音乐、文学、科学、医药、法律和商业上都十分成功，没有其他任何的少数民族可与之媲美。德国的犹太人从远东迁来，他们尤其成功。德国的反犹情绪消消涨涨，没那么明显。德国的犹太人仍是少数，不足一百万人，但他们在德国上下十分活跃。他们在一战中参军，为高尚的事业添砖加瓦，当中的很多人都努力融入别的文化。

希特勒在其《我的奋斗》一书中攻击犹太人，尽管有大段大段的文字充满对犹太人的仇恨，但并没有明确地呼吁种族灭绝。实际上，希特勒上台后的一个月里，大多数生活在德国的犹太人就没感觉他们的生命会有危险。毕竟他们控制或者说影响着很多主要的大机构。德国的主要报纸多被犹太人控制。1932 年的冠军队拜仁慕尼黑足球俱乐部，教练和主席就是犹太人。但在接下来的六年时间里，政府的政策和演说越来越充满反犹情绪，大多数的犹太人抛下产业，离开了德国。很多德国人都同情犹太人，而 1938 年的纳粹小册子正式抨击了对犹太人的同情心。当时希特勒的排犹法案已经准备就绪。

在这些法案的框架下，犹太人不再被视为德国公民，甚至他们的护照上也被盖上“J”的耻辱标记。他们不得与德国公民成婚。在大战前夕，他们不能拥有汽车，不能从事他们的职业，不能出现在电影院或公众娱乐场所。他们只能生活在指定的犹太区里。

希特勒在奥地利也实施了同样的排犹法案。那些曾有机会逃离德国和奥地利的犹太人错失良机，因为他们没有料到，希特勒轻微的镇压会演变成如此恶毒的撕咬。同样，在希特勒执政的最初几个月里，他有所节制的作风，骗过了大多数的德国天主教和路德会成员。

犹太人总是人中龙凤，集体中的领袖，希特勒越来越看不下去，几乎到了歇斯底里的程度。除犹太人之外，希特勒还看不惯的便是斯拉夫人，他们大多生活在战后的德国边境。在很多地方，德国人和斯拉夫人都互相反感。一些斯拉夫的领袖，一有机会便给德国人一些颜色看看，显示了斯拉夫人对德国人的成见。在波兰的西里西亚脱离德国后，德国人也继续住在那里，新的波兰共和国试着排挤这些德国人，其中也包括德国的犹太人。据称，在 20 世纪 30 年代中期的西里西亚，有一半的 19 岁德国人从没找到过工作。当希特勒在 1939 年占据波兰一半领土之后，他逆转了态势，种族偏见愈演愈烈。

德国猛烈打压犹太人，意大利也跟着学了起来，但火力没有那么猛。意大利的犹太人不太多，人数约 5.5 万，但在大学和一些行业却影响力颇大。1938 年 11 月，墨索里尼下令禁止犹太人担任公职和加入军队，几乎阻止犹太人在大学学习或教书，也不准他们和非犹太人通婚。作为让步，他下令说，如果犹太人为国捐躯，他们的家眷可不受排犹法案的限制。法西斯主义中带头的犹太人也可豁免。尽管犹太人被贬为二等公民，但他们还没有身陷危机，直到希特勒的军队占领意大利。

吉普赛人同犹太人一样，成了希特勒而非墨索里尼的靶子。吉普赛人或罗马尼亚人，是独特的族群，他们远古的故乡是印度。与犹太人一样，吉普赛人有强烈的家庭和传统观念，他们带着马匹和小小的马车在德国上下迁徙，但拒绝按照社会的要求被同化。人们往往害怕犹太人，因为他们勤劳而成功；然而人们却鄙夷吉普赛人，因为他们没那么勤奋，却沉浸在自己的方式和价值观里。他们的前景很少被讨论，不像犹太人那样。吉普赛人这样一个半游牧民族，没那么善于修建纪念馆和博物馆，也不太容易引起公众的兴趣。

是第二次世界大战，而非之前的种族歧视宣言，让犹太人和吉普赛人陷入了岌岌可危的境地。到1939年，他们的自由和财产已经难保。三年之后，他们就已经处于生死存亡的关头。

第十二章

第二次世界大战

德国的将军预料，他们不可能进行长期的战争。尽管德国煤炭丰富，但没有油田，同时缺少殖民地，不能生产橡胶、锡和其他大部分来自热带地区的战时必需品。德国人聪明地囤积起重要的原材料，但储存的一些金属——铜、铁、镁和铅——只够用上九个月。总的来说，德国装备欠缺，没法应付长期战争，因为军火和油料将很快耗尽，到时候就不得不在不利的条件下签署和平条约。

实际上，一战获胜的协约国在和平条约中严惩德国，就是希望德国出现这般颓势。然而和平条约的结果却适得其反。该和约恰恰让德国在准备下一场战争时意识到，必须在第一阶段就迅速取胜，从敌人手中夺取重要的军用物资。

该和约还剥夺了德国和俄国一直认为是他们理应拥有的

东西，结果也适得其反。1939 年，这两个愤愤不平的大国，已准备好用武力收复失地。尽管这两国的意识形态相去甚远，敌意也素来不浅，但是它们秘密达成了袭击波兰的协议，意欲将其瓜分。他们的协议最终公之于众，让很多欧洲领袖瞠目结舌。

波兰之灾

波兰在欧洲属于大国，由三个独立国家的大片领土拼凑而成，这三个国家分别是德国、俄国和奥匈帝国。其中两个国家对于将土地拱手让人极不情愿，由此埋下隐患。现在，德国和苏联都有意扩张，波兰便成了明显的猎物。德国和苏联的扩张，大可以解释为名正言顺地收复当年被不公平地夺去的土地。

波兰人有着独特的语言、文学和传统，他们引以为豪，一直渴望恢复往日的荣光。但波兰作为一个国家并不团结。尽管波兰有三千多万人口，其中大多数为天主教，但波兰是个多民族国家，不利于出现和谐的政府。20 世纪 20 年代，波兰第二大城市，也就是德语区的布雷斯劳，后来被重新命名为弗罗茨瓦夫，曾经是德国的一部分，城中的很多居民都希望它还是德国的一部分。同样，很多在 1918 年以前生活在德国治下的波兰人，都记得他们曾经是如何被对待的，后来他们让住在那里的德国人找不到工作，算是出了口气。波兰同时在欧洲拥有最多的犹太人口，总是少不了对犹太人起疑或妒忌的人。

波兰人本身也不团结。1926 年，颇受欢迎的波兰元帅毕苏斯基率军挺进华沙，掐断了华沙的民主政治。反对派的政治家们不得不谨言慎行：他们当中的一些遭到逮捕。在毕苏斯基于 1935 年患癌症病逝后，其他的陆军军官接管大权。最初他们坚持和法国结盟，而法国却日渐难以自保，遑论保护他国。倘若波兰上下齐心，披坚执锐，加上有审时度势的同盟国，希特勒要发起攻势，恐怕也要三思而后行。但波兰当时的状况根本无须希特勒多虑。

希特勒和斯大林大可以自信满满地攻击波兰。不等波兰远在西方的同盟国施以微乎其微的援助，希特勒和斯大林就能一举侵吞波兰。这一点果然应验了。1939 年 9 月 1 日，希特勒进攻波兰，两周之后，苏联军队长驱直入，两军合力，占领波兰。苏军没有就此收手，他们试图重新夺回在 1917 年革命前本属于俄国的一部分芬兰土地。芬兰人勇猛地在冰天雪地里作战，最后不得不服输，但求和的条款也不至于太糟糕。从一开始，英国、法国、加拿大、澳大利亚和新西兰就与希特勒为敌，但这些国家并没有插手战争初期事态的发展。它们选择待时而动，而希特勒则选择先发制人。

法国沦陷

1940 年春，西欧已郁郁葱葱，希特勒的时机也已成熟，他迅猛善战的陆军和技术娴熟的空军可以继续东征西讨了。希特勒的空军擅长闪击，水平一流，他凭借空军力量逐步侵吞了欧洲的大片地区。丹麦和挪威在 4 月失守，荷兰和比利时在 5 月沦陷。现在轮到了法国。希特勒首次要面对一个大国，至少从书面信息来看，法国的军事实力与德国相当。倘若把法国的同盟英国的军事势力也算进来，则法国更占上风。

巴黎的高层信心十足，他们根本不认为希特勒的军队会占领法国的土地，哪怕是几英里。法国的大多数领导人认为，此次战争将是一战的重演，打的是防守和封锁。1940 年，法国寄希望于面向德国的一条长长的防御工事，即马其诺防线，它是一道混凝土砌成的墙，还设有地下商店和兵工厂，连接着铁路和整个军队都可栖身的地道。它是战争史上最长也是最昂贵的防线。

德国军队并没有和马其诺防线的混凝土碉堡硬碰硬。他们乘着坦克和装甲车绕过马其诺防线，穿越防御力量薄弱的阿登，借着这个侧门畅通无阻地进入法国。固若金汤的马其诺防线立马就没了作用，成了战争史上被遗弃的文物。

由于英国迟迟没有派兵支援，法国一开始只得孤军作战。在法国本土，法军与德军实力旗鼓相当，但每经转折，德国就以战术更胜一筹。一两周的工夫，希特勒的机动部队就已穿过法国的农田，持续四年的第一次世界大战期间，战事曾在这里陷入僵局。德国军队几乎是越过了昔日的“西线”，逼近巴黎。

德军的前方，总有大批的法国难民挡住道路，他们带着忙乱收拾一通的行李匆匆南逃。这些人坐着农场马车、卡车、汽车，甚至骑着自行车或推着婴儿车和手推车。很快，巴黎人也弃城而逃，加入难民的队伍。巴黎本来有 500 万人，可能有 200 万人都准备要离开他们的房子、公寓、商店、办公室和工厂，逃亡南方，有一些人还带上了他们的宠物猫和宠物狗。

丘吉尔“伟大的日子”

纵观西欧历史，重担落在一人身上的情况，鲜有发生。巴黎即将陷落之时，温斯顿·丘吉尔出任英国首相。倘若伦敦下一个沦陷，大多数的欧洲国家就再无个人自由和公民自由可言。

丘吉尔是含着金汤匙、流着赤诚血在 1874 年来到这个世界的。丘吉尔的父亲是勋爵，祖父是公爵，而他的母亲是纽约人，婚前并无头衔。丘吉尔从小就显露出坚毅的性格，尽管在学校他总是慢条斯理地闷着头学习。他一心渴望能活得精彩、有所作为，赢来声名，于是年纪轻轻便奔赴古巴和印度前线参与作战。他随英国骑兵团在干旱的苏丹地区参加了恩图曼战役，还亲历南非的布尔战争，见证英军与一支农民军展开较量。丘吉尔 26 岁时，已经在三个大陆打过仗，并亲自记录下了每场战事。他的语言天赋，在报纸、政治论坛和晚餐的演讲中都得到了体现。

30 岁时，丘吉尔节节攀升，任英国下议院的议员。他的下巴和肩膀似猛犬，头发有一丝红褐色，其精力之充沛足足抵得上两个政治家。他讲话时有点发音不清，却能让满场的观众侧耳倾听。出人意料的是，他原为保守党，后改入自由党，继而又向保守党靠拢。丘吉尔在从政早期，倡导社会改革，力求改善英国囚犯和煤矿工人的生活。后来，他出任全世界最大海军的政治领袖，孜孜不倦地为 1914 年爆发的战争做着准备。在岸上待不住的他，到海上漂泊了半年光景，登上过不少舰船，以至于公众评论他是想要当海军上将，而不是内阁大臣。战争爆发时，英国海军已经严阵以待。

英国海军最先对土耳其的加利波利发起攻势，对于丘吉尔在这场进攻计划中的角色，总是众说纷纭。1925 年，时任财政大臣、掌管出纳的丘吉尔，推动英国恢复金本位制，在一些人看来，正是这一做法恶化了 30 年代初期的全球经济大萧条。对于丘吉尔这个财政大臣的功过，同样众口不一。希特勒一旦掌权，丘吉尔便坚持要发动一场新的欧洲战争，他的这一立场，绝大多数人都予以肯定。丘吉尔多年来不断发出警告，但是少有人响应。他呼吁英国斥巨资重整军备，也无人唱和。

丘吉尔的政治生涯在到达巅峰之前也曾频遭挫折。1939年初，除了历史研究，他的职业生涯似乎已然结束。最后战争爆发，他的警告得到印证。64岁的丘吉尔，仿佛是一艘老战舰，从安静的锚地，移驾到了本土舰队之首。有意思的是，最想让他领导国家的并不是他的保守党，而是工党，并且所有的主要政党都会加入他的联合政府。1940年5月，也就是法国沦陷前的一个月，丘吉尔成为英国首相。

倘若法国政坛也有丘吉尔这号人物，并早早就被委以大任，法国也许就有救了。但丘吉尔临危受命之时，法国败局已定。若英国倾其全力跨越英吉利海峡挡住德国的进攻，也不无可能。丘吉尔立马走访巴黎，倾听意见、发表演说、观察局势、商讨出路，可法国高层萎靡不振，到处议论纷纷莫衷一是，着实让他失望。英国最后决定，拒绝向法国派遣额外空军力量：英国自己也需要空军来防守。英国拒不帮忙，自然引起了法国人的不满，但这对1940年末英国抵抗希特勒起到了关键的影响。1940年中旬，英国没有向法国施以援手，实际上是英明之举，正是如此，英国才得以在四年之后，将法国从其凶猛的占领者手中解救出来。

5月末，法国的英军面临迅猛的德军围歼，急需救援。将近900艘大小不一的英国舰船在英国集结，前去帮助敦刻尔克附近海滩上的英军撤离：德国飞机已将这个港口炸成了废墟。超过34万在敦刻尔克的英国、法国和比利时士兵获救，还有22万身在瑟堡和东面法国港口的盟军，被英国舰队救出。倘若这些士兵都成了战俘，将会重挫英国的士气，更别说防守海岸线了。

丘吉尔急需鼓舞英国军民的士气。失败的情绪蔓延到了国会。英国是否应该和希特勒商讨停战？一些政要隐隐发出停战的声音，但丘吉尔对这些现实派或畏缩派毫无妥协之意。有人建议，为保安全，将国家博物馆中最珍贵的画作从伦敦运往加拿大，这样的建议也被丘吉尔否决了。“一幅也不能搬走。”他说。丘吉尔大声吼道，它们放在英国很安全，德国输定了。

这一个月局势渐趋紧张，丘吉尔得到的很多消息都散布着恐惧，让人不寒而栗。西班牙是否会加入战局，站在希特勒一头，然后夺下直布罗陀？日本是否会趁机参战，占据东亚防守薄弱的英国殖民地和基地？意大利是否会在最后一刻入侵法国南部？法国的海军上将会不会向德国缴械投降，而不是安全地驶进英国港口？在这备受煎熬的时刻，这些恐惧大都是有来由的。

1940 年 6 月 14 日，正是撤离敦刻尔克的十天后，第一批德国兵已准备好挺进法国。就在德国军队来势汹汹地进军巴黎之前，市民已经大批南逃，巴黎俨然成了一座空城。而法国的政府高层，不等他们驱车离开巴黎，他们的心便早已飞走。他们看到，军队吃了这么大败仗之后，武器装备和兵力皆远不敌德军。德国一流的空军令人闻风丧胆。但或许法国尚有一丝还击的余地。倘若法国善于利用对地形的熟悉，抓住德国供给线漫长薄弱的软肋，再调动起一向浓厚的爱国精神，法国便可以在崎岖的山脉里重整旗鼓，继续作战。然而，失败的情绪还是占了上风。6月17日，一位美国记者到达被德军占领的巴黎，他这样描述当时的氛围："我感到，眼前的法国社会陷入了彻底的崩溃。"他补充说，这一系列的戏剧性事件，"严峻到难以置信"。五天之后，法国已经准备正式签署投降书。

法国战败的经过和结果，是欧洲历史上的一件大事。一战之后，法国顺理成章地被视为欧洲大陆的众国之首。法国取得一战的胜利，是战胜国之首，还举办了和谈，欧洲地图被打乱重新划分。多亏和约条款，让法国成为军事巨人，而德军大大缩水，成了军事上的小矮人。法国比战败的德国领土更广，殖民领地仅次于英国。法国理应以国际外交的领头人和重大会议的召集者自居。新的国际联盟设在法语城市日内瓦。法国人认为，他们的文化知识最具影响力，世界各地也都承认或容纳这样的想法。很多学者，尽管还是少数人，把法国当成了文化的标杆。

法国是最古老的民主制国家之一，它展现了民主制相较于其他政府形式的内在优越性。然而在法国沦陷前夕，有理由说，民主制也是法国失败的一个诱因。法国的选民以及引领他们投选票的人，均拒绝斥资加强国防。在法国政坛，赞成同希特勒的德国结盟的人和支持与共产主义苏联结盟的人分歧巨大，想要重整军备的人与倡导和平主义的人的争论也

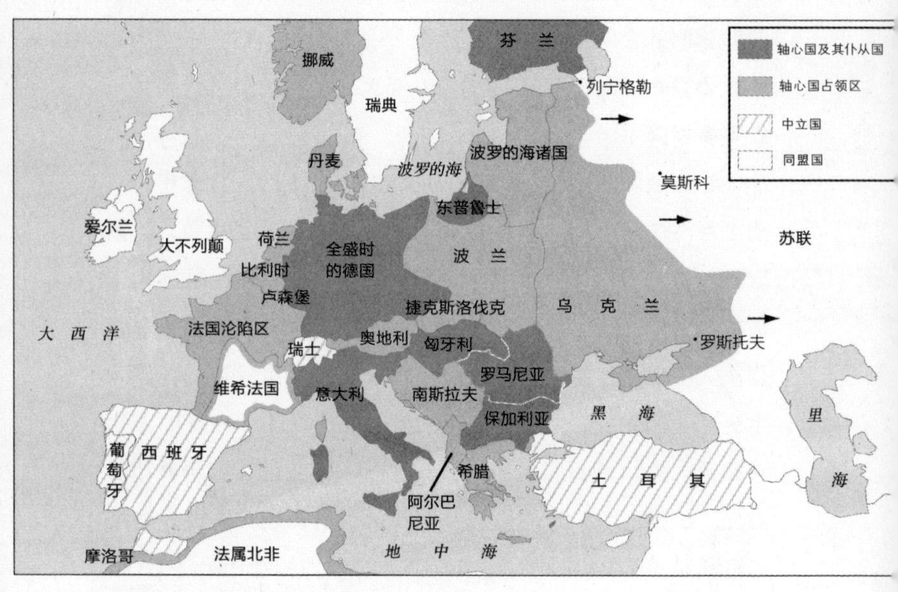

希特勒的欧洲（1942 年中旬）

很激烈。法国现已四分五裂，其总理也换得太勤。法国成了战争中第一个崩溃的民主国家。

法国在危难之时选择领导，有个特点，就是把希望寄托于德高望重、年已古稀或耄耋之年的退休政治家。在当时能活到这个岁数的人并不多。在1871年、1917年和1940年的军事危机中，德国威胁到法国，年迈的政治人物临危受命，被委以大权。1940年6月，这次轮到了贝当元帅。这位84岁高龄的将军，曾是一战时凡尔登战役的英雄，他被召回政府，组织法国内阁，与希特勒的密使商讨和平协议。尽管贝当的海军完好无缺，但他认为失败已成定局，英国用不了几周也要投降。甚至在得知德国提出的和约条件之前，他就已下令军队停火。他认为和约的条件太苛刻，但当下情境只能是两害相权取其轻。他有权统管法国大部分地区，而今，这个丢盔卸甲的国家，在温泉休假胜地维希建立临时政府，让德国人控制着西海岸和北部边界广袤的军事区。逾百万的法国士兵成了战俘，实际上是人质，以此让贝当对希特勒唯命是从。

6月22日下午稍晚时分，在法国的一片森林里，法国代表签署了停战协定，德国选择这里签约是有意味的。1918年11月，德国人就是在此地的同一个木车厢里被迫签署投降书的。希特勒参加了签约仪式的前半部分，贝当没有出席。希特勒在法国巡游了几日，他赞叹优雅的巴黎，拜访拿破仑墓，细细欣赏着巴黎歌剧院，称其为“世界上最美的剧院”。在回到德国之前，他也走访了一战的旧战地。他顿感扬眉吐气。法国这么轻易就沦陷了，英国很快也会出面求和。

大不列颠之战

丘吉尔为法国投降扼腕叹息。他更害怕希特勒利用法国港口进攻不列颠群岛。希特勒的军队占领了面向英格兰和苏格兰的整条欧洲海岸线，他们有上百个沦陷的港口和机场可以调动，对英国发起攻势。同时，德国的潜艇可以通过刚刚夺下的多佛悬崖附近的基地潜入海里。因而希特勒大有可能封锁或攻击英国。希特勒在西欧居高临下，风头甚至盖过了拿破仑。

德国人正准备对英国发起大规模空袭行动，他们遇到了第一个阻碍——墨索里尼的无线电波引发了意想不到的效果。在 20 世纪 30 年代，几位物理学家发现，当飞机撞击到无线电波的震动时会引发回音。“无线电探测”或当时所称的雷达能发现回音，因而探测出靠近的敌方飞机，哪怕它们在 80 公里以外，也能得知它们准确的队形。在不列颠之战前夕，英国设立起新的雷达站，几千人观察天空的状况，英国有了一线生机，能及时派遣战斗机，在空中侦听靠近的德国飞机。唯一的问题是：很多战斗机只有一个座位，太过狭小，放不下便携式雷达。

德军有 3000 架攻击机，仍然占据优势。1940 年 8 月 8

日，德国开始向英国各处发动空袭，轰炸英国的港口船只、飞机场、雷达站以及英格兰南部重要的航空工厂。大烟囱林立的中部城市，在夜晚遭遇轰炸。伦敦人猜想，什么时候会轮到他们。这一天终于来了。9月的第一天，超过400架德国飞机来袭，将近100架被击落。接下来的昼间空袭让德国损失惨重。

或许夜晚更适合空袭。夏末的月圆夜，蜿蜒的泰晤士河波光粼粼，德国轰炸机借此找到了很多打击目标。德国空袭的规模，参战的飞机数量，让旁观的人不寒而栗。在伦敦，头顶空袭的警笛长鸣，轰炸机喧嚣作响，砖块水泥碎裂，办公楼和住宅被掀去房顶，几乎每一晚都如此，居民似乎已经司空见惯。自有历史记载以来，曾有成百上千座城市沦陷，而在最近的几个世纪里，城市多半是被大炮摧毁，但这次空袭，是史上首次完全在空中对大城市进行轰炸的战事。到了圣诞节，这座老城的教堂、银行、纪念碑和古老建筑，大部分都毁的毁，坏的坏。关键的问题是，面对晚上的战火摧残和重重危机，市民能否坚持得住。举国的民气都被瓦解了，正如1917年的俄国和1918年的德国，与战场上士气崩溃一样悲惨。

在1940年这些灰暗的日子里，据身旁工作人员观察，丘吉尔的表现令人琢磨不透但异常镇定。丘吉尔早上起得晚，他就穿着红色的睡袍坐在床上，抽着雪茄，翻阅床边信箱里的战争近况和军事情报，或是向旁边的秘书口述回信，让秘书快速用打字机敲打记录下来。丘吉尔的黑猫纳尔逊安静地蜷缩在床脚，这只猫取的是19世纪一位英国海军英雄的名字。有人在午餐或晚餐时见过丘吉尔，见他喝着香槟、威士忌和白兰地，这些人可以证实，丘吉尔既有严肃正经有责任心的一面，也有开朗自在不拘谨的一面。

晚上10点钟后，是丘吉尔思维最活跃，最善辩论的时候，他这时会找人来讨论战略，一谈就到半夜，听得所有人都筋疲力尽。有些谈话，通常围绕他白天阅览的大量军事文件展开。他看得不耐烦的文件，就转手给别人。他熟知过去的战役，识人的直觉也准，旁人很难左右他的想法。据他的私人秘书说，丘吉尔会得出乍看起来“有悖于逻辑和一般人想法”的结论。尽管丘吉尔思维复杂，难以琢磨，但他的目标和决心是明明白白的。

这位特立独行但意志坚定的政治家，要力挽狂澜，挽救人类文明于空前的危机之中。在一片愁云惨雾当中，他展露出光明和内在的意志：“这不是黑暗的日子，这是伟大的日子，是我们国家有史以来最伟大的日子。”这是个伟大的人物，回过头看，这是他最伟大的一年。

丘吉尔的夫人克莱门蒂娜和丈夫一样刚强，即使希特勒的官邸就要发来和约条件或试探的口风，她也无法设想失败。1940年，她去往伦敦圣马田教堂，恰逢教堂里在进行激情澎湃的和平主义布道，她便厌恶地起身离开。战争期间，她也做好了担起家庭重任的准备。她姐妹的儿子是德国的战俘，被当作特殊人质，她深知，如果德国陷入战败边缘的话，她的外甥很可能性命不保。

丘吉尔认为，希特勒能有今天，是运气好加上有如此专业的陆军和空军。几乎整个西欧都在希特勒的手中——除了为数不多的几个中立国，比如西班牙、葡萄牙、爱尔兰、瑞士和瑞典。中立国的领导人们很清楚，它们保持中立，也要经过希特勒的允许。他们如履薄冰，小心翼翼，试着不和希特勒为敌。瑞士并非纯粹中立，它允许希特勒的军队通过瑞士到达他们的目的地，还不停向德国运送铁矿石。

地中海宽广的海岸和岛屿，成为希特勒的下一个目标。德国进攻希腊并于1941年4月占领雅典。5月末，勇猛的德国伞兵降落在希腊的克里特岛并将其占领。大批意大利和德国军队在北非汇聚，丘吉尔担心，埃及恐怕将要不保。苏伊士运河是欧亚之间的重要捷径，倘若埃及沦陷，德军也将控制苏伊士运河。印度、新加坡、缅甸、香港和其他殖民地急需增援，如果苏伊士运河失守，英国要派遣增援部队，只能通过南非一角的漫长海路进入印度洋。

希特勒对欧洲发动闪电袭击，使得他接下来几年可以延缓战事。波兰、挪威、荷兰、法国、罗马尼亚和其他的国家都已在希特勒直接或间接的控制下，这缓解了德国对一些军需原材料的缺乏。现在有源源不断的外国原材料可为他所用，包括法国的矾和铝、南斯拉夫的铜、瑞士的铁矿、欧洲最大的产油国罗马尼亚的原油，同时还有占领地区的石油储存。

德国人有创新头脑，解决了其他的问题。德国大规模制造合成橡胶，将德国煤炭转化成合成油和航空汽油。德国也利用一战的化学家发明的流程，制造爆炸物需要的合成硝酸盐。德国和它的占领区成了自给自足的堡垒，能够兼顾多条战线，打一场长期战争。

战火蔓延到苏联

希特勒给了斯大林染指东部平原地区的机会。巴黎落入希特勒之手后，斯大林借机兼并了三个波罗的海国家——立陶宛、爱沙尼亚和拉脱维亚。1917 年俄国革命以前，波罗的海三国曾是俄国的省份，走过二十五年精彩的独立之路后，又回到苏联的控制之下。更往南的罗马尼亚，面对苏联的最后通牒，不得不奉上苏联索要的土地。因为德国军队介入并占据了罗马尼亚的大部分地区，罗马尼亚的重要油田才没有落入斯大林手中。尽管如此，一年的时间里，苏联夺回了它在一战宣告失败后失去的土地。

苏联的西境，有众多势力薄弱的新生国家，从北部的芬兰和波罗的海，延伸到南部的罗马尼亚和黑海，仿佛一条纤细脆弱的绷带。在希特勒的默许下，斯大林活生生把它撕裂了。但这两位强人之间的友谊，只是一时的投机行为。他们很少信任彼此，价值观也相去甚远，争夺土地的野心也有冲突。希特勒之所以愿意和斯大林签立协约，因为这至少不违背他的良知。签下协约，实际上更容易让德国领导人趁斯大林不备，将其拿下。

希特勒独自做出决定，在1941年进攻苏联。无论是德国的还是苏联的共产主义者，希特勒都深恶痛绝。早在二战开始前，他就已经镇压了德国的共产主义者。现在他发誓，他的320万大军和强大的增援部队，用不上半年就能征服苏联。他的自信是有原因的。希特勒的武装部队迅速击败了西欧的所有敌人，无论是空军还是陆军都高人一等，在时机把握和武器选择上也展露出高明之处。希特勒的自信还在于，他认为斯大林进行的大清洗和集体主义削弱了苏联，尤其是杀害了这么多最优秀的将军，有损军队的战斗力。苏联军队在1939年到1940年的寒冬期间，曾与芬兰展开短暂对抗，溃不成军，希特勒希望这一次苏联的武装力量也一样不灵。

尽管希特勒的自信不无道理，但他在过于膨胀的时候做的决定，都有极大风险。希特勒越来越以军事天才和新一代拿破仑自诩，他有时做决策全凭直觉。德国官员大都不敢和他争辩，太多人巴结讨好他，他也就越来越自负。有时，他在一些讨论中简直不知所云。美国最终会成为强大的参战国吗？希特勒认为当然不会，因为美国大肆吹嘘的工业实力是“世界上最大的骗局”。希特勒认为普通的英国士兵很懒惰，“宁可死于严寒也不愿自己搭建一个藏身之处”。另外一方面，考虑到即将袭击的苏联，希特勒大有自信的理由，因为苏联的飞机和炮弹（由农场拖拉机甚至马车运送）十分落后。在他看来，战争一打响，乌克兰人和其他的少数民族就会站起来反抗斯大林。希特勒如此安慰自己。

他忘记了，苏联可以轻易地组织起规模比德国还大的军队。他也没充分了解到苏联领土有多大。苏联国土广袤，有足够的空间供苏军撤退。拿破仑在一个世纪前，跨越平原沼泽和宽广的河流追捕敌人，发现俄国简直太大了，直到他自己累倒下去。正是这广袤的土地，可以让斯大林在偏远的乌拉尔山区建立新的工业城市，完全远离德国的袭击。

有证据表明，斯大林确曾接到过情报局关于德国可能会入侵的警告，但斯大林本人怀疑这场袭击是不是会很快了结。他认为，希特勒会等到打败英国后，才会让军队往东延伸。当时虽然英国被轰炸得乱七八糟，但是离战败还为时尚早。

斯大林花了数月时间，小心酝酿着他自己的袭击计划。1941 年 3 月末，他秘密召集了 20 岁的年轻人进行军事训练，足足有 39.4 万人，可见斯大林有庞大的人力基础。他相信，攻击是最好的防守，法国之所以输给希特勒，从马其诺防线就可以看出，法国人是抱着防守心态的。他希望苏联有时间筹备一场全力进攻，而非全力防守。但是希特勒乘斯大林不备，先发制人。

1941 年 6 月 22 日，希特勒自信满满，向苏联发起攻势。德国北有强势的同盟芬兰，南有匈牙利和罗马尼亚的军队，还有后加入的意大利军队挺进苏联，他们是最后在马背上作战的欧洲士兵。最勇猛的意大利士兵的名字，被镌刻在光荣榜上，如今还在摩德纳古老的骑兵学校的大门上。

最初的几个月里，德军几乎所向披靡，希特勒似乎有望成功。列宁格勒港口似乎是最难攻破的，为了防止受长期围困，苏军在那里建起了外河堤，以此来阻碍敌方的坦克入侵，牵制德国和芬兰军队。被围的列宁格勒仅仅靠最微薄的食物供应坚持着。一年的时间里，65 万人因流行病、饥饿和德国大炮的轰炸丧生。然而在围城期间，这些仿佛都成了福利，因为要养活的人没那么多了。

敌人的封锁有时比较薄弱，使短暂的物资供给可以抵达城内，数以十万计的老少病残可以逃离出城。然后敌人又会严加防守，让城里人一点点饿下去，迫使他们赶快投降。但是在列宁格勒的词典里是没有投降这个词的。民众和士兵都咬紧了牙关。到 1943 年夏天，这座被困之城中的空地、庭院和公共花园都零散地种上了土豆和白菜，每日的食物供给得以增加。

在进攻苏联的最初几个月里，希特勒志得意满。寒冬到来前，德军已经占据了一大片敌国国土。德国军队已如此逼近最要紧的莫斯科及其郊区，那是否占据列宁格勒又有何关系?

让人错愕的是，德国并没有充分发挥它的军事优势。当德军在异国的土地上作战吃苦的时候，一大批市民却宁可待在故土，享受舒舒服服、吃饱喝足的和平时光。希特勒没有及时从不太攸关的岗位调动人手。大批家仆、厨房的佣人和厨师依旧如常工作，而这些人本是可以调去壮大兵工厂的。

英国尽管备战缓慢，但至少生产出了比德国更多的飞机坦克和自行火炮。

希特勒过于自负，他拒绝使用技艺在身的战俘帮助他的新帝国。跨越欧洲，他有600万犹太人可供调遣，但是在战争的第一阶段，这些犹太人只准做卑微的工作或体力劳动，范围还很有限。到了1942年初，他开始坚决要灭绝犹太人，不光在德国，还包括所有他占领的欧洲土地。欧洲的很多地区，尤其是波兰，犹太人被装上货运列车，送去集中营，大多数都死于毫无人性、高效有序的灭绝手段。在俄罗斯西部和乌克兰，进攻或撤退的德军杀害了数以十万计的犹太人。同样，吉普赛人被送入劳改营，这更多是出于惩罚，而不是为了让他们做工。1942年，吉普赛人也遭遇了同样的厄运，其中包括众多有部分吉普赛血统的人，他们都饱受欺凌。预计有至少25万到50万的吉普赛人死于德国的劳改营。

这些惨案，恐怕是现代历史上最野蛮的行径，被德国的领导人称为“最终解决”。直到后来，“大屠杀”（holocaust）一词才在世界广泛使用。

东京的两难抉择

直到1941年底，德国军队上下还自信满满，也是正常。希特勒的军队所征服的欧洲，连当年的拿破仑都无法匹敌，他也有可能在来年春天拿下莫斯科，占领列宁格勒。不难想象，德国继续从西面进攻苏联，日本再从东面突袭，形成夹击之势，很快就会扼死这只俄罗斯大熊。现在战争已经打到了第三年，日本会如何动作，当时还很难说，但日本的决定会在一定程度上影响战争的结果。

东京的日本领袖意识到，他们有了打败宿敌的大好机会。日本在 1904 年到 1905 年间曾战胜俄国，在 1939 年 5 月的蒙古，也和苏联有过一场胜负未分的武装冲突。这下日本眼前有了一个果断出击的机会。苏联正从西伯利亚东部的防卫力量调运大批坦克，以图加强莫斯科附近的防守力量。另一方面，日本也有机会向南方防守薄弱的欧洲殖民地发起攻势，从英属香港和缅甸，一直到石油丰富的荷属东印度群岛。

东京的陆海军举行秘密会议，一再权衡战略选择。攻击南方殖民地的选择似乎更占上风。寒冬将近，西伯利亚冰天雪地，天气条件太差，打消了日本袭击苏联的念头。另一方面，荷属东印度群岛有丰富的石油储量，马来半岛也盛产锡和橡胶，这些都是日本缺乏的至关重要的军需原料。英美对日本的敌意越来越浓，中日战争旷日持久，加上最近日军毫无阻力地占领了法属印度支那，这些都促使日本做出攻击赤道附近地区的决定。美国曾是日本的主要原油供应国，但在 1941 年 7 月突然对日进行贸易封锁。日本可以说是为了原油供给而战。1941 年末，日本已做好充分准备，接下来发起一系列协调一致的袭击，在侵略史上可谓前所未有。

第十三章

从珍珠港到柏林沦陷

珍珠港位于孤立的夏威夷岛，是世界上较大的海军基地之一。东京时间 1941 年 12 月 8 日清晨，有大概 70 艘各式美国战舰停泊在珍珠港。舰队的指挥官们认为，日本发起攻击的可能性极小。严格意义上讲，美国仍旧保持中立，因而珍珠港也比较安全。最近的日本海军基地也隔着遥远的海洋，珍珠港的安全便有了更多保障。

日本秘密派遣了六艘航空母舰跨越太平洋，为袭击珍珠港的主要任务做好了准备。日军惊人地成功了。大量的美国舰船和 188 架飞机要么彻底被毁，要么损坏。然而有一个情况让日本的飞行员和潜艇指挥官大失所望，在袭击的当天早上，海面上有三艘美国航空母舰没有被日军侦测到。

就在同一个早上，日本准备突袭菲律宾群岛。菲律宾是个半独立的新生国家，在国防上仍然严重依赖美国。菲律宾距离加州和珍珠港很远，轮不到美国出面防守，日本便可以轻易展开袭击。然而住在菲律宾的美国将军道格拉斯·麦克阿瑟认为，他可以保卫菲律宾，因为他的军队有250架军用飞机和包括了29艘潜水艇的海军基地的支持。另外，他拥有七个新的雷达，可以收到日本空袭的预警，尽管其中只有两个运行良好。他也有高射炮，尽管不是一等一的好，但也可以保卫新的机场。他乐观地希望，如果日本真的袭击，那么日本的轰炸机和战斗机，尤其是他们的飞行员，也将略逊一筹。至于日本是否可能同时袭击美国、英国、荷兰和法国的热带军事基地，麦克阿瑟将军并没想到这一点。这样一场规模广泛协调一致的袭击战，在海军史上几乎是前所未见的。

在珍珠港灾难性袭击之后两个小时，这一重大新闻传至菲律宾，在公众广播电台被大肆报道。美国驻马尼拉的海军也独自了解到了这一消息。这时，日本似乎已经不可能突袭菲律宾了。此外，麦克阿瑟将军果断行动，使得敌军没有任何机会袭击他在马尼拉附近的克拉克的主要空军基地。他的一队轰炸机，在没有携带炸弹的情况下，从克拉克机场起飞，在空中盘旋数小时以躲避危险。倘若日本飞机来袭，停在机场的飞机很容易成为攻击的目标。

与此同时，日军正在台湾悄悄准备对克拉克的美国基地展开秘密袭击。早上10点05分，这些飞机升入天空。108架双引擎轰炸机和84架零式战斗机缓缓向南飞行。在菲律宾海岸的不同城市甚至内地，都可看到高处的日本飞机，各邮政局长向马尼拉发送电报或打电话警告。这些消息传到了克拉克机场的广播站。不清楚出于什么原因，没人收到这些信息。据说，日本已经堵截了当地的无线电频率，还有人说是美方的主要无线电操作员出去吃午饭了。这么多年，这些借口托词也好，合理的解释也好，被人们反复地评说。

美国守军面临的危险因为一些不幸和误判而增大。美国的轰炸机刚刚返回克拉克机场，预计日本再度袭击的可能性小之又小。这些轰炸机装满油，载上炸弹，这样在短时间内，便可准备出发，向遥远的日本基地发起攻击。麦克阿瑟将军优先考虑的是攻击，而非防守。

突然间，日本飞机的嗡嗡声几乎传到了头顶。它们一波波地向克拉克机场展开攻击。美国飞机整整齐齐地陈列在地面上，仿佛是为射击练习准备的，正中日本飞行员的下怀。最初的空袭摧毁了逾百架轰炸机，还有很多被毁坏的。一周的时间里，美国在菲律宾的空军只剩下几架战斗机。人们还曾一度希望，美国随时都可能再派遣额外的飞机过来，但是日本后来迅速占领了关岛和威克岛，这两个岛是通往菲律宾的海空航线上的重要岛屿，所以这场希望也落空了。美国海军陷入绝望。美军不得不放弃菲律宾，因为已无空中的防护。

太平洋上战争打响的那天，一支美国护航船队向西驶往菲律宾。这七艘货船由一艘重型巡洋舰护航，承载着大炮、战斗机和其他军火。由于日本进攻神速且在空中占有很大优势，这支船队接到警告，它们不可能安全到达目的地，于是改道驶向了澳大利亚的布里斯班。这些至关重要的货船从未抵达菲律宾。

处于半警报状态的新加坡

从战争开始的第一天，英国在新加坡的海军和空军基地，就如同1500英里以外的菲律宾的美国基地一样不堪一击。新加坡的英国领导预计到了日本袭击的可能，但他们像麦克阿瑟一样自信，当然是出于别的原因。他们被误导以为日本飞行员在夜晚视力不好，飞机飞得慢，并且日本陆军在过去的四年里也没夺下防御力量混乱无章的中国。他们没有意识到的是，日本在此前十年里一直大力重整军备。

在伦敦，丘吉尔有理由担忧日本。日本拥有的强大海军，最初就是经英国官员训练的。日本在1904年击败了一支俄国舰队，十年之后，也在太平洋上对抗过德国的战舰。当东南亚战争爆发，日本很有可能在舰队数量上超过英国。另外，前一年法国沦陷，英国海军防守新加坡的计划也受挫。最初的协议是，如果新加坡陷入危机，法国的舰队会巡视地中海，让英国得以调遣军舰到新加坡。而今法国军队已在德国控制之下，爱莫能助。

英国已无额外的海军舰队或速度很快的飞机可以调遣到新战区。它们都急需用来保卫不列颠群岛及其附近的海道，巡视大西洋上的护航路线，防止德国夺下埃及和苏伊士运河，同时还要向德国发动空袭。随着东南亚危机一触即发，英国只能调遣两艘一级战舰——新的“威尔士亲王”号战列舰和旧的“反击”号战列巡洋舰，它们在日本偷袭珍珠港之前抵达了新加坡。这两艘强大的战舰由“无敌”号航空母舰护航，但是“无敌”号在西印度群岛触礁，没有其他航空母舰可以替代。

到来的英国舰队指挥官是海军上将汤姆·菲利普斯，他相信没有航空母舰也能挺过去，然而以日本人的经验和观点来看，航空母舰对海上作战至关重要。菲利普斯认为，这两艘全副武装的战舰，都载有高射炮，能够抵御大部分的日本飞机。虽然他承认，英国的战舰在克里特岛和挪威附近已经被德国的空袭毁坏，但他思考后认为，更大型的英国战舰应该是安全的。他自知，一年前，他的海军得以调遣飞机，抵御一小支敌军的舰队，因为英国的鱼雷轰炸机从航空母舰的甲板上起飞，狠狠地袭击了意大利的舰队。然而菲利普斯指出，这些强大的意大利战舰被困在了塔兰托附近自家的港口，因而才成为英方束手待毙的靶子。他很满意这两艘又大又快的战舰，认为它们可以保卫新加坡免受日本的侵袭。

法国失守，新加坡更不安全了。相邻的法国殖民地印度支那半岛遭到外交上的压力和严重的威胁，不得不允许日本的 20 万陆军和一系列船只飞机进入其领土和港口，这样日军便能轻易地攻打一水之隔的英属马来亚和新加坡。在日本袭击珍珠港前的几个小时，日本在法属印度支那半岛的武装力量出发袭击泰国和英属马来亚的北端。1941年12月8日，这些袭击最早的预警报告传到新加坡。当天傍晚，日落之前，两艘大型英国战舰，由四艘驱逐舰护送，离开了新加坡港口。它们整晚在马来亚的东岸巡行，希望可以拦截或吓走护送日本侵略军的海军舰队。

这两艘英国战舰需要战斗机在日本空袭的情况下保护它们，但当时并没有随时可用的战斗机。英国方面当时怀抱的希望是，倘若需要，英国和澳大利亚的飞机可以从附近的机场飞过来，另外，还过度乐观地希望该地区的日本战斗机数量不足：但英国方面关于日本飞机的飞行速度、位置等信息，知道得太少。因而这两艘强大的战舰和四艘护航舰船，全体官兵超过3000人，在这漆黑一片的热带海洋上向着敌人的方向巡行。在宽广的海洋上，从未有舰队被飞机摧毁的先例。海军上将菲利普斯一开始觉得比较安全，也在情理当中。

海上的第一个夜晚，一艘日本的潜艇向英国舰队发射了鱼雷。五发无一击中。但至少日方知道了“威尔士亲王”号和“反击”号的位置。日本的飞机在西贡载好了鱼雷，9日黄昏时分，它们出航寻找一片漆黑中快速行驶的英国舰队。它们无法在黑暗中确认英国舰船的位置，午夜时又返回西贡。第二天清早，日本派出十几架侦察机寻找英国舰队，但英国舰队已经改道，找不到很正常。这些侦察机一直飞到新加坡也不见英国舰队的踪影，却在返航的时发现了它们。早上10点

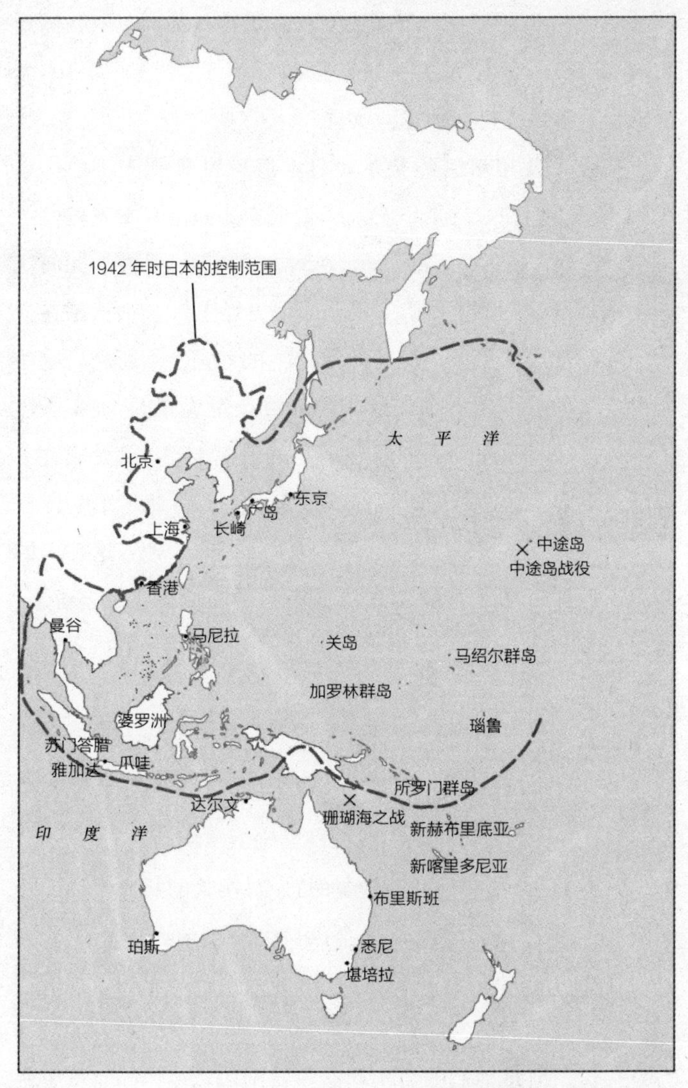

日本在亚洲的扩张（1942 年）

20 分，侦察机的下方，英国战舰正在快速行驶，大概在离新加坡 150 英里的位置。在新情报的指示下，约 85 架日本轰击机和鱼雷轰炸机会师了。

空袭中使用鱼雷的技术，日本堪称世界领先。1941 年 12 月 10 日的上午 11 点 45 分，一架低空飞行的日本飞机发射鱼雷，击伤“威尔士亲王”号。45 分钟之后，鱼雷从四面八方袭来，击中“反击”号，“反击”号开始下沉。船长站在舰桥，从扩音器中大喊，赞扬死里逃生的船员，然而之后这些人也落水了。“我看不到一丝的恐慌或杂乱无章。”他说。过了不久，这两艘强大的战舰和舰上的海军上将，都消失在了眼前。距离不远处的英国驱逐舰救起了海上的幸存者。

日本的战机，除了在战斗中损失的三架，带着这惊人的消息，返回了往北方向 400 航空里数的西贡。在战争史上，这是空军显著战胜大型海军的首例。丘吉尔听闻这一消息，宣称这是英国历史上最黑暗的一天。

日本在这一战区几乎完全获得了制空权和制海权。圣诞节当天，日军最终占领香港。1942 年的元旦，马尼拉即将沦陷，翌日，日本胜利的旗帜就在马尼拉上空飘扬了。

日本的士兵有凯旋的空军加持，对漫长的马来半岛的控制更加牢固。它们包围一个个港口，快速地跨越宽广的河流，并在可能的情况下骑着自行车进入丛林和稻田。他们在逼近新加坡的时候，尚无法与英国、印度和澳大利亚的防守力量相比，但是他们的势头丝毫没有削弱。他们的官员更胜一筹，富有搜集情报的经验，士兵也能适应丛林作战，他们的士气和决心都丝毫没有动摇。

中将白思华是英国陆军的领袖，他曾在一战中因骁勇善战获得殊荣，但在这场匆忙结束的军事行动中举棋不定。当日军逼近新加坡时，他并没有沿着面向侵略者的狭长海峡修建防御工事。他解释说，修建防御会被看成是“官兵市民都士气低落的象征”。日军依旧寡不敌众，但他们轻易跨越了狭长的海峡，挺进新加坡。新加坡港口极其宏伟的海军基地于1942年2月15日陷落。世界上还没有任何一个地方，有如此庞大的英国军队在一天的时间里沦为战俘。日本在东南亚截获的几万战俘，在接下来的三年半里，有的死于战俘营，有的死于铁路工作，还有的死于临时监狱。

英美的每一个计划，几乎都被太平洋上出其不意的一系列战事打乱或阻挠。新加坡沦陷后，荷属东印度群岛也岌岌可危。日军轻而易举地登陆，于3月夺取爪哇岛。在日军控制苏门答腊及其油田之前，其前进部队就已经进入了新几内亚和周边的岛屿。

1942年3月，美国在菲律宾的军队在劫难逃。但美国至少还希望可以救出麦克阿瑟将军，他受总统之令坐上巡逻艇，秘密地从马尼拉湾渡海到达棉兰老岛的降落场。三架珍贵的B-17轰炸机停在那里，救出了麦克阿瑟将军和他的妻儿，还有一名中国护士和几位美国官员。要想在夜晚飞越日本控制的岛屿，可谓危险重重。在到达澳大利亚后不久，也就是他在接下来的战争中的攻击基地，麦克阿瑟将军预言道："我挺过来了，等我东山再起。"

恐惧蔓延开来，似乎已有不祥之兆：日本是否会侵略印度？在战争打响的第一天，还难看出日本会隔着这么远对印度边境虎视眈眈。英属缅甸一向出口大米，出产珍贵的原油，但其南部现在已深陷危机，它也是通往印度的门户。1942年3月，缅甸首都仰光沦陷，5月1日，内陆城市曼德勒投降。倘若缅甸全面失守，所向披靡的日军是否就会对印度东境起觊觎之心？一向大声疾呼印度独立的领袖，眼前出现了一个机会，他们可以阻挠英国的战争行动，甚至让日本进入，解放印度。但最后他们没有这样选择。

日本现在控制了东亚海岸线上的所有港口，印度尼西亚群岛、菲律宾，从日韩一直往南延伸至上海、香港、西贡、滨城和新加坡，这样一路一直到雅加达、安汶和澳属新几内亚的拉包尔。这一陆地走廊和交叉相错的海域从日本一直几乎延伸到澳大利亚北部海岸。从袭击珍珠港的航空母舰中飞起的日本飞机，第一次轰炸了澳大利亚的达尔文港。日本士兵爬上高高的欧文斯坦利山脉，一路飞驰而下，一直逼近新几内亚东南角附近的莫尔斯比港港湾。

托雷斯海峡是一条分隔新几内亚和北澳大利亚的狭窄海道。莫尔斯比港扼守着托雷斯海峡的入口。1942年5月的第一周，日本来袭的运兵船、航空母舰和其他战舰试图绕道而行，夺下莫尔斯比港。美军从空中发现了日本海军，将其拦截下来。珊瑚海海战持续数日，头一次有主要的海战是在双方互看不清的情况下展开。敌方舰队的飞机发起毁灭性的袭击，而盟军的部分飞机从澳大利亚内陆起飞，寻找日本战舰。日本赢在了战术上——他们摧毁了大多数的战舰，尽管自己也损失了很多飞机。日军若要持续他们计划中的进攻，不得不给予对方毁灭性的打击。最后，他们的战舰主动掉头离开。形势第一次有了逆转。

一个月后的中途岛海战，发生在东京和珍珠港之间的一个孤独的岛屿上，美军和日军再次准备交锋。一场世界上最重要的海战刚刚在南半球结束，现在在北半球，同样的海军两方和一些同样的航空母舰又将重演一次。美方已经破译了日本海军的密码，得知他们接下来的计划和策略。实际上，美军已经窃取了日本的致命武器——突袭的武器。

在这样一场持续数日的海战中，日军方面包括 5 艘航空母舰、2 艘水上飞机的母舰、11 艘巡洋舰、9 艘战列舰、39 艘驱逐舰以及无数的潜艇和扫雷艇，一开始占了上风。日本大军看起来战无不胜。1942 年 6 月 5 日，早上将近 10 点半之时，一个关键性的时刻，日本飞机正在 4 艘航空母舰拥挤的甲板上加油重整，突然遭到美方的俯冲轰炸机出其不意的猛烈一击，仿佛是六个月前珍珠港和马尼拉战役的完全重演。这一次，日军完全没有料到。

日方失去了最珍贵的航空母舰，而航空母舰是在广袤的海洋上作战获得成功的关键。反观美国，只在一个月前的珊瑚海海战中损失了一艘“约克镇”号航空母舰，最后还被奇迹般的维修好了。现在日本最终获胜的希望已经消失，尽管当时并不能十分确定地预测到。

日本调动了它庞大帝国的资源，在几个月的时间里攻无不克。英国、法国、荷兰、葡萄牙等的殖民地和美国的国防基地均可为之所用，还有生活在这些岛屿上的上亿亚洲居民，当然还有这些土地上产出的重要的战争原材料——橡胶、石油、锡和奎宁。英美澳和其他的武装力量还要打上三年多的仗，才会收复日本在1941年到1942年期间几个月里占领的地区。

希特勒失势

进攻苏联的1941年，是希特勒得势的最后一年。翌年的春夏阶段，日本的侵略气数已尽，希特勒的军队鲜有成果。德军夺取了珍贵的斯大林格勒，但又失守了。他们现在掌控了黑海北岸和波罗的海南岸，还有乌拉尔以西广阔的苏联疆土，但苏联的幅员太辽阔了。苏联新的兵工厂和飞机厂正在出现，德国侵略者远不可及。另外，英国的护卫舰穿越寒冷危险的海域，经过挪威的北部海岬，把军需送至苏联北部港口。

德国人尝到了自己大规模空袭的弹药的苦头。1942年中，1000架英国飞机轰炸了莱茵河畔的天主教城市科隆。而此时美国已经参战抵抗日德，开始利用英国空军基地，准备向德国发起轰炸。美国的轰炸机出现在地平线上，仿佛一群飞鸟，攻打柏林和其他相对无事的城市。1943 年的柏林，有一位交际广泛的女士，她在日记里描写咖啡、蛋糕和使馆聚会的内容越来越少，而柏林遭遇轰炸的情形则越来越多。她写道，藏身地下室和厨房的民众听到玻璃碎裂、砖石隆隆坍塌，当他们顶着保护头颅的湿毛巾露出头来时，看到郊外一片红烟，等他们要煮咖啡的时候，发现水龙头里没有水，也没有电和煤气。1943 年 11 月 23 日周二，她在日记里写下“三面的天空都是一片血色”。

北非和中东的德意军队几乎占领了地中海所有的海岸，发现自己还可能拿下苏伊士运河，但他们在 1942 年便已失势。他们被逐出北非，而这成了英美计划进攻西西里和意大利的跳板。1943 年夏，西西里被袭，几个月后失守。意大利的最南边遭遇了海上袭击。德军已经废黜墨索里尼，并控制了他大部分的疆土，利用狭窄的海岸平原上的山脉作为屏障，并见势逐渐撤退，以此来防守。1943 年 9 月，那不勒斯失守后，德军又控制了附近的罗马九个月之久。意大利的战争打了 600 天。战争结束之后，防御牢固的北部仍旧在德军控制下。

1944 年中，依旧是希特勒的天下：他控制着西欧的整个海岸线，从北极圈附近的挪威湾，沿着北海和英吉利海峡的东边延伸，一直到比斯开湾，也就是被占领的法国和中立国西班牙的边境。但是在登陆日这天，同盟国挺进法国，开始发起反击。

1944 年 6 月 6 日，盟军在法国诺曼底登陆，此举让希特勒始料未及。这是战争史上最大规模的海上作战，从战舰到鱼雷艇，还有拖网渔船和商船共约 7000 艘，有上千架飞机的支援，大军在夜色的掩护下靠近法国海岸。第一天结束时，就有 13.3 万同盟国的士兵登陆，还有 2.3 万空降兵。该月末，跨越英吉利海峡而来的士兵逾 80 万，这些士兵来自英美和其他国家。德国被节节逼退。巴黎在 8 月末光复，布鲁塞尔也在两周后光复。

战争的第六个冬天到来之时，西线几乎要看到胜利的曙光了。但德国边境依旧安然无恙。德国士兵是世界上最勇猛决绝的。他们可不会轻易放弃。

与此同时，空中之战摧毁了德国人的士气和力量。一直到 1944 年，德国的工厂、煤矿和钢铁厂还在继续繁忙地工作，而在 1944 年之后，英美轰炸机百发百中，出击猛烈，已大大削弱了德国的工业产量。一系列重要的战争原材料，从滚珠轴承到合成橡胶都开始稀缺。战场上的德国指挥官要求更多的军火坦克和更多的飞机，但只是徒劳。

三位领袖缔造和平

战后世界的抉择，不光取决于战场前线，也依赖于三个功劳最大的战胜国领导人的好恶。未来世界何去何从，就掌握在三双手里，可谓前所未有。1944 年末，决定欧洲未来的，不单单是战场成败，而更多的是三位同盟国领袖——斯大林、罗斯福和丘吉尔——的意志、人格和相互冲突的野心。他们偶尔聚首，更多是相互通信。每一位领袖都怀有迥异的国内和国际目标，不同的意识形态，也具有程度各异的陆海空实力。尽管每一个人都想要胜利，但他们在如何取得胜利上没有达成统一的意见。任何同仇敌忾的联盟，其内部往往都是冲突频发。

以现在的观点来看，斯大林是最果断的领袖，苏联对战后欧洲的版图施加了不当的影响，这样一场为保卫欧洲小国独立的战争，最后把这些小国牺牲掉了。是不是斯大林比罗斯福和丘吉尔智高一筹，把他们俩挤了下去？这个问题成了 20 世纪的一个谜。

从某种程度上来说，罗斯福总统在这三足鼎立的形势中是个异类。美国是最晚参战的，正如它迟迟加入一战一样。另外，罗斯福也没有其他两位元首那么身强体壮。他在三四十岁的时候罹患小儿麻痹症，是拄着拐杖坐着轮椅上台执政的。他出身于一个富有的贵族家庭，是具有部分荷兰血统的美国东岸家族王朝（纽约曾经名为新阿姆斯特丹），比起他的出身，他的政治风格可没有那么保守。他在公众场合总是坐着，穿着昂贵的西装，更像是一所成功大学的校长，温和慈祥，侃侃而谈，或者是一个大教会的牧师。

罗斯福不太易受旁人的左右。他强势而独立，了解美国的动态以及地区种族的特点。他在家乡纽约州当过一任州长，在1932年以绝大多数选票当选美国总统，当时他刚要满50岁。为了对付经济危机，他基本上将社会福利政策引入美国。罗斯福带领美国度过二战的前两年，越来越坚持自己眼中的中立。美国帮助英国武装，只能算得上是一半的中立。

在当时，哪怕是精力充沛的美国总统，也更像是一位旧日的教皇，很少出远门。直到1941年8月，罗斯福和丘吉尔才在纽芬兰湾的一艘英国战舰上举行第一次正式会议。他们当时约定，要不惜一切代价推翻“纳粹集权”，包括向奋起抵抗德军侵略的苏联提供军事援助。当年末，罗斯福已经考虑参战了。珍珠港事件之后，他宣告参战，而他和丘吉尔举行会议的纽芬兰附近的战舰“威尔士亲王”号，当时已经沉没在新加坡附近了。

两位民主国家领袖和一位共产主义领袖，让这三巨头开会可不容易，因为斯大林比罗斯福更难走出自己的框框。但最后，纽芬兰会议一年之后，丘吉尔绕远路去往莫斯科。丘吉尔坐上解放者轰炸机，从开罗起飞，在德黑兰过夜，然后深感疲倦地抵达莫斯科。丘吉尔当晚第一次在克里姆林宫会见斯大林，他惊奇地发现会议进行得格外顺利。他和罗斯福推迟英美联军进攻希特勒欧洲的坏消息，在碰了几杯伏特加酒的一片和乐融融中几乎被忘掉了。

第二天晚上，斯大林苛责英军作战不力，并坚持认为丘吉尔违反诺言，没有在法国和西欧的其他地区早早开辟第二条战线，前一天晚上和谐的氛围荡然无存。第三个晚上，克里姆林宫举办了漫长的晚宴，丘吉尔回到公寓的时候心灰意冷，一头栽倒在椅子上，他坦言：“斯大林不想和我对话。谈不下去了。我受够了。食物太难吃了。我本就不应该来。”当时是凌晨3点45分，丘吉尔这才戴上他怪异的黑色眼罩进入梦乡。最后一夜，两位领袖漫谈着重大的议题，气氛再次欢快起来，于是丘吉尔又在德黑兰和开罗辗转，在漫漫长途后回到伦敦。

如何评断斯大林，到底是该相信他、接受他模糊不清的许诺，还是要最坚定地牵制住他，对这两位讲英语的领袖来说并不容易。丘吉尔一开始多少还相信斯大林，但最后也改了主意。另一方面，罗斯福早在第一次会面之前，也觉得可以相信斯大林和他勇猛的军队。1942年初，他私下里表示，斯大林唯一关心的就是苏联的安全。罗斯福的论点不是全无根据，因为俄国在一战后被其同盟亏待，或许施以援手可以缓解斯大林的情绪。罗斯福写道，倘若斯大林被好好对待，“他就不会有侵略吞并之行为，就可以和我一同缔造世界的民主与和平了”。

罗斯福感觉自己在国际事务的沟通方面，比他的顾问和英国的外交官更游刃有余。1942年3月18日，他向丘吉尔吐露：“我直言不讳，希望你不要介意，我觉得我更能应付斯大林。”罗斯福并未见过斯大林，他的想法出奇地自信。或许他已经为战后的局势做好准备，他预言战后将是美苏的天下，随后也得到应验。倘若能慢慢建立友谊，而斯大林也确实愿意和罗斯福合作，两位领导人之间的气氛可能会让美国人民接受他们在1918年不能接受的——他们要为世界和平尽一份责任。回过头看，罗斯福仿佛一匹高贵的马，急于和狮子会面，还相信狮子是吃素的。

也正是在这个时候，美国出现了一股强大的支持苏联人民的潮流。苏联人民英勇保卫祖国，损失惨重。重要的是，由曾住在陷落的列宁格勒的德米特里·肖斯塔科维奇谱写的交响曲《列宁格勒》，在美国广受欢迎并被誉为英雄之作，托斯卡尼尼曾于1942年第一次在美国当众演奏。在接下来的音乐会季节里，《列宁格勒》响彻全美的音乐厅。在学术圈，苏联的大名也前所未有地频繁出现。一些美国人感叹，苏联是一个富有异域情调版本的美国，一个充满新前景的国家，它宽广的国土孕育着个人的未来。

在西方军队当中，很多士兵都视苏联为希望之地。1943年，一位聪明的新西兰军士获得一次偶然的机会，受邀“向大批士兵就全球事务进行演讲”，他记录下了当时强烈的亲苏气氛。与此同时，英国人也同情苏联及其全民就业和社会平等的理想，因为经济危机的阴影在英国人的记忆中还没有散去。因而丘吉尔和罗斯福可以依赖沉默大众的支持，对苏联激进的要求，也亮了绿灯。

在一些协商过程中，斯大林正是占了罗斯福同情心的便宜。1945 年 2 月，在黑海雅尔塔港口的一座古老的沙皇宫殿里，三巨头最后一次聚首，斯大林和罗斯福似乎相处融洽，甚至私下里互相交换意见，有时甚至轻视丘吉尔。另外，西欧一直控制世界，部分是通过海外的殖民地，斯大林对此怀有疑心，罗斯福也深有同感。两位领导，有别于丘吉尔，他们相信是时候解放这些殖民地了，而他们决意要加快这些地区解放的进程。

波兰的未来是雅尔塔会议最棘手的议题。甚至丘吉尔也相信斯大林会让波兰独立，自由进行大选，自己掌握未来。1945 年 2 月末在伦敦，丘吉尔没有说服下议院就此事相信斯大林。似乎丘吉尔本人也大有保留，因为他向住在英国而不敢重归故乡的波兰人许诺，他们可以保持英国公民的身份。

斯大林的沟通技巧，源自他长期做统治者的经验。另外，他在西方的宣传人员让人们大多相信，他曾被他的同盟们亏待。实际上，他接受了来自英美的大批军事援助。倘若没有这些援助，在 1942 年的最黑暗的那几个月里，斯大林的军队或许会被德国打得更加溃不成军。不得不承认，斯大林也曾向其同盟国请求开辟西线战场，缓解德国对苏军的压力，但让斯大林大失所望的是，直到 1943 年英美袭击意大利，1944 年挺进法国，西线才展开。他时常表达的对第二条战线的不满，多少也可以忽略。抵抗日本的战线也可被视作第二条战线。英国和美国不得不在没有苏军协助的情况下抵抗日本，直到太平洋战争的最后两周。然而斯大林有一个无可争辩的事实：他的士兵和平民牺牲惨重。在流血牺牲和摧毁德军的过程中，苏联人为胜利立下了汗马功劳；这对战争即将结束时的和谈意义重大。

柏林的倒塌

无论三位领袖决策如何，尤其是在1943年的德黑兰和1945年的雅尔塔，他们各自都知道这句老话：实际的占有者总能十诉九胜。倘若斯大林是第一个收复失地的，那么他就确实有望在战后控制该地。在冲往柏林的比赛中，苏军已经抢先英美一步。在解放被围困900天的列宁格勒之后，苏军再次控制波罗的海。到1944年7月，他们已经逼近华沙，但是停了下来。莫斯科的广播里传来鼓舞人心的捷报，波兰的地下武装已经开始和占领华沙的德国军队展开战斗，但苏联对此袖手旁观。英国发出请求，希望苏联为波兰提供军需，遭到莫斯科拒绝。最后波兰的"国内军"被击败了。苏联这一自私自利的做法，实际上是在借此铲除那些反对在波兰建立共产主义的波兰爱国人士。

1944年6月的登陆日，在盟军登陆法国海滩之后不久，苏军长驱直入，接近匈牙利和罗马尼亚的东部边境，逼近多瑙河。在黑海的腹地，人们门不闭户，欢迎苏军的到来。独裁者扬·安东内斯库治下的罗马尼亚曾是希特勒的同盟。现在，随着苏军的逼近，扬·安东内斯库被轰下台，他的军队也和撤退的德军反目成仇。在多瑙河的另一边，大多数保加利亚人都欢迎俄罗斯来的斯拉夫同胞，一些保加利亚的部队加入了苏联的进军中。10月初，苏军已准备深入南斯拉夫，铁托的同僚已经在此严阵以待。贝尔格莱德于10月19日被攻克。苏军从遥远的乌拉尔山脉慢慢一路向西挺进，直抵亚得里亚海附近。

1945年初，苏联夺下了波兰首都华沙和匈牙利首都布达佩斯。因而正当三位领袖聚首雅尔塔决定欧洲未来之时，苏军从侧翼包围了缓缓而来的美军和英军。苏联军队加上政府官僚和秘密警察，先是占据一个国家或地区，然后保护当地的共产主义者或将其对手关押或射杀，由此奠定了国际的新秩序。

到了4月，欧洲的战争已经进入尾声。维也纳落入苏联之手，柏林也为时不远了。奋起抵抗的德军腹背受敌，被东西方向的敌军逼至绝境。然而在意大利，仍有五分之一的德军在积极作战，但他们也气数已尽。4月28日发生了一件具有象征意义的事件：墨索里尼及其情人在科莫湖附近被一众意大利党徒逮住，就在一条如今安静的乡间小路上被射杀。翌日，德军放弃了威尼斯。这座庄严的城市和其中的珍宝得以被保留下来。一天之后，希特勒在被围的满目疮痍的柏林城中自杀：他无法面对对他的指控。又过了两天，苏联完全控制柏林。

1945年5月7日，战争的第六年，德国无条件投降。此时的德国已是一片废墟——桥梁被炸毁、铁路阻塞、工厂残破不堪，大城市的中心只剩下一片残垣断壁，偶尔可见尖塔的残顶。德国军队袭击过的地方、空袭轰炸过的地方，还有被鱼雷击沉在海底的一大批已经腐烂的同盟国货船和战舰，所有的损失加在一起，德国的损失就不算什么了。

斯大林凭借强硬的谈判风格，以及苏军长驱直入浴血奋战的事实，得到了他想要的大部分东西。总而言之，他想要整个东欧：从黑海延伸至波罗的海的一大片土地、语言和文化。这一大片土地包括战前波兰的大部分，1939 年英法曾经代表波兰正式宣战。它也包括捷克、匈牙利、罗马尼亚、保加利亚、东德和三个波罗的海国家——爱沙尼亚、拉脱维亚和立陶宛。在战争正式结束之前，这三国人民对独立的渴望已经逐渐消失不见。

丘吉尔和罗斯福于 1941 年在纽芬兰海岸举行第一次正式会议，立下《大西洋宪章》，宣告小国拥有独立自主权。斯大林实际上并不同意，他不认为要保护这些小国。甚至丘吉尔也对是否要将独立权延伸至那些想要独立成为国家的殖民地，表达了不同意见。在战争结束之际，东欧的小国已经陷入了危机之中。

第十四章

超级秘密武器

战争在欧洲已于1945年中结束，但在东亚和太平洋沿岸的战果还未见分晓。日本依旧占据着在大战第一阶段占领的大部分领土，从北半球延伸至南半球，从遥远的中国北方一直到澳大利亚沿岸附近的热带岛屿。英国光复了大部分的缅甸，澳大利亚的军队收复了菲律宾大部分地区以及日本以南的重要岛屿，而美国空军也可以利用这些跳板向东京发动空袭，尽管如此，同盟国还没做好袭击日本的准备。

要想成功空袭，美国需要拥有比登陆日进攻法国时规模更大的舰队，要有足以进攻日本主要岛屿本州岛的陆军，还要有支援的海军、运输机和飞机，但这些在1946年3月1日前，没法到位。华盛顿预测，这样一场袭击要想成功，可能要以死伤百万美国士兵为代价，因为日本很可能战斗到底。

尽管在1945年5月末，东京城内遭大规模空袭，但是日本各地的士气并没有被动摇。

日军战斗的决心非常坚定。数千名精心训练的神风队飞行员已经做好在一系列自杀式袭击中与对方同归于尽的准备，其实日方已经有一些小飞机去美国的战舰和基地送死了。日方的这些袭击，从胆量和技术上来说，可以说是2001年恐怖分子袭击世贸中心的前身。

美国、英国或许再加上苏联，能否对日本展开有效的袭击？这一问题在华盛顿被当作高度机密讨论。另一备选计划浮出水面。日本领导人和斯大林此时还不知道，美国拥有一个武器，它曲折的起源要追溯到二战前的和平年代。

足球场底下的实验

世界上最著名的科学家阿尔伯特·爱因斯坦对这一致命武器的诞生有过一些影响。1939年8月，受朋友之邀，他坐在纽约市附近长岛的度假屋里，写信给他的新祖国美国的总统，他指出，“核链式反应”的秘密实验可能会引发不寻常的爆炸。这一炸弹，尽管成功与否还是未知数，却充满了前景。爱因斯坦毫不怀疑这一炸弹庞大的破坏性力量：“像这样的一颗炸弹，由船只运载，在港口爆炸，很可能摧毁整个港口以及周边的领土。”但为什么要用船来运载炸弹？爱因斯坦在顾问的建议下总结说，原子弹可能太重，不适合飞机运载。

倘若实际上它真要由一艘缓缓行驶的船只承载，那它是否可行就存疑了，因为船只在到达目的地之前可能就会被鱼雷或空投炸弹击沉。

爱因斯坦的建议，实际上预示了希特勒和墨索里尼残害犹太人要付出的代价。爱因斯坦这个德国的犹太人正在建议美国如何抵抗他原来的祖国。原子弹的研究也得益于另一位难民，那就是聪明的意大利物理学家恩里科·费米，他在意大利无法安身，才在不久前带着他犹太裔的太太和两个孩子迁居美国。

费米在芝加哥大学进行核试验。1942 年，美国参战后，学校的足球活动减少，费米将大学足球场下头的空间当成安全的实验点，制造链式核反应。在这样一个无顶的混凝土看台下，有一片作为网球场的大片区域，费米和他的团队就在这里用四万多个灰色的小石墨块，建成了核反应堆。快完成之时，它看起来像是堆着一摞摞灰砖的工地，50 层几乎层层相叠。这个反应堆并不高，还不到两人高。嵌在这些“砖块”之间的是成千上万块的铀，从加丹加地区运来，也就是当时的比属刚果（现为刚果民主共和国）境内。

1942 年 12 月 2 日，世界首个核反应堆建成，大量的仪器准备就绪去测量它的放射性和其他效果。有趣的是，费米和他的团队为每一个仪器取了个来自儿童书《小熊维尼》的名字。这一精密的实验开启，核裂变反应发生，核武器的关键元素钚也制备好了。费米宣布实验成功。人们把意大利基安蒂酒从其球形的酒瓶里倒入纸杯子，庆祝实验成功。

从希特勒的欧洲逃出来又一位难民，也加入了这个实验。在20世纪30年代的哥本哈根，尼尔斯·玻尔可能是最先进的理论物理学实验中心的负责人。在希特勒的大军占领丹麦后，玻尔处境危险，因为他的母亲是犹太人。他对德军的占领表示不满，让他的处境更危险。1943年，他携家眷坐上渔船逃亡瑞典，在那里被一架没有武装的小型蚊子轰炸机救起，逃至英国。几个月后，他随英国核研究团队去往新墨西哥，也就是新型炸弹的秘密研究中心。

洛斯阿拉莫斯遮天蔽日的光

人们有充足的理由担心，德国是不是也在研制相似的武器，因为在原子物理方面的几项创新在战前就有德国科学家在研究了。然而原子弹在战时的德国还未被看作决定性的武器，一些美国的领导人也私下怀疑它是否真有巨大的摧毁能力。美国总统参谋长海军上将威廉·莱希表达了他的怀疑："这个炸弹永远也不会引爆，我是以爆炸物专家的身份这样说的。"美国陆军参谋长乔治·马歇尔将军也表达了他的疑问，他认为在实验条件下的尝试，未必会证明这个武器在实战中也有价值。尽管如此，这项强大的炸弹研究项目依旧被给予高度重视。

最后，在费米首次实验成功的两年半后，美国的原子弹已做好测试的准备。尽管它还是高度机密，但已经呼之欲出。1945 年 7 月 16 日，就在日出之前，H.E. 威塞尔曼夫人驾车驶过黑暗的亚利桑那—新墨西哥交界地区，突然高山之间迸射出橘红色的光芒，持续了三秒。“仿佛是太阳出来，然后又突然落下。”她回忆说。另外一条路上有一辆车，正坐着一位双目失明的女性，她惊异地以为自己“看到”了耀眼的光。在爆炸地点 10 英里以外的费米，正通过深色的防护玻璃观看，他看见“一大团火焰”缓缓升起，随之而来的是蘑菇云，他计算，这股蘑菇云升入空中 6 英里高的地方，并在空中停留不动。之后风吹散了这股烟雾。爆炸不到一分钟的时间，他感到热风从他身边吹过。

这是人类历史上最重大的时刻之一，但这一实验几乎没有任何媒体报道。政府奇迹般地瞒过了几乎美国所有的广播和报纸，没有让这一实验成为新闻头条，而官方的托词是，这一耀眼的白光是弹药的意外爆炸。当时美国测试原子弹，用以袭击日方，是战争期间几大机密之一。

这一实验成功的消息传到了总统哈里·杜鲁门那里。在罗斯福三个月前去世后，杜鲁门上台。杜鲁门在当上总统之前，还不知道原子弹的存在，可见当时的保密程度。杜鲁门在德国城市波茨坦会见斯大林和即将上任的英国首相克莱门特·艾德礼，一开始对斯大林只字未提原子弹。最后斯大林得知了这一消息，是在新墨西哥的洛斯阿拉莫斯测试成功九天以后。他并没有太吃惊，因为他的间谍已经告诉过他，这一武器的开发进展良好。

杜鲁门面临的抉择是，要不要使出武器库里两枚原子弹中的一枚。倘若日本可能投降，当然不需要使用原子弹，但是日方坚决不肯投降。

要想将新研制的炸弹投放在日本的目标，需要一架远程轰炸机。美国拥有这样的轰炸机，也就是B-29超级空中堡垒。该轰炸机有四个震耳欲聋的引擎，几乎可以飞3000公里，飞到攻击目标再返回。现在合适的新机场也有了，就是热带马里亚纳群岛中的天宁岛，赤道以北15度，是一年前从日本那里夺回的。1945年8月6日，通过美国加州的船只运输的一枚沉重的原子弹，被装载入以飞行员命名的超级空中堡垒“埃诺拉·盖伊”号。

轰炸的目标是日本港口广岛，该港口坐落在一个三角洲旁。这个港口城市现在在国际上成了悲剧的象征，但在当时东亚以外鲜为人知。广岛是日本第八大城市，曾是海军基地和陆军总部，同时是针头的制造地。那是一个夏日的清晨，人们已经开始工作，尤其是战时的工厂，他们并不晓得，他们在最后一刻被选为战争实验的目标。三个日本城市被选为可能的目标，但是当天早上最后选择了广岛，因为晴朗的天气最利于飞行员精确瞄准，投下炸弹。

“埃诺拉·盖伊”号之前，已经有两架飞机和两架载有观察人员的飞机巡视天气。大轰炸机于清晨8点15分飞抵这座繁忙的城市上空，一路畅通无阻。炸弹从远远的高处落下，在落地前爆炸。这一人为的爆炸是世界历史上规模最大的一次，烧毁了整个城市的中心。

在日本的农田里，做工的人看到烟云升起。飞行员将其称为“蘑菇云”——一个月前目睹了洛斯阿拉莫斯实验的人也如此称呼。但从事后搜集的照片看来，它并不像一朵矗立在杆子上的圆滑巨大的蘑菇，仿佛参差不齐的卷筒那样，装满了晶莹雪白的泡沫状冰淇淋。300 英里以外都能看到这个白色的烟雾云。

广岛中心的 10 座大楼里有 8 座化为灰烬。城内的 298 名医生中就有 270 名丧生，近 2000 名护士中也有 1800 名丧生。因此数万在空袭中受伤的民众，得不到及时有效的医疗救援。日本最初预计有超过 7.1 万人丧生，事实证明这一预测太过保守，这个数字还没有东京在三月的夜间空袭中因普通炸弹而丧生的人数多。当时人们还没有意识到，放射性的长期效应将导致更多人死亡。

倘若广岛民众躲入防空洞，或许当天的死亡人数不会这么多。但他们已经习惯了空袭警报，也忽略了爆炸前的警告消息。当这股爆炸和热气袭来时，他们正在工厂、学校和办公室里，还有大街上，或者正在晾衣服。

起初，日本领导人毫无投降的意思。话说回来，他们为什么要投降？这关乎他们的荣誉和武士道精神。

8 月 9 日，广岛轰炸的三天之后，一架美国轰炸机靠近日本长崎市。空袭警报响起，给市民时间躲入山间的避难所。

大多数的民众选择继续工作，很多人匆匆过街，突然间看到刺眼的一阵强光，几乎是白色的。他们熟悉的世界坍塌了。对很多居民来说，幸运的是，这一巨大的爆炸力一部分被港湾所吸收，因而降低了死伤程度。

在第一次和第二次原子弹爆炸期间，苏联参与对日作战。欧洲多余的士兵和装甲车辆进入日本占领的满洲，快速挺进夏意浓浓的郊外。这一袭击也促使了日本投降。但是对原子弹和美国侵袭的恐惧，是促使裕仁天皇及日本政府决定要缴枪卸甲投降的主要原因。1945 年 8 月 14 日，日本无条件投降。

科学之神

原子弹意义重大，不仅是因为它结束了第二次世界大战，还因为它的摧毁力量几乎比过了天上的神。在上一世纪，技术成了科学之神在凡间的化身，二者越来越被奉若神灵。科学技术强调理性、不断挑战传统的信条，基督教的权威和地位日渐遭到削弱，留下了巨大的空洞，等着科学去填补。慢慢地，这样颇为合理的想法流传开来，即科学指引了未来，甚至是未来的保障。数千名科学家孜孜不倦地研究，几乎被视为现代的神学家和传道士。在无数披冠加冕的仪式上，科学家备受嘉奖，他们被称为为了更伟大事业献身的人。科学家被誉为创造力的有力典范，甚至超过画家和诗人，因为他们的创造力在明显地改变世界。

在科学这一新宗教里打前锋的是物理学家。一开始，他们的理论被人认为过于抽象和遥远，不太可能影响人们的生活。在诸多大学和实验室兢兢业业的研究下，他们在一个黑暗的清晨终于成功了，而他们的成功也毁掉了自己圣殿的宝顶。

科学家和政治家是否能够不负众望？1945 年的最后几个月里，这成了最重大又棘手的问题。人类历史上最具摧毁性的时期，六年的战争，因两次强大的爆炸告一段落。希特勒这个现代史上最无情的独裁者也死掉了。另一位独裁者斯大林，他的行为还没有完全公之于众，依旧大权在握。没人确切知道，这一摧毁性的时代是否已经终结。

每一个世纪里，聪明而善于观察的人都在思考，大权集于一人之手的利弊如何。世界上的各大宗教也各自质问这种局势的困境和危险。在现代社会，让人印象最深的表示担忧的学者便是阿克顿勋爵，他是出生在那不勒斯的历史学家，在英格兰度过了大部分的学术生涯，并在 20 世纪初于德国去世。他拥有世界上最大的私人图书馆之一，藏书 5.9 万卷之多，其中数千册他都亲自用笔做注释，他深深沉浸在西方历史中，尤其是天主教教会和近代英国政治，他也是威廉·格莱斯顿的好友兼顾问。阿克顿勋爵笃信天主教，深谙人性中的善恶，19 世纪 60 年代以来，他深刻地思考着那些大权在握者的道德堕落，还有在他们权杖下的芸芸众生所遭受的身体和情感的创伤。

阿克顿勋爵在给英国国教牧师兼历史学家曼德尔·克雷顿的一封私人信件中，发出警醒之词，但这些话直到他身后才公之于众。在下一代斯大林、希特勒和其他领导大行其道时，他的这番话才尤其令人唏嘘感喟。阿克顿写道："权力会产生腐败，绝对的权力会产生绝对的腐败。""伟人几乎总是坏人。"他过于悲观地补充说。

阿克顿关于权力的说法似乎过于悲观。很多经历过大风大浪的人一直引用他的话，似乎更带悲观色彩。人们经常不记得他的原话"权力会产生腐败"，而是简单地记成"权力腐败"。

阿克顿于 1902 年逝世，当时的世界似乎更充满了乐观情绪。他并没有经历两次世界大战。他被埋葬于平静的泰根湖附近，就在离慕尼黑的街道不远的地方，他去世二十年后，希特勒就在这儿爬上了绝对权力的宝座。

第三部分

第十五章

铁幕落下

第二次世界大战是有史以来最具毁灭性的战争。哪怕是不完整的士兵和平民的死亡名单，也比第一次世界大战的还要长。诸多国家被摧毁的房屋、学校、教堂、寺庙、犹太教堂、道路桥梁、铁路码头、工厂、办公楼、飞机、战舰、货船和其他军事设备加在一起，堪比 19 世纪所有的重大自然灾害带来的破坏程度。全球食物供给降低，因为大片的农田被毁，牲畜被杀，面粉厂、酿酒厂、面包店、糖厂和食品厂也遭到破坏。另外，大战也削弱了运送食物到所需之地或饥荒之地的能力，因为有大量的船只和铁路损毁严重。曾经富饶的土地，在战后大多受到长期食物短缺的困扰。

世界的版图曾在一战时被大规模重新划分，然而并没有被二战严重改写。欧洲 1939 年拥有的殖民地在 1945 年时仍旧为殖民地。但在接下来的几年里，争取自由的斗争给印度、印度尼西亚和第三世界的诸多地方带来了剧烈的影响。欧洲的三大国英、德、法因二战大伤元气。1945 年的英国，已经力殚财竭，百业不兴。虽身为战胜国，英国却因战争漫长的蹂躏一蹶不振，是前所未有的情况。

而今，只剩下苏联和美国两大强国。两国都疆土辽阔，雄踞广袤的大陆，反观西欧国家，在本土拥有相对较小的土地，而在海外有大片的殖民地。有趣的是，政治上的新名词"超级大国"，几乎在南半球没有任何土地，而西班牙、葡萄牙、英国、法国甚至帝制德国都曾经是南美洲的殖民霸主。还有一个新的气象：两个超级大国并非比邻而立。华盛顿和莫斯科相距甚远，超过了历史上任何相互较量的两国首都之间的距离。

联合国——暂时的联合

最初，人们普遍希望可以组成新的国际联盟，使各大国保持和谐有序。国际联盟并不成功：第二个一定要成功。新联盟的主要推动者是美国，正是美国推进了国际联盟的成立和解散。斯大林和丘吉尔可没有那么积极，但是罗斯福非常坚持。就在呼吁成立联合国的会议即将召开之际，罗斯福去世了。

1945 年 4 月 25 日，850 名代表涌入旧金山的大会议厅，包括了 5 位首相和 37 位外长。这是一场胜利者之间的会议，败者是之后才加入的，而胜者之间也意见不一。除非让苏联的卫星共和国也成为联合国的成员，否则苏联是不会满意的。安全理事会四大国分别为苏联、美国、英国和中国。除非让法国也成为安全理事会成员国，并且享有相当的特权，否则法国也不会甘心。澳大利亚的 H.V. 伊瓦特博士代表了诸多小国，批评安全理事会成员国提出的否决权。既然大会包括大大小小的所有国家，那么为什么对于每一次辩论和决定，大国都拥有比大会更多的阻挠和否定的权力？哪怕在众多小国之间也分歧不断。一个怨声较高的情况是，为什么拉丁美洲对二战胜利贡献这么小，却有这么多的投票数？

1946 年寒冷的 1 月，联合国大会首次在伦敦的一个维也纳巴洛克式建筑的卫理公会教堂举行，就在英国议会下院的对面。苏联代表在乌克兰的支持下，试图出人意料地要求立即将挪威人委任为秘书长，此举并非按照可以清楚计算的投票数，而是人们的呼声。在要求进行秘密投票后，苏联代表以 23:28 票失去了这一提议。联合国这一新的组织，尽管充满前景，但诞生之际就已经是一片意见不合的战场。

铁幕背后

1945 年 5 月，苏军的力量遍及中欧和东欧的大部分地区，到处是苏联官僚和秘密警察。罗斯福曾希望，这一大片地区里可能还在苏联保护下的国家，可以制定自己的国家政策，但是斯大林更想成为这些国家政策的设计者。他掌控了波兰，在1944年与占领华沙的德军战斗时，很多波兰的反共领导已经被杀害了。在被占领的国家中有少数的几个进行了自由的竞选。几国政府最初是共产党及其敌对党共存的局面，但权力很快就落入共产党之手，他们的敌对党人也被送到了不重要的职位、监狱或者无名的坟墓里。而三个波罗的海小国——拉脱维亚、爱沙尼亚和立陶宛——在两次大战之中都保持独立，现在甚至连独立一周的希望也没有了。1945年，它们成为苏联的一部分，而其公民中的翘楚也耻辱地被送往苏联遥远的共和国。

捷克斯洛伐克起初看来有望在这动荡的时代里保持独立。1946年5月，捷克斯洛伐克的共产党在自由竞选中并没有获得多数选票，但成立了以共产主义者克莱门特·哥特瓦尔德为首的联合政府，相似地，共产主义者开始控制捷克的警方，在1948年2月挑衅抗议，逼迫反对共产党的部长辞职。几天之后，最著名的捷克政治家扬·马萨里克逝世。他曾在两次世界大战之间担任驻英国伦敦的捷克斯洛伐克大使，之后返回解放的布拉格，成为哥特瓦尔德政府的外交部部长。在3月10日，他秘密地从办公室的窗户坠楼身亡，当时他仍任部长。

两周之后，哥特瓦尔德重组外交部，清一色都是共产主义者。1948年5月30日举行国内大选，旨在通过他的改革措施，但是大选的结果是预先就设定好的。敌对党的成员不许占据任何席位。至少选民是可以糟蹋选票，以示忧虑的。但每四个选民中只有一个肯花一番功夫，用选票来抗议。

莫斯科逐渐加紧对东欧及其日常生活的管制。严肃的批评通常都被镇压下来。教会被单拎了出来，尤其是天主教。1949 年，布达佩斯的枢机主教闵真谛被判终身监禁；大主教贝兰在布拉格被捕，被关在不明地点，因而断了与外界的联系。在小小的立陶宛，三分之一人口都为天主教徒，1300 名牧师在 1947 年时仍旧相对自由。在接下来的三年里，有上千名牧师被捕或被苏联当局驱逐出境。

大多数的知识分子意识到，除数学、物理学、农业、工程和其他没什么政治色彩的职业之外，是没有独立思想可言的。大多数作家都服从了社会。那些依旧保有独立思想的人，可以在自己私宅的房间里直抒胸臆，但没人敢发表。倘若作家手写或者打了一些复印件并且流传出去，读者很可能被带到警务室问话。无论何种规模的私人企业的拥有者前景都很堪忧：有一些被斥为人民的敌人，能活下来已属幸运。国有工厂、煤矿、商店、集体农场、工会自己的度假村，以及其他的集体企业掌控了经济，尽管也有奇怪的例外，比如波兰境内的一些小型私有农场还被允许存在。

事情也有好的一面。尽管实行专政，但是东欧的日常生活一如往常。年轻的一代不知有其他的可能性，而幼儿园、学校、书籍、电影、报纸和共产主义青年团，每个小时都在传送这样的消息，即共产主义治下的人生将比资本主义世界更有目标、更安全。老一代当中，很多人都看到了共产主义制度的优势。当经济缓缓回归正常后，他们有公寓住，能够就医看病，有带薪假期，可以抽烟喝酒吃上饭。而大多数父母辈的人，尤其是处于社会基层的父母，比他们祖父母当年的物质生活好得多。

冷战还是热和平?

战败的德国是一个谜。名义上，它被划分为不同区域，每一区都在四大战胜国的武装力量控制下。步履蹒跚的德国经济最初被视为一体，但是到底哪方会控制大局，资本主义还是共产主义？就这一点，无望达成共识。美国奉行马歇尔计划，慷慨地复兴了西德的经济，也是苏占区拒绝接受的，于是西德的经济繁荣起来。苏联夺取东德的机械、重要的设备和商品，损害了东德的经济。德国人开始从一个地区转向另一个地区。到了 1950 年，德国几乎出现两个经济体并存的局面，繁荣的西德和简朴的东德。

伴随经济分区而来的是政治分化。很快就出现了两个独特的政体：西边的德意志联邦共和国和东边的德意志民主共和国。就国防而言，西德倚赖美国和新的军事联盟——北大西洋公约组织，而较小的东德倚赖苏联及其国防组织——华沙条约组织。不准德国重整军备这一条也被修改。相反，德国两个敌对的靠山帮助重整了德国的军备，尽管武器有限且管控极严。而大规模的武器，尤其是致命武器，只握在莫斯科和华盛顿的手中。

柏林，这个曾经统一的德国前首都，是另一个谜。柏林狭小而孤立，被苏占区保卫，但是被四股政治力量控制。因为柏林倚赖外界的食物和原油，它深受莫斯科压力的影响。1947 年，莫斯科突然下令封锁铁路、公路和运河，这样一来柏林就无法接收来自西德的供给。英美派出紧急昂贵的飞机供给柏林物资，也就是所谓的空运物资。每天有上千架飞机到达柏林，很多都承载着煤炭。一年多的时间里，空运物资就这么持续送进来，显示出西德不会妥协。有一个解决办法，离战争不远了。于是柏林也一分为二，互相敌对：一个西方，一个共产主义。德国和柏林的分化，并不在战胜国的战后计划当中：局面是自然而然如此形成的。

有一句话被用来描述欧洲甚至分裂的德国的政治和经济分化："铁幕"现在将民主地区与共产主义地区分隔开来。丘吉尔让这一说法广为流传，但这并不是他的话。1920 年，埃塞尔·斯诺登随英国工党代表团出访圣彼得堡，他说"我们到底是站在了这铁幕后面"。这一简练的说法在接下来的二十五年里都无人提起，在二战结束前，被希特勒的同事戈培尔引用，写在每周专栏"帝国"（Das Reich）上。他警告德国读者，倘若德国战败，一幅铁幕即将在德国降下，将其一分为二。这份警告被英国报纸转载，或许当时无意间被热心读报的丘吉尔看到了。1945 年 6 月 4 日，丘吉尔向美国总统杜鲁门指出："遗憾的是，一幅铁幕会在我们和东部地区之间降下。"翌年，丘吉尔在密苏里州富尔顿市的一所规模较小的美国大学发表演说，向世界提出了"铁幕"这一说法。很快这一说法便镌刻在百万人的脑海中。

与"铁幕"一并被提起的另一个说法是"冷战"，二者仿佛连体婴儿一样总是一起出现。1947年，美国的金融家伯纳德·巴鲁克写道："我们不要被欺骗了，我们正身陷一场冷战当中。"用"战争"来形容美苏之间持续的关系，要用上一些想象力，才能体会到这个说法的用意。这其实是一种紧张的热气腾腾的和平。无论如何，这一说法盛行，影响了整整一代人的思维。"冷战"和"铁幕"这一成对出现的说法，是一对古稀之年的好友提出的，在他们生动描述的这一裂痕开始消逝之前很久，他们就已不在人世了。

丘吉尔口中铁幕的位置并不准确。最初，一些国家横跨在这铁幕之上，但最终它们有了具体的位置，一般是在铁幕以东。这铁幕最终从波罗的海延伸到黑海，有隆起的一部分接近亚得里亚海。亚得里亚海的两个国家南斯拉夫和阿尔巴尼亚各自经过自由选举，走上共产主义道路，打造了一个没有持续很久的共同体。南斯拉夫没法和斯大林达成共识，在1948年被逐出苏联的同盟阵营，即共产党和工人党情报局。阿尔巴尼亚成为共产主义中国的同盟，结束了和莫斯科的友谊。

芬兰
挪威
瑞典
维堡
列宁格勒
波罗的海
普斯科夫
里加
丹麦
梅默尔（克拉佩达）
但泽
纽斯
明斯克
不莱梅
波兰
苏联
柏林
华沙
波兹南
民主德国
平斯克
埃尔福特
弗罗兹瓦夫
布拉格
利沃夫
克拉科夫
纽伦堡
捷克斯洛伐克
维也纳
布达佩斯
奥地利
匈牙利
罗马尼亚
的里雅斯特
贝尔格莱德
布加勒斯特
北海
南斯拉夫
保加利亚
意大利
索非亚
亚得里亚海
地拉那
铁幕
阿尔巴尼亚
希腊
爱琴海

铁幕（1948 年）

萨哈罗夫博士的炸弹

苏联急切地希望拥有自己的原子弹。1949年，通过间谍网络昼夜不息的工作，苏联开发了自己的原子弹。但这并不够。华盛顿已经开始设计更强大的氢弹，苏联也要跟上步伐。

年轻的物理学家安德烈·萨哈罗夫领导着苏联的核研究。萨哈罗夫的父亲是苏联著名的知识分子。小萨哈罗夫在读博期间研究了宇宙射线，他激动地将物理学理论比作神秘而富有力量的交响乐。他在1948年受命参与秘密的原子弹项目，最初他并不情愿加入这个气氛僵硬的秘密项目，但是后来萌生了兴趣，因为他正在“真正的理论学家的乐园”里工作。萨哈罗夫精通热核爆炸的理论和实践，在30岁就已经成为苏联的重要人物，参加斯大林本人参与的国防官员的会议。斯大林一向喜欢把会议拖到午夜之后。萨哈罗夫要在昏暗的大街上走上7英里才能到家，都没有意识到自己有官方专车。

苏联在1953年完成氢弹研制，萨哈罗夫博士成了英雄。很久之后，萨哈罗夫博士开始对这个他曾经力图保护的国家失去信心，他公开反对战俘营和鞑靼人缺少自由的情况。1980年，他被送到高尔基城，审查人员阅读他的书信，警察监视他的行踪，他的广播也被切断。

与此同时，美国和苏联的想法和讨论很少被彼此的提议和论断所左右。有这两国的出席，安全理事会更像是一盘防守棋，而不是辩论之地。苏联的外交部部长兼副总理维亚切斯拉夫·莫洛托夫因没有割让任何土地而受人爱戴。用一位英国部长的话来说，他是“微笑的花岗岩”。苏联开发试验自己的核武器，加上超级大国不肯妥协，加剧了人们对核战争的恐惧。

关心世界形势的人们往往对核竞赛充满担忧。大多消息灵通的西方人士认为，在他们有生之年，会目睹下一场大战，预计是核武器的战争。艺术也反映了世界失控的局面。在20世纪50年代表演的戏剧中，塞缪尔·贝克特、欧仁·尤内斯库和其他剧作家创作了所谓的荒诞剧。在大学校园，很多科学家也开始质疑他们参与研发第一枚原子弹的同事们是否明智。因对文明的大量研究而在英语国家声名卓著的历史学家阿诺德·汤因比认为，世界的前景是惨淡的。在一片唱衰声中，还是跳出了一些乐观主义者，庆祝他们的工作。苏联也不乏乐观者，他们深受马克思历史观的鼓舞。马克思历史观向他们承诺正义必将战胜邪恶。

二战之后的几年里，共产主义在世界范围内大行其道，不畏西方的批评声音。苏联当时拥有最庞大的军事力量，控制着欧洲和亚洲的大片土地，其意识形态也是亚洲、非洲、美洲国家和殖民地的革命派的指路明灯。很多富裕的民主国家，都存在着一股支持共产主义或社会主义思想的潮流。法国和意大利的共产主义政党势头很猛。在美、英等民主国家，支持共产主义者被称为“同路人”——在华盛顿，这些人会被个别挑出来，成为攻击对象，还有一些受到了不公平的诋毁。

共产主义的胜利还远没有达成。人们广泛认为，中国会成为共产主义下一个胜利的根据地。

中国的长征

20 世纪初，中国已具备了政治革命的土壤。中国是贫穷的农业国家，政府落后，它在世界上的形象是孱弱不振的，即便如此，中国的一些古老的习俗还正受到外国思想的冲击。1910 年后，出现了越来越多的爱国批评家和未来的政治家，1917 年，布尔什维克胜利的消息从圣彼得堡传来，对他们来说是一道耀眼的光芒。

毛泽东便是被这道光芒照耀到的人之一，家中生计靠的是长江以南肥沃的四亩稻田。毛泽东先是在一个师范学校读书，到二十五六岁的时候去了北京，在北京大学的图书馆做助理。他认为俄国革命指明了未来的道路。1921 年，中国共产党在港口城市上海成立，毛泽东是早期党员之一。

很多年里，苏联都对当时执政的国民党更有兴趣，而不是中国共产党。由孙中山领导的国民党比较温和，以俄国共产党为模范，创建自己的军队。尚在襁褓中的中国共产党和强势的国民党曾一度合作过。两党联盟于 1927 年破裂。国民党的新领袖蒋介石是名年轻的将军，得到几个上海大亨的财务支持，作为交换，同意清除城中的共产党领导人和工会领袖。1927 年 4 月 12 日的清晨，被称为青帮的一伙蒋介石下属伏击了共产党人，当场将他们杀害。接下来的几周里，又有成百上千的人被杀。

蒋介石日益成为军事独裁者。他并没有完全控制中国——地方军阀依旧雄踞一方，共产党人也非常活跃。但在 1928 年，蒋介石大展身手，他拿下北京并将其重新命名为北平，意为“北方的和平”。

被逼上山头的共产党领袖，在几千忠诚士兵和平民的

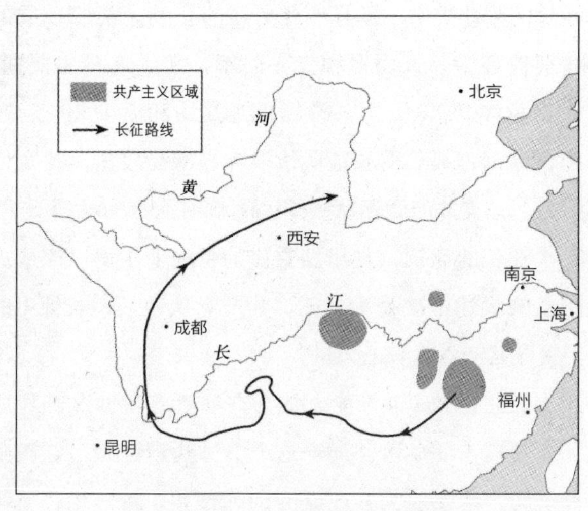

中国长征（1934 年—1935 年）

帮助下，成功地控制了长江流域的六片独立地区。共产党在当地受到欢迎，因为他们没收富人和中层地主的土地，转手分给贫穷的农民，这些农民于是成为共产主义的支持者。毛泽东的根据地或苏维埃，就在其家乡湖南省及周边省份的边界山区。这些独立根据地内缺乏统一领导的武装不断壮大，1930 年的 5 万士兵很快就翻了 10 倍。

蒋介石除了打击共产党外别无选择。他的军队在德国顾问和教练的训练下，逼近共产党的区域，逼迫红军不得不撤退，离海岸越来越远。1935 年末，毛泽东带领其军队和忠诚的跟随者，开始了一次向中国西北的长征，接近内蒙古边界地区。

漫长的战争史中，鲜有如此勇猛的行动。两股独立的军队，分别被称为一方面军和二方面军，北上之前先要西行。他们徒步跋涉 9000 公里，跨越重重高山和至少 20 条河流。在跨越河流时，绵长的长征队伍很容易遭受攻击。在宽广的黄河附近，一支共产党军队被国民党政府的穆斯林骑兵击溃。这是一次漫长的撤退，在沿路农民的帮助下才得以完成。这在共产党的叙述中被誉为长征。共产党执政后，长征中的老兵成了领导共产党的核心力量。

这次长征拯救了共产党。他们在遥远的陕西北部建立根据地，免受攻击的危险。延安这个小村插满红旗，红旗上是锤子和镰刀。延安成为共产党的训练营和思想阵地。毛泽东就生活在这里的一个洞窑里，享受着玻璃窗子透进来的阳光。有哨兵把守着接近他住处的土路，因为正有人以高价悬赏毛泽东的脑袋。毛泽东在四十出头的时候，比一般的士兵要高，一头乌黑浓密而纤长的头发，脸色略显憔悴，双颊饱满，有颗明显的痣——1936 年，一位愿意冒险的美国记者到达延安时，如此形容毛泽东。毛泽东的妻子还做了辣椒面包和李子蜜饯款待他。

当日本于 1937 年侵略中国时，执政的国民党和毛泽东的共产党同意合作，一致对付共同的敌人。国民党是执政党，因而人们对国民党寄予厚望，但国民党有负众望。他们并不具备毛泽东的组织才能：国民党的官员在面临日本侵略时心猿意马，缺乏共产党人那样的忠心。国民党政府最终退到遥远的西部城市重庆，而日本则控制了中国东部的半壁江山。

很多审时度势的欧洲人都怀疑，这个四分五裂且似乎还在为命运挣扎的国家，是否有任何前景。英国的外交高官们认为，中国的 4.5 亿人似乎永远也不可能造就一个伟大的国家。但美国的领导人对中国充满信心。他们希望中国可以成为像西方一样的强国，有不断壮大的基督徒。根据 1942 年的调查表明，几乎一半的美国人都不知道中国在哪儿。尽管如此，他们确实知道，在过去的几十年里，美国教会派出了几千名传道士，深入中国遥远的乡镇和繁忙的港口。蒋介石本人后来也皈依了基督教，他的夫人宋美龄，毕业于波士顿附近时髦的韦尔斯利学院，是虔诚的卫理公会教徒。她于

1942 年走访战时的美国，是得到最多报道的外国女性，被誉为中美两国未来关系的象征。罗斯福总统多少受她的魅力影响，感到中国即将成为民主国家，将会是美国的资本主义贸易伙伴，也会成为战后世界的四大国际警察之一。

但在这个饱经战火蹂躏的泱泱大国里，言论最深得人心的是共产党。"新中国的桅杆即将在地平线上升起。"毛泽东在 1942 年宣称。最初看上去，毛泽东是一位令人振奋的领导人，他试图摆脱外国的控制，谋求国家的自由，摆脱过去的羁绊。他有远见、有奇思，让高谈阔论的马克思主义理论能应用到现实中，实打实地落到稻田里。他也是一个诗人，发明朗朗上口的短语和责问很有一套。"纸老虎"就是他最常用的一个比喻，他之后也曾轻蔑地说"原子弹是纸老虎"。1964 年，中国成功研制自己的原子弹后，他的想法就没原来那么极端了。

毛泽东表达观点的风格颇像丘吉尔。尽管翻译成英语，他的形象也非常生动、实在而寻常："每个共产党员都应懂得这个真理：枪杆子里面出政权。"一次出访莫斯科，毛泽东表达了他的观点，倘若政治目标是正确的，"做出巨大牺牲也在所不惜"。

二战结束之时，日本侵略者铩羽而归。国共两党的停战协定尽管已经签署，但也没息事宁人，接着又开始打起了一场长久的战争。1949 年 10 月，共产党胜利，美国彻底失望。毛泽东最后在北京上台，三十年前，他还在这座城市里名不见经传地堆叠筛选书籍，而他的死敌蒋介石，在台湾岛维系了自己的势力。

中国共产党的胜利，让很多西方领导人大为震惊。现在共产主义的版图从地中海和黑海延伸到太平洋沿岸，途经里海、西伯利亚大草原、蒙古沙漠和西藏的群山。这片红色区域在整个亚洲和欧洲延伸，涵盖世界三分之一的人口。这片广阔的红色区域会成为未来扩张的跳板吗？世界各地的人们都在思索着，揣着恐慌或是希望，尤其是朝鲜半岛。

朝鲜战争

朝鲜半岛与意大利地形相似，纤长而三面环海。朝鲜半岛北部是群山，冬天下雪，东部是崎岖的山脉，有湍急的短流汇入大海。朝鲜半岛西临黄海和中国海岸，浓雾常弥漫港口，每天潮水大涨大落，船只系在码头上，低潮时就搁浅在淤泥里。潮湿的夏天非常适合种植大米和其他谷物，但冬天则寒风凛冽。

似乎不太可能有什么撼动全球的大事降临朝鲜半岛。到1900年时，它的辉煌年代就已经结束数百年。这里被泥土覆盖的茅屋看起来惨淡无光，毛茸茸的小黑猪在谷仓边懒洋洋地踱步，犁地的工作多是借用铲子，三人一组一同完成。一旦发现鱼儿丰富的浅滩，一大群小小的渔船便汇聚在一起，像是一群海鸟，蒸汽船在当时还很少见，并且大多都为日本人所有。朝鲜半岛只有一条铁路。日本渐渐靠武力加强了对这个狭长半岛的控制。最终日本统治了朝鲜半岛，将大韩帝国的国王贬为毫无威胁的王子，日本开始剥削其土地，驯服其民众。朝鲜半岛到处都是日本的警察和官员。

二战战胜的同盟国承诺让朝鲜半岛独立。这个承诺来之不易。苏军在战争末期进攻朝鲜半岛北部，在日本投降之后仍紧紧抓住北部地区不放。联合国大会最后裁决，在半岛南北进行自由竞选，成立联合政府。但是后来发生的却是另一副铁幕的落下，出现了大韩民国和共产主义朝鲜并立的局面。

朝鲜试图将韩国一大块富饶的农田纳入囊中。1950 年 6 月 25 日，天一亮，朝鲜的士兵和一队苏联坦克进攻韩国，很快就攻克韩国首都首尔，首尔坐落于南北边境上。在驻守日本的美国军队前来营救之前，朝鲜方面已经占据韩国大片区域。

这会不会成为共产主义从希腊到香港一路燃烧的序幕？西方国家对朝鲜半岛的事态充满焦虑。联合国安理会在纽约召开紧急会议。苏联代表在几个月前摔门而出，以示抗议，这次仍旧缺席。对恢复首尔合法政府的这一强有力的决议，苏联也无法行使否决权。旧日的国际联盟在其存在的那段时间里从未有过军事行动，人们也没预料到联合国会发起军事行动。而今面对朝鲜半岛危机，联合国决议自发支持军事行动。

联合国的军队由 16 国派军组成，在道格拉斯·麦克阿瑟将军的率领下，很快就掌握制空权。一支拥有 16 艘航空母舰的舰队掌握了朝鲜半岛两侧的制海权。然而在陆地上，朝鲜人民军兵锋正盛。联合国的陆军寡不敌众，尤其是在1950年11月，中国志愿军涌入支持朝鲜方面之后，韩国危在旦夕。此外，苏联向中朝边境派出新型米格喷气式战斗机，随时准备改变战局。很多苏联飞行员正准备飞往朝鲜半岛，他们身着中国制服或者常服飞行，掩饰他们参战的事实。在第一批美国“佩刀”喷气式战斗机来临前，苏军战斗机暂时获得了制空权。

三年之后，各方终于签署了停战协定。自此，南北各霸一方，又一幅铁幕在朝鲜半岛降下。20世纪末时，这一铁幕依旧稳稳矗立。

倾斜的版图

二战结束后的十年里，几个世界性大事件都发生在亚洲，包括第一枚原子弹投放，中国共产主义的胜利，还有朝鲜战争这一20世纪最后一次中美两国敌对的战争。反观19世纪，似乎没有哪个重大的政治事件是发生在亚洲的。

几年的时间，东亚就发生了如此重大的事件，可见地缘政治的重心已经剧烈倾斜。太平洋的一端是日本、中国和苏联的偏远地区，另一端是美国，它的崛起动摇了大西洋作为国际力量中心的地位。与此同时，另一大事也反映了亚洲的复苏：印度终于独立。西欧长久以来海上帝国的统治地位将要匆匆告一段落。

第十六章

燃烧的矛，转向之风

大多数欧洲大国的人民都以拥有殖民地为傲。他们觉得体面，在 20 世纪初这种观念尤为强烈。教室里头挂起彩色的世界地图，地图上大片大片的英国红，让英国的小朋友们高兴得不得了。德国和意大利的殖民活动起步较晚，它们觉得自己一直被蒙在鼓里，被别的国家抢去了先机。另一方面，也有少数的一批能言善辩的政治家，他们把殖民地视作象征性的里程碑，而不如握在手中的钻石那么实在。英国的自由贸易演说家理查德·科布登曾质问，“如果法国占据了整个非洲”将会发生什么。这不会侵犯任何人，“只是救了法国自己”。诚然，有些殖民地让帝国在经济上如虎添翼，而有些则完全是笔赔本买卖。或许从长远来讲，这些殖民地的商业贸易终会繁荣起来，建起海军基地，或成为新的移民聚集地。

有一些殖民地极有价值，几乎决定了母国的外交政策，比如英属印度、荷属东印度群岛、法属阿尔及利亚和比属刚果。还有一些殖民地，充当筹码和现金资产：俄国在 1867 年将阿拉斯加卖给美国。一战期间，交战双方和大国之间要么有过秘密交易，要么给它们的行为亮过绿灯，分别承诺给意大利和日本不同的殖民地，拉拢它们在战争中帮忙。

欧洲议会的左翼，还有那些流亡途中相遇、聚集在咖啡馆中的革命派们，他们都有一个普遍的观点，就是有朝一日这些海外殖民地会解放。一些学者称，欧洲已经在衰落，无暇顾及这么多的海外殖民地。殖民地政治家查尔斯·皮尔逊写了一本高瞻远瞩的书，他在 1893 年预言，总有一天，强大的中国或印度的海军舰队会出现在欧洲的水域；而有一天，来自赞比西河或黄河流域的富人，会买下英国德比之战[1]中双雄角逐后的赢家。一些身在遥远异域的基督教传教士预言，在他们教授的年轻人中，有人将会成为自己土地的统治者。同样，新成立的国际联盟申明，对于最新的殖民地，统治权力应仅仅扮演土地托管者的角色。确实，德国易手其他帝国强权的殖民地在 1919 年即被称为“托管区”，帝国每年要代表其治下的托管区递交年度报告。

更进一步，美国的评论家认为，《凡尔赛和约》使得奥匈帝国、俄国和德国的少数民族“殖民地”衍生出 12 个独立

1　德比（Derby）是体育术语，指一个地区或一国中实力最强的两支球队的对抗。

的国家，是对殖民地概念的又一重击。与此同时，很多欧洲的神职人员、政治家和作家开始意识到，海外殖民地是耻辱之根，而非骄傲之源。

二战前夕，德国因为殖民地被没收而不再拥有殖民地，反倒拥有了军事上的优势，反观英法，被诸多殖民地搞得力不从心，这也是一个例子。要想成为殖民大国，需要有开销不菲的庞大海军。要获得海上霸权地位太耗费财力，这些钱财花在空军上更明智。同时守卫南北半球殖民地的策略，导致力量分散：部署在欧洲的军事力量，或许更应该放在其他有需求的地区，反之亦然。英法在 1940 年爆发危机，部分是因为它们的军事资源在全球的殖民地七零八落。希特勒能发动猛攻，足见分散兵力是危险的。

到 1945 年，舆论开始调转风向，在人们眼中，海外帝国一无必要，二不正义。二战的两大战胜国苏联和美国也反对这些大帝国，虽然并不尽然。倘若殖民地独立后更容易落入苏联的影响势力之下，美国则不太希望支持其独立。苏联也秉持相似的观点。与此同时，全球三大帝国——英国、法国和荷兰——被战争拖得精疲力竭，无力防守所有的殖民地。此外，英国已经承诺让印度独立。棘手的问题是，什么时候独立？什么条件下独立？

印度的指南针

殖民地中奋起抵抗帝国主义的男男女女中，圣雄甘地给人印象最深、最有影响力。印度是欧洲统治下人口最多的国家。甘地发起的解放运动，持之以恒，审时度势，20 世纪少有能与他比肩的政治家。

甘地在孟买附近的一个商人家庭长大，食素，书卷气十足，年轻时曾到伦敦求学。此后，他在南非港口德班和黄金之城约翰内斯堡成为成功的律师。甘地热衷于政治抗议。他的印度同胞被当成二等公民对待，在南非不得不随时携带证明身份的文件；甘地代表同胞投身政治活动，结果让他身陷囹圄八个月。

甘地的政治观点，融汇了东西方不同的思想。他如圣人般平和，被人们认为是东方性灵和玄秘所致，在某种程度上他也受西方思想家的影响。他欣赏生于美国新英格兰区的年轻人亨利·梭罗，梭罗在森林小湖畔的木屋里过着朴素的生活。他也敬佩英国艺术评论家及哲学家约翰·罗斯金，还有俄国小说家列夫·托尔斯泰。

甘地生在大英帝国，对英国是又爱又恨，恨的情绪占了上风。人们眼中的甘地是和平人士，但在他年轻时，他曾发起运动支援英国卷入的帝国战争。他在南非组织印度同胞成立救护队，为和布尔人作战的英国军队提供服务。1906 年，祖鲁地区的酋长班巴塔发动起义，遭到英军镇压，甘地顶着军士长的头衔，组织起一个抬担架的小队，为镇压中受伤的白人士兵服务。这场起义中伤亡的几乎都是祖鲁人，这些担架更应该给他们用。一战期间，住在印度的甘地再次成为一名爱国者，担任英国在印度的首席招募官。之后，他放弃了他的英国战争奖章。

英国愿意给予印度高度的自治权，但也不想把权力完全交托出去。甘地的目标是让英国尽快完全放手。印度国民大会党一直以来是抗议的主要根据地，它希望能和英国统治者达成妥协。甘地并不这么想。甘地呼吁英国快速安静地离开印度。他的武器是被动抵抗和道义劝说，他称其为"灵魂力量"。后来他因和平的颠覆活动被捕，入狱时镇定自若。

甘地在 1930 年发起食盐进军活动，是一次政治和精神上的历险，很能启迪民心。他决定带领一支印度人队伍穿越国土，走向海岸，揭发政府向穷人富人一律征收的盐税。选择食盐这个争议话题，是聪明之举。这对英国人来说是当头一棒，因为英国并没有食盐税。一些英国报纸暗示，对于日常必需品征税是极端不公平的；但其他国家也征收这种税。中国政府征收食盐税，古已有之。甚至今天，意大利的消费者也还去烟草店买食盐，消费者是政府税收方案的一部分。

由于食盐进军将要耗时三周多，于是甘地计划，每日的步行选择早晚凉爽的时段进行。他想要最大程度的曝光宣传，三家孟买公司用影片记录下了他们步行和祈祷的画面。这场活动精心策划，有灵性静默，也有步履作响。游行队伍终于抵达终点坎贝湾，这个泥沙淤积的海岸边，甘地只穿着他的缠腰布，走到沙滩上，搜集了一些海盐。甘地公然蔑视法律，拍卖这些海盐，并宣称："我在动摇大英帝国的根基。"

这场食盐进军蔑视权威，同时又不乏谦恭，很多基督徒大受激励，在他们看来，这场活动仿佛是《圣经》新约中的情景再现。美国的《时代》杂志授予"这个瘦黑的男人"年度人物的殊荣。美国人也想起了他们的祖先，曾在18世纪70年代争取独立，将茶扔进波士顿港口，以此来抵抗英国苛刻的茶税。甘地正怀着相似的目标，开展他的进军活动。总而言之，他的消极抵抗和不服从原则激励了众多印度人。那些因藐视食盐税而入狱的人数达到6万。

20世纪30年代，电影院成了人们获取日常新闻的有趣来源，新闻片剧场在西方世界的城市中如雨后春笋般出现，甘地的形象也时常出现在大银幕上。尽管甘地在印度没有正式的官职，但从德班到奥斯陆，他在银幕上的形象已经深入人心，他光秃的头顶，若有所思的笑容，学者风范的眼镜，白色的围巾披在瘦骨嶙峋的肩膀上，腰间缠着一块布，脚上穿着草鞋，身边总围绕着一众支持者。欧洲报纸总是大篇幅报道他的事迹，因为甘地为这个乱世传递了抚慰人心的安静力量。无论他做什么，哪怕完全不出风头的事情，也挥洒着领袖的风范。

被动不服从的原则能奏效，唯一的前提是政府官员有那么一丝耐心和宽容。倘若遥遥统治印度的是位独裁者，那甘地也没法施展多大的影响力。换作希特勒，可能就下令关押或枪毙甘地，他那微笑的脸庞和充满理性的柔和的声音，也就不会出现在新闻片和报纸上了。

印度是英国政府最早与之做出妥协的殖民地。印度地域辽阔，不容轻视，倘若印度像1857年那样再发动一场起义，就会威胁到大英帝国的未来。1917年，俄国革命爆发，英国担心印度也可能造反，于是开始在印度推广自治机构。两年之后，印度官方代表团实际上还参加了巴黎和会的投票。

英国之所以尊重印度，也有另一层原因：印度人才济济。尽管有机会上学的孩子很少，印度还是出现了享誉全球的创新家。两位出生在19世纪80年代的科学家，就展现了杰出的才华。斯里尼瓦萨·拉马努詹是个数学迷，年纪轻轻就研究明白了几十套深奥的理论，他还不知道，其中很多已经被欧洲数学圈的人士发现。1914年，拉马努詹还是马德拉斯港口的一位默默无闻的业务员，他受邀前往英格兰，被授予科学界最高级别的荣誉——皇家学会会员。拉马努詹被誉为数学天才，他返回印度，在33岁的时候因肺结核病逝。

另一位是文卡塔·拉曼，他15岁就拿到大学学位，在加尔各答担任会计师（他的太太洛卡衷心支持他），之后成为物理学教授，私下里还用最简单的设备做实验。拉曼在首次出国远航时，初见那蓝得惊心动魄的地中海，心向往之，加上受爱因斯坦著作的影响，他开始着意研究散射。1930年，他获得诺贝尔物理学奖。当时欧美之外还无人获得过诺贝尔科学奖或医学奖。

到底要给印度多大的自治权，英国的主要政党各持己见。20世纪20年代，印度允许对英国商品施加关税，这是一大进步，但严重打击了兰开夏郡的纺织业。第二次进步发生在1935年，即印度有11个省开始享有自治权，每一个省都设有议会，于是印度的大部分地区都实现了自治。外交事务还大多由英国掌控，当地事务则都是当地的印度人说了算。这一妥协仍然令多数印度人不满，但对穆斯林来说已经足够了，因为在这11个省份中的大部分地区里，穆斯林都还是少数。穆斯林逐渐相信，未来不能寄希望于印度的统一上。建立一个新的巴基斯坦，由那些穆斯林为主导的区域组成的国度，才是他们未来的出路。

二战让印度及其相邻的缅甸有了谈判的筹码，因为英国需要他们对帝国忠诚。在兵荒马乱的1940年，英国工党坚信，“各处的殖民地人民应该加速自治的进程”。一年之后，美国参战，英国的态度更明确了。美国原本就是殖民地，其排斥欧洲的殖民活动的倾向加速了印度在战争结束后独立的脚步。罗斯福在私下的谈话里提到他想要印度独立，但丘吉尔并不同意。

分裂的印度

大多数的印度领袖希望打造一个自由的国度，印度教徒、穆斯林、锡克教徒、帕西人和其他团体可以和平共处。另一方面，穆斯林的领袖穆罕默德·阿里·真纳一向认为，国家统一是不切实际的。他认为，宗教暴乱的爆发正好印证了他的看法。1946 年 8 月的一周里，加尔各答的穆斯林和印度教徒发生冲突混战，5000 人丧生，11000 人受伤。斧、矛、匕首、竹棍、石头和砖块，都成了杀人武器。暴力蔓延到印度的偏远地区，国将不国。甘地在得知这场暴力事件时说："已经无法用言语形容了！"

1947 年，穆斯林城市拉合尔依旧暴乱未平，一个失明的印度男孩儿记录下了他的经历。他担心，家里的女人恐怕要遭到攻击、殴打、强奸或者谋杀。街上流窜的暴民没准会一把火烧了他家的房子。这个男孩儿写道，"暴民的尖叫声"越来越密集，"在这个闷热的夜晚回荡"。附近火光熊熊，爆炸轰隆作响。城中的大批警察并没有很快出面干预。

印度在 1947 年 8 月 15 日独立，分裂成几个独立的国家。印度共和国盘踞了印度次大陆的核心地区，人口最多，地域最广。新的巴基斯坦共和国被分为东西两部。西部是印度河宽广的平原，东部是洪水频发的三角洲，之后成为孟加拉国。不可避免地，大批穆斯林留在了印度教主导的印度，而大批的印度教徒也困在伊斯兰教主导的巴基斯坦。

印度独立后的两周，年迈的甘地组织禁食，期盼两个民族和国家之间能和谐共处。他一直想要活到 125 岁，但并未实现。一年后，他死于一个印度教极端分子之手。1948 年

2月2日，新印度的首相贾瓦哈拉尔·尼赫鲁在新德里的议会，为甘地举办了隆重而有度的公开哀悼活动："光明已经走出我们的生命，温暖照耀我们生命的太阳已经陨落，倘若他尚在，我们就不会像现在这样，在寒冷和黑暗中战栗。"在尼赫鲁眼中，甘地是"属神的人"。

两国辽阔的土地上时有暴力发生。为了保命安身，1200万人迁居另一国。满载难民的火车——甚至车顶上都是人——遭到敌方的袭击。有些火车到达目的地的时候，车上几乎所有人非死即伤。至少有30万人在这一系列的暴力事件中丧生，但有一些地区还是保持了克制和耐心。

从古老的英属印度分立出两个国家，这是亚洲史上的一个转折点。它所产生的一个影响，迄今还少有人注意到。印度分区，使得印度次大陆潜在的影响力大大降低。倘若有这样一个印度教徒和穆斯林兼容的印度，那么到了20世纪末，它的人口就会将近13亿，甚至可能比中国还多。

新印度由一位政治家统治了十七年，他要是待在英国的下议院，定会如鱼得水。贾瓦哈拉尔·尼赫鲁出生在克什米尔的一个书香门第，他同丘吉尔一样，曾在伦敦的哈罗公学求学，后进入剑桥大学，毕业后投身印度政坛。身为全世界人口众多的民主国家的领袖，尼赫鲁最初试图追随甘地的和平步伐，呼吁通过协商和会议解决问题。最后他改变了作风。他意识到，印度在不得已的情况下，不排除诉诸威胁和暴力的可能。1961年，他下令军队攻入果阿，以及长期由葡萄牙控制的两个西岸殖民地。次年，印度和中国在两国边境上短暂交锋。这两个让欧洲头疼已久的竞争对手，开始在亚洲举足轻重。

印度尼西亚的奇人

荷兰的国旗在东印度群岛上方已经飘扬了三百年之久。印度尼西亚群岛盛产石油和橡胶，对荷兰的经济至关重要。战争结束后，荷兰政府力求将日本撤离后的印度尼西亚再次纳入治下。荷兰是否有军事实力击败印尼人，镇压其日益强大的抵抗力量，还是个疑问。

印度尼西亚潇洒的领导人苏加诺总统，做事坚决果断。他一开口演讲，成千上万的听众都被他的魔力所慑服。他像甘地一样，言行之间充满戏剧性的张力，却丝毫没有甘地苦行僧式的架势，或愿意泼冷水的作风。他享受一切快乐，同时又努力工作，善于掌握重要的细节。他会说多种语言，包括至少三种印度尼西亚的语言——爪哇语、巽他语和巴厘语。他的母亲来自巴厘。学土木工程出身的苏加诺，因煽动反抗荷兰的政治活动而崭露头角，也因胆大而遭到逮捕并被流放到遥远的港口。1942 年，日本侵占荷属东印度群岛，苏加诺成为日本人的左膀右臂，但并不对他们唯命是从。1945 年 8 月，日军的占领突然结束，苏加诺宣布新国家诞生。他将基地设在爪哇语城市日惹，靠近古老的深石砌成的婆罗浮屠寺。三年的时间，爪哇岛的一半和苏门答腊的大部都成了苏加诺的领土。其他的荷属岛屿不在他的直接控制之下。

荷兰希望让苏加诺离开爪哇；人数一度接近 15 万的荷兰军队，几次差点儿成功，甚至攻克日惹，逮捕共和国内阁的领导。但在关键阶段，澳大利亚和新独立的印度让联合国出面，站到了苏加诺的一边。美国最后参战，指出荷兰的殖民大国时代已经过去。印度尼西亚在 1949 年 12 月独立。

苏加诺魅力十足、妙语连珠，他领导着 9000 万人民，执政初见成效。在他的感染下，一股平静的爱国热潮兴起并增强了这个多民族国家的凝聚力。他发起减少热带疾病的运动，尤其是雅司病和疟疾。苏加诺致力于提高人民的识字率，这个新独立的国家人口众多，超过 80% 的民众尚不会读写。

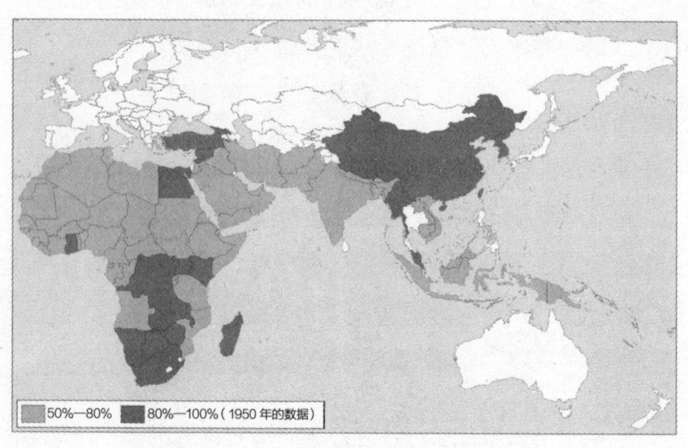

文盲情况　在美洲，至少还有巴西和秘鲁这两个国家的文盲率不低于50%

苏加诺在 1955 年举行了全国第一次竞选。包括共产主义者和穆斯林在内的四个政党在选票上势均力敌，他才意识到，民主并不能带来他的政党需要的果断决策。他免除了民主制：他知道什么是民众想要的。他的人民和腐败的政府部门想要更多的钱，他就加大印钞。结果是各类物价几乎每周都在飞涨。几年时间，物价上涨了数百倍。他先是从美国借资，之后又转向莫斯科和中国。

苏加诺发现海外不仅有朋友还有敌人。20 世纪 60 年代初期，苏加诺的军队和附近的马来西亚曾短暂起过冲突，马来西亚联邦曾是英国的殖民地。苏加诺的军队和官员还从宿敌荷兰那里夺取了新几内亚的西部。在印度尼西亚的首都雅加达，政府内部开始尔虞我诈相互争斗。六位将军被虐待致死，以华裔为主的几十万民众遭到屠杀。苏加诺是现在第四人口大国的开国领袖，但他辉煌的政治生涯已经基本结束。1965 年，军队统治来临。

肯尼亚的肯雅塔

解放殖民地的运动一直被贴上“针对西方的反抗”的标签，它其实也是西方内的一场反抗。对于海外帝国问题，西方内部的观念分化也是泾渭分明的。几百万的英国、葡萄牙、法国、西班牙和荷兰家庭，尤其是那些有亲友居住在殖民地的家庭，希望殖民帝国可以延续下去。力主结束帝国的政治党派和团体呼声也很强势。他们的支持，对那些早年留学英国、法国，还有布拉格甚至莫斯科的殖民地领袖来说是一个助力。一些学生在住在帝国首都的时候，与基督徒、马克思主义者和其他团体常有来往。

最初倾慕欧洲的亚洲和非洲的未来领袖，决定要在重返故乡后重拾自己国家的传统。锡兰（斯里兰卡）的所罗门·班达拉奈克 20 年代在牛津求学，展露出辩论、网球和台球方面的天赋。班达拉奈克在重返故乡后成为律师，他意识到，牛津“教会他更爱祖国”。作为总理，他将僧伽罗语提到高于英语的地位，也从基督教转信佛教。1959 年，他正如日中天的时候，被一个疯狂的佛教僧人杀害。

“所有伟大的领袖，”约翰·肯尼思·加尔布雷思写道，“都有一个共性：他们愿意坚决地面对当代人民最焦虑的问题。这也就是领导的本质。”非洲不乏拥有这种特质的领袖。其中的不少人在遥远的异域也是家喻户晓的人物：埃及的贾迈勒·阿卜杜勒·纳赛尔、肯尼亚的乔莫·肯雅塔、尼亚萨兰和马拉维的海斯廷斯·卡穆祖·班达博士、刚果的帕特里斯·卢蒙巴、加纳（之前被称为黄金海岸）的克瓦米·恩克鲁玛，还有西非的社会主义者及成为塞内加尔第一任总统的前神学院学生利奥波德·桑戈尔。他们当中的大多数心无旁骛地致力于各自非洲领土的独立。至于在国家独立后他们要做些什么，他们似乎并没想那么多。

有一位一心为独立而斗争的领袖，是肯尼亚的幸事。他来自肯尼亚高原，后来自称肯雅塔。他在苏格兰长老会办的教会学校学习，成为神职人员，并在内罗毕这座大城市当了一名水表抄表员，热心政治活动。外来的白人农民抢走了他的高原同胞的大片土地，让他愤懑不平。他在 1929 年去往英国展开运动。他和贵格会成员一同住在伯明翰附近，他在贵格会的见证分享集里写道："我们，是人类的后代，作为兄弟姐妹，我们要以人类的名义互相服务。"尽管他厌恶英国人时不时流露出的偏见，但更看不惯肯尼亚殖民地里的印度人，人数足足有英国人的四倍。

肯雅塔在莫斯科待了两年，在充满革命派黑人的大学里接受军事训练和马克思主义教育。他的导师沉浸在阶级斗争中，但肯雅塔对种族冲突更感兴趣。回到伦敦后，他跟随生于波兰的人类学家布罗尼斯瓦·马林诺夫斯基学习，学术方面更有底气了。1938 年，肯雅塔完成了一部严肃的著作《面对肯尼亚山》(*Facing Mt. Kenya*)，他的新名字乔莫·肯雅塔出现在封面上，是第一次公开亮相，"乔莫"意为燃烧的矛。多少年来，他都无意回到肯尼亚，当时的肯尼亚还不欢迎燃烧的矛。1946 年，暌违十七年后，他坐船回到肯尼亚，成千上万的人欢迎他们的领袖归来，引领他们回到失去的故土。

肯尼亚的解放过程注定充满曲折。住在肯尼亚的白人耕种大部分肥沃的土地，运营大煤矿，提供大多数的出口商品。在非洲，像这样的国家并不多，除了肯尼亚，还有津巴布韦、南非和马拉维。非洲人一旦获得平等的投票权后，这些身为少数的白人农场主的未来就面临威胁。

英国首相哈罗德·麦克米伦意识到他们是少数并断言："非洲的问题不是非洲人，是欧洲人。"他也清楚，将肯尼亚和其他相似地区变成殖民地，英国有合理的立场，对土地也怀有感情，肯尼亚的前总督爱德华·格里格爵士不无伤感地表示："肯尼亚对我来说像是日光，仿佛地球高处山顶的空气一样清冽。"肯尼亚生活着成千上万的印度商人，倘若独立，他们的未来会像这里的白人一样受到威胁。这个难题没有两全的解决方式。

英国希望在为留下的英国居民提供保障后，慢慢撤出肯尼亚。肯雅塔及其吉库尤族的成员不出所料地希望英国尽快撤出。吉库尤族族人在"茅茅运动"的名义下，开始在郊外发起烧杀的恐怖行动。1952 年，英国政府宣布进入"紧急状态"，大力镇压茅茅游击队。如今提起这段往事，当年镇压程度之猛还能引起一片义愤。肯雅塔本人在 1953 年被判长期监禁。十年之后，在他的领导下，肯尼亚独立。当时，从他最初的政治活动算起，已经过去三分之一个世纪。而他有效管理国家的新政治运动，也将是如此漫长。

转向的风

南非的领土广阔且富有争议。它的东部从大西洋延伸到印度洋，将近 1000 英里。从南端的厄加勒斯角起，至最接近北部边境和卡拉哈里沙漠的地点有600英里，至东北部的邻国津巴布韦边境也有数百英里。南非同时兼有严酷和温和等多种气候。南非坐拥崎岖的山脉和大陆崖，大片像公园一样的郊外和绿地，在纳塔尔有丰富的甘蔗种植区，在桌山的荫蔽下有葡萄园和果园，还有丰富的矿物资源，包括位于高原内陆城市约翰内斯堡的全世界最大金矿。

南非有非洲人和欧洲人混居，富有的白人和穷困的黑人，还有引人注目的成功的亚洲移民，情况与肯尼亚类似。它的移民历史更悠久，更早就有白人移民，最初来自荷兰。他们长久地生活在南非，以至于他们的语言被称为“南非荷兰语”(Afrikaans)，从他们的母语荷兰语中衍生而来。之后又有少量法国移民和大批英国移民涌入，同时还有颇具影响力的犹太人前来。当时的约翰内斯堡是世界上最繁忙的股票交易之地，这些犹太人在约翰内斯堡扎稳了根。在过去的两百年里，非洲迎来的欧洲移民堪称世界之最。

在20世纪中叶，在南非占少数人种的白人仅占总人口的20%，但他们统领全国。从开普敦到德班，他们引领南非成为非洲大陆第一经济强国。另一方面，非洲黑人和所谓的开普有色人种，共占据人口的80%，他们是矿工、农场工人、道路维修工、扫街工人、餐厅服务员和家庭佣人。按照南非的标准，他们的薪酬微薄，而按照大多数非洲国家的标准，待遇算是很好的。

南非的政治系统逐步成形，白人一统天下，而有色人种只得跟在后头。南非的政治和种族关系经历了动荡的岁月，但有时南非的政治家也倡导温和的处世原则。扬恩·斯穆茨，生在南非的农场，是1919年国际联盟的缔造者之一。二十五年后，74岁高龄的他，作为南非首相重返旧金山，撰写了新成立的联合国宪章的序言。1948年，他的温和政党在南非大选中失利，之后失败就成了家常便饭。国家政治中蔓延着白人至上主义的情绪，甚至在斯穆茨担任领袖之时也是如此，而他的继任者更加剧了这种情绪的蔓延。

当时已经存在很多限制将白人与其他人区别开来。二战期间，南非军队中非白人士兵占五分之二，他们履行军事责任，却不持有武器。接下来的好几位首相，都进一步巩固这种区别对待的做法，包括了D.F.马兰、J.G.斯特赖敦和H.F.维沃尔德。根据新法律，白人只能和白人结婚。只有白人能上名牌学校，比如威特沃特斯兰德大学(Witwatersrand)、斯泰伦博斯大学(Stellenbosch)和开普敦大学。在一些城镇和郊外，只有白人能拥有地产，用以经商或居住。很多熟练工种也只允许白人从事。那些非白人的南非人允许在议会担任微不足道的职位，他们在开普敦会面，尽管如此，他们的职位还是越来越不起眼。非洲黑人占据全国人口的大多数，他们可以在众议院的159名成员中选出三位政治家，这三位也必须是白人。但这也是开普省的特权，那些住在德兰士瓦和其他省份的大批非洲黑人还没有这样的权利。这三个席位在1959年即遭废除。地位更高一点的混血人种，所谓的开普有色人种，可以选出四位政治家，也都必须是白人。这一特权在1968年被取消。

南非能抵得住快速崛起的黑人民族主义和部族主义，还有反对白人统治黑人地区的国际舆论吗？1960年，哈罗德·麦克米伦第一次走访赤道以南的非洲偏远地区，向开普敦的国会发出大胆的警告。他扫视一圈在座成员，发现没有一张黑色的脸孔，他的话让人难忘："转向的风猛吹非洲大陆，不管是否遂我们的意，这股民族意识已经成为政治事实。"在接下来的很多年里，他的这句话也成为游行抗议中最常被引用的话。

南非的领导为他的话鼓掌，但他们或许还没有完全理解此中的深意。他们真正的难题是，是否要将他们自己辛苦赢得的独立也沿用在数量上远超他们的黑人身上。这无异于要他们将手中的政治和经济特权逐一让出来，他们还能否继续过得这么舒坦也难说。他们并没有选择另一个方案。不考虑种族、政治信念以及经验的长短，要作出有害无益的抉择都是不容易的。大多数白人投票的最终结果，还是孤身走他们自己的路。

在麦克米伦乘坐远洋巨轮回到英格兰之后，一群黑人聚集在德兰士瓦的沙佩维尔镇，举行反对白人当局的集会。警察向抗议者开枪，69人死，178人伤。当局很快宣布进入紧急状态，官方也好，民间也好，就这么持续了三十年。1961年，在经过公民投票后，南非成为共和国，进而切断了与英联邦的关系。在接下来的一年，南非不得不面对联合国大多数成员国的攻讦而进行自我防卫。

与此同时，非洲黑人的国会被取消。律师出身的非洲领袖纳尔逊·曼德拉作出回应，他呼吁进行破坏活动和武装进攻。在约翰内斯堡，曼德拉政党的秘密武装部队“民族之矛”获取了众多的武器装备。1964 年 6 月，曼德拉被捕，经过审判被判终身监禁，而他最终慢慢成了南非的民族英雄。

帝国的衰退

法国不断面临着放手殖民地的压力。英国做好了准备，但是法国并没有。戴高乐将军在战时流亡伦敦四年，之后一上台就不得不面对殖民地的问题。法国殖民地遍布南北半球，赤道两侧，在战争期间分成两派，一方支持本土的维希政权，另一方支持戴高乐将军领导的自由法国。

新的法国政府比英国更加渴望保持殖民地。在投降和败北的阴影下，他们急需找回曾经的威严。1945 年，法国拥有环绕地球的殖民地，从新喀里多尼亚到印度支那，从马达加斯加到南美丛林的法属圭亚那。法国统治着多个优雅的城市，从贝鲁特到西贡。这些都成了法语以及法国文化、历史和商品的舞台，尽管英语在日益取代法语的地位。在法国的精神复苏过程中，殖民地起到了特殊的作用。但首先它们要被保留下来。

印度支那半岛的人民，已经见识了日军的侵袭，他们试图统领国家。英军暂时介入，让法国得以再回来。在越南的战争中，因为最初法国执意要统领散布世界的领地，法军和美军相继在这里打了二十五年的仗。法国在 1954 年放弃印度支那半岛，因为当时发生了一场战争，官员被杀的速度，比法国军校学生毕业的速度还快。

法国领袖十分看重增加非洲的殖民地。法国领土形状奇特，从地中海一直延伸到撒哈拉沙漠，跨越赤道，远达大西洋的很多海湾和海岬——面积几乎有中国那么大。在原子时代，哪怕空地也是珍贵的。1960 年，法国已准备好在沙漠中测验它的第一颗原子弹。这片领土的其他地方，巴黎也非常看重，因为这里地域宽广，适合法国的移民居住。阿尔及利亚是法属殖民地中有最多法国人口的国家，在法国的南面与法国隔海相望。倘若说殖民地可如炸弹般危险，也可如珠宝般珍贵，那么阿尔及利亚就是法国后门的一个火药库。

阿尔及利亚一直被视为特殊的殖民地，一些法国政治家希望它永远成为法国的一部分。在阿尔及利亚的两大海港阿尔及尔和奥兰，大多数的居民都有法国血统。远远从海上就能看到高耸的清真寺宣礼塔，歌剧院的穹顶，还有天主教教堂的尖顶。那优雅的主街让人想起巴黎的大道，街上的遮阳篷在大太阳下，看起来尤其凉爽。一位作家在 20 年代写道，阿尔及尔的新区，“倘若没见到那么多黝黑的脸庞，可能会让游客错以为置身欧洲”。二战之后，阿尔及利亚殖民地的居民意见不一，有一些仍旧希望归属法国，而有一些要求独立。

争斗依旧时有发生。到1954年，动乱几乎到了失控的地步。很快就有将近50万法国士兵出面守住这块重要的法国殖民地，重建秩序。两年之后，突尼斯和摩洛哥这两个被视为法国保护国的国家被允许独立了，但是阿尔及利亚依旧战火不息。冲突让法国四分五裂，戴高乐将军再度出山。很明显，这场战争是没法分出胜者的。1962年，法国及其所有殖民地举行公民投票，是否让阿尔及利亚独立的问题迎刃而解。最终以1800万赞成票对200万反对票，阿尔及利亚获得自由，与法国分道扬镳。

法国向殖民地提供法国联邦或法兰西共同体优渥的地位条件，试图以此维持其国际强权。很多殖民地接受了这样的安排，它们有一定的自治权，同时也是所谓的法兰西共同体中的一员。到1960年，整个法国本土和海外的人口几乎持平。

倘若英国也有和法国相似的策略，也可以维持帝国的大部分土地，但英国可不这么想。有一些领土，英国牢牢抓住不放。而另外一些，一旦有机会，英国就快速撤出。在威斯敏斯特，诸多政府部门看重的各不相同。有一些观望着这些殖民帝国慢慢倒塌，还有一些人加速了帝国的腐朽。

一个不寻常的组织存留下来，那就是英联邦，旧日海外领地的总督和从大英帝国中新独立出来的国家首脑定期会见。非洲小国的首脑可以在大会上发言，与英国首相平起平坐，可见丘吉尔的岁月已经一去不复返。1961 年，吴丹当选联合国秘书长，也体现了当时巨大的变革。吴丹为人勤勉，原是缅甸的一名教师，也是佛教徒。

大英帝国已经延续四个世纪。它坍塌的速度让观者愕然，尽管对非洲和亚洲人民以及希望国家独立的其他地区人民来说，还是不够快。随着大英帝国的衰落，特定区域发生的航海事件比在广大陆地上发生的事件更有影响力。1956 年，苏伊士运河控制权的丧失是对英国的沉重一击。1971 年，英国从新加坡撤出海军，放弃了波斯湾的基地，比它在非洲失去大片领土意义更加重大。

英国和法国仍然保留了一些海外属地，比如遥远的马尔维纳斯群岛（福克兰群岛）、香港和塔希提岛。荷兰和西班牙的殖民地几乎全都得到解放，比利时失去了它唯一的殖民地。葡萄牙是殖民大国中唯一几乎保留了世纪之初的所有殖民地的国家。它将澳门——通往中国南部的小型门户——纳入殖民统治之下，葡萄牙也继续统治着离澳大利亚沿岸不远的帝汶的半壁江山。葡萄牙也通过几千驻军，保留着西非和东非的大片领土。民主国家比集权国家更容易解放它们的殖民地，葡萄牙在 20 世纪 70 年代中期爆发民主革命，很快葡萄牙帝国就灰飞烟灭了。

二战后的二十五年里，一系列事件接连发生，殖民地纷纷脱离欧洲，其中不乏几场大型国际战争和诸多小型国际战争，还有数不过来的内战。殖民地独立，获得解放的地区的人民充满了胜利感，但好景不长。在20世纪结束之前，很多人认为，与旧日统治者治下的人民相比，很多新统治者治下的亚非人民生活得更加不体面。

第十七章

以色列和埃及

1896年，维也纳的记者西奥多·赫茨尔首次发起犹太复国主义运动，希望缔造犹太人自己的家园。创建独立的犹太国家的梦想，让很多非犹太裔的人也无限憧憬。在美国和其他新大陆国家，那些对国民生活举足轻重的犹太人，对这一想法的态度并不是很积极，尽管如此，这在大多数犹太人心中还是播下了希望的火种。

很多西方社会人士都认为，犹太人应当拥有自己的锡安山，自己在太阳下的家园。问题在于，哪个国家肯拱手让出自己的土地？

贝尔福的嘉德勋章

阿瑟·詹姆斯·贝尔福，英国保守党政治家，他在仕途将尽之际，宣布了这一全世界的犹太人期盼已久的计划。他出身于贵族家庭，就学于伊顿公学和剑桥大学，思敏聪颖，年纪轻轻便踏入政坛。贝尔福在担任普通议员期间，完成《哲学质疑辩》一书，一本他的同侪可不会有兴致买来读的著作。他曾经担任爱尔兰这个是非之地的总督，身处险境，然而他因此招来的谩骂并没有动摇他的地位，也没引来人身危险。贝尔福在 1902 年到 1905 年期间任英国首相，他绝对料想不到，今日他最为人称道的政绩竟是《贝尔福宣言》，这在他的政治活动中是次要的事业，更像是他的哲学思想的产物，是一位曼彻斯特的哲学家无意间把所谓的“犹太复国主义问题”介绍给他的。

他的计划，一部分是试图劝说俄国的犹太人，尤其是那些支持 1917 年革命的犹太人，竭尽全力不要让俄国退出一战。让犹太人在巴勒斯坦永久地安家乐业，这一高尚之举相当于荣获了嘉德勋章一般，让人跃跃欲试。法国人也同样支持这一计划。贝尔福认为，犹太人有强烈的自我认同感，理应让他们拥有自己的土地，自如伸展。1917 年 11 月 2 日，身为英国外交大臣的贝尔福，致信巴勒斯坦犹太计划的赞助者罗斯柴尔德勋爵，表示支持在巴勒斯坦建立“犹太人的民族家园”的想法。巴勒斯坦尽管还不归英国所有，但这个小小的困难是能够克服的。战争当下的阶段，奥斯曼帝国败局已定，巴勒斯坦很快就会在英法的控制之下。

一战前的巴勒斯坦是叙利亚地区的一部分，脏兮兮的城镇，飘摇不济的农庄，落后的港口，几条铁路，在 1914 年的时候只有一辆汽车。战后，正如贝尔福许诺的，巴勒斯坦成为英国托管区——这是一种新式殖民地，主要根据当地人的意愿统治，而非受帝国利益的驱动。在英国的统治下，阿拉伯语、英语和希伯来语都成为官方语言，警察部队建立起来，学校也得以扩建。随着越来越多的犹太人到来，巴勒斯坦繁荣起来。水力发电站和电话线路纷纷建成，海法港口和沙丘之上的特拉维夫新城拔地而起，贝尔福本人还亲自参加了希伯来大学的开学典礼。

大多数在 20 世纪 20 年代迁居新地的犹太人都同时经历了欢喜和幻灭。果达·梅厄年幼时从俄国搬到美国的密尔沃基，她在到达以色列之前，从小就对犹太复国充满期待，直到半个世纪之后，她成为以色列的总理。梅厄是社会民主派，对于在巴勒斯坦建立犹太国家，她更倾向于从政治的角度出发，而非宗教。“我不是虔诚的信徒。”她承认这一点。当带着儿女迁往巴勒斯坦时，她只想找份犹太集体农场里的工作。她最后抵达特拉维夫的火车站，阳光充沛，四下空旷无人，她略有失望，“没有人来接我们”。

对于一开始见到的很多犹太人，她都不太摸得清他们的做派，部分是因为他们来自五湖四海，价值观各异。他们在以色列的一些地区定居下来，一片安乐。在特拉维夫，到了周五晚上，大家差不多都可以匆匆赶回家，参加犹太人的安息日；他们意识到自己不再是少数种族，不用像过去那样凡事小心翼翼了，而今让他们引以为豪的是，他们住的地方是世界上唯一一个全是犹太人的城市。巴勒斯坦总体而言依旧为阿拉伯地区，而不是犹太地区。1917 年，犹太人占比不足十分之一。甚至在战后第一批犹太移民潮后，英属巴勒斯坦里穆斯林和犹太人的比例还是三比一。

贝尔福的计划至少有一个缺陷。他在 1917 年的宣言中承认，巴勒斯坦的穆斯林和其他民族已经拥有的“民权和宗教权利”，必须予以尊重。但是穆斯林认为这片土地本就属于他们，他们崇尚的权利，是在自己的地盘做主，日常生活都要遵照真主安拉的话语进行。另一项他们坚持的权利，是控制耶路撒冷及所有伊斯兰教、犹太教和基督教的圣地。大部分的阿拉伯人都对这一新局面心有抵触，很多都拒不配合。

贝尔福还没有意识到他的宣言引发的全部后果。他倾向于认为，中东的阿拉伯人是被动的。他建议让大批欧洲犹太人移民到阿拉伯人为主的巴勒斯坦，以为巴勒斯坦的主体文化就会接纳这些犹太人的到来。与此同时，他也支持其他地区的阿拉伯人。英国在战后大力扶持几位阿拉伯领袖。他们甚至支持在巴勒斯坦东部或者说约旦河一侧的贫穷地区，建立一个全是阿拉伯人的省份，该区称为外约旦。

涌入巴勒斯坦的犹太人越来越多，而来到这里的阿拉伯人却没那么多，如此一来，原有的生活面貌也慢慢改变。很多阿拉伯人都对此表示反对，并且拿起了武器。另外，巴勒斯坦周边都是伊斯兰国家，它们并不希望巴勒斯坦人退居次要地位。英国政府也不时出面限制犹太移民以保持“平衡”。一位立场客观的学者，在1926年为英国百科全书撰写关于巴勒斯坦的内容时就已经料定，这个问题“在接下来的几年里，会最大程度削弱英国的外交政策和治国方略”。

1945年，世界犹太复国主义大会召开，呼吁让欧洲和其他地区的一百万贫困迷茫的犹太人迁居巴勒斯坦，在此之后，犹太复国计划开始受到高度的重视。在巴勒斯坦打造犹太人的家园的想法，得到无数人的支持，尤其是当大屠杀的细节公之于众之后。先是国际联盟、后是新成立的联合国，将巴勒斯坦交给英国托管。英国开始将巴勒斯坦看成无解之题。联合国想要通过拿出解决之道来证明自己的价值，但要解决这个问题简直是白日做梦。

很多犹太武装力量转入地下，甚至计划对在巴勒斯坦大卫王饭店工作的英国官员展开猛攻。1946年7月22日，酒店发生爆炸，91人丧生。很多犹太人都不认可这种恐怖袭击的策略。当年末，即将成为独立国家以色列的总统的哈伊姆·魏兹曼，在瑞士举行的犹太复国主义大会上对犹太恐怖主义的危险发出警告：“恐怖主义是对我们历史的侮辱，它违反一个犹太社会的建立之本，它亵渎了我们的旗帜。”犹太的恐怖主义得到很多纽约支持者的公开赞扬，他们继续不把旗帜放在眼里。爆炸、暗杀和袭击接二连三地发生。中欧和东欧的犹太家庭移民到巴勒斯坦，是为了寻求一个避风港，而他们意识到，他们是从一个热锅跳到了另一个。

接近九万英军试图维持秩序。大英帝国十分之一的武装力量在这个没有威尔士大的地盘上，这个对英国没有经济利益的地方出生入死。此外，到 1947 年下半年，英国经济陷入困境：货币疲软，燃油稀缺，衣食实行配给制。大英帝国的金融负担沉重，二战负债累累。1947 年的英国从历久根深的印度撤回，反观巴勒斯坦，对英国一来没什么利益，二来军队要担巨大风险，有什么理由不撤出来？

从表面上看，巴勒斯坦的战争似乎与冷战关系不大，但是美苏正在暗地里较着劲儿。英国官方和美国几个有影响力的圈子认为，共产主义可能会控制巴勒斯坦。毕竟，社会民主党是犹太移民中最强势的团体，犹太人也倾向于基布兹(kibbutz) 集体农场的耕作方式，同时犹太人开始从苏联阵营获取武器。此外，苏联日益觊觎中东的石油。然而，尽管担心共产主义的崛起，英国也没能继续承担巴勒斯坦的守护者与和平缔造者的角色。

1947 年 5 月，联合国成立了一个委员会，试图在巴勒斯坦这个弹丸之地为阿拉伯人和犹太人安排出足够的生活空间。这个事关重大的委员会的成员意见不一。为了公平起见，大多数人提出建立两个独立的国家，一个阿拉伯国家，一个犹太国家，同属于一个经济共同体。简而言之，要建立的是一个经济联盟，而非政治或文化联盟。这个提案也建议将巴勒斯坦的圣地设为中立的地区，由联合国托管。基督的出生地伯利恒也应属于这个中立区。

1947 年 11 月，联合国大会就此提案投票，但是看每个成员国投票的架势，似有不祥。包括美苏在内的 35 国通过了这个计划，但是另外的 32 个国家或反对或弃权。这一计划似乎可行，但是阿拉伯人反对，他们一年前也反对过一个相似的计划。他们争论说，他们曾拥有所有的土地，但现在只允许他们拥有不到一半的土地。对此，犹太人的回复是，早在更久远的时候，他们的祖先拥有整个巴勒斯坦。

由于已经准备撤出，英国对巴勒斯坦的管制也开始日渐放松。阿拉伯村庄德尔亚辛就在耶路撒冷的西侧。1948 年 4 月 9 日，一群犹太民兵攻进德尔亚辛。总共有 240 名阿拉伯人被杀：有一半是妇女和儿童。这一事件让阿拉伯村民充分意识到，他们在巴勒斯坦是没有未来的。

一个月之后以色列共和国诞生，第一任总理是戴维·本-古里安，他在四十多年前从波兰移民到这里。英军由海路或空路撤离：殖民地托管的时代宣告结束。一支阿拉伯军队从外约旦跨境而入，埃及士兵也从南面而来。人们普遍认为，一旦周边五国完全组织好武装力量支持巴勒斯坦的阿拉伯人，以色列军队就会被击溃。

联合国派出和平缔造者福尔克·贝纳多特伯爵，他成功让双边停火一个月。福尔克·贝纳多特伯爵是瑞典的皇室成员、以中立闻名的国家的公民，他在红十字会和男童子军这样的国际组织举足轻重，或许他的威严和公正可以帮助规劝交战双方放下武器。但有人错以为他是个排犹人士。1948 年 9 月 17 日，他在耶路撒冷遭到伊尔根组织的犹太恐怖分子的袭击身亡。此事激起了全球的义愤。随着战火的持续，犹太人凭借从捷克斯洛伐克和其他共产主义地区获得的飞机坦克，打败了埃及人和其他的阿拉伯武装力量。

联合国的官员绝大多数都是白人，资深官员拉尔夫·邦奇，是其中的非裔美国人，他成了巴勒斯坦新的和平缔造者。在如此火药味浓烈、一触即发的情势下，几乎没有人能缔造和平。他巧加斡旋，通过谈判达成停战协定，被认为有一定的意义，因此被授予诺贝尔和平奖。但事实证明这个停战协定没什么价值。

经过几个月的奋战，以色列开疆扩土，超出了联合国建议的范围，且毫无撤兵的念头。同时，以色列的邻国并不甘心接受战争的结果。大多数的巴勒斯坦领袖和追随者相信，虽然不是在接下来的一两年，但是总有一日，他们会把犹太人赶到海里去。

从人口组成上看，这个曾经的阿拉伯国家正在快速变成犹太国家。一群阿拉伯人因战争或恐惧逃了出去。1949 年 4 月，大概有 72.6 万巴勒斯坦人——他们当时构成了巴勒斯坦人口的大多数——住在难民营，就在以色列新边境之外。为了填补他们的位置，更多的犹太人到来，大多只带着少量行李和包裹，因为新的《回归法》宣布，无论生活在哪里的犹太人，都有权回归。仅1950年，移民人数就达到17万，包括4万搭飞机从亚丁湾而来的也门犹太人。在20世纪，难以找出另一个国家，种族和民族构成变化如此迅速。截至1956年，每九个生活在以色列的人里只有一个是阿拉伯人。拿撒勒的市长是阿拉伯人，国会的120名成员中有8名是阿拉伯人，但是犹太人占据国家的主导地位。

新的以色列日益让人们感到惊奇和恐惧。它的丘陵、沙地和荒漠，建有灌溉系统的集体农场，还有特拉维夫和雅法城，都繁荣起来，这在此前阿拉伯人主导这片土地时是无法想象的。尽管以色列与沉睡的邻国相比物质更先进，但和访客预料中的大不一样。人们普遍以为，以色列的政治会更保守，然而在以色列国会中，占据主导的是社会主义者和工党；人们认为新的国家会是虔诚的宗教国家，但是它几乎涵盖所有的犹太思想，包括不温不火的希伯来人和无神论者。同时人们也以为，犹太人一有机会就会更倾向于发展商业和职业世界。但是以色列展示了出乎意料的战争实力：所有的年轻男女都要履行某种国家服务。尽管从人口上来说，以色列不敌周边阿拉伯国家的总和，但它能轻而易举地在各种常规非常规战争中获胜。在苏联为以色列的敌人提供最新的喷气式飞机后，战争的结果也没有改变。

哪怕中东没有以色列，也要面对日益加剧的冲突。在当时那个石油继煤炭而成为世界的主要燃料的年代，中东是最大的石油产地。中东也是超级大国日益相争之地。以色列在1948年之后主要的同盟和金融伙伴都是美国，美国也是世界上最大的犹太大本营，敌对的伊斯兰国家开始让苏联为其撑腰。当贝尔福计划在上个时代经过批准后，巴勒斯坦就成为合适的地点，因为其大部分国土为沙漠和干枯的河床。现在它成了翻滚咆哮的急流。

苏伊士运河之争

多少个世纪以来，埃及都是比巴勒斯坦更重要的战略要地。它坐拥连接亚非的狭窄的沿海走廊。埃及还有人造水道，它与波罗的海海口、英吉利海峡、直布罗陀海峡、达达尼尔海峡、马六甲海峡和巴拿马运河，都堪称世界上最关键的海道。法国建造苏伊士运河，开通了亚欧之间的海上捷径。但守护这条运河的是英国。埃及及其尼罗河是棉花和食物的盛产之地，也是通往苏丹和非洲东北部人口密集地区的门户。

1922年，埃及大体已经从英国独立。埃及苏丹成为国王，一年后，埃及效仿比利时拟定宪法，大部分的权力理论上属于新选出的国会。埃及的民主制度并未一帆风顺，整个国家好似一个管弦乐队，三个指挥家轮番指挥：国王、英国政府和埃及首相。二战前夕，统治埃及的主要是花花公子法鲁克国王，而非选举出来的政治家，埃及大部分国防由英国

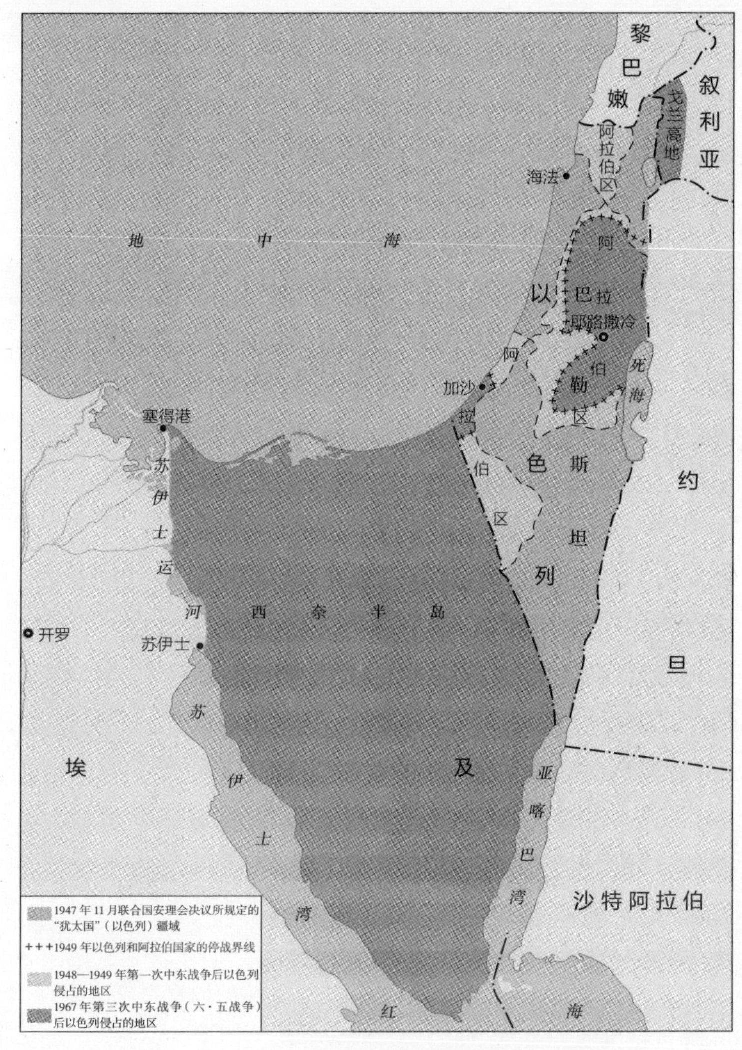

以色列、埃及和苏伊士运河（20 世纪 60 年代）

负责。1941 年，埃及险些被沙漠中席卷而来的意大利和德国军队袭击，它依靠英国、澳大利亚和新西兰的武装力量，保持其中立身份。直到 1945 年 2 月，当这场耗时长久的战争即将结束时，埃及才向德国宣战。

1948 年以色列建国，埃及是坚决的反对者之一。埃及很可能成为以色列最可怕的敌人，因为它是附近人口最多的国家，招募的士兵组织起军队来，可以远远胜过以色列。在埃及与约旦、叙利亚和伊拉克发动的第一次短暂未遂的抵抗以色列的战争中，埃及是主力，但却士气不振，直到 1952 年国王被自己军队中的官员罢黜。这些由贾迈勒·阿卜杜勒·纳赛尔领导的民族主义官员，让以色列领导不寒而栗。纳赛尔当时 34 岁，在最近的战争中抵抗以色列，比起那个肥胖且只知享乐的国王，他是更有雄心的领导。

正如大多数出身平平而最终成为国家救星的领导人一样，纳赛尔被称为平民之子。他被塑造为遥远海边的村庄里长大的农家子弟，实际上他的父亲是亚历山大市郊的邮政局长。纳赛尔高挑英俊，薄薄的胡子，短短的头发，有魅力、有分寸，他拒绝对罢黜的国王施以死刑。一些观察家预言，纳赛尔会抓住任何推广伊斯兰的机会，但激进的穆斯林兄弟会认为他太过世俗化，在 1954 年还试图暗杀他。在外交政策上，他竭力反对以色列和英国。在他还是学童的时候，就曾举过谴责英国的告示牌。

纳赛尔慢慢成为阿拉伯世界最有势头的领导，他坚持从英国独立，英国最后也终于从苏伊士运河撤军。他鼓励巴勒斯坦难民组成游击队闪击以色列，可见他对以色列的敌意。这些难民是最近从埃及被捕后关在加沙地带的。1955 年，他终于安排从共产主义捷克斯洛伐克购买军火和原材料，实际上是从整个共产主义阵营购置军火。埃及正式承认中国，纳赛尔在冷战中更坚定地将埃及置于共产主义一边。

英美都和纳赛尔疏远开来。英美起先许诺出资在尼罗河的阿斯旺建造大坝的首期工程，它的修建可以满足埃及农民对灌溉水的需求，但是他们最后没有履行这一承诺。纳赛尔是专注的人：他是不会被打倒的。作为回应，他宣布他会将本部在法国、运营运河并获得大部分年利润的苏伊士运河公司国有化。苏伊士运河是世界上两大主要运河之一，对欧洲商业至关重要，可见纳赛尔的要求胆子不小。很多观察者从他蹿起的架势上看到了希特勒的影子，这一对比实在太明确。

很快英美就向联合国安理会抱怨并得到了支持。苏联行使否决权：运河也成为冷战的一部分。英国、法国加上以色列随即诉诸武力。1956 年 10 月 29 日，以色列大军进攻埃及，逼近运河。一周之后，英法军队向埃及机场发起攻势，降落在运河旁边。苏联是埃及背后安静的支持者，这种地区战争很可能引发一场核战争。

当全世界都聚焦于埃及危机时，莫斯科借机转移视线，开始加强对中欧的控制。共产主义波兰和匈牙利爆发动乱，几乎是二战结束以来莫斯科面对的最大的一场危机。埃及局势日益紧张，而莫斯科决定进攻叛乱的匈牙利。11月4日，莫斯科派遣坦克和士兵进入匈牙利，很快就控制了局势。

莫斯科又将注意力转移回埃及，威胁英法如果不接受停战协议，苏联就发动战争。苏联也在美国大选前夕，警告美国不要插手埃及之事。在奥林匹克运动会举办前的三周，发生了结果难料的大事。当时美苏之间的体育竞技也成为冷战的一部分。奥运会将在1956年11月22日于墨尔本举行，是头一次在南半球举办。奥运会开幕前九天，苏联收到警告，如果它在苏伊士运河旁发射火箭，美国也会发射火箭。开幕前七天，联合国的和平使者来到埃及和以色列的边境，当时英美军队正驻扎在运河附近，联合国已准备好接手英美军队的任务了。

奥运会比赛照常进行。匈牙利和苏联在水球比赛中咬牙切齿，而其他68个国家的运动员互相竞技，仿佛在开罗、布达佩斯、纽约、莫斯科、伦敦、巴黎、耶路撒冷和苏伊士运河两岸的冲突和愤慨并不存在。澳大利亚总理罗伯特·戈登·孟席斯刚从中东斡旋无果而归，他如此形容险被破坏的奥运会的氛围："主席台在开幕式和闭幕式的氛围再紧张不过了。"

令人惊奇的是，危机度过了。倘若同在西半球的巴拿马运河遭到如此危险，美国一定怒不可遏。美国拒绝支持英国和法国，甚至向他们施加经济压力。苏联在自己的势力范围内镇压愤怒的抗议，围捕了越来越多的匈牙利叛徒，包括最后被绞死的匈牙利总理伊姆雷·纳吉。在圣诞节前三天，英法联军的剩余力量从运河南端的埃及港口塞德撤离。

英国和法国曾修建并防守着苏伊士运河，对于这两个统领了大部分殖民地的大国来说，这是一次耻辱。两次世界大战期间，为控制苏伊士运河，英国牺牲了无数的水手和战舰。而今，英国首相安东尼·艾登爵士深受挫败羞辱，请辞下台。反观纳赛尔，在苏联的支持下，地位令人羡慕。尽管他的空军和苏联制造的坦克的残骸如今散布沙漠，他还是可以击掌叫好。运河现在是他的了。

第十八章

复仇的船只

1903 年，第一架飞机升空，俄国教师康斯坦丁·齐奥尔科夫斯基完成了一部富有远见的书《宇宙空间探索》。根据他的计算，一艘燃烧液态燃料的火箭可以飞升上天，绕地球飞行。两次世界大战之间的二十年，多个国家的业余或专业的科学家都发射了火箭，其中很多的火箭甚至被徒手带到发射地点。有一些在升空前就爆炸了，有一些飞不起来，但有那么一些直冲云霄。这些火箭实验的一个动因是，火箭及其相伴的导弹可演变成战争武器，尤其对德国和苏联来说。

希特勒鼓励他的火箭负责人瓦尔特·多恩贝格尔，在波罗的海沿岸的一个德国小镇佩内明德进行试验。20 世纪 30 年代末期，个头儿越来越大的火箭在那里研制成功。在一些实验中，远程弹道导弹往往伴随一团黑烟升空，发射导弹的高大建筑仿佛是当时那个年代户外泳池的高跳台。到1942年，最先进的火箭时速可达到3300英里，它的超音速飞行让最快的飞机也相形见绌。当时，德军已深入苏联国土，而日本的军国势力几乎已延伸到了澳大利亚海岸，火箭这一新颖的武器很可能助希特勒稳操胜券。

火箭竞赛

1942年10月3日是德国志得意满的一天，一艘火箭飞升至60英里的高空。该火箭发射后，多恩贝格尔宣布，"太空旅行"的时代即将到来。在进一步测试之后，他亲自将这一大好消息告知了已看过火箭发射影片以及火箭模型的希特勒。

当时大战形势逆转，德国失势，这一新颖的武器似乎有望助德国重占上风。1943年，盟军轰炸佩内明德的海边工厂和试验站，北德哈尔茨山美丽丛林的地下，建起了更安全的火箭工厂。最终有一万人在海边和山中隧道里为德国的火箭项目效命，这些人大多是从占领国运来的奴隶劳工。

成百上千枚名为"复仇者"号的火箭被送至北海的发射地点，攻击目标是英国。这些火箭就在1944年的登陆日之后出现在英国南部的夜空中。"我看得清清楚楚，"一位目击者在日记中写道，"它们明亮耀眼，好像是帆船比赛中的一艘艘小汽艇。"他想说，这些火箭噪音巨大，好像快速列车在头顶飞驰而过，而很多人认为更像是轰轰作响的电动割草机。

这种相对简易的V-1火箭，在地面能看到听到，在目标接近时，它的发动机会脱离。

具有革命性改进的V-2导弹体型更大，由火箭助推，仅在飞行的第一阶段被准确导向，之后它便像一枚高尔夫球一样，继续向着几百英里远的目标方向靠惯性飞行。V-2长约24米，尖头犹如豪华的写字笔，可承载将近一吨重的弹头。它噪声小、速度快，仅据不准确的估计，就其能给伦敦和英国南部带来巨大的杀伤力，足以让几千英国人丧命，并让其他人陷入不安。德国同时还设计一种空中导弹，可对敌方轰炸机进行闪击。战争在这些项目完成前就已结束，然而这些项目似乎是跨时代的发明，就像大西洋的另一头正在秘密研制的原子弹。

1945年5月的前几周，长驱直入的苏军到达波罗的海沿岸刚刚被废弃的德国火箭基地。几座高耸的测试塔依旧矗立在原地。苏军也是第一个到达V-2地下军工厂的，他们在那里发现了火箭的工具、零件还有方案和图纸。他们还俘获了军工厂中技艺娴熟的工人，但只有几位是火箭专家。

反观美国，德国116人的专家团队和两位团队领导均落入他们之手——这些德国人宁愿被美国人而不是苏联人俘获。最宝贵的战俘沃纳·冯·布劳恩年仅33岁，是世界上最有经验的火箭科学家。从他在被俘后不久的照片里看，他中上等身高，整齐的中分头下有一张孩子气的脸庞。尽管他断了左胳膊，有失威风，但看起来像个不出名的电影明星。他确实是个明星，因为他的团队被几位美国科学家视为二战获胜的几个主要战利品之一。

冯·布劳恩在美国为新雇主继续他的旧工作。V-2 最终也成为美国早期航空项目红石导弹的基础。然而即使是在 20 世纪 50 年代中期，艾森豪威尔任美国总统期间，他的航空项目也没有之前德国研究的那股劲头。好像只要白宫里有了著名的战时将军坐镇，美国的霸权地位就能得以保证似的。当人们获知苏联可能会在导弹研究方面领先一步，这种冲击是不可想象的。然而，事实可能已经如此了吗？

冯·布劳恩和他的团队在战争的最后几天里被美国俘获，秘密计划泄漏，这仿佛是对苏联的沉重一击。苏联当时在火箭研究领域远远落在美国后面。虽然战前的苏联在火箭领域颇有威望，但是斯大林阻碍了火箭的研究。1937 年到 1938 年期间，斯大林对军事领导层进行大规模清洗，他将这些军事领导人视为假想的叛徒，其中也包括火箭科学家：一些被杀，一些被驱逐到西伯利亚。当冯·布劳恩在波罗的海沿岸硕果累累之时，苏联的首席火箭设计师谢尔盖·科罗廖夫正在西伯利亚科雷马的金矿当苦役。科罗廖夫最终获得释放，加入苏联于战时重新启动的火箭项目。尽管他在归途中是以囚徒之身被守卫押解回来的，但他随即负责起了一个重要的火箭项目。

美国俘获大多数德国火箭科学家的消息立即让斯大林紧张起来。这个反复无常、疑心重重的独裁者，先是终止了这一战前项目，如今又推动起冷战项目。在德高望重的科罗廖夫的带领下，苏联人秘密进行这一项目，克服种种技术难题，重要的发动机技术日益精湛，直到最后研制出了苏联版的德国 V-2 导弹。到 1949 年，苏联用小狗或兔子的“班组”进行试飞，这些动物坐在拥挤仓座上的影像曾被录制下来。

导弹或航天器要想超越地球的大气层并飞入外太空，需要极快的速度，而今这似乎可以实现了。飞到如此遥远地方的飞行器是否还能和地球通信，还是个疑问。到 20 世纪 40 年代末期，人们还错误地相信，高层大气会阻碍无线电波的传送，况且一般的无线电装置如此沉重，要放在狭小的空间内由火箭推送到空中，不太容易。然而新出现的电子产品扫除了这个困难。

1957 年 10 月 4 日，一颗小型苏联人造卫星出现在距离地球 500 多英里的上空。它是“斯普特尼克一号”，重量不足一个敦实的成年男人。它围绕地球飞行了 95 分钟，就算是业余的无线电爱好者也能监测到它的双发射器发出的声音。华盛顿也能听到这令其不安的声音。

更令人不安的声音和景象正在等待着华盛顿。人们一直猜想，动物或人是否可以进入太空舱，被火箭安全送入外太空。这样怀疑是因为外太空的生存环境对生物来说是不可预测的。苏联的航空研究中心建议用动物测试，破解疑问，尽管这么做也不是完全公允。1957 年 11 月 3 日，更大型的约有半吨重的“斯普特尼克二号”被送入发射轨道。它携带着血统不明的黑白相间的小狗莱卡。此次飞行搜集到了重要的信息，但是乘客没能返回地球。

美国的火箭研究项目，哪怕有冯·布劳恩的加持，也落在了后头。全美上下一片骇然。美国是世上最大的军事强国，一度是创新的发动机。美国当时在整个自由世界传播这样的观念，即共产主义阻碍个人自由，搞不出像样的创新发明。苏联的火箭成果无疑让华盛顿蒙羞。1958 年，冯·布劳恩领导发射了第一颗原始的通信卫星“探险者一号”，接着又发射了一颗，为美国挽回了一些颜面。几年时间，神奇的卫星已能将新闻和画面传送到数百万家庭的电视屏幕上。但这仍没有让美国安心，因为苏联依然是太空竞赛中的赢家。

冯·布劳恩曾在希特勒的羽翼下成为战时的火箭先驱，而他最终从这个领域消失了。好莱坞制作的太空传奇电影《我的目标是星辰大海》(*I Aim at the Stars*)，塑造了冯·布劳恩的英雄形象，让他永垂不朽。电影的副标题恶搞了一下：“但我曾经击中伦敦”。

莫斯科和华盛顿之间的冷战风云跌宕起伏。令人乐观的缓和期一度出现，但过不了多久，人们又会因为核战争的气氛重起而紧张起来。飞升云霄的航天器被人们视为寻求制高点、发动核战争的令人不安的武器。欧洲、苏联和北美知道它们会成为核武器的首个目标，但是不太可能成为核目标的遥远的民族也同样紧张。刚建国不久的加纳的领导人克瓦米·恩克鲁玛在 1958 年遗憾地表示，前途明亮的独立非洲，很可能在未来被超级大国之间的热核战争摧毁。“当今最重要的问题，”他说，“是确信能看到明天。”

颇受欢迎的小说家内佛·舒特发出清晰的警告。他对工程技术颇为了解，研究并乘坐过曾被认为是长途承载机的英国飞艇。他相信将会爆发核战争，危害大多来自放射性尘埃，他就该话题写了一部小说。他的书《世界就是这样结束的》被搬上电影银幕，为全球观众展示了一幅悲观的前景。

走入太空

在试图登上月球的早期探索阶段，苏联也处于领跑地位。1959 年 1 月，苏联的无人太空飞行器“月球一号”接近月球。它的姊妹版在同一年晚些时候抵达月球并撞击损毁。它的第三版进行绕月飞行，在地球永不可见的一侧拍摄照片并传回了地球。

苏联举国欢庆这些胜利。报纸大篇幅赞扬，广播节目分析着种种可以放心报道的科学突破。上千所学校的教室里，老师在黑板上解释着航天研究领域的一些基本科学法则。这些都为共产主义增光添彩。1917 年布尔什维克革命开始之时，俄国的读写能力甚低，如今分散在广阔国土上的幼儿园、小学、初高中、技术学校和大学，上上下下都传递了这样的信息，即无须太多外界的帮助，苏联就能登上这些卓越的科学征途。

将人送往外太空的目标让苏联和美国都激动不已。危险也显而易见。倘若飞行器或航天飞船无法以要求的速度大幅加速，达到未来的协和式飞机速度的十倍的话，地球重力就会让航天飞船失去冲力，让乘客坠落身亡。航天飞船一旦进入高空，还要面临被冷热的极端温度夹击的危险。它的一面将被120℃的太阳光高温照射，而另一面则远在零度以下，寒冷无光。

哪怕宇航员（是个新词）仅仅到达80公里的高空，他都只有穿着设计复杂的太空服才能存活。在飞行过程中，宇航员则要面临更高的风险，他很可能遭遇航空晕船情况，他的心脏和肌肉也可能在压力下缩小，骨头也容易失去钙质而变得脆弱。由于失重状态，宇航员不得不被固定住才能维持稳定，才能吃饭睡觉。尽管如此，在外太空，食物也没法在盘子里放稳，饮用的液体也无法装在杯子里。另外，倘若任何食物的残渣或一部分飞到空中，在船舱内漂浮，它们就很可能渗入到精密仪器中。要小心注意的一项便是将食物准备在小方格里，然后用明胶涂层。

两国的科学家均遇到数百个这样的难题和挑战，但苏联仍旧领先一步，并且更为大胆。早在1961年，几位接受过秘密训练的苏联宇航员就做好了绕地球飞行的准备。被遴选的几位宇航员中的一位便是27岁的尤里·加加林，他在集体农场长大，是木匠之子。当他穿上航空服、戴上头盔，一面玻璃罩盖住脸庞时，他更像是深海潜水员。照相机前的他露出灿烂的笑容，不知这笑容是否代表了他真实的心情，但这副笑容足以助他开启这掺杂了个人英雄主义、科学事业和演艺性质的征程。他的航天飞船是有史以来最复杂的一艘，比小型的送货车还要轻，名为“沃斯托克一号”，于莫斯科时间1961年4月12日上午9点07分发射。

苏联官方担心宇航员在轨道上环行时会有心理压力，他们忧心忡忡地观望着航天飞船冲入云霄，直至不见踪影。他孤身一人，一定想着自己是否能返回地球。但不到两个小时，他就回到了地球，准确的时间是上午10点55分。他的征程，是世界历史上最让人瞩目的事件之一，全世界人民都跟着兴奋，甚至比那些内行的科学家还要兴奋。他一度成了世界上最有名的人。加加林成了苏联的英雄，荣获列宁勋章。他在七年后去世，不是在外太空，而是在坠毁的飞机里。

加加林太空旅行的一个月后，美国宣布，在20世纪60年代结束之前，势必实现人类登陆月球并成功返回的计划。莫斯科也许下类似的承诺。尽管它不需要如此。苏联在太空竞赛中领先，很多中立的观察者都预计，只要苏联计划登月，它就会是第一个到达月球的国家。

能够发射航天飞船的火箭也能发射携带核弹的导弹。火箭科学和导弹的准确性与速度，在希特勒德国的实验终结之后，都取得了长足的发展。到1960年，越来越多的分布于苏联周围的美国导弹发射场，已经做好了在需要的时候发起核攻击的准备。其中的一些导弹发射场在土耳其和苏联的边界，有一些导弹就瞄准着苏联的大城市。而苏联还无法向遥远的美国发射导弹，但是它的目标和人质是巴黎、伦敦、慕尼黑以及其他美国的欧洲盟国的首都。

尽管苏联的陆基导弹还远不能打到华盛顿和旧金山，但是这两个城市却在潜艇发射的导弹的射程内。1958 年，美国展示了核潜艇的威力。这艘核潜艇从珍珠港出发，经遥远的北太平洋，游弋于西伯利亚和阿拉斯加之间。在潜入冰盖底下经过北极圈之后，它出现在了格陵兰岛附近的外海上。核发动机可以让潜艇长途跋涉，于接近核导弹攻击的目标国家之前，在海底隐藏数日。此外，威力无穷又便于携带的小炸弹被发明出来，核攻击的打法又多了一种。年轻的物理学家西奥多·泰勒，尽管没有博士学位，但在洛斯阿拉莫斯设计出了一个微小的样本炸弹，其毁灭性威力堪比投放到两座日本城市的炸弹。

威胁和谍报的竞赛

这两个全副武装的超级帝国都意识到，他们广袤的国土日益面临着被袭击的危险。它们的军备开支庞大，在世界越来越多的地方部署军队，也组织起浩荡的间谍队伍。两国之间展开了几番龙争虎斗：核武器竞赛，左右世界人民思想和感情的舆论宣传战争，拉拢联合国中独立国选票之争，还有赢得外太空统治地位的壮观竞赛。

新领导的上台足以让这场竞争改头换面。斯大林最终的继承者是农家子弟出身的尼基塔·赫鲁晓夫。他爱哗众取宠，也是个古板的呆瓜。当他走在大雪中时，衣服帽子裹得严严实实，活脱一只大熊，而当他接见外国代表团时，又能热情地上前拥抱，开怀大笑。除了私下的热情，他还能在某些场合展示少有的率直，他最终当众谴责斯大林，斥责他打着共产主义的幌子进行无情清洗，就是一例。实际上不为人知的是，赫鲁晓夫本人就参与过几场清洗，也曾见识过杀害苏联政治犯的高效迅速。

与斯大林不同的是，赫鲁晓夫愿意走出共产主义阵营，他尝到了与外界接触的甜头，也权衡潜在的威胁。他在 1956 年走访英格兰——从未有苏联的领导人去过如此遥远的西方——之后又偕妻子尼娜·彼得罗夫娜拜访美国。反观主要的民主国家，还没有哪个领导在过去的四十年里拜访过莫斯科，除了二战期间丘吉尔与斯大林在克里姆林宫的短暂会晤。实际上，直到 70 年代才有美国总统接受了访问莫斯科的邀请。

害怕间谍行动是阻碍这些高层会晤的一个原因。英国首相哈罗德·麦克米伦在 1959 年寒冷的 2 月正式访问苏联后意识到，在莫斯科与他自己的大使畅所欲言是很危险的。英国大使馆内立起一座保护性的帐篷，希望麦克米伦的谈话最后不会被隐藏的苏联麦克风捕捉到。当他坐在苏联官方专车中时，他被警告座车有可能遭到监听。尽管麦克米伦私下里有写日记的习惯，但他生怕日记最后落到始终监视他的雇主手里，也就罢笔不写了。在当时怀疑设防之风浓厚的气氛下，赫鲁晓夫敢出国去往中国、阿尔巴尼亚和瑞士，很不寻常。

最新的人造卫星可以环绕高空，拍摄敌国的领土和基地，于是新一轮的间谍活动由此展开。进入人造卫星时代之初，美国依旧用单座的喷气式飞机进入高空进行间谍活动。加里·鲍尔斯在服务美国中央情报局的一次飞行中，秘密从巴基斯坦起飞，远渡苏联，到达挪威的一个比较友善的机场。1960 年 5 月 1 日，他的喷气式飞机飞跃乌拉尔山区的高空，被苏联侦测并击毁。鲍尔斯打开降落伞安全着陆，在他被俘后，他难以否认自己正在参与一次秘密行动，尽管华盛顿矢口否认与鲍尔斯有任何干系。鲍尔斯被判入狱十年，但是以一个苏联间谍作为交换，他得以提早出狱。

就在这个间谍飞机被击落后不久，赫鲁晓夫、艾森豪威尔、麦克米伦和戴高乐之间的一场千呼万唤的“四国首脑会谈”终于即将在巴黎举行。艾森豪威尔总统并没有应要求为美国的间谍飞机道歉，赫鲁晓夫在到达巴黎后宣称，他不会参与这次会谈，这次会谈最终不欢而散。尽管赫鲁晓夫的国家被间谍窥探，他是有理由义愤填膺的，但他本人也似乎在利用人造卫星进行间谍活动。戴高乐总统在私下里提醒赫鲁晓夫，最新的苏联卫星也在“没有我允许的情况下”在法国上空飞了 18 个来回。实际上，冷战是战场，也是一场军事竞赛。

可怕的柏林墙

约翰·肯尼迪出任美国总统后，超级大国之间的紧张局势在接下来的几年里也并没有缓解。肯尼迪比当时世界的主要领导人年轻许多，在外交政策方面也缺少经验，但他开始声名大噪。当时美国在核武器方面遥遥领先，他多次向国会呼吁支持增加军备开支。正如我们看到的，他支持攻打共产主义古巴这个并不成熟的计划。但他愿意同赫鲁晓夫对话。1961 年中，他们两位在维也纳首次会晤，先是一番友好的握手，衷心表达诚意。当他们发现双方都在二战中痛失亲人，便达成共识，不能重演二战的悲剧。赫鲁晓夫丧子，而在与德国交锋时，肯尼迪死了一个兄弟。

苏联在理智和情感上都主导了双方的会谈。赫鲁晓夫直言不讳，巧言善辩，他要求美国及其盟国完全放弃西柏林。在感到难以招架苏联人的决心之后，肯尼迪离开了维也纳。

赫鲁晓夫对美国及其忠实的盟国英国施加了更多压力。玛格·芳登担任主角的芭蕾舞剧在莫斯科大剧院上演的时候，赫鲁晓夫前去观看。幕间休息时刻，他将英国大使叫到他的私人包厢并警告说，倘若美国向西德增兵而使西柏林面临危机，苏联会以牙还牙。他还放话说，苏联的六枚氢弹就能毁灭大不列颠，九枚氢弹就能终结法国。他说，为什么单单为了“两百万柏林人”的独立，要牺牲两亿的西欧人？

西柏林是在共产主义包围外的一片飞地，成了不满的东德人向往的去处，他们想要更好的生活，明亮的光线和个人自由，于是每个月都有上万东德人来到西柏林。东德在十年的时间里有两百万人丧生，东德的人民议会为此拿出了解决方案。在赫鲁晓夫的许可下，人民议会决议在西柏林城市的周边都设上警卫。1961年8月12日和13日的傍晚，在没有发出警告的情况下，共产党人开始围绕西柏林筑起厚厚的铁丝网围墙。

这项工程浩大而令人生畏，因为这堵长达45公里的围墙，完全将这座最大的城市分成了两个德国。建筑工人还围绕着东德附近的西德郊区竖起120公里长的围墙。十多年来，西柏林一直是座孤岛，只能通过经由东德领土的运河、道路和铁路到达，或者通过在西柏林机场降落的飞机到达——现在它已完全被封锁。这个铁丝网围墙最终被砖泥砌成的高墙取代，也有铁丝网，同时设有电网，还时不时有武装的警卫固守西柏林的边境。这确实是一副铁幕。那些试图跨越这堵围墙不肯停下来的东德人均遭到杀害。柏林两区之间的门户、铁路高架桥、运河、道路和其他的枢纽都有重兵固守，这一守就又是二十八年。

舞者与弹头

太空竞赛中依旧领先的苏联决意在核竞赛中也赶超美国。苏联在其北极领土内引爆了威力无比的氢弹。接下来的一次试验成为有史以来最大的一次爆炸——火山爆发和彗星的轰鸣坠落除外。

肯尼迪总统决意首次昭告天下美国在核武器方面的先进程度。肯尼迪并没有大放恫吓之词，而是借资深国防官员罗斯威尔·吉尔帕特里克之口，于1961年10月21日公布给弗吉尼亚州温泉市的商人们。吉尔帕特里克试举多例，包括能承载核弹的重型洲际轰炸机，能够发射洲际导弹的基地，以及6艘海上的“北极星”号潜艇以及它们承载的96枚导弹。统计起来，总共有“几万”船只、飞机，以及每一个都能至少发射一枚导弹的基地。这是有史以来最让人胆寒的军事宣言，让苏联在外太空的地位蒙上了阴影。

苏联宇航员首次于外太空环行地球的宣传声势，被当年6月巴黎布尔歇机场的一件事情泼了冷水。23岁的卓越芭蕾舞者鲁道夫·纽瑞耶夫，舞步美轮美奂，在苏联领先世界的芭蕾领域堪称大师。他出生在遥远的西伯利亚城市伊尔库茨克，有部分鞑靼血统，是个个人主义者。在青少年时期，他并没有遵守苏联社会严格的规章条令，他在海外巡演的时候，也不像是个中规中矩的苏联人。他的芭蕾公司列宁格勒基洛夫芭蕾舞团在巴黎演出，并准备乘飞机去往伦敦，在考文特花园表演。有人怀疑，这位年轻人企图逃跑。苏联官方准备阻止他这样做，而他意识到或者说最后猜到会被送回家。他为了抓住逃跑的最后机会，跑到机场的法国警局寻求庇护。飞往伦敦的飞机上并没有他，他很快就在西方开始了自己的表演生涯。

纽瑞耶夫行为放荡不羁，在任何共产主义治下都不可能得到允许。歌词和喜剧作家诺埃尔·科沃德曾在纽瑞耶夫逃跑三年前于罗马宴请过纽瑞耶夫和玛格·芳登。这里有一段科沃德描写纽瑞耶夫的日记："他是个好奇心十足的野兽，魅惑人心，飘忽不定。他可以突然暴怒，可能会朝人猛咬过去。"就在同一晚，他就咬了科沃德的手指头——受害者如是陈诉，可能也带着一丝快感。

这位著名舞者逃往西方，破坏了苏联的声望。无论他在何处跳舞，或出现在电影银幕上，都在提醒着人们，这个国家不能容忍它的优秀公民有一丝独立的精神。

第十九章

爆炸的岛屿和幽玄的帆船

大国当中，数美国的环境最安全。美国拥有宽广的大西洋和太平洋为它提供的军事屏障。此外，它的邻国中只有三个是比较有分量的，而它们在人口和经济实力上也远逊美国：通常与美国和谐共处的加拿大，与美国偶有纷争的墨西哥，还有肥沃的产糖岛国古巴，但古巴太小而算不上数。

古巴仅有700万人口，多为西班牙裔。古巴的民主传统谈不上十分稳固，但是古巴的领导人尊重这个传统，前提是他们大权在握。富尔亨西奥·巴蒂斯塔就遵循了这个传统。巴蒂斯塔以速记员身份参军，曾在1933年领导一场起义并控制政权。七年之后，他已经是军队领导，后当选总统。在很多人的眼中，他是一位称职的领袖，但他也会中饱私囊。巴蒂斯塔在40多岁的时候，已经可以衣食无忧地在佛罗里达州享受退休生活，他刚聚敛的钱财安全地存放在佛罗里达州。1952 年，他返回古巴，成为独裁者，他的金库又继续充实起来。

巴蒂斯塔将军的对头菲德尔·卡斯特罗，让冷战的烟火出乎意料地蔓延至加勒比海。卡斯特罗的父亲是西班牙移民，在古巴岛的一个崎岖的地区经营甘蔗农场，妻子之外还有一名本是厨娘的情人。菲德尔便是父亲和这个厨娘情人的五个私生子之一。卡斯特罗最初入读耶稣会寄宿学校，后在大学学习法律，在政坛初试牛刀声色不小之后撤退到墨西哥。之后，他带着一小批战士归乡，利用古巴山脉作屏障，不断袭扰巴蒂斯塔这位独裁者的军队。1959 年的元旦，卡斯特罗推翻了巴蒂斯塔。几万人抓住机会，跨越海峡，逃往佛罗里达。

从某种角度来说，古巴是美国的商业殖民地，正如它曾是西班牙的一个省份。卡斯特罗决心要将代表美国利益的势力没收或驱逐。卡斯特罗身上的民族主义胜过马克思主义，他铲除控制赌博和毒品的黑手党，将大地产分为小块儿分给农民，也将大糖厂、大多数银行和很多美国持有的城市地产国有化。美国也报复古巴，举国上下的很多厨房餐桌上没了古巴蔗糖的踪影。卡斯特罗针锋相对，公开正式承认共产主义中国，这相当于在牛的面前挥舞红旗。华盛顿这头牛继而禁止向古巴出口除药物和食物外的其他商品。这一决定将古巴经济推入了苏联的怀抱。原本属于美国的利益范围的古巴，在 20 世纪 60 年代末却成了苏联的地盘。

菲德尔·卡斯特罗的演讲，帮助他巩固着对古巴的掌控，因为他是个魅力四射的演说家——至少头一个小时如此。他的政治宣传渗透到国有广播电视的方方面面，深得人心，因为古巴的电视拥有率比大多数欧洲国家还要高，并引领了欧洲普及彩色电视。卡斯特罗的穿着像一位资深的汽车修理工，工装服、尖顶帽，尽管如此，他也不乏威严之风和决绝之志。

狭窄的古巴海域

狭窄的海路早在过去就对海军至关重要，如今亦然。1905 年日俄之间的海战就是在狭窄海峡展开的交锋；1915 年的加利波利登陆战役，也是黑海的海峡之战的一部分。第一次世界大战的大规模海战日德兰半岛战役，则是在进入波罗的海的狭窄入口处展开的。到第二次世界大战，英吉利海峡、直布罗陀海峡、马六甲海峡、红海和其他狭窄的海路都对战争胜负起到了关键作用。在空战时代早期，人们普遍认为，狭窄海域恐怕不能起到决定性作用，因为海战的时代已经逐渐过去，但是古巴靠近美国的地理位置仍旧具有决定性的意义。

在西班牙帝国时期，古巴紧靠通往墨西哥的海道的一侧，同时处在通往新奥尔良的新航道上，更重要的是巴拿马运河于 1914 年开通。古巴的很多海港都形如马蹄，是船只安全的港湾。古巴的空军基地，在需要的时候，可用来攻击临近的美国。

美国的中央情报局为1500名古巴流亡者提供军事训练，因而可让这批人攻击其祖国古巴，进而推翻卡斯特罗。位于古巴西南海岸的猪湾被选为1961年4月的登陆港湾。在作为掩护的美国飞机轰炸古巴空军基地后，一支小规模的军队登陆。肯尼迪总统愿意支持这样一只小得尴尬的军队实在不寻常，因为他们获胜的可能极小。两天之内，大多数袭击者都成了俘虏。他们最终被释放的条件可不简单，美国要付给卡斯特罗一大批食物和药品作为赎金。

由于在美国附近没有导弹基地，赫鲁晓夫发现古巴是个十分珍贵的同盟。他抓住了这个机会。三年前，美国在苏联附

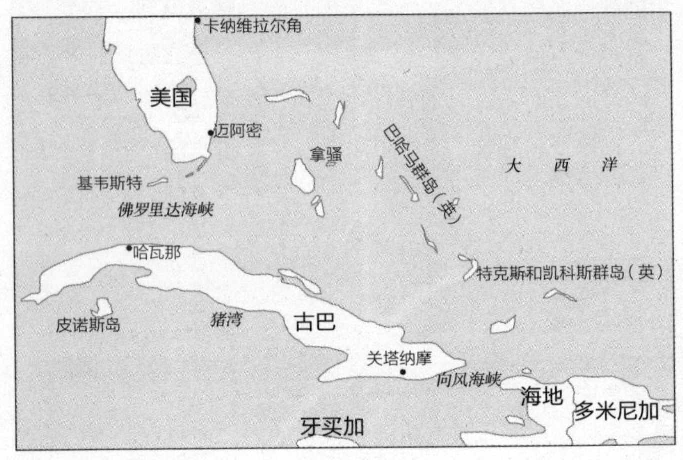

导弹危机（1962年）

近的土耳其设置木星导弹的举动惹怒了赫鲁晓夫。现在他在古巴建立基地，从那里就能发射导弹袭击美国。苏联秘密将导弹运往古巴，可以直击华盛顿，摧毁沿途的卡纳维拉尔角。

美国的领导人鲜有应付首都直接面临攻击威胁的经验。上一次算得上直接袭击美国首都的事件是1814年英国的入侵，当时英军还曾火烧白宫。而今，十几座美国南部城市都面临被袭的危险。

1962年10月10日，一架美国侦察机在古巴发现一处可疑的建筑工地。四天之后，肯尼迪总统得知，十枚能正中华盛顿的苏联导弹已经准备就绪。这些导弹是否携带核弹头尚无法获悉。肯尼迪拍板，派出一支大规模的海军包围古巴，拦截检查所有进入古巴运送军需的苏联船只。10月22日周一的晚上7点，肯尼迪在电视和广播中发表讲话，向美国人民宣布了这一消息。他言简意赅地表明，苏联人正在把古巴变成一个发射台。

反应灵敏的记者认为，战争就在眼前。肯尼迪也认为战争一触即发。倘若美苏两巨头当真交战，很可能都会使出携带核弹头的导弹。运载有80枚导弹和40颗核弹头的苏联船队，一半已经到达古巴，而剩下的随时都可能就绪。

肯尼迪演讲后的当天晚上，20艘苏联船进抵离古巴500英里远的美军海上封锁线。苏军的“波尔塔瓦”号正承载着核弹头。另外两艘苏联船由潜艇护卫，似乎要跨越美国的封锁线，倘若它们强行跨越，美方战舰已收到坚决的指令，要迫使苏军潜艇浮出水面。在与内阁成员商量过后，肯尼迪意识到后果不堪设想。即使古巴附近之战被延迟，肯尼迪预料，苏联也会攻击或封锁西柏林。美国和苏联之间，从未有过如此一触即发的局势。

接着从封锁线传来了更确定的消息。驶向古巴的苏联船只，收到莫斯科的指令，掉头返回了。10月26日，在经过了紧张的几天之后，肯尼迪愿意撤除古巴的封锁线，并"承诺不会攻击古巴"——如果所有的苏联导弹都从古巴撤出的话。苏联船只已经紧锣密鼓地准备好把40多枚导弹撤走，但是卡斯特罗拒绝让导弹基地在自己的地盘受到检查。他坚决表示，要让1.5万名苏联科学家、技术员和士兵留在古巴。

导弹被运回苏联之后，美国和古巴间的紧张关系也没有缓和下来。古巴一直是美国家门口的一个隐患。此外，古巴逐渐成为向拉丁美洲和非洲西岸的问题地区输出革命和军队的基地，古巴军队也会继而出现在这些地方，支持亲苏政权。

古巴危机是无法想象的。交锋两国都有足以摧毁对方的实力，是历史上前所未有的一对劲敌。德高望重的历史学家阿诺德·汤因比这样描述延续下去的危险："倘若人类毫无防备地对抗老虎，而不是毫无防备地彼此对抗，那人类延续下去的希望会更大。"一场瞄准莫斯科或华盛顿的核战争恐怕没有胜者，只可能是两败俱伤。

古巴危机过去一年之后，得克萨斯州达拉斯发生的一件事又让局势紧张起来。1963 年 11 月 22 日，肯尼迪总统遇刺。当这一骇人的新闻传来，莫斯科担心暗杀会被归咎于苏联。在哈瓦那，古巴则害怕矛头会指向卡斯特罗，局势危急。当时还不明晰的是，暗杀者李·哈维·奥斯瓦尔德几年前就已经离开了美国海军陆战队并倒向苏联，还娶了一个苏联人。回到美国后，他成了“公平对待古巴委员会”的坚定支持者。倘若当时这个事实就为人所知，所有围绕古巴导弹危机的情绪都将重燃，那最大的可疑者莫过于莫斯科和哈瓦那。实际上，苏联和古巴的领导人并不敢策划这样的暗杀活动，因为他们知道情况会一发不可收拾。

赫鲁晓夫及其妻子，向这位死去的领袖表达了格外的敬意，他们致电莫斯科的美国大使馆，签署官方哀悼书。杰奎琳·肯尼迪夫人做出了回应。在白宫的最后岁月里，她给赫鲁晓夫寄去一封亲笔信以示感谢。她赞许赫鲁晓夫有和肯尼迪一样的决心："你和他是敌人，但是你们是有共同决心的盟友，世界不应该被爆炸摧毁。你们互相尊重，可以彼此共容。"杰奎琳·肯尼迪夫人要求也将信转至赫鲁晓夫的夫人，因为杰奎琳听说，当与丈夫赫鲁晓夫一同在莫斯科公开表示哀悼的时候，这位苏联女性“眼中噙着泪水”。

核战争的威胁没有消除。之前担心的是两个超级大国会打起来，但是现在英国和法国也研制出了核武器。随着这个机密技术的秘密日渐泄露，其他国家也更可能拥有核武器。

1964 年 12 月 11 日，刚从华盛顿归来的英国首相哈罗德·威尔逊向英国内阁阐述了世界面临的危机。越南的丛林和城市中战火弥漫，美国徒劳地希望威尔逊可以成为同盟。更重要的是，核武器正在扩散——“扩散”（proliferating）这个词在60年代已经和核武器密不可分。中国在1964年研制出第一颗原子弹，印度研发原子弹的可能性也增加了。中印两国此前在其边境的山脉上刚刚交过手。理查德·格罗斯曼在从漫长的内阁会议回来之后，记录下了威尔逊对核战争日益加深的危险的担忧。威尔逊说：“印度人一旦下决心，不出18个月就会成为核国家。”印度确实研发了核武器，而巴基斯坦出于自卫，也需要研发核武器。这当然是几十年后的事情了。

运河危机

狭窄的海道对1962年美国和古巴之间的危机至关重要，四年之后，也加剧了另一场危机。苏伊士运河和红海成为一场纠纷的核心，影响了全球经济的稳定。

1956年苏伊士运河之争尘埃落定之后，和平暂时降临中东，纳赛尔通过苏联的援助加强了埃及的军事力量，鼓舞了士气。尼罗河旁修起了高高的大坝。货船、油船和客轮日日穿梭于苏伊士运河，埃及人收取过路费，控管着领航员。纳赛尔坐稳了他的江山。他甚至提起了“阿拉伯国家”这一模糊的体制，倘若真成气候，他将控制半个地中海。

纳赛尔为扩大影响，并没有露出任何伊斯兰激进主义的迹象，而它在十年之后愈演愈烈。他在1958年的一次谈话显露出，他们的世俗精神胜过其宗教情结。他只有在对阿拉伯听众讲话时，才以宗教段落作结，一般都是简短的一句“真主与我们永在！”与此同时，他继续反对以色列，指责它的“扩张野心”，因为它要供养和容纳更多的移民。“结果是更激进的行动。”纳赛尔在1958年4月7日的广播里如此告诉美国的广播员。他暗示说，以色列预谋“从尼罗河到幼发拉底河”之间一路开辟他们自己的希望之地。对于“埃及是否要摧毁以色列”这个尖锐的问题，纳赛尔不予回答。

苏伊士危机后的十年，纳赛尔及其同盟信心大涨。当巴勒斯坦解放组织蓄意开展游击活动时，叙利亚和约旦成为同盟国。另外一方面，以色列重整军备，从美国购置了最先进的防空导弹。在可遥望以色列边境的加沙地带，3000多名联合国士兵试图维护和平，直到1967年5月纳赛尔将他们驱离。他随后封锁以色列的港口埃拉特，严禁船只进出，这是以色列面对红海的唯一港口。“我们的基本目标是摧毁以色列。”

以色列可绝不想被摧毁，它发起了最可怕的一次攻击，是前所未有的小国家之大袭击。1967年6月5日，在晴朗的天空中，以色列的飞机飞往埃及众多的军事基地上空。埃及大多数的空军基地在一天之内被摧毁。战争基本结束了。1866年，普鲁士用几周的时间击败了奥地利——“七周之战”，可谓军事奇闻，然而这一次则是六天之战。

几天的时间里，以色列攻克原耶路撒冷和约旦河的西岸，从埃及那里夺取加沙地带，并在陡峭的戈兰高地碾出了一条平路。戈兰高地在1948年被叙利亚夺取，俨然一个石筑的阳台，叙利亚的士兵从这里可以俯瞰以色列的加利利海和约旦河。以色列的武装力量沿着碾平的路，一路长驱直入，夺取了高地的堡垒。六天时间，以色列从敌人那里夺得犬牙交错的领土，扩大了本来拥挤的国土。以色列在作战方面，太有一套。然而，敌人终究是要报复的。

与此同时，纳赛尔向莫斯科的朋友求助，可为时晚矣。华盛顿和莫斯科的领导人已经在其危机时刻的秘密专线上通过电话，决定不介入。让人宽慰的是，冷战的气氛似乎消退了不少。

这场短期战争关闭了苏伊士运河，运河旁到处是船只的残骸。从红海和波斯湾往石油需求重地欧洲和北美运送石油的油轮，不得不迂回，改走耗时长久成本昂贵的路线。这些船只要跨越赤道，顶着巨浪驶过好望角，在大西洋一路向北，再次跨越赤道。为了应付这条新海路，建起了巨型油轮——它们甚至大到没法穿过苏伊士运河。苏伊士运河荒置八年之后重新开放，而它显然已经不如往日那么重要。

火星和月球

赫鲁晓夫宣布，他不会加入登月竞赛。但是苏联在这方面一直硕果累累。苏联出现了第一位进入太空的女性——瓦伦蒂娜·捷列什科娃。苏联也做到了让一名宇航员离开航空舱，漫步太空。这两次行动都计划周详，工程精确，生命危险也大幅降低。太空旅行时代的第一个十年里，只有一名苏联宇航员丧生。

对万千大众来说，太空竞赛让人浮想联翩，尤其是当目的地是人们熟悉的星球。火星很早就成为太空目标。火星质量为地球的十分之一，被认为可能适合有机体存活。1877 年 9 月 5 日，乔瓦尼·夏帕瑞利在米兰附近的瞭望台，抓住机会观察了火星。当天，火星靠近地球，而这座工业城市上空天高云淡。他将望远镜对准这个遥远的星球，以为可以发现 41 条长海峡或运河的轮廓。倘若它们是运河，他说，它们一定是“智慧生物的杰作”。20 世纪初期，亚利桑那州的天文学家帕西瓦尔·罗威尔得出类似的结论，火星上深色的沟壑表明了某种神奇的文明正在修建运河，从火星的极地冰盖向平原运水。

1965 年，观察这些神秘运河的机会在长久期盼之后终于出现了，一艘美国的无人飞船“水手四号”靠近了火星。它的仪器没有发现任何生命的迹象。十一年后，两个机器人于火星着陆，证实了这一发现。上千张照片和其他图像传回地球，展现了火星惊人的红色地形，岩石密布，疾风阵阵。直到 2004 年，才有两艘美国航天飞船在火星的不同侧面着陆，证实了很久前的发现，即火星的环境“不利于生命生存”。

登陆月球的准备工作耗资庞大。1965 年，一艘航天飞船拍摄了4000多张月球表面的清晰照片，没有雾、沙尘、火山灰和雨水的掩盖。之后，美国和苏联的无人航天飞船对月球进行了探测。1969年7月16日，在佛罗里达，一枚巨型火箭“土星五号”发射了携带着三名美国宇航员的航天飞船。五天之后，尼尔·阿姆斯特朗从一个自由梯上走下来——上亿观众在电视上目睹了他缓慢的脚步——踏上月球表面。远程观看的观众的兴奋之情溢于言表。

早期对遥远领域的探索——无论是1492年的美洲还是1642年的新西兰——都是孤独的探索，少有观众。等他们探索发现的消息传回祖国，也要几年的时间。但是1969年的登陆月球，消息立即传播开来。尼尔·阿姆斯特朗在世人的瞩目下漫步月球，他重复着铭记于心的话："一个人的一小步，是人类的一大步。"

在漫步月球的盛举之后，地球上反而冒出了一股遗憾或失望的情绪。自人类繁衍生息以来，还没有什么比那黑暗夜空中闪耀的星辰，或者向地球和大海挥洒光泽的圆月，更让人放松、紧张或神秘。《圣经》和《古兰经》都曾暗示过这样的场景。古罗马诗人维吉尔曾看着夜空的星辰“点亮他的夜灯”。第一颗人造地球卫星出现的近一百年前，牧师杰拉尔德·曼利·霍普金斯曾遥望“发亮的伙伴坐在天际”，阿尔弗雷德·诺伊斯曾遥想月亮是“掷到雾霭弥漫的海面上的幽玄的帆船”。如今，在太空探索的漫长征途中，人类已经抵达了月亮和夜空。它们已经失去了往日的神秘感。

第二十章

登上珠穆朗玛峰

20 世纪五六十年代的西方世界，可谓喜忧参半。经济大萧条、全方位战争，以及大多数地区战后经历的稀缺和饥馑，二十多年的特殊时期之后，数以百万计的人的生活终于回到了正轨。家里的厨房也好，大街上也好，都恢复了往日简单有序的气氛，因而人们对超级大国间战事再起的恐惧也得以消减。

这井然有序的景象并不是迅速就恢复的。欧洲的许多土地上，每二十幢大楼里就有一幢被毁，在波兰和希腊，这个数字甚至达到了五分之一。经历了枪林弹雨的欧洲城市，哪怕是最狭小破旧的公寓也十分稀缺，新婚夫妇倘若能在共享的房子里找到一个卧室，并与他人共用卫生间和水池，那已经是很欢喜的了。冬日里，燃料稀缺，发电站和煤气厂提供的电力供不应求。笔记纸在学校里成了稀罕物，商店里的服装也寥寥无几。物资稀缺的阴影在战后久久萦绕不散。1950年，在一些国家里，香烟和烟草并不外售，除非你恰巧是烟草商的老顾客。在当时那个英国人还很少喝咖啡的年代，一壶热茶最暖人心，但是也没法常常煮茶，因为茶叶在1952年10月之前还在实行配给制。一些国家的黄油、肉类和糖也还实行配给制。肉类在东欧稀缺，只是用来给汤添加些肉味儿，而且一用就是好些天。

美国正生活富足之时，欧洲的很多车主还买不起汽油——除非他们有特别的优惠券和必不可少的现金。买二手车也不容易，远远供不应求。唯一安慰人心的事情是，60年代的大多数人知道，他们的生活方式还是在不断改善着，而且日子会越过越好。

日常生活的一个转变出乎意料。几乎每一个人都能找到工作。尽管一战之后工作难求，许多欧洲城市的失业人口占劳动力的12%或15%，但二战之后却出现了全民就业的景象。政府害怕共产主义迷惑人心，认为自己的首要任务是提供就业，政府也确实做到了。恐怕在之前的一百年里，都没出现过这样的就业情况。

北大西洋两岸和更多的地区都进入了资本主义和民主制度稳定发展的时代。这一制度在30年代初期曾经历尴尬的时期，被共产主义苏联抢去风头，但是在战后的几十年里突飞猛进。资本主义民主制度的进步和创新是冷战胜利最重要的一方面。与此同时，共产主义给人们带来的挑战和冲击，也发挥了应有的作用。共产主义强调，每一个可负担的国家都应提供某种程度的社会保障。40 年代以后，西方世界也学了起来。

由于战后急缺人力，一些欧洲国家的政府接受了有色人种劳力的引入。一船船的西印度人到来，最开始在伦敦的公共汽车和铁路上工作。之后巴基斯坦人和印度人也随之而来。从英国旧帝国或联邦来的有色人种移民在 1954 年仅有 1 万人，但到 1961 年这一人数翻了 14 倍。最后像伯明翰和布拉德福德这样的工业城市的郊区开始出现大片的黑人区，曾经即使在人群中也几乎见不到黑人面孔的著名足球俱乐部，现在也开始招纳有色人种球员，而他们通常都成了明星球员。基督教小教堂的社区里曾经礼拜钟声回响，现在开始立起了清真寺和寺庙。

土耳其人迁居西德，在汽车工厂和其他需要劳工的地区工作。荷兰吸纳了来自印度尼西亚和其他殖民地的移民人口。巴黎从北非招来大批穆斯林人口。在这个全民就业的时代，缓慢的跨文化移民浪潮兴起，高潮退去之后依旧持续不休。为移民大开方便之门的非美国莫属，它正式接受来自共产主义国家的难民以及几乎各国各地的移民。与此同时，墨西哥人从美国的后门蜂拥而入。

旅游的渴望

在田园牧歌的时代，人们很少离家远行。甚至在1939年，世界上一半的人口可能都没有去过自己出生地200公里外的地方。在欧洲，尽管铁路促进了旅游业的发展，但大多数的成人都没有去过国外，数以千万计的人都没有看过大海——除非他们有过当日来回的短途旅行。大多数欧洲家庭没有汽车，哪怕那些有车的家庭也不愿长途跋涉到邻国去。

飞机的出现将大规模改善出国旅游的状况，但一开始也只有富人才能负担得起飞机票。泛美航空公司在1939年6月开辟了首个跨越大西洋的商业航班，这艘飞行船配有四个发动机，可以承载22名乘客。它先是在亚速尔群岛的港口降落并加油，或许还溅起一些水花，继而在里斯本停靠，让乘客们上岸睡觉，次日清晨，这艘飞行船继续航程飞往马赛。夜晚飞行在当时是不安全的。难以想象，对同一代人来说，国际旅游业已经成为世界的主要行业之一。

二战后期，坐远洋客轮前往世界各地仍旧是更经济的选择。每一周，庄严的东方邮轮、P&O邮轮、冠达邮轮、意大利邮轮及其他的邮轮都会离开欧洲去往遥远的港口，比如布宜诺斯艾利斯、开普敦、新加坡和新西兰的奥克兰。大多去管理帝国殖民地的官员都乘船远行。很多要跨越大西洋的商人都更喜欢海上航行，尽管比例还不是太大。

战争结束后的十年里，航空旅行蓬勃发展。在伦敦和巴黎的上空，随时都能听到客机及其更先进的引擎的声音。读者给报刊编辑写信抱怨这些嗡嗡的噪声。最早的喷气式客机是1949年英国的彗星客机，几乎抢去所有海上大型客轮的生意。彗星客机成了新的邮轮。

游客早先若想去巴黎、柏林或莫斯科，定要前往中央车站——它们像庞大的庙宇，里面资深的工作人员的穿着好似船员，一排排时钟指示着主要火车离站的时间，热火朝天地抬着行李的搬运工叫嚣着要小费。车站外是高耸的信号盒，相当于今日的飞行控制器；通信兵搬动着高高的垂直拉杆，宣布哪列火车可以优先进入铁轨。战后初期，城郊空旷的飞机场动摇了大火车站的地位。曾经只是木制或锡制的棚子，今日成了免税购物的宫殿，而等待的人群也着装时髦，因为最初乘航班旅行的人都衣冠楚楚。芝加哥在60年代初期建成了从市区到奥黑尔机场的高速公路，它开始运营成为城市骄傲的世界上最繁忙的机场。十年之后，大型喷气式客机已经可以承载大批的乘客，大航站楼宽宽的走廊变得像大城市的街道一样拥挤。

美国的工厂、办公室和厨房引入了节省人力的设备。设计新颖的汽车吸引着北美和欧洲的众多车迷，战时的四轮威利斯吉普车和1948年的威利斯旅行车受人追捧。1947年和1948年是汽车爱好者和那些甚至买不起新车的人的盛宴，在这两年的时间里，法国推出经济的雷诺4CV，瑞典的双门沃尔沃面世，美国设计出低矮型的豪华哈德森敞篷车，澳大利亚打造出配有参差不齐减震装置的霍顿车。意大利推出的首台法拉利——166 型 Spyder Corsa——是大型赛车的常胜将军，而制造出著名的梅塞施密特战斗机的德国公司现在为骑摩托车的人创造了梅塞施密特“座舱式摩托车”(cabin scooter)。

迪奥和洛吉·贝尔德

战后的十五年里，引人注目的发明、时尚和商品层出不穷。在 20 世纪贫困的 30 年代和硝烟弥漫的 40 年代无从尝试的点子，突然间行得通了。史上罕有这样的时代，这么多的发明创新或创新的萌芽浮出水面。

人们的日常生活和休闲方式发生改变。所谓的长时间播放的唱片促使留声机产生变革。对电视和计算机至关重要的磁性记录，从一个早期的丹麦发明衍生而来。50 年代初期的很多电影院里，都装上了被称为“cinemascope”的超宽电影银幕。与黑白影片截然不同的彩色专题片开始普及开来。几家城市报纸的新闻报道开始出现少量彩色版面。当时报纸还只是黑白两色，只有被称为“最新新闻栏”(Stop Press) 的栏目的标题是红色。

1947 年寒冷的 2 月，女装店因克里斯汀·迪奥的新时装亮相而再次红火起来。由于战时布料紧缺，裙装多设计为朴素的短裙，而迪奥设计的裙装修长飘逸、内衬坚挺，外套也束紧着腰身，重新彰显了女性的优雅。迪奥有一袒臂露肩的大胆设计，吓坏了梵蒂冈，于是梵蒂冈在1960年下令，穿此种服装的人不得进入教堂参加圣礼。

尽管电视图像的清晰度日佳，但还未进入普罗大众的视野。它要经过很长时间才慢慢得以普及。而电视的普及恐怕要归功于保罗·尼普科夫，这个24岁的德国年轻人发明了一种可以扫描复制影像的“旋转的螺旋盘”，而影像正是电视的核心。英国的发明家约翰·洛吉·贝尔德很早就利用尼普科夫发明的螺旋盘做电视试验，产生了幽灵般晃动的影像，直到多年以后的1936年，公共电视才第一次在伦敦播出。尼普科夫在1940年于柏林逝世，享年80岁，当时电视广播才逐渐被应用起来。

战后的美国经济繁荣，广告铺天盖地，促进了大众对电视的需求。1949年，美国拥有电视或信号接收器的家庭只有100万，而到1959年，这个数字已经达到5000万——比世界其他地区拥有的电视机的总和还多。大多数的电视还是黑白的，而电视机的影像还要靠大概每25英里一座、遍布整个大陆的一连串微波塔接收传播。

英国人也爱上了电视。1953年6月，英国女王伊丽莎白二世加冕之时，简直是电视大展身手的好机会。据报道，当天许多英国观众都穿上他们最好的衣服，坐在家里的电视机前观看加冕仪式。到1960年，已经有三分之二的英国家庭拥有电视。他们想法更激进，选择在吃晚餐的时候看电视，等于无视过去所有的家庭生活的传统。

最初，距离是电视图像的一个挑战。要想跨越宽广的海洋传送图像是不可能的。展示柏林街头冲突的电影胶片，要先通过去往纽约的客机运送到最近的电视演播室，然后才能传送到美国各家各户的客厅里。

由火箭推送的卫星可以用来向地球另一端传送现场直播。人们最初设想的直播卫星像一个空间站，工作人员住在上面，但是无人卫星依旧可以传播电视信号。1962 年 7 月 10 日，一颗具有划时代意义的卫星被发射出去。它快速地围绕地球移动，在情况良好的短时间内，横跨大西洋直播电视节目。在巴黎，坐在电视机前观看佛罗里达州发射宇宙飞船，对于那一代的观众来说是新奇的体验。

卫星经过改善并且得以大批量生产。1964 年东京的奥运会开幕式就通过电视在欧洲和北美直播。翌年，名为“晨鸟”的卫星初试啼声。过后不久，它又传送了大批美军作战的影像。在南越拍摄的数日丛林作战的影像，第二天便出现在数百万美国家庭的电视屏幕上，促进了和平运动的发展。纽约的一位电视评论家将越南战争称为“客厅里的战争”。电视节目扣人心弦，紧跟时事，如今又有了彩色图像，更添魅力。美国和日本开始成为最推崇彩色电视的国家。直到 1967 年，苏联、德国、法国和英国才引入了彩色电视。

电视如潮水般涌入各个国家，还有一些国家是主动迎上前的。它促进或者说渲染了日常生活的方方面面：休闲、体育、音乐、宗教、政治、新闻、烹饪、广告、道德、儿童的玩乐，甚至是国民的发音和语法。意大利作家恩佐·比亚吉认为，电视最终赋予了意大利各个地区、西西里和撒丁岛共同的语言和风俗："电视为意大利的统一做出的贡献，要胜过加里波第和加富尔。"同样的电视天线，象征彰显的可能是完全背道而驰的东西，它通过体育激起强烈的爱国热情，也为观众展现了他们闻所未闻的国外生活的一个侧面，促进了国际主义的气氛。电视能带来莫大的乐趣，也可能暗藏玄机。正如戴维·弗罗斯特爵士所言："电视这一发明让我们在客厅里享受那些你不可能招入家门的人为你提供的娱乐。"

一旦电视在大城市普及，郊区的电影院就开始关门大吉，午后报纸也开始衰落，广播电台也逐渐失去晚间的听众。人们还担心书籍在未来也会衰落，但实际上并没有。在市政厅或街区广场举办的大型政治集会，很快就被电视演播室里的辩论取而代之：国家政治领袖的地位日益重要，而二三流政治家的观点也只见诸广播或报刊的来信。电视往往使政治辩论演化成攻击对方似是而非论点的半分钟斗嘴。反观日本，它在 1969 年以前都不允许国会的竞选比赛抢占电视画面。

这是个便携式收音机的时代，它惊人地席卷了街道、公共交通和夏日海滩。旧日的收音机还是件笨重的家具，只能放在一个房间里，供全家人收听，而新的半导体收音机经济小巧。还有一些青少年有机会携带自己的收音机，不过这么多的手持式收音机发出咯咯声，影响周围的安静。意大利的卡普里岛在1963年推出新政策，禁止半导体收音机出现在公共场所，但是真正的解决之道其实是耳机。

半导体收音机极大地促进了大众文化的传播，让流行音乐传入年轻人的耳朵里。这个推崇个人主义的产品来自日本，而日本文化素来在理论上是反对任何破坏权威和家庭团结的器物的。最初的小型收音机或trannie——也就是1958年索尼的便携式六管半导体模型——并不比一个双包香烟块头大，可以贴着耳朵听。在大型体育活动中，出现了这样奇特的景象，观看比赛的群众通过广播里的评论员了解他们眼前的赛事。截至20世纪80年代，所谓的"随身听"和微小的晶体收音机已经十分普遍。到了2000年，小型的手持电话已经流行开来，随时都可以看到繁忙街道上的人们激动地冲着手机大讲私事。

计算机的发展

早在约1560年，德国一位不知名的匠人曾制作了一个有趣的木质玩具，今日陈列在慕尼黑的德意志博物馆。这个玩具叫作"布道的修士"，它留着胡须、穿着草鞋，为掩饰在其脚旁露出来的铁和机械装置，这个玩偶穿上了宽大的长斗篷，几乎是男版的裙衬。这个玩偶依靠隐藏的轮子前行，僵硬的双腿有节奏地移动，双臂甩开，头两边甩来甩去的。它一系列的步伐都是玩具内部设置好的，如此看来，它大概可以算作计算机的前身。

这个可以走路的修士颇具启发性。如果将它增加复制将会如何？大概三个世纪之后，会计师和银行家往往依赖打印出的表格来计算工资、价格、利率和人寿保险的成本，而船长依赖打印出的天文表导航。查尔斯·巴贝奇帮了他们一个大忙。巴贝奇是个有天赋又有些坏脾气的数学家，他设计了一个可以快速计算的机器。他将这个手动操作的机器命名为“差分机”(Difference Engine)。巴贝奇的机器所需的2.5万个单独的零件中，有一半是在19世纪30年代初期制成的，但他之后发明了一个流线型的机器，只需要4000个零件。这个新式的计算机器由青铜、钢和铸铁制成，重约三吨，外观有点像街头的手摇风琴或是自动钢琴。然而他的设计始终没能完成。直到150年后的1991年，这个机器的模型才由伦敦的科学博物馆完成，用以纪念巴贝奇的两百周年诞辰。倘若他地下有知，想必也不会因为自己的机器真的奏效而感到惊讶了。

巴贝奇的机器模仿了人类的思维能力，注定要引来众多效仿者。二战前夕，年轻的科学家开始研究这个机器，包括柏林的工程师楚泽和年轻的英国数学家图灵。阿兰·图灵的母亲在英属印度时怀上他并在伦敦将其生下，他这个人行为古怪，穿着邋遢，是个长跑运动员，坚持不懈地探索智慧的思想。他在25岁时，发表了一篇描述自动计算机器的文章，他希望这个机器能够计算“所有自然可被计算”的数字。几年之后，图灵得以在战时的英格兰大展身手，从1939年开始，在牛津到剑桥的铁路之间的布莱切利，他秘密为政府的代码和密码学校效力，当地招募了非常多布莱切利的人才。

布莱切利的使命是破译纳粹德国与其海军、军官和同盟通信的密码。阿兰·图灵运用机械化的流程进行密码组合的筛选和分类，试图破解被称为“恩尼格码”的德国密码。破解密码的公式要事先设置，因为破解截取的无线电报的时间是短暂有限的，同时德国也一直变换着密码。等到一个机密信息被破译之时，收到这一信息的德国潜艇或战舰可能已经完成了它们的摧毁任务。已有的密码要先被破解，因为这对未来德国密码的破解至关重要。1941年2月，一艘德国武装渔船在北极圈的挪威岛屿附近仓促起航，船长在摧毁机密文件之前被射杀身亡。

图灵的同事马克斯·纽曼是个年轻的数学家，他建成了一个高度机密的电子数码计算机，可以相对快速地进行信息分类。基于过去冶金和工程方面的发展，纽曼的计算机是首个专门的大型计算机。与今日极速的标准相比，这个机器显得古旧而缓慢，它有1500个电子阀，体量庞大，不愧被称为“巨人”。每进行一个新任务，它就要被重新接线。它能在一秒内扫描2.5万个字符，如此快速，让英国得以破解德国的机密信息，了解到德国潜艇在大西洋上的行踪和攻击计划，尤其是在1942年。这台计算机是破解密码项目至关重要的一部分，有助于了解德国在海上和陆上的诸多计划，大大增加了英国和美国在二战的胜算。

计算机在和平年代的使用很早就可以预见得到。在曼彻斯特大学，纽曼和两位工程师开始着手打造一个更先进的战后机器。这个机器在1948年6月完成，获得了“曼彻斯特自动数码机器”这一华丽的名字，当时英语即将普及，简单的“计算机”（computer）一词也通用起来。阿兰·图灵来到曼彻斯特，对这个沉重的机器啧啧称奇，它的缺陷也可以忽略不计了。1950年10月，在杂志《思维》中，图灵大胆地预测，计算机最终将会“在几乎人类的所有智慧领域与人类竞赛”。他没有活到他预言成真的这一天，图灵在41岁时喝下毒药离世。

1952年，英格兰在计算机的诸多方面都领先于世，两台机器各自在曼彻斯特大学和剑桥大学运行，一较高下，金融公司J.里昂已经在运用计算机实现工资单自动化了。美国即将在这个突飞猛进的行业里拔得头筹。美国第一台自动的电子数码计算机，应美国陆军的要求，于1946年在宾夕法尼亚大学制造完成。美国陆军当时已经看到了利用快速计算引导士兵发射大炮的优势所在。美国制造的这个机器，让早期在布莱切利发明的机器相形见绌，它还有幸结合了匈牙利数学家约翰·冯·诺依曼发明的强大的内存程序。冷战时的需求，催生出越来越快的计算机，这些需求包括侦听敌方飞行中的武器。大多数的计算机均在美国研制完成。

到1955年，整个世界上有大概250台大型计算机在运行，有一些计算机占据的地盘儿，足有郊外的一个客厅那么大。这些计算机有 50 万个手工焊接头，它同时又包含了 1.8 万个真空管。计算机发展到了蒸汽机曾经的阶段，当时博尔顿和瓦特还在 18 世纪不懈地改进着蒸汽机：它们沉重昂贵，而且并未普及。这个猛犸象一样的庞然大物，体积有待缩小。1947 年由贝尔电话实验室发明的晶体管或半导体提供了解决之道。正如其他很多发明一样，晶体管的发明是由战争的需要激发的，它先在英格兰因雷达的研究而开发，然后在美国开发，用于协助对付潜艇的战争。它不仅让小型便携式收音机成为可能，也让计算机更小更快。

从某些方面看来，每一台计算机都如同一个紧密联系的巨大电报网络，但是布线并没有被延长，而是被盘绕挤压在了一个狭小的空间内。甚至在 50 年代末期，计算机需要大费功夫地焊接大量布线，有无数的焊点。机器一旦运行起来，焊点脆弱而不稳定，一个错误就足以暂时让整个晶体管电路关闭。

德克萨斯州仪器公司的一位 34 岁的工程师杰克·基尔比，于 1958 年的夏天在实验室工作，而他的同事大多都去度假了。他利用暂时的假期自由，试图想办法让支持计算机的大团布线变少。他在一块或一片硅胶上刻出复杂电路的各种部件，消除乱糟糟的布线，节省了空间，使运营维修的需要得以降低。从某种意义上讲，基尔比相当于新电子行业的马可尼，而直到 20 世纪末，他的巨大贡献才得到认可，他被授予诺贝尔物理学奖。一系列的其他创新被试用之后，硅胶芯片才为人们的家庭、办公室和工厂带来了天翻地覆的变革。同时，计算机、人造卫星、光导纤维和其他设备重塑了人们的办公和休闲，成为强大的蒸汽机的继承者。

山川和海洋：征服者

计算机激发了人们的想象力，但是登上世界最高峰同样也让人类跃跃欲试。在人类对地球数千年的探索中，登上最高峰被一些地理学家视为最后一项创举。

雄心勃勃的登山者在征服欧美大陆几乎所有的高峰之后，把目光投向了亚洲中部。喜马拉雅山冰雪覆盖的陡崖，位于尼泊尔和中国西藏之间，尤其是氧气稀薄的高海拔处，是个大挑战。珠穆朗玛峰高达 29035 英尺，是世界最高峰，也是登山者的主要目标，在 20 世纪 20 年代和 30 年代，登山团队曾进入珠穆朗玛峰云雾缭绕的高处，包括法国和瑞士队、英国和德国队，还有波兰和意大利队。其中一位著名的登山者 F.S. 斯迈思，曾因伤病在埃及被解除飞行员职务。他带领首支喜马拉雅团队登上超过 25000 英尺的高度。勇登无人涉足高峰的还有德国人，1937 年，有 16 个德国人在登山中死于雪崩。

珠穆朗玛峰而今受人瞩目，它代表了国家和个人的荣誉，一位退休的英国登山员汤姆·朗斯塔夫曾在过去的几十年攀登过亚洲无数的高峰，他提到珠穆朗玛峰的时候，言辞急切："看在上帝的份上，赶快爬上那个倒霉地方，然后咱们再正经地登山。"

二战让这个"倒霉地方"淡出了公众视野。二战也为高山士兵和高空飞行员制造出了一系列新颖的发明，登山者来到珠穆朗玛峰脚下的时候，迫不及待地试用起来。这些发明包括氧气罐，可折叠灶炉、对讲机、轻便温暖的服装，甚至是可以击破冰雪的迫击炮一样的装备。上校约翰·亨特下令组织起装备最先进的英国探险队，挑战珠穆朗玛峰。其中的两位登山员，一位是来自新西兰的埃德蒙•希拉里，还有一位是经验丰富的夏尔巴人向导丹增·诺盖，这两位被送到团队最前方探路。1953 年 5 月 29 日，他们两人独自登上了世界的顶端。亨特的团队成功登顶之时，刚好年轻的女王伊丽莎白二世登上皇位，一些人评价说，仿佛在 1953 年，英国的年轻人感到了年轻的力量。

海洋也不乏征服者。聚集在海岬或城市码头的航海爱好者，在 50 年代末注意到了一个出乎意料的改变。新型船只日新月异：二战初期，大型油船的载重量为大约 1.5 万吨，但是到了 1960 年，载重量达到 10 万吨——新的油轮是个巨型怪物，从中东运送石油的时候，甚至难以通过苏伊士运河。很快 20 万吨载重量的船只开始跨越重洋运送铁矿或煤炭了。

另一项新发明是集装箱船，它宽广的甲板上堆满大箱子。集装箱船解决了长久以来的问题。多少代以来，从码头向船只装载货物，然后在到达目的地后再从船上将货物卸下，都需要一大批身体强壮的人来做。他们使用老办法：利用起货机把货物运到船舶上，然后手抬肩扛将货物、麻袋和包裹送到货舱里指定的地点，一个一个堆放好。在很多西方国家，正是出于这样作业的方式，港口地区往往充满激烈的劳资纠纷，因事故致残的人很多，后背受伤的人尤其多。工作的男人痛恨他们的老板，老板也同样恨员工。

一定要想出更容易移动货物的办法。或许小件物品可以化零为整，装进大箱子，也节省了来回运送的麻烦。同样的箱子或者容器可以装进半挂车或者铁路货车里，从工厂运往最近的港口，装载到船上，再运送到遥远的港口，接着又将货物卸载到卡车或者铁路货车上。美国在 1960 年试验了这样的办法，当时美森物流的一艘船的货舱里承载了 436 个大型集装箱，从旧金山开往夏威夷。利用码头的起重机和集装箱，动作熟练的团队可以安全地在几分钟的时间里装载和卸载托运的货物，而过去可能需要用上五个小时甚至更长的时间。

港口工会的负责人哈里·布里奇特，规劝加州港口长期使用这一新方法。他们赞成实现旧金山和奥克兰港口的机械化，以换取更高的薪资。很快就出现了三大改变：庞大的雇员人数缩减，产业关系得到改善，货物偷窃情况也在减少，因为坚实的集装箱一般是被锁起来封好的。

巨型油轮、散货船和集装箱船大大降低了国际原材料运输的成本。每位司机和购物者均从低廉的价格中获益。这对于一些地区的影响是天翻地覆的，正如 19 世纪从帆船到蒸汽船的变革一样。

日本的崛起

英国的老工人们依然记得英国做海上霸主的时代。在 1900 年，英国的海军和商船的规模是世界上最大的，英国的国旗悬挂在每片陆地的港口上空。上百个港口都有运载着英国煤炭的船舶出没。英国同时也是世界上最大的造船国：巨型邮轮“泰坦尼克”号在贝尔法斯特建造，而英国造船厂也不乏为土耳其和澳大利亚的海军建造的战列巡洋舰。

两次世界大战之际，英国的海上活动虽已不如往日鼎盛，但迟至 1950 年，全世界建造的每 100 吨货船里仍有 40 吨是英国制造。很快日本就迎头赶上，取代了英国的领先地位。日本改进了美国在战时设计的组装流程，当时美国建造了足足 2600 艘“自由”号。1956 年，日本超越英国，成为世界上最大的造船国，十年之后，日本更是遥遥领先。很少有某个国家可以如此迅速地打败某个国际大行业的常胜将军。

日本的其他行业也在努力争先。50 年代初期，朝鲜战争在日本海峡对面打响，日本得以为战区的美国军队提供军需。日本也开始进军新的电子行业。无论在哪个海外市场，都能看到日本商人繁忙的身影。1966 年到 1970 年之间，日本经济的年均增长率达到 12%，总而言之，恐怕比中国在 20 世纪末的经济增长还要惊人。

人们一度认为日本这个卡车制造大国不太可能制造出一流的汽车，挑战大批量生产汽车的美国的地位。在20世纪20年代，日本出口了一些本土的达特桑，类似于奥斯汀7——一种与摩托车和三轮车竞争的小型英国汽车。而到了30年代，日本尼桑开始制造又大又快的六缸轿车，其设计多借鉴底特律。丰田最初是制造纺织机械的，它也开始进入汽车领域，推出的首款车型效仿了美国品牌克莱斯勒·艾弗罗。本田先生在开始制造小型引擎摩托车之前，签约为丰田制造活塞环。而1960年，摩托车在全世界是最受欢迎的。这些汽车诞生时并不起眼，在日本以外很少被当回事儿。日本最开始总是模仿海外最好的产品，日本人被看成抄袭仿冒者。没过多久，日本就开始成为别人效仿的对象。

日本的汽车工业克服重重阻碍，矢意前进。日本几乎无法打入北美和欧洲巨大的汽车市场，因为一来有关税的保护，二来爱国的意大利人会选择本土的菲亚特，法国人会选择自家的标致和雷诺，同时美国庞大的批量生产也是一个阻碍。日本作出了回应。除在本土遍地跑的都是日本汽车以外——一代人之前，只有很少数的富人拥有汽车——日本也以极具竞争力的价格出口汽车。日本的本田思域，引擎小巧高效，70年代早期在美国风靡一时，当时汽油昂贵，女性车主越来越多，也促进了日本车的流行。当时日本是世界上第二大汽车制造国。

二战的战败国也改变了战后汽车流行的趋势。费迪南德·保时捷曾奉希特勒之命设计一种简单的大众汽车，1938年，希特勒在柏林举行的汽车展上宣布，汽车最终会成为“德国人民主要的交通工具”。1939年，大众汽车已经在德国市场大批量生产，不到一年的时间，就有新车型面世。三十年后，很多国家的人民，包括曾经抵抗希特勒德国的人，都钟爱这款简朴的形如甲壳虫的汽车。与此同时，日本如今成了汽车电子设备方面的专家，它将技术运用到了大型汽车上，日本的丰田最终已经在数量上超过美国最新的福特车，在美国的高速公路上驰骋。

日本的经济成就最初被认为是独特的原因促成的。日本的成功揭开了序幕，接下来一连串的国家和地区相继繁荣起来，包括韩国、中国的台湾和香港地区、新加坡、马来西亚，以及之后的中国大陆和印度。自工业革命以来，制造业一直都是欧洲人擅长的经济活动。它是欧洲人在战争中获胜的源泉，也为大部分劳动力提供了工作岗位。到了2000年，仿佛鲁尔搬到了中国，伯明翰去了印度，匹兹堡出现在韩国。很多大型的钢铁厂、造船厂、汽车厂、纺织厂、化工厂和电子制造厂所在的地方，在20世纪初都还是一片稻田。

第二十一章

厨师和医生

由于机票便宜加上年假延长，出国旅行的人大幅增长，也加快了异域珍馐传回本土的步伐。在波恩、多伦多和其他50个西方城市里，高档餐厅层出不穷，而在法国和意大利，高档餐厅早已兴旺起来。20世纪30年代出现在餐馆的，多是偕妻子出席的银行家、带着全家人的律师、与丈夫结伴而来的女校长，或是其他社会地位相当的人，而他们到餐馆就餐一般只是为了参加婚礼早餐。而今，在外就餐流行起来，多达以往的5倍甚至20倍。商务午餐也日益频繁，用餐时间有所增加，直到滴酒不剩。

生活日益富足，家庭规模逐渐缩小，也促进了在外就餐的流行。在过去儿女成群的年代，大户人家多是有几位家仆帮忙，家庭晚餐或是周末就餐几乎成了家庭生活的缩影，吃饭时每个孩子都有固定的座位。到了1960年，家里不再有那么多子女，加上黄金档电视的侵袭，电视节目成了头等大事，正式的家庭晚餐也不再是非有不可了。后来人们偶尔在外就餐，往常由家仆铺上白色桌布的传统晚餐也不再天天都有，而家仆这个角色在战后也完全消失了。

在新教文化主导的西方，在外就餐日益流行，去教堂的人越来越少：餐馆成为人们碰面和交流家长里短的地方，取代了往日教堂在礼拜日的功能。20世纪30年代，禁酒运动在美国、加拿大、斯堪的纳维亚、英国、澳大利亚、新西兰和其他几个国家还很盛行，但随着禁酒运动潮流退去，西方城市涌现出一大批餐馆。在禁酒活动的高峰期，很多新教徒都不愿走进餐馆或提供餐饮的酒店，因为桌上摆着的德国或法国葡萄酒太容易让人动摇了。

法国葡萄酒在不列颠群岛日益备受推崇。"所有在一战前见识过一些法国知名葡萄园的英国人，现在肯定有一千个了。"评酒师菲利普·莫顿·尚德在1960年这样说。通往法国知名葡萄园的蜿蜒小路，现在竖起了信息详尽的路牌，吸引夏日骑摩托车的人前去品酒；尚德这样形容葡萄酒入门者的美妙享受："短暂的让人欣喜的时刻：在一个风和日丽的5月清晨，开花的葡萄藤的清香，透过车的挡风玻璃扑鼻而来，让人难忘。"葡萄酒的狂潮席卷而来，新大陆也涌现出一大批红葡萄酒和白葡萄酒品类，比英国和斯堪的纳维亚的酒行里卖的法国酒还要多。

朱莉娅·查尔德让一些富裕的清教徒国家的菜单焕然一新。查尔德是美国加州人，曾在战时的中国昆明为美国情报局工作，当时她在昆明吃到的美国餐“糟透了”，而当地的中国美食启发了她。她的丈夫后来被派去巴黎，她到蓝带厨艺学院兴致勃勃地学起了烹饪，当他们最后搬到波士顿安家后，她在 1963 年欢喜地开创了一个电视美食节目《法国厨师》。越来越多的美国人观看她在电视里烹饪、品尝和对话，报纸上的饮食专栏也层出不穷，大受欢迎。人们的喜好和味觉也开始改变，尤其是在他们有过国外旅行之后。

1966 年 11 月 25 日，查尔德那男人婆的形象出现在《时代》周刊的封面，她马上誉满天下。她的家庭厨房成了美国的一个纪念馆，成为华盛顿的美国国家历史博物馆的常设展览，参观者可以看到她偌大的餐桌，6 个炉口的灶台，像木匠工坊一样在墙上排列的餐具，她吃饭的时候用的白色餐巾纸，还有偶尔溅出的法国红葡萄酒。

1960 年，大批美国人和英国人对异域佳肴、精致美食的兴趣日益浓厚，法式烹饪的影响十分关键。当时掀起一股法国餐的热潮，尽管大胆的厨师还没有在空出一半的大盘子里呈上“新式菜肴”。有趣的是，在法国的精致文化大行其道之时，曾经备受欧洲上流社会推崇的法语已经被英语取代，英语成了国际语言。

一般讲英语的家庭还没有出外就餐的习惯，除非他们买了炸鱼、薯片或香肠，然后趁热在街上吃，或者带回家吃。

在咖啡厅或者餐馆吃饭还是太贵了。在便宜的连锁快餐店吃饭也还没流行起来。时间观念强的美国人将开始引领快餐潮流。

到 20 世纪末，烹饪餐饮和日常生活已经发生了巨大的变革，进步显著。在 20 世纪初，厨房一般是家里的中心。箱子和碗里储存着面粉、糖和基本的食物，屋椽上挂着洋葱、香料和熏肉。灶台用木柴或煤炭起火，三餐饭食几乎都在灶台上完成，用来饮用和洗衣的水也是在灶台上烧好。女人们几乎成天围着厨房转，准备食材和其他大大小小的工作。到了 2001 年，这种生活在欧洲、美洲、亚洲的大部分地区以及整个澳大利亚都已经非常少见。厨房的架子上陈列的，多是听装食品、罐头食品、包装食品和冷冻食品。燃气炉或电磁炉，还有微波炉，取代了烧燃料的灶台以及附近的煤窖和柴堆。这个被称为"小厨房"的小空间里，摆放着一系列整齐锃亮的器具，包括电热水壶、烤面包机、咖啡机和洗碗机等等。而每日准备食材做饭的时间也大大缩减了。

这个已看不到明火的厨房里，还有一样值得人骄傲的发明，那就是个头不小的冰箱。冰箱在美国发明，到 1921 年还只有 5000 台。但是三十年后，已经有 90% 的美国城市家庭在使用冰箱。20 世纪的最后十年里，在很多地区还很贫穷的巴西出现了一个引人注目的现象。在巴西，75%的家庭拥有冰箱，比电话还普遍。

跨越南北半球，罐头制造厂、食品加工厂，以及卡车的供应链、设有冷藏的船舶、空运飞机、超市和炸鸡店，以及电力输送和煤气管道，这些都重塑了旧日厨房的面貌。这是人类劳作和社会历史的卓越变革，一生难逢，而全球一半的人都见证了这一刻。

医药的战场

凯瑟琳·曼斯菲尔德在 1888 年生于新西兰海风呼啸的海港惠灵顿。她小时候住在一座两层高的木屋里，木屋建在海港和山脉之间，山坡陡峭，几乎不宜建造住房。房子里依旧摆放着凯瑟琳 10 岁时的照片：她神采奕奕，美丽可人，戴着一副小眼镜。在 20 多岁的时候，她已经是伦敦的知名作家，后因染上肺结核前往瑞士治疗。

凯瑟琳在林中空地的一座小木屋里，看着枝头的美景，描述着 1921 年夏日她和丈夫的日常生活。这对夫妇有条不紊地工作，读书写作，烟不离手，她这样描述："我们好像两小张时间表。"一年半之后，她因结核病去世，享年 34 岁。在一些人看来，肺结核这个冤家尤其爱缠上知识分子。在凯瑟琳有生之年也染上结核并在她之后病逝的作家，还包括罗伯特·路易斯·史蒂文森、安东·契诃夫、弗兰兹·卡夫卡以及乔治·奥威尔。

墓地的记录簿上，密密麻麻都是因传染病逝世的人。1908 年，肺结核是美国人诸多死因中的元凶。纵观 19 世纪的世界，单单被肺结核病夺去生命的人年年累积，恐怕比同期因战争死亡的人数还多。其他的传染病——天花、猩红热、风湿热、伤寒、霍乱、疟疾、麻疹和百日咳——可在短时间内夺去数以千万计人的生命。就在一战之后，因西班牙流感丧命的人和战争致死的人一样多。

凯瑟琳·曼斯菲尔德住在英格兰期间，她的哥哥于1915年死在了西线战场。倘若我们参访法国在1914年到1919年期间的战争公墓，在纪念墙的白色墓石上读到他的名字以及其他几百万人名字的时候，或者当我们拜访1939年到1945年期间的战争公墓，看到仰光、新加坡或佛罗伦萨附近的墓碑时，我们不禁要为这些死去的人哀悼，其中很多都是英年早逝。但是当我们拜访上千个公民墓地，看到散落各处的年轻人的墓碑，想必我们会一样震惊，这些同一时期的年轻人，当时很多都是因为普通的疾病而逝世的，如今这些疾病都可治愈了。在一战爆发后的四十年里，因传染病逝世的人数可能要远远超过战死沙场的人数。

二战极大地促进了医学探索。战时的迫切需求和激烈竞争以及战后的余波，这些似乎都推动了医学研究的发展。20世纪四五十年代，救死扶伤的医学水平已远超过往。虽然人们还是不免哀叹二战的伤亡情况，但医学进步也救活了不少人，所以死伤数量还是相对较低的，其中很多的医学成果都因战争及其出现的紧急情况而得以推进。

战争实践增强了人们抗击热带疟疾的能力。1942年，在新几内亚和瓜达尔卡纳尔岛作战的澳大利亚和美国的士兵中，疟疾比日军的炮火更骇人——直到后来，昆士兰的凯恩斯经过彻底周密的试验，发现了使用阿的平（atebrin）的正确日用剂量。此外，瑞士新发明的化学物DDT，也对控制蚊虫肆虐的沼泽起到了很好的效果。战争最后阶段，日军之所以能成功侵入缅甸，一个原因就是军队有办法对付疟疾了。战后，全球范围内发起了对抗疟疾的运动，更是件大好事。

青霉素的发明，正如大多数战时医疗的进展一样，归功于早先的研究。人们希望可以研制出一种药物，治疗某一特定疾病，而不影响全身。德国发现了细菌可以引起疾病，1910年，德国人保罗·埃利希在这一伟大发现的基础上，发明了一种砷剂，它可以治疗梅毒而不削弱全身的抵抗力。又有一种新物质发明，可以攻克中非的顽疾嗜睡症。1932年，德国化工巨头法本公司的研究实验室，开发出首个磺胺类药物，在接下来的十年里，该药物被运用到了肺炎和痢疾的治疗上。

医疗技术持续发展，二战期间出现了更重要的发现。年轻学者霍华德·弗洛里从澳大利亚前往牛津，寻找治疗微生物感染的方法。伦敦的细菌学家亚历山大·弗莱明观察过一种有趣的霉菌，但没保存下来。弗洛里后来也开始用这种霉菌进行实验。恩斯特·柴恩是位从柏林逃出来的化学家，弗洛里在柴恩的帮助下取得了惊人的成果，研制出一种药物，他将其称为"青霉素"。1940年5月，当希特勒的军队逼近英吉利海峡之际，用小白鼠做实验的结果表明，青霉素有望拯救生命。在经过有效的临床实验之后，这种新型抗生素受到高度重视，在美国大批量生产。

青霉素被广泛使用于战区医院，疗效神奇，对那些做过大手术或罹患性病的人尤其有效。过去从未有过哪种宝贵的新药像青霉素这样被铺天盖地地使用。起初青霉素的供应稀缺，但产量很快就足够应付英美军队中所有的紧急医疗情况，还能剩下一些供给苏联医院。在青霉素发明的五十年里，它拯救了数以千万计的生命，青霉素的成功也促进了其他传染病药物的研发。

肺结核太普遍了，人们干脆叫它的缩写 TB，用缩写称呼的病名并不多。肺结核通过咳嗽、吐痰以及被污染的牛奶传播，一直是医学界试图攻克的目标。法国在 1921 年引入了一种针对肺结核的疫苗，但并不如预期那么有效。30 年代，德国强制要求入伍军人进行 X 射线扫描。塞尔曼·瓦克斯曼教授是纽约附近的罗格斯大学的一位科学家，他生于乌克兰，专长是土壤微生物学，他在 1944 年取得了影响深远的发现。塞尔曼·瓦克斯曼教授经过分析土壤中繁衍的微生物，和一个研究生发现了微生物的敌人。这为链霉素奠定了基础。接下来的十年里，瑞典、德国和美国在相关方面都取得了长足的发展，攻克肺结核似乎就要看到胜利的曙光了。然而正如很多其他的成就一样，这取决于卫生环境和营养水平的提高。

儿童疾病也在逐渐减少并最终被治愈，这归功于人们不懈的努力，其中不乏并无很高学位和头衔的个人的研究，他们需要大声疾呼才能得到大众的注意。20 世纪 30 年代到 50 年代期间，很多儿童都罹患严重的小儿麻痹症。患病儿童或青少年不得不躺在发出奇怪的嘘嘘声的“铁肺”内，或是僵硬地躺在床上，双腿上紧紧箍着夹板，这一幕实在让人揪心。澳大利亚的一位护士长伊丽莎白·肯妮，推出了一种治疗小儿麻痹的新颖疗法。她认为，医学惯用的夹板非但不利于康复，还会给患病儿童带来身心伤害，她的观点进而引起一番热烈的争议。在当时，小儿麻痹症经常是头条新闻，肯妮得到了大众的鼎力支持。1951 年，美国的一项调查提出这样的问题：世界范围内地位最高的女性是谁？结果埃莉诺·罗斯福夫人位居第二，而护士长肯妮荣登榜首。

她尝试的一些方法引起争议，但最终都被接受了，尽管最后是通过医学研究和系统性的疫苗攻克了小儿麻痹症。1955 年，匹兹堡的乔纳斯·索尔克发明了一种安全的可以通过针头注射的疫苗，自此以后，小儿麻痹症便日益少见了。20 世纪上半叶频发的风湿热也在逐渐减少，但并没有小儿麻痹症消退得那么快。

外科医生也进行了大胆的尝试。心脏缺陷曾经无药可医，现在也有希望了。残障病人而今可以使用称为“心脏起搏器”的设备。称它为“pacemaker”（原意为领跑员，此处为起搏器）当时还不合宜，因为这一词其实是自行车和赛车术语。当时还未出现袖珍版的起搏器，病人在经外科医生治疗后，要在口袋或手袋里携带这一必要的电子设备。先天性心脏病成了美国新生儿死亡的最大病因，开心手术要小心进行，而且风险不小。不久，开心手术的成功率大大提高。对大众来说，实现心脏移植是医学史上的一个创举，开普敦的克里斯蒂安·巴纳德实现了第一次成功移植。

另一项医学前沿研究是被称作基因的微小存在，它在 20 世纪 50 年代初期并没有引起大轰动。基因比沙粒还要更小，被认为是构成生命最基础的单元。与沙粒不同的是，基因可以自我复制。基因信息在 DNA（脱氧核糖核酸的缩写）分子上编码，由父母传给子女。

DNA 由两名经验并不丰富的研究者联手发现：一位是三十五六岁的英国人弗朗西斯·克里克，另一位是较年轻的美国人詹姆斯·沃森。正如沃森之后提出的，科学探索最直接的道路，就是“远离已经有太多人研究的课题”，事实证明这确实是个优势。这两位科学家于 1951 年在剑桥大学相遇，上一代人正是在他们的实验室实现了 X 射线结晶学的创新。弗朗西斯·克里克和詹姆斯·沃森在设备不足、资金紧缺的情况下，凭借科学直觉，敏锐地从 X 射线结晶学和化学理论的前沿发展中寻找突破。罗莎琳德·富兰克林是一位前沿科学家，她大多数时间里更愿意自己埋头研究。“罗莎琳德才智过人，很少寻求别人的意见。”沃森在半个世纪后这样回忆说。然而罗莎琳德慷慨地分享她的见解，激发了克里克和沃森发展出理论的雏形。没等到她的研究价值被世人充分肯定，她就因卵巢癌离开了人世。

克里克和沃森在1953年取得成功，也就是两人合作研究一年半后。他们关于DNA的理论，简短地出现在《自然》期刊上，一开始并没有造成轰动。半个世纪之后，詹姆斯·沃森被问及对于他的发现"大众反应如何？""几乎一片寂静。"他回答说。直到60年代，才有懂行的记者热烈探讨起他们的理论。接下来要进行更多的研究，尤其是揭开基因密码如何"转化为蛋白质"的谜题。在这一合理的理论成为实践工具之前，需要借助计算机进行大量的研究和计算。

在20世纪的最后20年里，基因研究成为打开多扇智慧大门的钥匙。人们发现，某个特定基因的缺陷会导致糖尿病，某个基因与智力障碍相关，还有某一个基因可能导致遗传性耳聋。基因检测也可用来帮助侦查破案。在犯罪法庭上，犯人的精液、皮肤和毛发的抽样，越来越被当成像指纹一样的识别途径。1985年，通过相似的线索，西班牙跨栏女冠军被发现是男性，从而失去参赛资格。克里克和沃森的理论以及全球各地的后续研究，对人们理解植物、动物和人类助益深远。

与此同时，在50年代，更多的科学家开始质疑，一些传统的休闲活动是否安全。在19世纪，用木制或陶制的烟斗吸烟，成为男性休闲的主要方式。但是由于工资低、烟草贵，吸烟受到很大限制。此外，大多的工作场所都禁烟，主要的原因倒不是健康，而是因为要反反复复装烟斗并点燃太费时间。19 世纪末期，香烟开始流行：有新发明的安全火柴就更容易点燃香烟了，但是对身体的伤害也更大。

战争让人又紧张又乏味，于是香烟更加流行。一战当中，美国人养成了两大习惯——嚼口香糖和吸烟。六年的时间，美国的烟草消费量就翻了四番。威廉·史图德·肯尼迪，是英军中受人欢迎的牧师和赞美诗作家，他因在前线给士兵发放香烟而出名，人们还用知名的香烟品牌给他取绰号，叫他“伍德拜恩”威利（威利是威廉的昵称）。二战到来，吸烟人数又成倍增长。最开始吸得厉害的主要是男人，不论老少，而今女人也抽起烟来。20 世纪 50 年代，在很多私宅举行的晚宴聚会上，几乎没等第一道菜呈上，桌上的人就都抽起烟来。

随着越来越多的人抽烟，死于肺癌的人也更多。20 世纪 30 年代的德国，人们严重怀疑吸烟率和患肺癌的概率存在因果关系，而到 1952 年，英格兰的理查德·多尔就已证明了这一点；但直到 1963 年末，证据才更加明显，美国的卫生总监就此向大众敲响了警钟。在很多国家，尤其是富裕国家，吸烟的习惯在 20 世纪的最后二十五年里开始减少，而在其他国家，比如太平洋岛屿和中国，吸烟人数却在上升。

如今为人们所熟知的一些其他医疗知识和外科技术，都是在当时那个惊人的医疗跃进期获得长足发展的。避孕药诞生了。有研究（在明尼苏达州的安塞尔·基斯教授的带领下，于 1958 年在 7 个国家开展）发出警告，摄入太多的肉类和奶制品会导致心脏疾病，在此之后，“胆固醇”一词就成了见识广博人士的常用词。1960 年激光的发明，为多种外科手术带来变革。同时，一阵手术繁荣的新潮流兴起，给无数老年人带来了福音。

一位英国出版商出版了一套丛书，从书的标题就可以感受到 20 世纪 50 年代弥漫在医疗领域的自信情绪：一本是《征服癌症》，另一本是《征服痛苦》。或许他乐观得太早，但是他体现了当时那个时代的自信。更让人雀跃的好时代还在后头。

第二十二章

摆动的跷跷板

20 世纪 60 年代末的知识格局和民风人心在 1960 年时还未露端倪。青少年风潮大行其道、黑人的权利要求、环保运动兴起、女权主义的新浪潮，以及避孕药的发明，都塑造了那个年代的风气。当然还有吵闹叛逆的音乐和上瘾的毒品。越战成为那个时代醒目的标签。影响时代潮流的，还有利物浦、旧金山、河内、巴黎和邦戈维尔这样的城市，以及西方世界的繁华之风。

“我有一个梦想”

随着越来越多的非洲殖民地成为独立国家，一个尴尬的事实随之出现。比起数代以前就已移民美国的非裔美国人，那些非洲殖民地的人们似乎更渴望争取平等。

美国黑人在1865年从奴隶制解放出来，五年之后，美国宪法保障了他们的选举权。但他们很少参与国家的政治或立法。黑人中读大学的很少，当上律师、银行家和医生的黑人更是微乎其微。南方的教堂，是黑人对公共生活影响最大的场所，那里的演讲往往引人入胜，然而少有白人坐于席间，听到他们的声音。哪怕是黑人独特的音乐，也多是自己人听。

20世纪初，大多数的美国黑人在旧南部务农营生。几十年来，他们都处在收入食物链的最底层，而一战给了他们往上走的机会。从欧洲移民美国的浪潮逐渐退去，于是有人开始到农耕的南部，给黑人提供火车票和更高的薪资，招他们到芝加哥、底特律、匹兹堡、波士顿、纽约和其他北部城市的铁路、工厂、钢铁厂和酒店里工作。这些城市里已经冒出了几个黑人区，有一些还红火地办起了自己的商店和报纸，比如直言快语的《芝加哥卫报》，壮观的教堂里也演奏着管风琴。1917年，美国参战，最初只接受白人入伍的政策大大抽空了战时工厂里的劳动力。里弗鲁日的福特汽车工厂积极地招纳黑人劳工，他们听取当地黑人牧师的建议，精心选人。到20世纪20年代，美国黑人的生活水平比欧洲任何工厂的工人都高。

黑人无心在公共生活中发挥更大的作用。1928年，奥斯卡牧师成为三十年里第一个选入国会的黑人，而他的胜利仅仅是朝前迈出的一小步。二战及其余波间接地推动了黑人在这个陡峭的阶梯上更进一步。离白宫一站地远的地方，正发生着不公的状况，在国际上举足轻重的华盛顿，为什么只在海外呼吁政治平等，而对眼皮底下的不公状况坐视不管？华盛顿怎可一边谴责苏联南部格鲁吉亚缺乏公民自由，而忽视自己南部的佐治亚州的不完善？在 1948 年，美国军队里的黑人和白人依旧分开编队。南方的很多学校里也进行种族隔离，1957 年，在种族隔离正式结束之后，美国派遣军队到阿肯色州小石城，维护秩序。法庭上也不再纵容长期在南部形成的固有制度——白人黑人种族隔离的教室、公车站、食堂以及其他公共设施。华盛顿介入，国会相继在 1957 年和 1960 年加强了公民权利。

伍尔沃斯公司经营着名为“五分一角”的连锁店，一些店面里设有午餐台，顾客可以坐下来吃喝聊天。北方的传统是，顾客无论种族，一律坐在同一午餐台用餐，但在南部，人们还是按种族分开用餐。1960 年 2 月 1 日，在北卡罗莱纳州的格林斯博罗，当地一所技术学校的黑人学生，试图去伍尔沃斯店的白人午餐台用餐。他们反风俗而行，端坐在午餐台的高脚凳上，聊着天，读着教科书，时不时从菜单上选择食物，比如热鸡肉锅、柠檬酥皮馅饼和百事可乐——同时忍受着白人的嘲弄和质疑。到了第三天，很多人加入他们，40 个高脚凳里，只有几个空了下来。这个白人午餐台成了黑人的。这种沉默的抗议逐渐蔓延到酒吧和咖啡厅，而伍尔沃斯最后在 7 月 25 日宣布不再采用这种隔离做法。

年复一年，抗议示威、法院裁决，还有新出台的法律，都在废除或禁止曾经压制美国黑人的行为。德克萨斯州的林登·约翰逊以压倒性的大多数选票荣登总统宝座，他立志要打造一个“伟大的社会”，而非裔美国人是他最先要保障的团体。

可以理解的是，很多相信自力更生和职业道德的美国白人，并不情愿去为那些被广泛认为缺乏实践素养的人群提供补助。同时，那些从祖父一辈起就一直经历不公平待遇的黑人，在生活质量明显改善之后，也不见得有多雀跃不已。在一些地区，情况是得到了改善，可冲突仍频频发生。1966 年和 1967 年的夏天，北部城市爆发动乱，底特律在一个月里就有 43 人被杀。黑人政治里出现了一股新的自信之风，“黑就是美”成了流行语。黑豹党是一支小的革命团体，他们要求释放所有被关押的黑人，而不得招募黑人参加越战。在当时的氛围下，很多人相信，美利坚合众国迟早要分裂，黑人会独立成国，成立一个黑人的联邦。

年轻的牧师马丁·路德·金全心坚持贯彻他的和平抵抗策略，成为美国黑人的领袖。他继承甘地的作风，笃信基督。1955 年，他在亚拉巴马州的蒙哥马利市担任浸信会牧师。在该市，他发起了抵制种族隔离的公共汽车的运动，进而闻名全国。八年之后，他站在华盛顿林肯纪念堂的阶梯上，面对声势浩大的游行队伍发表演讲，全世界人民均通过电视、广播和报纸，看到或听到了他的话语。

他对着面前浩浩荡荡的游行者说：

> 今天，我有一个梦想。
>
> 我梦想有一天，这个国家会站立起来，真正实现其信条的真谛："我们认为这些真理是不言而喻的，人人生而平等。"
>
> 我梦想有一天，在佐治亚的红山上，昔日奴隶的儿子将能够和昔日奴隶主的儿子坐在一起，共叙兄弟情谊。
>
> 我梦想有一天，甚至连密西西比州这个正义匿迹，压迫成风，如同沙漠般的地方，也将变成自由和正义的绿洲。
>
> 我梦想有一天，我的四个孩子将在一个不是以他们的肤色，而是以他们的品格优劣来评价他们的国度里生活。

马丁·路德·金只剩下了几年和妻子与四个孩子相处的时间。1968年4月4日，他在田纳西州的孟菲斯市被人暗杀。

当时人们期望，在美国和非洲的黑人都能进入自由的新时代。在非洲实现和平的希望已经非常渺茫。很多新的非洲国家并没有选举出自己的领袖。随着新的种族、农村团体或另一个政治联盟掌权，政府的变革更取决于武装力量，而不是民众选票。1955年，非洲国土最辽阔的苏丹发生兵变，由此可见，在解放的大陆，权力可以如此频繁地被易手和操纵。在接下来的25年里，大多数非洲国家都经历过一两次政变、起义、国内战争或者是新政府产生的暗杀活动。一些非洲国家，尝遍了各种推翻政府的活动，唯独投票箱前默默投票的情景不在其列。马丁·路德·金的一番动人的哀叹，用在这些非洲国家，比用在他自己所在的亚拉巴马州和田纳西州更合适。

最高昂的歌声

那些听过披头士乐队默西塞德郡口音唱腔的人，还料想不到这个乐队掀起了多大的变革。他们的第一张专辑在1964年发布，似乎并不具有太多颠覆性，尽管确实有些不惧权威的意味。他们让人们欢喜地凝聚到了一起，似乎也没有什么不妥之处。乐队的四个成员像是大男孩儿，妈妈和孩子们都喜欢。他们的唱片在短时间内大卖的业绩，超过了历史上任何音乐家。他们带来的影响颇具颠覆性。他们让摇滚乐在英格兰流行起来，而且他们也和滚石乐队一起让美国白人重新认识了美国黑人的音乐。他们是娱乐界人士，也有政治影响力，他们歌唱战争与和平，研究印度神秘主义，服用致幻剂，也引领了其他颠覆性的、时尚的潮流。从他们成为一个组合，到1970年分道扬镳的这六年时间里，他们让青少年产生了一种归属感，让他们感到自己是这个激动人心的大团体的一分子，他们的家长和老师是不包括在内的。

这也是第一代自己支配金钱的青少年。几十年前，孩子离开学校后就开始工作，并将每周微薄的工资上交给家长，孩子也和家长住在一起。1900 年的法国和英国，孩子的收入比母亲贡献给家庭的收入还要多，他们是一定要住在家里的。而今同样年纪的孩子把自己的需求看得更重了。他们很早就搬出去住，二手车前所未有的便宜，便携式收音机也是让他们独立自由的好渠道。他们也不再那么看重父母的建议。这等于是宣布半独立。20 世纪 60 年代中期，虽然只有一小部分的美国年轻人做出了这样的突破，但他们还是引人注目的，足够影响那个时代的潮流，尤其是在加州。

披头士、滚石乐队和鲍勃·迪伦的电吉他代表了第一代的舞台魅力。一时间争议四起。嬉皮士出现了。包括海洛因在内的毒品和酒精成为那个年代别样的色彩。反主流文化越走越远。美国日益深陷越战泥沼，需要招募更多年轻人参战，很多年轻人开始说“不”。

越战从表面上来看，与朝鲜战争有着相似之处。两个国家都分裂成共产主义的北部和非民主的南部，而且纪律严明的北部在早期成功打败了南部。美国及其同盟站在南方一边，而苏联和中国则向北方提供除士兵外的其他武器军火援助。越南的地形气候与朝鲜不同，让美国人晕头转向。越南处在热带地区，丛林遮蔽、稻田掩映，很适合游击作战，而不适合美国机械化的大型陆军。美国海军迅速控制了越南的一条海岸线，但是抵抗的越军并没有利用海岸线进行增援。

北方以及支持北方的团体在南部设计了一条隐藏于山势崎岖的丛林间的补给线。美国空军占有优势，但是空军轰炸起高速公路或铁路线，比丛林小路有效得多。因而美国虽然拥有最先进的军事技术，却无法有效施展它的实力。核导弹显然是不可能使用的。要是动用核武器，中国和苏联必定出手报复，全世界的舆论也会一片哗然。美国越来越依赖地面上的士兵——人数最后达到 50 万。

要在国内的每个城市和每个十字路口招募这么多的军人和后备部队，需要很强的忠诚度，但是这股忠诚很快便动摇不见了。本来一场看似能轻松获胜的战争，现在几乎不可能了。20 世纪 60 年代末期，美国的反战呼声越来越响亮。激进的替代方案越来越受欢迎。虽然他们没有赢得美国主流的认可，但是足以凝聚足够多的少数人，进而影响政治的格局。

越战在美国内部引发的分歧，是诸多问题交织在一起的结果。越来越多的年轻人反对战争，他们也反对支持战争的美国政治家和公民的主流价值观。年轻人反抗战争摧毁性的技术，他们开始看到亚洲农民的优点美德以及美国都市人的弊病。越南的丛林和稻田象征着一种质朴甚至精神上的生活，然而向他们投下的炸弹，却是铺张浪费、物质至上的西方的产物。同样，美国以保护越南人民个人自由的名义发动战争，听起来很不妥，因为在美国很多非裔美国人的自由比白人少得多。十几万参加反战游行的美国人都秉持这样的想法。他们忽略的事实是，在华盛顿有抗议的自由，在河内却没有。

绿色十字军

美国在过去值得嘉奖的地方，现在都成了它的罪过。几乎所有的公民都曾盛赞美国善用环境，开发西部，运用科技来解决复杂的问题，而今一些团体却责怪美国污染环境。越战也激发了环保运动的兴起。

环保运动兼有表层的原因和深层的根源。众多宗教中，印度教、伊斯兰教和佛教可能是更爱护自然的宗教，但就算是基督教，也有环保的传统。亚西西的圣弗朗西斯，在中世纪的意大利传教，他非常尊重自然，甚至遵循传统，与山城亚西西附近的陡峭山脉里出没的狼和平共处。19 世纪，印度的第一个圣公会主教雷金纳德·希伯，写就了多首受欢迎的福音派新教徒赞美诗。开篇让人如临其境，“从格陵兰冰雪皑皑的山脉，到印度的珊瑚海滩”。这首激昂的赞美诗歌颂着热带地区，“阳光的喷泉流出金色的沙子”，和风阵阵，漫溢着香料的馨香。自然好美 :“邪恶的是人类。”

20 世纪 60 年代，除了基督教的传统，还有一股更强势的世俗意义上的保护自然之风兴起。一些人开始注意到新的机器和化学物质带来的隐性的和明显的后果。新型杀虫剂曾经一扫疟疾蚊子的问题，拯救了多少条生命，而今被斥为大规模破坏的祸首，正如雷切尔·卡森1962年在《寂静的春天》一书中描述的。在其他的地方，形形色色的农民使用了太多的化学农药和喷雾，伐木工毁坏森林的速度太快，渔民和捕鲸者的海上捕捞活动太频繁，曾经数量丰富的上千物种都濒临灭绝。

与此同时，一小群科学家开始呼吁保护地球的特殊一角——南极洲。人们对南极洲所知甚少。南极洲是诸多大陆的最高点，面积比澳大利亚和印度尼西亚加在一起还要大，拥有世界上90%的冰。这里曾有过英雄般的探险活动，尤其是斯科特、阿蒙森和沙克尔顿的探险时光，但南极洲的深处却鲜有人至。1957年是国际地球物理年，从该年的7月1日开始，12个国家合作，在南极洲建立起基地并进行史无前例的研究测量。他们的工作为世界气候增添了新的发现和知识，因而他们为这一年又延长了6个月。

在这一年中，这12个国家试图撰写一份南极条约，这份重要的条约开创了先例，此条约中，南半球的国家阿根廷、智利、澳大利亚、新西兰和南非与北半球的国家一样举足轻重。重要的是，这一条约完成之际正值冷战的紧张阶段，而苏美两国均签署了这一条约。他们达成一致，不得在南极洲倾倒核废物或进行核试验。各国约定，南极洲及其周边海域应该设为公开而非秘密的科学基地，每一个国家可以检验敌国的实验结果。这份条约是环保史上的一座里程碑，于1961年6月23日生效。

这场环保运动积蓄着力量，扩大着声势。人们哀叹亚洲、非洲和美洲急剧增长的人口。全球每增长 10 亿人口，就会为平原山峰、河流沼泽带来新的压力。环保运动提出这样的问题，即世界有限的资源如何能喂饱所有的人，为他们提供住所、燃料和电力，提供工业生产所倚赖的钢铁、塑料、铝和石油？1969 年，一个联合国委员会表示，世界人口已经远超 1950 年的预测值：地球上的人口翻一倍已经不需要八十五年，而只需要不到一半的时间。世界的食物供给可能在二十年里就不够了。在斯德哥尔摩，科学联盟国际理事会的会长注意到了富有国家与“永远穷困”国家之间巨大的差异。他警告，世界将面临饥荒、核战争和一个“新的石器时代”；保罗·埃利希教授的《人口炸弹》也支持这一观点。尽管这些预测悲观，但人们忽略了在之前的二十年里，世界的粮食产量比人口的增长速度更快。

资源稀缺的警钟越来越响亮。普遍的预测是，大多数的汽车、拖拉机、火车、船只和飞机，很快就会用不起石油。罗马俱乐部在 1973 年发布了令人忧心的报告。这不寻常的一年被愁云惨雾笼罩。在赎罪日战争和阿拉伯世界对石油的抵制活动之后，石油价格达到历史新高，引发了美国的小型车热潮。而美国一直是大型“油老虎”车的故乡。

对于未来食品、矿物、农药和燃料供应预测的警告，有些来得为时过晚，有些恰逢其时。关于铁矿、铜、煤炭和一系列矿物即将稀缺的警告，通常基于看似合理的数据，因为提供数据的是能干的科学家，其中的一些还在煤矿旁工作。其中的一些矿物，在预测即将稀缺的年份，全球的储量惊人地增长。环保活动发展得最如火如荼的那几年里，言论免不了存在添油加醋的成分。

环保人士质疑科学与科技，质疑工业革命之后生活方方面面的发展。他们谴责个人主义的社会沉迷于物质进步和新型机器，却对自然肆意践踏。反观远古质朴的部落，人们过着安乐健康甚至圣人般的生活。看起来，似乎古老质朴的生活全是闪光点，而现代生活尽是弊端。这一不无道理却言过其实的观点，受无数人推崇，尤其在小学流行。

20 世纪 60 年代的环保运动，切实地注意到了洛杉矶这一世界上成长最快的城市的雾霾和空气污染问题。洛杉矶宜人的气候和透亮的阳光最初吸引着电影工作者来到好莱坞，20 年代，洛杉矶也曾自豪地宣称它的气候宜人，因而吸引了“一大批残障人士”。洛杉矶的城市布局不同寻常——它是太平洋和崎岖的山脉之间的一串郊区。随着城市汽车增多，洛杉矶的干燥气候和不寻常的布局使得冷空气漂浮在污染的暖空气上方，烟雾被压着升不上去。不干净的空气影响呼吸、刺激眼睛，于是在 20 世纪 70 年代兴起了一场坚决抵制污染的运动。这场运动一度几乎就要成功了，而又因为交通运输的日益繁荣而最终失败。同在 70 年代，即将成为世界第二大城市的墨西哥城烟尘滚滚，汽车和烟囱排出的酸性物质和其他的排放物翻了一番。很多城市都受烟雾困扰，呼吸病已经司空见惯，墨西哥城就是其中之一。

改革人士谴责新科技噪声过大。1976 年初，英法协和式飞机已经能够以两倍于音速的速度承载乘客飞往遥远的城市。很多国家担心超音速的噪声带来的影响，禁止飞机飞过它们的领空。有人提出，最长的航班将会主要跨越荒野沙漠或海洋，这样的说法也站不住脚了。人们眼中的荒野，往往孤独无倚、险象环生，而现在则被誉为庄严和谐的避风港，留存了生态的多样性。19 世纪的最后三十多年，为后代保存野生自然环境的呼声异常响亮，北美的黄石国家公园，悉尼南部的砂岩区，新西兰的三座火山之峰，还有南非的克鲁格国家公园都有一部分率先被保护起来。而从 20 世纪 70 年代开始，南北半球的国家公园和野生保护区均成倍增长。

更多关注濒危物种的运动纷纷涌现。非洲象是海洋和陆地上最大的物种，人们为了象牙猎取它们。人们还为了鱼油猎取深海的鲸鱼，这些都是最早出现的忧虑。南极洲富含大型鲸鱼，1930 年 1 月 14 日，探险者道格拉斯·莫森在浮冰边缘发现了 50 头鲸鱼，同一天挪威的捕鲸船发现了附近还有 150 头。要是如此大肆捕捉，数量众多的鲸鱼也剩不下几条来。捕鲸国曾尝试对捕捉进行限制，几经失败后，它们于 1972 年在斯德哥尔摩下令，十年内禁止捕杀鲸鱼。尽管这一禁令并没被完全贯彻，但至少立下了规矩。南极洲展开了几场颇有成效的保护运动。人们曾以为海象会因过度捕猎而灭绝，但海象的数量又开始数以十万计了。

一些新的自然团体聚焦于核战争的危险，警告语“核冬天”一度流行。1971 年，绿色和平组织在加拿大成立，试图阻止在阿拉斯加一个岛屿进行的核试验。德国颇具影响力的政党绿党在 1971 年成立，他们多少希望在中欧打造一个无核无军备的区域。而在这一阶段，苏联和第三世界国家对这个提议可没什么兴趣。

环保领袖们充满了热忱。他们让大多数人都注意到环保问题，开始代表大众演讲。20 世纪 70 年代还未明朗的趋势后来逐渐显而易见：西方有两个独特而时常冲突的环保阵营。深绿一派声势很高，但人数更少，他们认为地球正陷于永久的生态危机中。浅绿一派，也就是西方人民的大多数，希望在经济发展的同时，保留稀有物种和壮观孤独的独特地域。没那么激进的浅绿一派十分活跃。

20 世纪最重大的精神变革，便是这些团体宣扬的“一个世界”的观念。南极洲上空的臭氧层活动，会引起布拉格人民的关心；巴西热带雨林可能发生的事情，也会让广岛人民忧虑。国际旅行速度快范围广，轨道卫星可搜集任何地方的信息，还有去处理这些信息的计算机，这些都使得全球议题逐渐增多。

在 20 世纪 80 年代，全球变暖这个复杂的问题浮出水面，向人们敲响警钟。工业文明浪费资源，制造污染，这是毫无疑问的。20 世纪末的地表温度与 20 世纪初相比也确实更高，而 20 世纪 90 年代的几年是整个世纪地表温度最高的时期。但是欧洲的温度冷热不定，有过一阵在1942年结束的温暖期，还有延伸至1977年的轻微寒冷期，紧接着是又一轮温暖期。有趣的是，“全球变暖”在北半球的速度比南半球要快。对气候变化的担忧并不能说服中国和印度中断他们的工业革命，选择竖立起风力发电站而非烟囱。欧洲人则担心他们的工业所依赖的化石燃料的影响。

20世纪60年代，出现了声势颇高的思想浪潮。这些思想大多数都曾在19世纪90年代和20世纪初流行。早期的环保运动兴盛，女权运动也高涨。同时还有一小批思想家，反对进步和科技，同时在西欧的一些知识分子圈子里，也有不少人崇尚原始社会和大自然。倾斜的思想跷跷板曾在一战前被翻转，但到了60年代又蓬勃地复苏起来。

女性：“生活不过如此吗？”

保障权利的种种斗争之间有着微妙的纽带，女人的、有色人种的、年轻人的，甚至珍稀植物、鸟类、昆虫和动物的权利。这些运动都旨在支持那些被忽视的群体。然而，提高女性地位的运动不太一样。女性已经可以投票，但是似乎还缺少什么。

女性完全的投票权先是在新西兰和澳大利亚获得声势，接着席卷整个西方世界；到了1950年，仅有几个民主国家还不允许女性投票，其中包括希腊和瑞士。但在20世纪初，人们迫切地期望，女性可以成为立法机构、法院及众多行业的领袖，却少有实现。大多数的女性结婚成家后，精力也都花在了家务和家人身上。哪怕那些还在外工作的女性，无论是当老师，还是在工厂邮局工作，她们的薪水都比做同样工作的男性要低。那些占据立法机构一席之地的女性也没有获得最高的席位。人们感慨，女权主义运动搞得虎头蛇尾。

贝蒂·弗里丹毕业于史密斯学院，才华过人，作为一名心理学家，后来在纽约格兰斯维有了三个孩子，便也将就了这样的新生活。20 世纪 50 年代的时候，她意识到，她人生选择的自由度不及同年龄的苏联女性。美国的女性一旦结婚，就主要扮演起母亲和家庭主妇的角色，倘若她想要事业，就不得不“一辈子独身”。西方世界对想要家庭和正经的事业双丰收的女性嗤之以鼻，弗里丹对此感到很遗憾。她发现，施展女性才华的风气其实在 1920 年后的美国就已经消退。在随后的三十五年里，获得大学博士学位的女性数量和接受大学本科教育的女性数量都在减少。

她观察到，她这一代的很多大学毕业生，都过着空虚的日常生活：“女人整理好床铺，出门购买杂货，选到了相配的沙发套，和孩子们一起吃花生酱三明治，开车接送幼童军，晚上躺在丈夫身旁，她甚至不敢默默自问：‘这就是生活的全部吗？’”弗里丹认为，“把衣服扔进洗衣机里的行为和破解基因密码差不多”的假象幼稚无知至极。（基因密码在当时还不是被广泛讨论的议题。）她的书《女性的奥秘》（*The*

Feminine Mystique）于1963年出版，该书言辞有力地为女性鸣不平，呼吁已婚女性走出家庭，进入职场。在马丁·路德·金表达他的梦想的同一年，贝蒂·弗里丹也倾诉了她的梦想。她的书更像美国传统流行的自助类图书，而不是那种为女性大声疾呼的书，并不是要把自己绑在金门大桥上，以性命逼迫政府有所作为的那种书。她抓准了当时一股正在兴起的潮流，进而推波助澜。

口服避孕药：摇身一变的墨西哥山药

这颗小药丸的诞生并没有引发一场性革命：它的发明是性革命的结果，也是诱因。对性的公共讨论已经在改变了。电视如今已走进千家万户，比起代表了一个清教徒时代的广播，电视对性话题没那么小心翼翼。在保罗·约翰逊看来，新闻记者的影响力越来越大，而报纸业主的影响力越来越小，使得"美国逐步远离了它传统的锚地"。20世纪50年代的后半段，像《冷暖人间》、《洛丽塔》和未经删节的《查泰莱夫人的情人》这样的畅销书，比起十年前的畅销书，情色描写更为露骨。

在经历了一系列试验之后，避孕药慢慢被研制出来，替代了橡胶避孕套和子宫帽。20世纪40年代，年轻的生物学家格雷戈里·平卡斯研发了一种避孕药。与此同时，另一种避孕药由卡尔·杰拉西从墨西哥山药中提炼而成，他在1951

年申请了专利。另一位热衷于避孕药研发的是玛格丽特·桑格，她在纽约开办诊所，指导已婚女性如何避孕。桑格担忧世界人口过量的问题，尤其是在第三世界国家，她相信在接下来的二十五年里，人类文明的未来“取决于一种简单、廉价并安全的避孕手段，在贫民窟和丛林也可以使用，即便是最愚昧不化的人民也知道使用”。基于这个论点，她说服一位古稀之年的慈善家帮助平卡斯的研究。这位慈善家是凯瑟琳·麦考密克，她的夫家是靠小麦收割机发家的富商。

平卡斯成功地在兔子身上测试他的避孕药，但是马萨诸塞州的法律不允许他在女性身上测试。到了 50 年代中期，麦考密克家族的资金使得平卡斯在波多黎各继续他的试验。波多黎各坐拥这个重峦叠嶂的岛屿的一半，人口稠密，大多数信仰天主教，尽管那里的人们对待婚姻的态度可达不到梵蒂冈要求的标准。受邀加入试验的很多波多黎各女性，都愿意试上一年。显然她们并没有出于道德或宗教的原因拒绝，但确实有点嫌麻烦。总而言之，123 名波多黎各女性坚持使用了一年的避孕药。避孕药的副作用没有被充分证实，但是该药确实起到了主要的预期效果。

宣传这种简单的避孕方法，被认为会诱使人过上危险放荡的生活，尤其对年轻人来说。避孕药最初是为已婚成熟女性提供的处方药。1957 年，芝加哥的一家公司推出一种避孕药，宣传该药可以防止流产，缓解月经症状。直到 1962 年，在美国和英国，避孕药才通过许可，作为一般的避孕用品销售。避孕药最开始全面问世的时候，曾是一副小心翼翼甚至遮遮掩掩的样子。医生起初很少给未婚女性开这种药。1965年，罗得岛州普罗维登斯的布朗大学，有一位医生，他将避孕药介绍给学生，引起一片谴责之声，尽管这些学生已经年满21岁。避孕药的影响是很强大的：但是倘若社会对于婚姻、离婚、性，以及女性在职场的角色的态度没有发生改变，它的作用也不会那么大。这些社会态度变化的脚步有快有慢，像在爱尔兰、意大利和阿根廷这样虔诚的天主教国家，步伐更慢一些。直到1974年，意大利才通过公民投票，让离婚合法化。

避孕药的出现和社会态度的新转变在很长一段时间都会成为议论的话题。欧洲和其他欧洲血统强盛的国家，出生率大幅降低。尽管美国的出生率也在降低，但由于墨西哥、亚洲以及欧洲以外其他地区的移民大量涌入而得到了补充。出生率的下降有深远的影响。1950年，欧洲人口比非洲或美国都多，到了20世纪末，欧洲人口却远远落后于非洲和美洲。所有的欧洲人当中，20%的人在60岁及以上，而非洲人口中这个年龄层的人只占5%。欧洲成了中老年人的大陆。

印度的统治者：开历史先河的女人

谈到进步，白人倾向于自恃为每个领域的领军人物。女权运动就是白人引领的。因而在1970年的苏联，出现了一反常规的比例非常高的女医生，并且在瑞典，每四位政治家中就有一位是女性。然而女性是在印度赢得了最令人羡慕的职位。拉尔·夏斯特里突然在1966年的1月去世，经过折中后的替补人选是一位女性。在此之前，除了女王还没有哪个主要国家的一把手是女性。

英迪拉·甘地的父亲贾瓦哈拉尔·尼赫鲁是印度独立后的开国总理，因而英迪拉几乎生来就是要走上领导人之路的。尼赫鲁一直有意识地培养他的独女将来担任要职。九岁的英迪拉随家人远赴欧洲，进入一所瑞士学校学习，与此同时，她染上肺结核的母亲则在附近的山中休养。英迪拉年纪轻轻就有志成为印度的圣女贞德，誓将英国势力逐出印度。在牛津学习之后，她前往伦敦，在希特勒轰炸期间学会了开救护车。

1942年，尼赫鲁小姐成为甘地夫人。她随了夫姓，拥有两位著名的政治家的姓氏并不是明智之举。她的丈夫费罗兹·甘地与圣雄甘地并没有血亲关系。费罗兹·甘地生于一个富庶的帕西人小家庭。帕西派在孟买很有势力。她的婚姻引发了争议，因为无论是帕西人还是印度教都不希望其成员与其他宗教的信徒通婚。在她从政早期，似乎同父亲一样善于弥合互相冲突的文化，而她在博取自己人的同情上，似乎更有一套。她的父亲用乌尔都语向大众演说，兼有穆斯林的宗教背景和波斯人的文学色彩，且也只能在演说中夹杂些印度斯坦语，而英迪拉可以对着大众说印地语。

英迪拉的父亲有社会主义倾向，他曾在20世纪20年代末访问年轻的苏联，对苏联留下深刻的印象，他也因多种政治罪遭受牢狱之灾，在狱中读了几千页的马克思著作，希望马克思的思想可以为他的祖国带来希望。英迪拉也耳濡目染了父亲的态度。当她第一次在1949年出访美国时，她就认定自己不喜欢资本主义挥霍奢靡的生活：在华尔道夫酒店，当她要舔着信封给它封口的时候，尝到了一股薄荷味。当她第一次出访苏联的时候，她有种宾至如归的感觉。抛去她的旅行不说，印度而非世界才是她主要关注的地方。

英迪拉·甘地在其父的晚年迅速崛起。1959年，她成为执政的国民大会党的主席，五年之后成为新闻广播部部长。父亲的一些道德上的威信也传到了女儿身上。1966年，在她十五年总理任期的第一年里，她就养成了把自己的职责融入日常生活的习惯。每天6点起床，阅读或浏览6种报纸。8点半，她开始接听未预约者的电话，那些预约的来电者要晚一些再回应。她不烟不酒，一般直到早上11点才用餐，喝上一碗汤。在很多印度以外的政治家看来，比如美国的亨利·基辛格，英迪拉冷酷无情，但是她的家庭——或者说家族王朝——和她的私人亲信可没觉得她有那么冷冰冰。

她展现了一种铁娘子的气概，一种很多观察者没有料到会出现在女性领导人身上的特质。当印度的人口激增远超其微薄的食物供应时，她大力抓起灌溉、新型种子和绿色革命的化学农药。她实行权力的中央化，将印度最大的银行、保险公司和煤矿国有化。她在外交方面亲苏疏美。在她被同党逐出门外后，她自立门户。在短暂被逐出国会后，她二度执政。倘若民主无法产生预期的结果，她也并不觉得民主有多好。

东巴基斯坦，也就是现在的孟加拉国，抵抗遥远的巴基斯坦的统治时，甘地夫人在1971年给予反叛力量武装支持。印度如此强大，它容纳了10万囚徒。继1787年俄罗斯的凯瑟琳大帝向土耳其发起第二场战争之后，甘地夫人成为首位宣战的大国女性领导人。人们以为，倘若所有国家的领导人都是女性，或许战争会终结，然而她的做法显然出人意料。在1957年之后的二十五年里，斯里兰卡的班达拉奈克夫人成为第一位女性总理。三位重要的女性领导人——以色列的果达·梅厄、英国的玛格丽特·撒切尔夫人和印度的甘地夫人——都带领她们的国家发动了战争。

英迪拉·甘地的崛起意义重大，女权主义的多个分支，虽然长久期盼女性可以如此赫然掌权，但她们或是沉默不语，或是焦灼不安。英迪拉·甘地并没有继承她们的精神。女权主义者认为她是通过血统而非才华掌权，并对此表示遗憾。她们似乎忘记了，民主国家的一大批男性政治家都是通过家族纽带登上宝座的。实际上是印度富有活力的民主制帮助英迪拉·甘地掌握了权力。然而，暴力终结了她的统治。1984年10月，英迪拉被她的锡克教侍卫刺杀，原因是她的军队摧毁了位于阿姆利则的神圣的锡克教庙宇。众多有分量的国家，在她去世之后，将她誉为世界上最有经验的国家领袖。

第二十三章

雷电交加的莫斯科和华沙

对于美国及其刚走马上任的总统理查德·尼克松来说，登陆月球是璀璨的一天。世界上少有国家取得如此大的成就。与此同时，尼克松却在越南失手了。苏联和中国为维持共产主义的优势地位，向其同盟越南民主共和国增加军事支援。1972 年，越南民主共和国坐稳了江山。

1941 年，日本侵入美国的地盘，当时的美国如同曾经的大英帝国和法兰西帝国一样过分扩张。美国在多个国家设有基地、军营和飞机场。越战大大损耗了美国的财力，死亡人数达到了 5.7 万。太空探索、越战、国内活动，美国在各个方面火力全开，因而都开销不菲，难以继续。唯一的解决方法是和平妥协。

石油紧缺也是美国的软肋。美国缺油，反观苏联却可自给自足。美国依赖毫无遮掩的漫长海路，将越来越多的石油从混乱的中东运来。因而一旦石油运送出现状况，美国和整个自由世界的经济就会遭受重创。世界石油大多由大公司控制，原来大多是美国公司，而在 1969 年到 1973 年期间，石油的控制权转到了独立的伊斯兰石油商手里。四年的时间里，阿尔及利亚、利比亚和伊拉克重要的油田都实行了国有化。

善于观察国际关系的人士可能会认为，就石油和越南而言，美国在这场漫长的冷战中已经以失败告终。然而尼克松奋力解决种种困境。中国在 1971 年回归联合国，此后，尼克松决定至少与中国暂时握手言和。次年 2 月，尼克松访问中国。这次破冰之旅似乎显而易见，其实不然。当时，从未有过任何一任美国总统访问过莫斯科，更别说北京了。三个月后，尼克松也访问了莫斯科。

尼克松与这两个共产主义大国放下戒备、自由协商，是明智之举，因为中苏之间已经反目成了死对头。这场双面冷战就此画上句点。1973 年 1 月，美国与越南民主共和国签署停战协定。美军得以从其显赫军力深受重击的地区撤退出来。但在撤退的过程中，美国兵算是给自己解放了。

在漫长的冷战中，越南是共产主义的最后一次重要胜利。但苏联人没料到，他们将在接下来的十年里遭遇沉重打击。无论是克里姆林宫的领导人、军队首脑、深海核潜艇的指挥官，还是仍旧在外太空创立盛举的苏联宇航员，他们都想不到，他们是败在了国内，是国家内部出了乱子。每逢

1917 年布尔什维克革命胜利纪念日，六个卫星国家的领导人便各自在华沙、布拉格、布达佩斯、布加勒斯特、东柏林和索非亚，站得笔挺，观看阅兵仪式上坦克隆隆驶过，士兵队伍昂首挺进，喷气式飞机掠过长空，或是俯瞰下方敬礼致意的军队。他们难以想象苏联会失败。

苏联的黄金岁月

每天都有成批的西方游客来到莫斯科，他们逛着专门面向外国人的商店，穿梭于宫殿般堂皇的地下铁路，观看宽阔的大道上川流不息的车辆，遥望坐落在列宁山上耸入云霄的莫斯科大学高楼。他们以为，尽管并没有想象中那么落后，但苏联人民的生活水平和市政设施还是差了一大截。对于成千上万的苏联高官来说，20 世纪 70 年代的日子还算好过。

政府最高层的那么几百名高官，过着养尊处优的日子。优雅锃亮的豪华轿车和专职司机随时静候他们大驾，每当他们经过重要的十字路口，路上的警察还可能叫停其他所有的车辆，让官员黑色的长车优先通过。他们的夫人们已经不知领取食物的队伍为何物了。他们的林中度假小屋也远非小屋。尽管他们的派头并不总如西方国家那么大，但在这个宣称人人平等的国度，拥有这样的特权待遇确实十分突兀。中层的党员干部可以拥有汽车，但对于矿工、幼儿园教师、工厂工人、扫街工人、牙医和图书馆馆员来说，是可望而不可即的。

一些商店售卖国外食品和其他奢侈品，只有少数特权阶层才有福享受。1975 年，在莫斯科的 Berezka，也就是小白桦连锁商店中，就有 15 个不同的特供店铺。高级官员还享有郊外住所、黑海边上的海滨酒店，以及特殊的医院和医疗服务。他们的子女也前途无量，手指僵硬的小男孩儿也可以到高等学府里学弹钢琴。

20 世纪 70 年代的苏联普通公民还住着狭窄拥挤的公寓。他们的食物以面包和土豆为主，夏天也不是总能吃上蔬菜水果，即便有也不一定新鲜。苏联人要想每周吃上饭，要工作的小时数也多过伦敦或华盛顿的居民。要买上一大条面包，莫斯科的居民要用相较伦敦居民四倍的工作时间才能换来，而要买一包茶，莫斯科人更是要花上伦敦人工作时间的八倍。另一方面，1979 年，为了每月的啤酒和牛肉供给，伦敦和莫斯科的居民的工作时间倒是相当。

当时的苏联兴起了一股地下经济。70 年代早期，报纸上发出感叹，每三辆要使用汽油的汽车中，就有一辆的汽油是从国家的油箱和油泵中“借来”的。苏联人每喝四口伏特加，就有一口来自黑市——这个比例在 50 年代末更高。苏联的商品稀缺，说明 70 年代的经济还不如几十年前景气。此外，军队占据了所有国民经济活动的 10% 到 12%——比例远高于其他西方国家。在很多工作岗位，缺勤情况普遍，人们工作懈怠，没什么干劲儿。曾经广为流传着这么一个关于苏联工资低的笑话：“你假装付我们工钱，我们假装干活儿。”苏联最景气的领域要数丰富的石油和天然气田，油气管道从西伯利亚一直延伸到东欧。尽管油气价格极其高昂，80 年代初期的几年里却不见经济增长。当然官方的数据总会描绘出美好的画卷。

苏联领袖列昂尼德·伊里奇·勃列日涅夫并没看到苏联的落后。在他眼中，苏联依旧和美国双雄争霸；苏联在太空竞赛中奋劲十足，军事竞争中也自立门户。勃列日涅夫控制着包括海外基地和苏联势力所及地区在内的庞大帝国。

但是西方记者对勃列日涅夫并没有展现出像对斯大林和赫鲁晓夫那样的兴趣。勃列日涅夫是赫鲁晓夫的接班人。勃列日涅夫眉毛浓密，不苟言笑，一副职业拳击手的架势，尽管如此，他寡然无味，显然少了些魅力风采。勃列日涅夫起先是名土地测量员，后来当上工程师，接着在抵抗希特勒的战争中成为苏联军队中的官员，获少将军衔。50 年代中期，他成为哈萨克斯坦农业区主管。哈萨克斯坦农业区是宽广的内陆省份，从里海延伸至亚洲。勃列日涅夫领导了哈萨克斯坦的垦荒计划，试图增加粮食产量。

勃列日涅夫颇有威严，在克里姆林宫里待的年头越久，就越让人生畏。1968 年，亚历克斯·杜布切克领导下的捷克斯洛伐克试图从苏联的控制中进一步独立，勃列日涅夫狠狠给了他们一点教训。无论如何，他不能容忍在他的共产主义势力范围内出现异己。苏联的历届领导人中，只有勃列日涅夫和斯大林曾经享有元帅这一最高军衔。他是苏联领导人中掌权时间第二长之人，足有十八年之久，其间他几乎都可被看作世界上权力最大的人。他的权力部分来自常年的执政。勃列日涅夫执政期间曾与五任美国总统交锋或抗衡，论及操控边缘政策的娴熟，少有哪位能望其项背。

在勃列日涅夫执政的最初几年里，他的军备竞赛威胁着世界的和平。两个超级大国在增强它们武器的摧毁性力量。核电驱动的潜艇可以藏在声呐探测器发现不了的深海中。只要船员挨得住，他们可以在深海里待上数月，也可在北极地区的寒冰下行驶，甚至可以从太平洋远渡大西洋而不被察觉。它们可以发射导弹，包括水平轨迹的巡航导弹，极大地威胁敌国遥远的城市。另外，基于陆地的洲际导弹每一年可以到达的目标都更遥远。70年代初期，它们的射程达到2000英里，很快就达到5000英里。最后，这些承载着热核弹头的导弹若发起突然袭击，美苏两国没有任何一个城市能免受威胁。

军备竞赛耗资巨大，有足够的理由削减军费。美苏两国都看到了削减的必要，但仍然怀疑对方是否能信守承诺。

1967年，美国总统林登·约翰逊提出削减军费。美国政府在越战和解决国内黑人贫困问题上已经开支巨大，倘若可以叫停远程导弹和核武器的军备竞赛，将会对美国有利。1968年中旬，美国开始和苏联谈判，但是两个月后，捷克斯洛伐克运动遭到镇压，和谈随即中断。经过一段漫长的空档期后，谈判又得以继续，有望达成协议。和平年代里，少见两个大国放慢军事竞赛的脚步，但是稀奇的事发生了，两国在1972年5月26日签署条约，限制双方从陆地或潜艇发射的导弹数量。1974 年 11 月，在海参崴的港口，美苏又签订了一项限制导弹竞赛的协议。1979 年 6 月，双方在维也纳又签署了一项重要协议。截至此时，勃列日涅夫已经连续与四位美国总统交过手。华盛顿的一些人士深知勃列日涅夫的谈判手腕，尤其是胜过了与他过招的第四位总统吉米·卡特。美国曾经投入巨资展开研究，获得了一定的军事优势，而这些优势也在谈判桌前被搁置下来。

苏联一直密切关注美国遍布全球的军事基地，它也瞄准了扩张的机会。苏联海军如此庞大，遍布全球。对全球都影响深远的波斯湾及其石油，曾一直在英美的势力范围内，而到了 70 年代末期，苏联在最重要的两个中东要道——红海和波斯湾——不断加强自己的力量。1977 年，埃塞俄比亚被苏联纳入囊中，同年 4 月，美国的军事代表团遭到驱逐。也门民主共和国也成为苏联的同盟，包括红海的重要港口亚丁。而红海的另一侧，法国治下的吉布提在 1977 年 6 月宣布独立。莫斯科是否会介入进而守住进入红海狭长要道的两侧？而沙特阿拉伯有足够的理由担心，莫斯科会有意关闭这条通往苏伊士运河的海道。

20 世纪 70 年代中期，葡萄牙在非洲的势力四分五裂，非洲西南部的安哥拉有一大片土地被马克思主义政府控制。很快便大事不妙，古巴的士兵远道前来防守。共产主义者在非洲的南北两头攻城拔寨。

1979 年在中亚，苏联士兵挺进阿富汗，支持其国内战争中的一方。阿富汗在一个世纪以来问题不断——俄国和英国在19世纪80年代差点在阿富汗的山谷中短兵相接——而今它又成为战场。最初，苏联似乎稳操胜券。苏军实力远较阿富汗强大，甚至超过美军与越南民主共和国的悬殊程度。此外，苏联也在家门口开战。苏联一直没能打赢阿富汗战争，也是苏联最终解体的诱因之一，但在战争最初的几年里，苏联还预料不到会吃败仗。

与此同时，在勃列日涅夫掌权的最后几年里，全球的共产主义势头高涨。苏联和中国是共产主义的坚强堡垒，其他势力包括古巴、朝鲜、阿尔巴尼亚、罗马尼亚以及红海沿岸动荡不稳的共产主义前哨等一大片地区。其中处境尴尬的是柬埔寨。

柬埔寨位于越南以西，海岸线狭长，自1975年以来就在西哈努克亲王的集权统治下。紧接着，当地的共产主义团体红色高棉夺取了柬埔寨首都。新政权的领袖波尔布特原先是名教师，本名桑洛沙，要在全国上下展开大清洗，铲除异己。这次清洗几乎波及所有受过良好教育和曾经拥有地产的人。学校、医院和佛教寺庙被关闭，私人地产被没收，城市人口被遣送下乡参加种植粮食的集体劳动。大量人口因劳累、饥饿和疾病死亡。成千上万的人，包括很多忠诚的共产主义者，均遭到审查和杀害。虽然没有官方的数据，但是到1978年后期，共产主义政权失势，死亡人数已经达到2000万，占柬埔寨总人口的五分之一。

东欧的风暴

在东欧的共产主义卫星国中，波兰人民共和国最为独立。波兰的重工业由国家拥有并经营，但是农业的私有程度却高得出奇。波兰的大多数知识分子只需要口头上说说马克思主义，有一些甚至根本不需要。尽管共产主义并没有给教会留下太多空间，但波兰的天主教会依旧根深蒂固。桀骜不驯的波兰枢机主教维申斯基在 50 年代初吃了三年拘留的苦头，之后他争取到巨大的特权，允许教会自主，甚至可以在学校教授一些基督教内容，只要不动摇波兰共产党的执政地位。波兰在东欧拥有如此活跃的教会，成为波兰爱国情绪的象征，大多数人都忠贞不渝。

1978 年，正值波兰的一名枢机主教竞选教皇这一最高职位。未来的教皇约翰·保罗二世，是军士长之子，当了十五年克拉科夫的大主教。他被考虑担任教会的最高职位，已经算是很了不起的了。前一任主教本来很有可能任职十年，但他在任职一个月后便去世了，于是约翰·保罗二世的机会大大增加。当时人们也普遍认为，新教皇应该是意大利人，因为在过去的四百五十年里，担任这个职位的一直是意大利人。为什么在经过七轮投票都无法决出继承者后，一位波兰的主教获任此职？据一方消息称，枢机团决定推举东欧人为主教，等于是让基督的伞兵降落到共产主义的腹地上，是历史的关键时刻。

新教皇专注于祖国波兰的种种问题和不满。他在任职的第一年正式回访波兰，当从飞机的舷梯上走下来时，他言辞铿锵地说：“我亲吻了生我养我的祖国波兰的土地；冥冥中天意不可揣度，上帝唤我走到罗马的彼得宝座前，而我今日揣着朝圣者的心归来。”从机场到华沙夹道欢迎的群众估计有200万，人头攒动。波兰赋予持异见者如此大的自由，没有其他的共产主义国家可与之相比。

由于波兰拥有相对独立的教会，所以它更听从梵蒂冈的话，而不是莫斯科，或许波兰也可以打造独立的贸易同盟。1980年，所谓的团结工会运动出现了。它的领导人莱赫·瓦文萨，天主教徒，曾是格但斯克造船厂的失业电工。格但斯克造船厂是庞大的共产主义工厂，在波罗的海南岸非常繁盛。团结工会运动吸纳了几百万人，甚至拥有罢工权。团结运动曾一度对华沙甚至莫斯科的权威构成挑战。

波兰的煽动活动，让身在莫斯科的勃列日涅夫及其同僚警惕起来。之前也出现过大规模的抗议，尤其是1956年的匈牙利和1968年的捷克斯洛伐克，但这两个国家都没招来教宗的个人同情，有教宗支持也就等于有了全世界各地上亿天主教徒的默默支持。教宗成为影响铁幕两端的世界的重要人物，也成了政治靶心。1981年5月的梵蒂冈，当教宗走在人群中时，有人试图暗杀他。扣动半自动布朗宁手枪的是一名土耳其的犯人。更重要的是，他有保加利亚的同伙，保加利亚当局帮助他精心伪装身份，给他钱财。历史学家只能猜疑而无法证明，这次暗杀行动是不是也得到了苏联特务的支持。

当年末，波兰发起了一场组织有序的抵抗煽动者的运动。一个雪花飘飞的夜晚，几千名团结工会的领袖和支持者被波兰军方逮捕。城市和乡村都开始实施戒严。平面媒体和广播纷纷噤声。波兰持异见者被镇压下去，但没有一网打尽。瓦文萨在被捕后被转移到一个远离华沙的地方监禁，条件还算舒服，没那么艰苦。

在这一微妙的阶段，美国的新总统罗纳德·里根开始尝试处理美苏两大国之间的关系。里根是伊利诺伊州的一名鞋匠之子，他最初靠他的多部好莱坞电影及与演员简·惠曼的婚姻成名。让很多人大跌眼镜的是，他在1966年当选充满活力的加州的共和党州长。十四年后，他被选为美国总统，是有史以来入主白宫的最年长的候选人。约翰·肯尼迪和他迷人的太太因年轻而深受美国人喜爱，里根也拿自己的年龄做文章，却没那么容易。正如他在电视上所说的：“我不会把年龄当成这次竞选的话题。我也不会为了政治目的，攻击我对手的年轻和缺乏经验。”他把他的化妆箱和演员腔带到了华盛顿。

里根是偏保守的新教徒，在激进的年轻人掀起反文化潮流的时候，他重申了美国的价值。他的政策中有两项并不太和谐：一个是减税，一个是增加国防支出。

20世纪70年代末的裁军讨论让里根十分失望，他认为在美国最需要勇敢对抗共产主义的时候，这帮人却削弱了美国的实力。他不认为美国在当时的军备情况下能免于苏联核攻击的威胁。因而他提出大力打造他所谓的战略防御计划，别人给这一计划起了一个借自电影的名字“星球大战”。里根的计划早在其 1983 年 3 月的电视演讲中就已埋下伏笔。在里根的计划里，美国在海陆空部署完毕的武器装备已经可以拦截来袭的苏联导弹。

勃列日涅夫于 1982 年 11 月去世，一个快速发展的苏联城市以他的名字命名，这座城市拥有当时世界上最大的卡车工厂。在这个强权当道的赛场上，人们怀念他的经验和决心。此外，他的继承者活得不长，使美国获得了一定的主动权和指挥权。

“重组改革”之人

在三位前任相继于克里姆林宫去世之后，米哈伊尔·戈尔巴乔夫于 1985 年 3 月掌握最高权力。当时戈尔巴乔夫只有 54 岁，比其他权力高层的同事都要年轻。他是农家子弟，来自高加索山北部肥沃的农业区，他早期的工作生涯都在那里度过——他在夏天驾驶联合收割机，其间曾在莫斯科获得法律学位。作为出色的农业官员，戈尔巴乔夫的才能得到了前往他的家乡斯塔夫罗波尔泡温泉的苏联领导人的注意。戈尔巴乔夫反应灵敏，额头上还有一块红色的胎记，十分引人注意。

他看起来神采奕奕，热情写在脸上，但他却是克里姆林宫强硬政治作风的产物。戈尔巴乔夫在往上爬的过程中，总是谨小慎微，甚至在家里说话也很小心。1984 年，他的朋友和前辈尤里·安德罗波夫在成为苏联领袖的一年后因肾衰竭病危。他后来回忆，安德罗波夫在病床上疑心重重地看着他。戈尔巴乔夫感觉到，“安德罗波夫的疑心，加重了他的病痛折磨：他感到了阴谋的气氛”。安德罗波夫的葬礼在圆柱大厅举行，弥漫着或敌或友的微妙气氛，甚至能让人暗自感到争夺大权的蛛丝马迹。一些哀悼者泣不成声，一些人则喜形于色。

戈尔巴乔夫在步步高升的过程中学会了隐藏自己的想法。他的莫斯科公寓和乡间别墅可能遭到监听，于是他和太太赖莎会在莫斯科的私人公园散步时探讨政治，有时是在大清早，他说：“你永远都不知道……”

与前领导人粗壮而朴实的夫人相比，戈尔巴乔夫的夫人时髦而敏感。哲学专业出身的她好思敏学。尽管在苏联，并没有领导人妻子出现在盛大场合的演讲台的传统，但是戈尔巴乔夫夫人打破了这个禁忌，在全国引起一片批评之声。里根总统通过电视观看苏联领导人的葬礼时得到的印象是，戈尔巴乔夫的夫人是虔诚皈依宗教的人。她很特别，她的丈夫也不一样。

作为共产党和苏联的领袖，戈尔巴乔夫开始关心经济问题。苏联的创新和经济增长都很缓慢，很多组织高层宁愿捧着酒瓶，也不愿学习专业或行业最新的知识。他意识到，经济如此低迷，无法支持大量的军事活动——一支军队正在阿富汗勇猛作战，国内也需要大规模的军队留守，加上东欧的军队，庞大的海军空军，以及试图赶上里根的“星球大战”所斥的巨资。在视察全国之后，戈尔巴乔夫开始谴责酗酒和腐败问题，他宣布是时候进行结构性调整的“改革”了。

因为急于削减军费，戈尔巴乔夫意识到非常值得与里根进行会晤。倘若他能让苏联人民过上好日子，削减军费就做得有理。然而，安排会晤并不简单，过去的六年里尚未有过先例。

里根同意会晤，部分是因为英国首相玛格丽特·撒切尔夫人如此建议。里根相信撒切尔夫人保守的政治直觉。撒切尔夫人在戈尔巴乔夫掌权前夕见过他，是在她官方乡间别墅“契克斯”里举行的休闲午餐会上。戈尔巴乔夫认为撒切尔夫人像是婚礼蛋糕，诱人的糖衣包裹着坚硬的内里，但是他很尊重她。两人曾短暂就核武器问题交换过意见，戈尔巴乔夫向她展示了一个核武库的图表，表上有一千个格子。“其中每一格都足以湮灭地球上所有人。”他告诉她。她对他的真诚印象深刻。

1985 年 11 月 19 日周二，戈尔巴乔夫和里根在日内瓦初次会晤。前来会谈的里根相信，戈尔巴乔夫有志要“卸下让苏联经济停滞不前的国防支出这一重担”。这两位年龄相差 20 岁、意识形态也迥异的首脑第一次有了私下谈话。原定 15 分钟的谈话持续了一个小时，两人都表达了坚定的观点。

戈尔巴乔夫把里根看作政治恐龙——是过去的化石——而里根眼中的戈尔巴乔夫是动着下巴的俄罗斯大熊。会谈当天，他们达成了融洽而谨慎的关系。用戈尔巴乔夫的话来说，“我们像朋友一样握手”。这是20世纪最有影响力的一次会晤。

在为里根夫妇准备的一次私人晚宴上，戈尔巴乔夫发表讲话，引用了《圣经》“传道书”中的“万物有时”——意思是，两个大国是时候重新审视彼此了。苏联领导人在官方演讲中引用《圣经》非常罕见，官方的苏联翻译观察着听众的脸庞。里根是否意识到了他的东道主的情谊，不甚清楚。

会晤结束之际，两位领导人发表公告，宣称“核战中没有胜者，必须永远禁止核战争”。戈尔巴乔夫一反苏联传统，举办了漫长的新闻发布会，他在会上声称，今日“世界更安全了”。然而里根总统回到美国后，依旧保留了原来军事扩张的计划，继续加强军事实力。他还未准备要做出重大让步。

两位首脑还举行了五次会谈。军备控制的协议难以达成，这需要双边都逐渐让步：戈尔巴乔夫要让步，因为他的谈判筹码已经被削弱，而里根要让步，因为他的筹码——日益改善的、配有计算机的导弹和热核弹头——越来越多。二者终于打破了僵局。

1989年伊始，里根下台，他当时或许还未意识到冷战即将结束。对于结束这场漫长的冲突，里根的功过见仁见智，他或许与戈尔巴乔夫一样起到了关键的作用。要结束冷战，需要的不仅仅是这两位强大的领袖。从里加到喀布尔、从梵蒂冈到布鲁塞尔，无论是天翻地覆还是细水长流的改变，也都起到了同样重要的作用。

第二十四章

摇摇欲坠的柏林墙

在面临美国这一外患的同时，戈尔巴乔夫也要应付内忧。苏联在太空竞赛与核竞赛上都筋疲力竭。无论能否胜出，苏联城市和乡村的家庭都正为此付出代价。此外，资本主义西方的价值观、物质商品以及对自由甚至是许可证的关注，都逐渐渗透到苏联的生活中来。1975 年，苏联及其欧洲的共产主义同盟国签署关于人权的《赫尔辛基协定》——作为交换，苏联承认这些国家在 1945 年确立的国界——似乎是人权上的一小步。这一个小让步似乎是默许这些国家在自己的国土内随心所欲。

在戈尔巴乔夫执政初期，政治异见者的声音更频繁地冒出。共产主义的热潮似乎已冷静下来。人们不再将其看成走向美好生活的指路明灯，或是全世界未来的蓝图。新一代的人从小就被培养，要相信政治信条，但是无休止的政治宣传并不总是能掀起这股狂热。尽管政治宣传承认平等原则，但很多领导人并不照做。党的地方领导贪污腐败，国有单位里黑市猖獗，在这样的环境中，再强调为全人类的福祉自我牺牲显然毫无意义。

很多曾经热衷于马克思主义的东欧知识分子如今要么持嘲讽态度，要么保持中立。苏联著名诗人叶夫图申科在1986年表示，苏联从多个角度来评价都是失败的。在自己的国家里，人们必须携带护照和居住证——“农奴制可耻的雏形”。叶夫图申科说，排队购物的苏联人疲惫不堪。普通的苏联家庭如今知道，“他们的生活很糟，而有比他们的生活好的国家”。他在一篇散文中谴责说，他的祖国不允许印刷销售在俄罗斯文学传统中如此重要的《圣经》。他也痛惜，只能在黑市中买到《圣经》，而《古兰经》由政府印刷，可以自由购买，尤其是在穆斯林人口居多的中亚共和国里。

随着西方绿色运动的兴起，诟病苏联的理由又多了一条。尽管苏联多使用简朴的包装，并没有制造成倍的消费品废物，但仍然存在问题。核废物被定期丢进北冰洋，倾倒的有毒废物在地上越积越多。化学物质给城镇带来污染，高耸的烟囱吐着携带固体废物的浓密煤烟。泄漏的石油管道无人维修。据报道，苏联郊外几天里泄漏的石油，比1989年在阿拉斯加发生的“埃克森·瓦尔迪兹”号油轮漏油事件中泄漏的石油还多。

很多苏联城市的饮用水被重金属污染。在内陆的咸海，水量减少、盐度日益变高，专业的渔夫总是空手而归。用来制作鱼子酱的鲟鱼，几乎从狭长的伏尔加河中消失了。设在西伯利亚森林中的纸浆厂和造纸厂，污染了世界上最大的淡水湖贝加尔湖。世界上超过五分之一的淡水和接近五分之一的森林都在苏联，而这些资源正面临威胁。

在电气时代核能的开发生产方面，苏联一度捷报频传，而如今却酿成悲剧。切尔诺贝利核电站坐落于乌克兰，但是离华沙比离莫斯科更近。1986 年 4 月 26 日天还没亮，核反应堆突然发生爆炸，一股巨大的能量冲破房顶，大火冲天。这次事故七年前也有过一次核事故，发生在美国的三里岛，不过当时抢救还算及时。而此次切尔诺贝利的工程师却措手不及。消防员赶到之时，浓烟滚滚，“他们的靴子陷在了屋顶融化的沥青里”。疏散工作迟至事故发生 37 个小时后才开展起来，最后有 13.5 万人被疏散撤离。在周边污染地区生活的数百万平民，很晚才收到防护药物。此外，在离切尔诺贝利不远的地方，人们在事发后好几天还在采摘野果和蘑菇，在大水库中捕鱼，完全没有意识到他们收集的食物很可能已被碘 -131 污染。

此次核事故的官方报道称有 28 人死于辐射疾病，3 人死于其他原因。1991 年，维也纳的国际原子能机构发表了一份类似基调的乐观的报告。然而几名评论家并不赞同，他们认为这次灾难的十年后，会有 3.8 万苏联人患上皮肤疾病、消化不良、呼吸困难、心脏病突发频繁，或是甲状腺癌等疾病。关于后遗症的致命影响，众说纷纭。

与此同时，苏联在阿富汗的长久战争在国内不得民心。曾经英勇抵抗希特勒的苏军，如今困在一个军事能力三流、勇气却不小的国家的山谷里。年轻人尤其是少数民族的年轻人，极不情愿加入苏军，不肯在异国他乡卖命。该战之于苏联，相当于越战之于美国。此战对苏联将军来说尤其难堪，因为他们一直以拥有世界上最精锐的陆军而深感骄傲。

戈尔巴乔夫试图重振苏联经济。1987 年 5 月 1 日，新的法律出台，在不雇佣他人的情况下允许人民建立私营企业。有趣的是，小买卖在郊区业已有之，夏日里，家庭园丁在火车站或街边摊点售卖农产品。私人住房开始流行起来。工厂中减少了伏特加的供应，多少有助于解决缺席情况和危险作业。尽管工作的效率是上来了，但缺少伏特加酒还是引起了一片抱怨之声。

一种所谓的“开放性”突然流行起来。戈尔巴乔夫坚称，一定要广开言路，把问题摊开来说，而不是一副官调子，假装这些问题都不存在。他甚至还谈到了在党内设立秘密投票选举的诸多好处。苏联政治宣传的一个结果是，每当进行国家选举，官方的候选人总是能拿到全部选票。在党内和国家选举中设立一个实打实的秘密投票流程显然是危险的，必须谨慎。尽管如此，还是开了直言不讳之风，幻灭情绪也在滋生蔓延。甚至在 1987 年 3 月访问莫斯科的撒切尔夫人，也被邀请到苏联的电视上发表讲话。每个地方，每个角落，都有挣脱了链条的狗：它们不感谢主子，只是狂吠。

苏联和它的卫星国即将面临一场经济危机，经济危机的程度很容易被夸大，因为它与政府权威的危机截然不同。消费者比以往有了更多的消费选择。旅行也比过去更方便，尽管资本主义国家对大多数的公民来说还是禁地。当然，苏联经济无法与美国抗衡，但是几十年来一贯如此。苏联在太空竞赛上依旧劲头十足，一位苏联宇航员尤里·罗曼年科，在太空中或坐或躺一共待了237天，创下惊人的纪录。此外，美国自己也有本难念的经。20世纪70年代，美国经济患上所谓的“滞胀”这一弊病——意味着经济停滞和高通胀兼有。美国的贫困问题也不容小觑。美国政府此时还继续在星球大战上投入重金，造成大规模年度赤字，让一大批经济学家担忧不已。

即将开锅的热水

就欧洲共产主义的倒塌之势，较之苏联，其卫星国开始得更为猛烈。1987年，从埃塞俄比亚、波兰一路延伸到罗马尼亚和摩尔达维亚的一众国家，爱国声势高涨，对经济的不满情绪蔓延，对自由的渴望日渐迫切。

共产主义阵营中，东德的生活水平最高。在波兰，肉类以及肉制品还在3700万民众之间实行配给制，相较之下，东德可谓购物的天堂。以苏联阵营停滞不振的经济标准来看，东德的经济增长情况还不错，但是若要购买同样的食物，西德居民可能只要工作几个小时，而东德居民要工作更长的时间。二者之间形成了危险的反差。苏联是不分你我的一家，波兰亦然，但是却有两个德国并存。同一个民族，却分化出两个截然不同的物质和精神世界。

东西德之间日益加剧的反差，给东德当局带来巨大的压力。1987 年，东德放松了一些以往严苛的规定，劳动者可以提出申请，只要能够给出合情的理据，就能获准拜访西德亲戚 30 天。当年，很多东德人短暂地走访西德，准时返回，因为他们知道他们离开的时候，其他的亲戚几乎充当了人质。还有一些人返回当然是因为他们更乐意待在东德：东德是他们的家。在这些人看来，他们以社会主义为荣，他们还记得纳粹德国的情境，现在至少比纳粹德国时期好得多。

在东德和其他社会主义卫星国，年轻人更偏爱西方文化。1987 年 6 月，西柏林举办摇滚音乐会，巨大的音响传到柏林墙的另一头，大批年轻人聚集到一块儿，连着偷偷听了三个晚上。警察试图把他们驱散。这可不容易，因为警察之间也出现了不同的声音。

两年的时光过去了。在戈尔巴乔夫政策的支持下，异议的声浪受爱国主义情绪的煽动，在东欧愈演愈烈。领导人曾享受的特权也越来越少。他们权力的缰绳开始松动。他们不得不尝试些新路子。

经济混乱的波兰，蹩脚地尝试起自由选举。狂傲的团结工会以多数票获得所有的席位，可以安插自己人。1989 年 8 月，团结工会受执政的共产党之邀成立政府。其他的东欧政府无法再如以往那样仰仗苏联的铁蹄。1989 年初，戈尔巴乔夫从捷克斯洛伐克和匈牙利撤军就表明了这一点。共产主义阵营和奥地利之间的边界防卫实际已经消除。

到 1989 年秋天，东德成了即将开锅的热水。10 月 18 日，77 岁高龄的东德领导人埃里希·昂纳克被轰下台。显然这背后有戈尔巴乔夫的力量，尽管一开始表面上看是昂纳克“需要进行胆囊手术”，还写在医疗公告上。七周后，昂纳克被开除党籍。

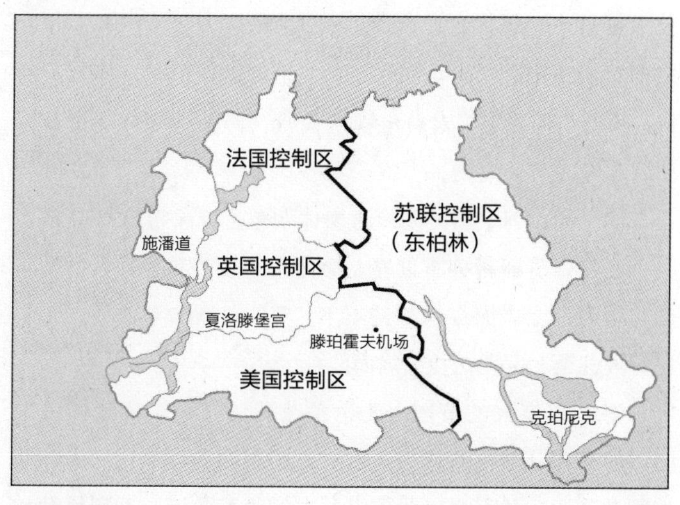

柏林墙

东德的群众大帮小伙地聚集在主要街道的街头。尽管最初他们并未进行任何抗议宣言，但是对于一向怀疑非法聚众的政府来说，这是个不祥之兆。越来越多的人携带着允许离开 30 天的签证离开东德。与波兰的天主教相似的路德会，在东德依旧很有势力，他们公然告知不满的群众如何在没有签证的情况下离开东德。越来越多的公共设施遭到破坏。在东柏林，三成的电车司机离开了东德，公共汽车司机也走掉大半。

11 月 7 日周二本是共产主义的节庆日，是 1917 年布尔什维克革命胜利纪念日。在 72 周年纪念日这天，在摩尔达维亚共和国的首都，抗议者爬上了即将游行的坦克。在莫斯科，游行者集结在环城路上，向奥林匹克体育场走去，他们的条幅上写着“在路上走了 72 年，没有终点”。戈尔巴乔夫正在莫斯科的市中心，站在列宁墓旁，检阅苏联的年度军事大游行。接着，他走下来对着电视摄像机，冷静地呼吁尝试他提出的缓慢改革的政策。

同一周，列宁墓关闭，给遗体润色。整个苏联社会都在四分五裂。莫斯科拥有世界上最伟大的陆军和最强大的情报局克格勃，二者而今也相持不下。军队首领需要更换。戈尔巴乔夫甚至一度无法控制局面。

每一个庞大的帝国，无论是蒸蒸日上的还是腐朽破败的，都存在分散化的权力。哈萨克斯坦和乌克兰这两大苏联加盟共和国，并不响应戈尔巴乔夫的改革政策。列宁格勒和莫斯科这两大权力基地，也和戈尔巴乔夫要起了拔河比赛。苏联内忧不平，也无力再干涉社会主义阵营内其他国家的问题。此外，官方审查制度松弛下来，抗议的消息在共产主义国家之间传得更快，激发了更多大胆的反抗活动。

1989 年 11 月 7 日，莫斯科公共节日上发生骚乱的消息传到东柏林，东柏林执政的部长理事会及其 42 个成员做出了请辞的决议。共产主义阵营还未曾发生过请辞这等事。更重要的是，政府承诺公民进行自由的民主选举。因而，尽管东德被正式称为德意志民主共和国，但其民主的程度无异于政治监狱。

一系列剧变让东德人摇头叹息、难以置信。他们听到的消息确实吗？他们致电国家的官方电视台，让播报员重复最新的官方消息，证实他们期盼已久的投票权如今是否已经成为现实。

虽然在没有签证的情况下离开东德依然是违法的，但是一些人认为，逃离东德比到政府办公室排队等签证要靠谱得多。东德人担心，坦克和机关枪很快就会出现在他们的主要街道上，碾压他们安静的革命。涌出的人形成了一股湍流。仿佛是蓄积已久的水流终于在周围的墙壁上找到了漏洞，于是冲开漏洞一涌而出。捷克斯洛伐克便是东欧人找到的这样一个漏洞。

东德的克莱纳一家已经等不及与西德的女儿们团聚了。父母和儿子用六个衣箱和三个旅行包把最好的衣服和家当打包好，塞进了朋友的车里。他们急切地在夜晚出发南行，跨过无人防守的捷克斯洛伐克一角，与司机道别，在途中看到了废弃的自行车和汽车，进入了向他们招手的西德边境。不到一周的时间，就有约五万东德人沿着同一线路逃亡西德。捷克政府很可能支持这次共产主义大逃离，可见红色世界已经四分五裂了。

1989 年 11 月 8 日周四的夜晚，东德政府作出了让步。它宣布人们可以自由离开，尽管很快就出台了新政策。次日清晨 9 点钟，人们听到推土机的声音，它正在这堵一度阻拦东德居民前往西德的墙上开洞。这堵长期以来阻隔东西德的墙以及其他地方，被刨出了过道。接下来的周末成了狂欢节。边境周围的西德城市吸引了大批东德的当日访客，当晚很多人都满载而归，他们带回香水、随身听、牛仔裤、彩票和其他无法在东德自由购买的东西。

最初人们料想，解放的东德会成为拥有民主政府的独立国家。就在 1989 年的圣诞节前夕，东西德首脑在德累斯顿正式会晤，探讨两国的未来。在圣母教堂遗址附近广场的一次公共集会上，西德总理赫尔穆特·科尔表达了欢喜的心情。"亲爱的朋友们，"他说，"明年你们将有自由的选举。"当晚，他向 8000 万德国人表达了统一的热望。"我还要说的是——站在这一传统悠久的广场上——我的目标是，在历史时机成熟的时候，完成统一大业。"1990 年 10 月 3 日，东西德合二为一。那些在二战后坚持永远不让德国统一的主要大国，这一次也站出来支持统一。

1989 年和 1990 年东欧发生的剧变，令人眼花缭乱。政府要么被推翻，要么为了保全自己而放弃以往的做法。被压抑已久的民族主义呼吁国家分裂独立。三个波罗的海国家——立陶宛、拉脱维亚和爱沙尼亚——从苏联脱离出来。被称为南斯拉夫的松散联邦也分裂成多个独立国家。

在民族主义情绪的压力下，苏联于 1991 年解体。独立的俄罗斯和众多新的共和国继而出现，包括乌克兰、哈萨克斯坦和格鲁吉亚。戈尔巴乔夫对这一系列惊人的剧变起到了重要而独特的带头作用，他早已任由这些事件发生。到 1991 年底，他成了无国的领袖。苏联的解体和沙皇俄国的坍塌有很多相似之处。二者迟迟才进行改革，成为可以抓住的软肋。

艰苦前行的中国

共产主义在全球扩张之际，中国也走出了自己的道路。中国的领袖怀疑苏联有统领中国的野心：中苏两国的意识形态开始出现分歧。到 1960 年，两国的冲突已经显而易见。一个征兆便是，阿尔巴尼亚在匆忙中从莫斯科的监管下分离出来，转到北京的羽翼之下。另一个征兆是，苏联不愿意帮助中国制造核武器。

毛泽东在执政初期提出了自己的口号。尽管他降低了传染病的传播，提高了国民的读写水平，但是“大跃进”经济政策反而让中国遭遇挫折。农业产量下滑，1959 年到 1961 年之间的困难时期据说人口减少了上千万，一直具有经济活力、吃苦耐劳的中国人民一下子失去了动力。

在 20 世纪 60 年代中期，若在夏日坐火车走访中国大江南北，所见所闻仿佛是《圣经·旧约》中的经济生活的再现：成千上万的男男女女，踩着踏车提高灌溉用水；大批劳动者站在带有连枷的谷仓里，从秸秆中打谷子；人们徒手播种；一位老妇人从早到晚地照看着三只鹅；骆驼载着担子，赶骆驼的人走在旁边。中国确实也有机车，但只是设计过时的吞云吐雾的黑色大怪物。与中国相比，苏联更有活力。

毛泽东在 1966 年发起了“无产阶级文化大革命”，国家开始陷入一片混乱。从北京市市长开始，一连串的领导被罢免。权力结构再往下的成千上万的同志和干部被单挑出来批斗。这些人在公开会议上被斥为叛国贼或意识形态走偏的人，无论是在经济政策上还是西方音乐上，他们被匆匆审问，被下放到农村去清理猪圈和排水沟，或是被关在监狱里，或是枪毙。大批被称为红卫兵的年轻人涌入大城市，他们年轻的激情转变成了迫害之道。列出毛泽东思想的“小红书”一时间成了世界上最流行的书籍之一。

中国对外封闭了一两年。在北京、上海或是广州很少能见到外国人的身影，这几个城市里的莫斯科风格的新酒店也门庭冷清。中国与苏联的关系恶化，两国间 4400 英里长的边界成为摩擦矛盾的前线。到 1972 年，苏联已在中苏边境上部署了46个师——比在东欧部署的还要多。

1976年毛泽东去世，“四人帮”倒台，出现了又一位不寻常的领袖——年迈的邓小平。邓小平出生于四川省西部，在20年代初期前往法国学习，之后回到四川老家支持共产主义运动，并参加了长征。他的才能得到认可，曾几度攀登高位，之后又被打倒。邓小平很实际。最常用的一个说法是，不管黑猫白猫，能捉老鼠的就是好猫。

作为中国的领导人，邓小平广泛开展现代化，包括了农场、工厂、国防，以及任何可以应用新技术的工作单位。他尝试恢复职业道德，这对海外华人司空见惯，但在中国国内却十分缺乏。他宣布了倡导每个家庭只生一个孩子的政策，以此降低人口增长，尽管这一政策在农村地区并不总能得到贯彻。很多农民认为，要是只能生一个，那就生儿子。男女的出生率之不协调已经高达119:100。

经济生活中，已经四处冒出了自由之风，但政治方面依旧严格执行原来的政策。

对于落后的经济而言，吸引外资、引进外国机器设备困难重重。但是中国轻松地从几百万海外华人那里引进了外资和机械。19世纪，很多中国人离开祖国，乘着淘金热坐船前往美国加利福尼亚州和澳大利亚，也前往东南亚的周边国家务工以及做起小笔生意。大部分移民来自中国的东南部，比如广东、福建等省，尤其是热带沿海。他们很快就适应了东南亚的生活，成为那里的农民和矿工。

从福建港口移民的中国先人，如今生活在马来西亚、新加坡和菲律宾。在印度尼西亚、越南、美国和澳大利亚安家繁衍的中国人，大部分是从广州的一小块农村里走出来的。这两股华人的移民潮，从物质的角度来说，是世界历史上最有活力的。

因而在东亚，中国人几乎渗透到了每个国家的经济中，日本、韩国和朝鲜除外。1990 年，据说在泰国和印度尼西亚，有 5 个亿万富翁全部都是华裔。在东南亚生活着 3000 万的华裔，据估算，这些移民每年产生的财富，比上亿生活在中国的中国人还要多。甚至在 1914 年前，他们一度被称作“东方的犹太人”。他们在数量上比西方的犹太人还要多，他们支持推进中国建设的能力不容小觑。从 80 年代开始，这些海外华人将他们的很多企业和财富都转回了中国。很多年来，这些海外华人都远超日本和美国，成为邓小平时期新中国的主要投资方。

邓小平结束中国长期以来在文化和经济上的隔离状态，重新恢复了与西欧、苏联、美国、印度以及日本之间的交流，尽管与日本还不太活跃。他甚至要求撒切尔夫人归还香港。自 1842 年就落入英国殖民统治之下的香港，一直是中国这条项链上的明珠。1997 年，邓小平去世的同一年，香港的邮票上再也看不到英国女王伊丽莎白二世的头像了。

虚幻的曙光

20 世纪 80 年代末 90 年代初，苏联、德国、东欧和中国发生的一系列剧变是史无前例的。在过去的千年历史中，还未曾有过哪个强大的帝国，在相对和平的时期，像苏联那样如此快速而出人意料地解体。与此同时，中国也开启了巨大的变革，更彰显了历史的剧变之感。如此漫长的冲突期，异乎寻常地平复下来，在过去的几个世纪里，还从未有过这样的先例。

随之出现了一股强大的乐观主义的光芒。在整个 20 世纪，只有一战结束后的乐观主义情绪才可与之相比。然而，1918 年为和平前景欢呼的只有世界上的一部分人，并不包括中国和日本，对非洲大部分和南美洲的影响也不大。一战结束，伴随的是巴黎和平桌前的激烈争执。反观冷战的结束，全球几乎是一片欢腾。

20 世纪 90 年代初，人们相信，世界格局已经全然改变。人们普遍认为，民主、政治和经济上的个人主义已经取得永久性的胜利。人们欢呼，全球自由贸易是大势所趋，而贸易障碍将永久坍塌。这样的结论令人颇为意外，因为历史上没有什么胜利是可以长久永恒的。与此同时，人们愈加相信，世界性战争已经不再可行。1997 年的 5 月 1 日，英国当选首相托尼·布莱尔发表讲话，反映了当时蔓延的乐观主义情绪："我可能是第一代做出这种设想的人，我们可能在有生之年，都无须再参战，或者把我们的孩子送上战场了。这是无价的奖赏。”

在这个满载希望的年代，互联网席卷全球，也增加了乐观的氛围。在世界各个遥远角落的人，如今可以如此轻松地沟通。但是这种乐观情绪未免来得太早。在现代历史中，通信方面的每一次巨大的机械发展，最初都成为人类智识的助力。同时也出现了一股和平时代的曙光，它来自国际电报、长途邮件和火车、无线电、旅游业发展以及电子网络的出现。而电子网络不仅让乐于窝在家里的人受益，也帮了四处流窜的恐怖主义者，而人们还未意识到这一点。

欧洲缓慢的奇迹

俄国共产主义得势主要受益于一战。四十年的工夫，共产主义的强风吹遍波罗的海和黑海上的俄国港口，一路延伸到太平洋沿岸的中国和朝鲜港口，它的力量席卷了草原、山川、沙漠和冰原。共产主义的红旗进入外太空，也是二战间接影响所致。

两次世界大战也衍生出另一种强大的政治运动：统一欧洲的梦想。这种想法根基深远。几个世纪以来，总有人感慨，欧洲是独特的整体，也是不寻常的一盘散沙，二者交杂，让欧洲充满活力。欧洲塑造了整个世界。自从文艺复兴、宗教改革、发现美洲新大陆以来，大多数显著的变革都源自欧洲的活力、创造力以及想象力。然而欧洲大陆已然被危险地分割开来。

到了20世纪20年代，几位意气相投的政治家开始酝酿着统一欧洲的想法。他们知道，一战带来灾难，仇恨已经植入了人民的生活当中，他们希望可以互相谅解，从此和平相处。其中几位政治家，作为各国的外交部部长，在1925年聚首。代表英国的奥斯丁·张伯伦爵士，来自伯明翰的一个著名政治世家，他戴着饰有缎带的单片眼镜，对欧洲了解很深，多怀怜悯。他在和平桌上的第一个盟友阿里斯蒂德·白里安，11次出任法国总理，从1925年4月开始，他在14届内阁政府中担任外长：他的长久任职也得益于法国混乱的政治局面。白里安留着两抹低垂的黑色八字胡，机智得一塌糊涂，一开口演讲又迷倒众生，他可是卡通画家的热宠。据张伯伦说，白里安讲起话来让人如沐春风，“他声音浑厚悦耳，像是喃喃耳语，又像是低沉的钟声”。另一位外长是德国的古斯塔夫·施特雷泽曼博士，他神态毅然，举手投足霸气十足，然而在这具铁骨背后，是善于倾听协商、懂得感同身受的柔肠。他去世后被张伯伦誉为“和平真正的朋友”。

三国外长相处得十分融洽。他们都善于在坚持民族主义的同时，承担起为更广大的世界人民谋福祉的责任。1925年，在瑞士的洛迦诺，他们三位与意大利和比利时的代表一同签署和平条约，似乎这个条约会比《凡尔赛和约》更能给欧洲带来稳定力量。倘若三位外长依旧在位，或许1939年大战的历史将被改写，可惜那时他们已经与世长辞。

白里安在 1930 年借一位经验丰富的政治家的想法，提出了一份计划，闻者愕然。他主张成立欧洲联邦。实际上，法国、德国和其他国家将会大大放弃其独立主权。而此时，贝奈戴托·克罗齐正在意大利书写现代欧洲史，他预测，欧洲人民有朝一日会怀着热爱本土一样的心情，热爱欧洲的土地和欧洲理想。他感到，人们萌生了一种统一的念头，部分是因为战争的徒劳。他总结说，这一时刻到来了，“法国人、德国人和意大利人，还有其他国家的人，最终将会自视为欧洲人，他们的思想将会是欧洲的，他们的心为欧洲跳动，正如他们曾经心系祖国一样，而今祖国并未被遗忘，而是爱得更深沉”。

二战之后的世界，面临着前所未有的长久分裂及其带来的破坏性影响。欧洲或许将永远因为这道铁幕而四分五裂。这种分裂的局面也促进了西欧正面的行动，因为欧洲正受到苏联的威胁。

温斯顿·丘吉尔在 1945 年的大选中落败，因而有更多的精力专注于更广大的问题。1946 年，在苏黎世，丘吉尔就一种“欧洲合众国”发出呼吁。二十个月后，他在海牙主持欧洲议会，数百位来自铁幕以西的达官显贵出席会议。充满热忱的参与者包括法国的政治家兼白兰地酒商让·莫内，他曾担任过国际联盟初创时期的副秘书长；还有法国的罗伯特·舒曼、比利时的保罗 - 亨利·斯巴克，以及意大利的阿尔西德·加斯派瑞。值得一提的是，这四位欧洲人里有三位来自冲突频发的地区——德国两度为了战略原因攻打比利时，法国和德国曾在洛林短兵相接，意大利和奥地利也在南蒂罗尔擦枪走火。这四位政治家希望可以建立亲密的经济关系。舒曼甚至希望欧洲能有联合的军队。

截至 1951 年，已经出现三个泛欧组织，其中最强大的便是北大西洋公约组织，即人们所知的 NATO，美国、加拿大和九个欧洲国家为了共同防御建立同盟。最初显露出更多希望而非力量的是欧洲理事会，以及作为四十年后欧盟前身的经济体。新生的经济体支持德法意三大经济体和比荷卢三小国的煤炭钢铁重工业。这一“共同市场”很快便容纳各个行业，成为自由贸易区，它得益于西德，展示出蓬勃的经济活力。它也从战争的废墟中走出来，展现了经济复苏的图景，1965 年，其人民拥有的车辆数是丘吉尔首次呼吁新欧洲时候的 45 倍。

新的西欧共同市场的总部位于布鲁塞尔，过去的一些摩擦依旧存在。法国总统戴高乐强力阻止迟迟未做决定的英国加入。他和德国的康拉德·阿登纳也大力抚平两国关系深深的伤口，这也是国际政治中持续最久、危险最大的创伤，因为希特勒占领法国的旧伤仍未愈合。

戴高乐去世之后，这股热潮再度涌现。1973 年，英国、爱尔兰和丹麦加入欧洲共同体，成员国增至九个。在接下来的十年里，希腊、葡萄牙和西班牙这三个经济落后的国家加入，铁幕以西的国家中超过半数都加入了欧洲共同市场——后来被称为欧洲经济共同体。欧洲经济共同体是强大的贸易阵营，其人口和市场比美国还大。它的标志是其农业政策，主张补贴当地农民，在欧洲内积累成堆的剩余黄油和谷物，还有喝不完的葡萄酒，以此抵御外界的进口产品。

西欧的共同市场也把目光投向了内部。诚然，二战前的几十年里它是不可能成立的，因为很多成员国当时把目光投向了外界，他们相信自己的海外帝国能提供强大的经济潜力，而统一的欧洲正扮演了这样的角色。出乎意料的是，有人提议这个欧洲帝国也考虑纳入四个原法国殖民地，这些都是弹丸小国，它们的人民被赋予法国公民权：印度洋上的留尼汪岛、西印度群岛的马提尼克岛和瓜德罗普岛，还有附近的圭亚那。

这个保护和促进煤矿和钢铁生产的战后框架，通过大胆的抉择和妥协，在 20 世纪末演变成了更广阔的政治经济联盟。从统一的角度来看，它尚不能与其他历史悠久的联邦相比，因为它并未在外交政策上达成统一，也没有控制自身的防御力量。尽管它并没发展成丘吉尔提出的“欧洲合众国”，也不是舒曼和其他人想象的样子，但它是半壁欧洲的半个联邦。它拥有自己的共同经济体、法院以及位于布鲁塞尔的繁忙的官僚体系、自选的议会，而且自 1979 年起各国首脑便在法国的河流港口城市斯特拉斯堡会面。到 20 世纪末，它已经准备好发行自己的货币，并于 2004 年接受了东欧分裂的社会主义经济区的一批新成员国。实际上，东欧共产主义阵营瓦解的一大诱因，便是铁幕另一头统一欧洲的繁荣和自由。

对欧洲来说，它在20世纪前半叶因为战争中激烈的国家对抗蒙上阴影，而20世纪后半叶要和平得多，尽管也有危机、革命和巴尔干战争。到20世纪末，欧洲享有了几个世纪以来少有的统一，部分是因为西欧经济和政治的统一。欧洲也因为共产主义阵营的瓦解而获得了更为广泛的统一。

在实现数世纪以来前所未有的统一的同时，欧洲也为之前的四分五裂和宿敌旧怨付出了代价。它已经失去领导世界的宝座。

第二十五章

城市、体育和语言

1900 年时，专家都还不确定世界人口到底有多少。很多国家和殖民地还从未进行过人口普查。此外，人们尚未形成世界一体的观念，他们更关心自己的国家或帝国。人口过剩的问题偶尔会被拿出来讨论，但通常也是英国或印度一国的难题。威廉·克鲁克斯爵士在 1898 年有一个著名的预言——可能会出现小麦和卫生的面包紧缺的情况，而他的考虑也仅限于欧洲人民。

尽管有战争和传染性疾病的影响，但几乎 20 世纪的每一年世界人口都在增长。1927 年左右，世界人口达到 20 亿。这一里程碑可以确定并没有成为大新闻。接着，人口开始激增并在二战后加快步伐。人口增长最快的时期是 60 年代，当时人们沉浸在太空探索的兴奋中：或许有朝一日，地球的过剩人口会迁居到另一个星球。1960 年，世界总人口达到 30 亿，在 1974 年更增至 40 亿。“人口爆炸”成了普遍的说法，被人小心翼翼地提及。不到半个世纪的光景，世界人口就翻了一番。反观人口在 1927 年翻番时，花了之前一个世纪的时间。

亚历克·凯恩克罗斯爵士出生在 20 世纪初的苏格兰，是一个乡下铁器商之子，他曾言简意赅地预测了世界人口的趋势。他回想起往日，十分之一的苏格兰幼儿不满一岁便早早夭折。这已经让人羡慕了，比其他大多数的国家强得多。世界的健康水平得到极大改善，到他的暮年，中国和印度的婴儿死亡率已经比他童年时苏格兰的婴儿死亡率低得多了。活下来的婴儿如今寿命更长。他出生的时候，按照平均水平，他猜想自己会活到 50 岁，但他的孙辈已经可以活到 70 岁了。中国和印度的情况亦是如此。

在全球的大片区域，尤其是贫穷的地区，出生率依然很高。但几乎所有地方的死亡率都在下降。20 世纪的医疗研究取得长足进步，第三世界国家出现越来越多的医生和经过培训的护士，母亲们也获得了卫生方面的教育，因而每年有几百万人得到救治，年轻人甚至多过了老人。几种旧病得到抑制，比如天花，但是新的疾病还未被制服，比如艾滋病。在南非、博茨瓦纳和周边国家，因艾滋病丧生的人数让人震惊，但到 2000 年，艾滋病已不是世界人口死亡率的决定性因素之一。因心脏病、癌症和营养不良死亡的人口数量远超过因艾滋病死亡的人数。

饥荒情况依旧十分普遍。1950 年后的一连串饥荒夺去了数百万人的生命，包括 1960 年左右的中国、几年之后尼日利亚和比夫拉的内战期间，还有 80 年代初期萨赫勒的干旱期间。与过去相比，20 世纪的饥荒的诱因更多是气候和政治动乱二者兼有。尽管如此，因为有了食物救济，饥荒情况比 20 世纪上半叶要缓和许多，若这些食物救济来自其他国家，廉价的交通也帮了不少忙。到 2000 年，全世界的粮食总产量比五十年前要多得多，增长多是来自印度和中国，几十年前，很多农业专家反而预言中国和印度将会出现粮食紧缺的情况。

世界健康状况的改善，多集中在二战后的四十年里，1993 年，世界银行报道，健康状况的提高超过了“人类历史上的任何时期”。世界人口也自然而然地剧增。1999 年时，世界人口达到了里程碑的数字——60 亿。这一里程碑的新闻并没有引起多大兴奋，反而如果人们得知，人口增长不再如过去 30 年那么快，或许会更开心。

城市之王

20 世纪是特大城市发展的百年。反观 1900 年，当时世界上的大部分人的生活都还离不开土地，他们住在钓鱼、采矿或伐木的村落里，在农田里劳作，或在平原和山川与成群牛羊为伍。大部分人都没见过大城镇，更不用说城市了。随着农业和矿业慢慢实现机械化，家乡不再需要那么多人手，于是他们离开农村涌入城市。大城市以前所未有的规模壮大起来。到 20 世纪末，几乎世界上一半的人口都生活在城市里。

1900 年的特大城市是伦敦，它是世界上最大帝国的心脏，也是全球的金融中心。雾气迷蒙的清晨，皮卡迪利广场上马车如流，匆匆而过；身着红衣的军团踏过木头铺成的道路；圣克莱门的早礼拜开始前，大本钟响起，发出“橘子和柠檬”的钟声；坐在考文特花园剧院可以听到梅尔巴和卡鲁索的歌声……大多数经历了这些场景的游客都会以为，他们就身处人类文明的中心。有一位来自南半球的新闻记者，他爬上了圣保罗大教堂的长廊，朝着雾蒙蒙的地平线放眼望去，只能看到远处的屋顶，这场景攫住了他的心：“无与伦比，简直太壮观了。”无论接下来哪里冒出人口最稠密的城市，都不会再激起人心中如此的力量感和神秘感，因为 21 世纪的大城市更多出现在更贫穷的国家，背后可没有一个大帝国。

20 世纪 20 年代，纽约超过伦敦成为全球的金融中心和人口第一大城。纽约几乎是伦敦的翻版，但没有伦敦的帝国背景、悠久的历史和作为首都的殊荣。为数不多的独具慧眼的欧洲人拜访纽约，感受到了纽约绽放的风采。这些欧洲访客惊喜地看到华丽整洁的火车站，富丽堂皇的酒店和百货商场，甚至在郊区也能看到各式各样的时髦轿车，还有那些优雅高耸的摩天大楼，它们形态各异，雄伟壮观，这是欧洲人还没见识过的。自称为勒·柯布西耶的巴黎建筑大师查尔斯·纳雷在 1935 年初访美洲，当船驶进曼哈顿的港口，他期盼已久的“新世界谜一般的城市”映入了他的眼帘。他没想到这些摩天大楼展现了更多的石头而不是玻璃的质地。对他来说，这些塔楼太惊艳了，好似白色的大教堂。他感慨道：“它们有一千尺高，完全是新颖庞大的建筑壮举，欧洲马上被比下去了。”到了50年代，纽约也退居次位，在很长一段时间里稳坐第二，所辖区域越来越广，大楼越盖越高。到2001年世贸中心大楼坍塌的惨剧发生时，纽约已经降为世界第四人口大城。

东京超过纽约，成为世界第一大城。当这座日本城市获此殊荣时，它既非帝国核心，也非全球金融中心。东京的发展是惊人的。它经历了种种磨难，包括1923年的地震，还有1944年和1945年原子弹的猛烈轰炸，让很多人从城市逃亡乡下，而二战结束之时，东京的人口与战前的750万相比缩水一半。东京的战后复苏成果同样惊人。东京从庞大的东京湾周围开垦土地，建立新的郊区和国际机场，并在1964年的奥林匹克运动会之前及时建好了高架高速公路，腾出许多空间来。东京处于地震带，摩天大楼过于危险，而土地稀缺，又不利于横向开发，于是东京学会了如何让居民快乐地生活在狭小的空间内。尽管东京已经很拥挤，但也没阻止乡下的人进入城市，快速适应城市的生活。战后的日本出口远多于进口，从而加强了国家的金融信贷，其中的一个原因便是日本居民没法在家里装太多的东西。这么狭小的公寓能装得了什么呢?

东京是第一个人口达到2000万的城市，比起其他城市，它之所以能遥遥领先，是因为它向郊区延伸，合并了三个周边城市。它将著名的港口城市横滨纳入怀中，也吸收了一些大大小小的地方。东京的商务中心要应付每日的两个高峰时刻。在东京，每天可以看到训练有素的铁路工作人员将乘客推入车中，不浪费车厢一寸的空间，这样的场景在纽约和伦敦可见不到。

西方最有影响力和创造力的城市，不再是昔日的巨型城市。在20世纪最后的三十几年，最具活力的都市可能要数延伸在旧金山南湾的一小块城乡结合区。1965年，这里大部分都是种植杏和李子的果园：果园的收入要超过兴起的电子公司。这个地方后来成为硅谷，复杂的国防工业和斯坦福大学就坐落在附近，是硅谷的一大优势。斯坦福大学英才辈出，研究领域与电子公司的发展密切呼应，将硅谷造就为创新的中心。1994年万维网刚发明不久，就在硅谷，两名斯坦福大学的学生利用闲暇时间，建立了名为雅虎的网络搜索引擎。20世纪末，硅谷的上市公司在股票交易所的估值，比好莱坞的娱乐公司和底特律的汽车行业相加的总值还要高。

20世纪的最后三十年里，第三世界国家也打造起自己的大都会。墨西哥城和圣保罗迅速崛起并超过纽约，尽管这两个城市还未能超越东京成为城市之王。截至2000年，世界前十大城市中，四个位于印度次大陆，其中孟买和加尔各答是最大的。总的来说，世界前十大城市中，六个在亚洲，两个在美国，还有两个在拉丁美洲。有趣的是，有望快速发展成为新世纪第一或第二大城市的，是常年受洪水困扰的热带都市——孟加拉国的达卡。

欧洲长久以来的辉煌已经过去。在大城市的榜单上，欧洲城市掉落得厉害。到 20 世纪末，前十五大城市中已经不见欧洲城市的身影。尽管巴黎、莫斯科和伦敦在欧洲名列前三甲，但它们都比像雅加达和德里这样的亚洲城市，以及非洲繁荣发展的城市要小。

1901 年，当伦敦尚无可匹敌时，拉各斯还是西非的一个沉睡中的港口。拉各斯地处赤道附近的一个多雨地带，向汉堡和利物浦运送棕榈油、棕榈仁和其他热带产品。坐落于尼日利亚海岸的拉各斯，港口宽敞开阔。但直到后来疏浚了沙洲，海外的蒸汽船才得以停泊在宽广的港口水面上，满载当地的工艺品。

拉各斯小镇原先位于一个低地岛屿的一端，一半是沙子，一半是由一条长长的运河排干的沼泽。咸水湖上的铁路和公路通过一座铁桥延伸到非洲大陆，非洲大陆的岸边是沙脊和有瘴气的小溪。这个岛屿港口有四万人口，一个跑马场以及州长和英国官员的洋房，还有士兵的军营。

拉各斯的繁荣，出乎所有英国官员的预料。1960 年，拉各斯人口突破百万，当时它已是刚独立的尼日利亚的首都。经过二十年的发展，它的人口接近 500 万。倘若它不再是尼日利亚联邦和州的中心，它就能停止如此疯狂的发展了吗？

首都迁往别处，但拉各斯仍然继续不断发展。要是有偏远乡村的年轻人在这个辽阔的大都会找到工作，他的三亲六眷都会开始搬进城里来沾他的光。

大多初来乍到的人，都沉浸在拉各斯的精彩喧嚣中，频频停电、饮用水不足、垃圾收集清理效率低都能忍则忍了。一片片棚户区出现了。老郊区的出租屋是专为新搬来的人提供的；有一个区，有超过4000座这样的房子，其中大多数都能容纳60到80人。居民自然喜欢在街头打发闲暇时光，到几所公园或未经建造的地方逛逛。主要街道上的房屋前面立着摊位，生意多是在这里进行，大多数摊位都陈列着为数不多的罐装、瓶装食品和其他食物。随着交通越来越拥堵——还谈不上修建高速公路——公共汽车、卡车和自行车实在走得太慢，乘客都能跳下车买了东西再上车。他们管路旁的商铺叫“慢走市场”。

这个岛屿城市通过堤道、桥梁和很多渡船与大陆联结在一起，矗立着教堂和清真寺的郊区开始出现在平坦的海岸线，第二个港口阿帕帕也形成了。21世纪初的拉各斯，在岛上和沿岸的大陆上共拥有1000万人口，堪与开罗竞争非洲最大城市的地位。

这些如雨后春笋般涌现的非洲城市，仿佛是一个世纪前欧洲城市发展的重演。它们在纯净水和污水处理方面很落后，但是婴儿存活率很高。随着外来人口的涌入，这些城市的人口也直线上升。

“农夫，我们的老师”

在第三世界国家，城市的发展与一成不变的乡村生活形成强烈的反差。约翰·肯尼思·加尔布雷思，曾任美国驻印度大使，在他眼中，这些城市的统治者总是忙着设计核电站，起草五年计划。他在1974年坦言，这样的五年计划中没有“印度村庄”的一席之地。二十五年之后，依旧是两个印度并存的局面。刚刚建成的摩天大楼饰有平板玻璃窗，设有按钮冲洗的厕所，而在目力不可及的地方，是成千上万的小村庄，设施如中世纪般落后，拥挤地坐落在土路的尽头。成群结队的人在毒日头底下的田地里用简单的工具耕作，与此同时，飞往荷兰或日本的飞机从头顶呼啸而过。

20世纪90年代，或许世界上四分之一的工人都还沿袭着祖先的劳动方式，代代如此。他们播种的种子更大些了，但他们做的是同样的事：拴着载有重物的牲畜，犁地、徒手播种，之后再亲手收割粮食。印度和中国的生活，部分还要靠踏踏实实干好这些熟悉的农活来保证。

在各大宗教最初传播教义的时候，全世界的人还全都过着农耕生活。正如基督教喜欢将上帝比作牧羊人——“耶和华是我的牧者”——在印度的寺庙里，锡克教徒吟唱着16世纪的经文，他们宣称神拥有坚实的手掌和坚定不移的目标，仿佛是牧牛的人：

我们是牛群，

驱赶我们的农夫，是我们的老师。

20 世纪 90 年代中期，1500 万架车几乎都是用两头牛拉着前行的，它们承载了印度所产的大部分谷物和柴火。几乎每个印度农民都知道如何牵初次准备埋头苦干的小牛，它们在长出第一对门牙之后，就开始下地干活儿。这些牛有时被称为 bullocks，有时被称为 oxen，它们拉着大车，拖着切成段的木头，压过甘蔗地。尽管在来自机械化发达的城市的人眼中，用牲畜载重物的情景是很落后的，但这一景象在印度反而代表着进步。他们的祖先还是靠人力拉车，相比之下牛拉车有效率多了。

印度中央邦拥有印度共和国 7% 的人口，将近 7000 万人，而它的一个区甚至连推车都没有。1995 年，男男女女们在肩膀上扛着沉重笨拙的物品，从一个村到另一个。在奥里萨邦的一个角落，人们用自家做的竹笼子装着鸡，竹篮子装着沉甸甸的大米和蔬菜，竹袋子装着鱼，运到市场上去。比哈尔邦的一位记者在《印度时报》上写下了他看到的叹为观止的一幕：那些还没有她们负载的物品重的妇女，将一摞摞柴火顶在头上。这位记者为了体验他们的日常工作，在日出不久后，就前往收集木柴的地方。他看到这些人拾掇着木头，一路运到一个乡村市集上，在炎热的天气里走上 25 公里。他观察到，这些人若是渴了，还要绕一大圈弯路去找水喝。因为这些地区没有电力，所以他们运送的柴火需求量很大。他猜想，家乡村庄里的妇女寿命都不过 50 岁：女人一直艰苦地劳动，很早就离世了。

大多数孩子都没上过学。家里需要他们去田地里干活儿，他们负债的父母也买不起铅笔、手写板和笔记本。相似的情景和困境也能在非洲的上千个农村地区见到。

在印度农村，如同在其他地方，这种由来已久的生活方式无论好坏都正在消退。很多农务都不再需要那么多人手。有一天，电灯会被引入捡拾和搬运木柴的妇女所在的地区，塑料或者纸盒箱也会取代竹篮。拖拉机会到来，取代牛和农夫，“我们的老师”。

国际语言的兴起

人口从农村迁移到城市，也影响了现存语言的使用。如果一门语言只有一个农村地区的几千人使用，那么当很多人搬到城市里，这门语言就濒临消失了。城市文化通过新媒体传达到农村地区，地方语言同样会受到威胁。此外，倘若诸如英语法语等国际语言袭来，地方语言显然也在劫难逃，因为国际语言让人更容易找到工作，更能获得继续教育的机会，也能尝试更多的娱乐。

很多远离欧洲的几百种方言，在 1900 年时使用还很活跃，而今只有几千人会讲了。当一门语言开始衰落，熟练掌握这门语言的人一天中能用到该语言的时候也有限，并且他们也没法完全发挥这门语言的丰富性和复杂性，因为他们的听众，尤其是年轻人，对此一知半解。到 20 世纪末，世界各地的 6000 门语言当中，会说的人已经所剩无几。这些语言岌岌可危，因为广播电视和新闻书籍都铺天盖地地涌向大众，淹没了那些会说方言的人。

现在掌握意第绪语的人，只是 1900 年时的三分之一。1900 年时，意第绪语的使用范围跨越中欧和东欧。70 年代时，英格里亚语和其他两门语言的使用者也只有几百个。1900 年，丹麦和瑞士的德语区有独特的地区方言，让很多说主流语言的人都听得云里雾里，但是随着老一代讲方言者的离世，这些方言也跟着不见了。1861 年时，大多数的意大利人都说着各自地区的方言，语法、用词和发音都不同，而今，托斯卡纳的方言成了主流。几门欧洲语言彻底不见了。亚得里亚海东岸说的达尔马提亚语在 1898 年消失。爱尔兰海的马恩岛上说的曼岛语在 1974 年灭绝。

澳大利亚有很多门独特的语言在人们的有生之年就已灭绝。有一位学者，在过去的三十年里学习了五门还在被使用的热带昆士兰的原住民语言，但在 1992 年，他遗憾地声称，其中三门已经死亡，还有一门只有十个人会讲，而另一门则只有一个人会说了。这些语言并非仅仅因为缺乏灵活性和词汇量而死亡，大部分语言都有复杂的语法和上万的常用词汇。全世界范围内的众多濒危语言，大部分都行将灭绝。

1900年时，法语险胜其他语言，成为国际交流的主要语言。它也是十几个国家默认的外交和政治语言，包括俄国。在英语世界各国的中学里，法语和拉丁语都是最受欢迎的外语。据1920年版的英国《钱伯斯百科全书》描述，法语是"所有文学作品中最连贯易读的语言"。几乎没有哪个学科和文化是不适合法语的，"法国的思想活动中渗透着浓厚的文学色彩，胜过其他任何国家"，《钱伯斯百科全书》这样解释。法语似乎总是和文明的精华携手并肩。但在商业方面，法语无法与英语竞争——1900年时，伦敦和纽约是全球的商业重镇，英镑是货币之王——大多数国家的商人，无论是瑞典人还是日本人，都要学习英语，而不是法语。

很多人盼望能出现一种崭新的国际语言，在1880年到1907年之间，就有53种国际语言被发明或提出。世界语和沃拉普克语就是两种不少有识之士掌握的生造语言，但这还不够。人们普遍认为，国际语言可以促进国家间的友谊和防止战争，但人们更倾向于使用自己的语言，尤其在战时。一战之后，世界语的使用者希望世界语这门中立的语言可以被普遍使用。国际联盟的成员在语言方面要做出艰难的抉择，最后他们选了英语和法语，决定所有的文件都使用这两门语言。

1940年，法国吃了败仗，这对优雅的法语是沉重一击，但在法国的殖民地并非如此。法国对非洲的资助极尽慷慨，非洲人愿意开心地说"merci"（谢谢），使用法语来申请更多的援助。共产主义的崛起也打击了法语的流行。在中国、蒙古和东欧的共产主义国家，俄语超过法语，成为最受欢迎的第二语言。

英语现在遥遥领先部分源自美国的影响。英语依旧是印度的重要语言，因为说印度语的人和说其他语言的人之间有矛盾。20 世纪 40 年代，英语超过德语，成为科学工程的主要语言，十年后，英语也成了空中交通管制的通用语言。在刚刚兴起的流行音乐世界里，猫王埃尔维斯·普雷斯利、披头士乐队和大部分歌星唱的都是英语歌。这岂不已是一门语言的极致了吗?

在 20 世纪的最后三十多年里，还没有能与英语相媲美的语言。东欧剧变、苏联解体，俄语曾一度有望成为国际语言的时代也结束了。当时母语是法语和俄语的人，没有母语为西班牙语的人多。西班牙语也是因为拉丁美洲人口的快速增长而兴起的。不得不承认，有超过 10 亿人讲中文，中文在中亚也是沟通商务的重要桥梁，但成为互联网语言的不是中文，而是英语。到 2000 年，英语成了有史以来最具影响力的语言。

英雄和体育

大多数国际体育运动都诞生于英格兰，而早期的英国业余体育爱好者也大力推崇公平的原则。比赛本身比胜利更重要，游戏精神也重于最终的比分。今日最著名的英国足球俱乐部源自周日校队，受“强身派基督教”思想的影响。在19世纪60年代的板球运动中，产生了基于公平原则的体育训诫：“非君子行为！”(It’s not cricket!) 这个说法在英语世界中流行起来。如果足球运动员在体育场上的动作被视为不光彩，那么他就会在第二天的报纸上遭到斥责，“这不是君子所为”。体育几乎和公平竞赛画上了等号。倘若1900年的冠军选手看到一百年后的体育竞赛，肯定会对如此专注于胜利的情景大失所望。

20世纪之初，很少有运动能吸引来一大批观众。像赛马、斗牛、板球和棒球、足球和拳击这样的流行体育，很少能吸引国外的对手和观众。哪怕是每个夏天举办的温布尔登网球公开赛，也大多是面向英国选手的。美国的女性选手梅·萨顿的到来引起一片哗然：她赤着手臂比赛，似乎不那么文雅，获得了“洗衣婆”的绰号。在这种体育还是本地项目的时代，出现了不同寻常的“新西兰本土队”国际巡回赛，成员大多数都是毛利人。他们穿越世界前往不列颠群岛，在1888年到1889年的冬天，打了74场橄榄球比赛。

一战之前的二十年里，国际体育比赛日益频繁。1896年，奥林匹克运动会在雅典重新诞生，参赛的全部是业余选手；奥运会在1900年的巴黎和1904年的圣路易斯举办时，急缺优秀的选手，因为世界上最优秀的运动员要么缺少参加盛事的旅费，要么作为职业选手无法参赛。起源于英国的足球现在已经成为世界上的流行运动，但在1900年还未成为国际项目。板球曾一度成为国际"竞赛"，在19世纪70年代日益吸引着大批爱好者，但是澳大利亚队和英格兰队是唯一进行常规比赛的团队。专业的赛艇（个人划桨）和拳击是国际体育项目——赛艇可能是最吸引国际观众的赛事了——但是参加的国家甚少。环法自行车赛第一次在1903年举办，尽管大部分选手都是法国人。"戴维斯杯"首次在1900年举办，但只有英国的网球队前往波士顿竞技。

孩子们迷上了观赏性的体育运动，把它当成魔法一般。12岁的内维尔·卡德斯，出身于曼彻斯特的普通家庭。1902年时，他第一次去观看板球比赛，因走错了路而来到一条运河的岸边，却发现找不到桥跨过去。他生怕错过板球比赛，于是飞快地跑起来，以至于在肮脏的运煤驳船上的工人都开始为他加油。他最后终于赶到兰开夏球场，花了六分钱进场观看，用他自己的话来形容是"在人潮中钻出一个洞来"。精彩的一天过去之后，他走回家，"又累又饿又渴，心里却充实又满足"。几十年过去，前去观看体育比赛的家长和孩子常常是怀着朝圣般的心情前往的。

很少人能预料到，观赏性体育运动成了娱乐业如此炫目的一部分。最终有了灯光和带屋顶的体育场，于是比赛早晚都能进行；甚至曾在英语世界国家是禁忌的周日比赛，也吸引了大批观众。广播和电视也让观众数量成倍增长。1921年在泽西市，被称为"马纳沙大槌子"的杰克·邓普西与来自法国的乔治·卡彭铁尔进行拳击比赛，这一赛事充分展示了体育与电子媒介相融合的魅力。足有 8 万人花了不少钱来观看这场比赛，还有数千人在刚面世的广播上收听赛事。这可能是头一个有在场和不在场的观众同时体验的体育赛事。

观赏性比赛慢慢打破了种族、性别和阶级的限制。一开始参加比赛的都是男性；1900 年巴黎的奥运会只有两项女性的赛事——草地网球和高尔夫球。接下来的三十年里，也只有几项田径项目和一项体操竞赛面向女性。黑人也只获准参加几个比赛。重量级的世界拳击锦标赛不愿接受非裔拳击手，1908 年，黑人拳击手杰克·约翰逊打败汤米·伯恩斯，引发了一场争议。几十年里，黑人女性在美国都不被允许参加草地网球锦标赛。

很多小国向世界展现了它们在体育方面的才能。20 世纪 20 年代时，新成立的芬兰共和国在奥运会中取得了惊人的成绩，在田径方面击败美国。1948 年的奥运会，荷兰出了有史以来最有才华的女性奥运选手——短跑跨栏选手范妮·布兰克尔斯 - 科恩。之后，人口不多的东德和澳大利亚也战果惊人。据观察，一些身强体壮的东德人在 70 年代够幸运，当时还没有严格的药检。

第三世界国家的运动员在早期很少出现在盛大的体育赛事中，但后来逐渐开始拿金牌。来自牙买加、特立尼达和古巴的男性短跑和中长跑运动员，在 1948 年到 1984 年期间拿下六块金牌。东非高地在 60 年代首次出现了奥运冠军。埃塞俄比亚三次夺得马拉松冠军，肯尼亚选手也勇夺其他的长跑比赛冠军。

高层的体育官员大力倡导遵守传统的体育规则和精神，不要受到国际政治的影响和污损。但哪怕是奥运会也要遵守政治秩序。一战的众矢之的德国，还有俄国，未被允许参加1920年的奥运会。希特勒将1936年在柏林举办的奥运会变成了德意志民族主义的火炬，算是报了仇。很多国家在70年代都试图驯服南非共和国，手段包括体育和经济方面的抵制。冷战期间，奥运会成了美苏两国彰显实力的战场。80年代，在莫斯科和洛杉矶相继举办的奥运会也蒙上政治的阴影：在莫斯科，60个国家拒绝参赛，而在洛杉矶，苏联人也拒绝参赛。

体育也证明世界越来越小。让大多数人欣喜的是，体育促进了国家间的交流和竞技。与艺术、建筑和科学相比，体育最能表现民族主义。有趣的是，人们普遍反感商业的国际化，但对体育国际化的态度却截然不同。人们喜欢从事外国体育项目，只要他们穿着代表祖国颜色的衣服就好。这些体育赛事展现了不可遏制的民族主义热情。

大城市的兴起，观赏性体育赛事的风靡，国外旅行的普及，英语成为国际语言，向饥荒地区运送食物，甚至牛仔裤在世界服饰语言中一贯彰显的阶级身份——以上这些，都是世界变小的阶段性篇章。

第二十六章

新月再次闪耀

穆斯林土地上的月亮，经过几十年的黑暗之后，又开始重放光芒。到 20 世纪 60 年代，越来越多的新独立国家出现，这些国家的国旗上是一轮弯月和伊斯兰特有的绿色。最早取得胜利的是巴基斯坦，也是大多数印度穆斯林的大本营。还有印度尼西亚共和国，拥有世界上最多的穆斯林人口。埃及的纳赛尔和印度尼西亚的苏加诺彰显了一些伊斯兰国家新的自信。然而在此前二十五年，几乎所有的伊斯兰地区都由信仰基督教的欧洲人控制。

五百年来，伊斯兰国家头一次在重要的地区有了可以讨价还价的分量。他们一直没有专注于开采矿物，但偏巧在一千年前皈依伊斯兰教的国家拥有很多已知的油田。西方人发现了石油，伊斯兰国家欣喜若狂，因为石油收入的很大一部分都进入了他们的口袋。中东、北非、尼日利亚和印度尼西亚这些地区和国家就拥有世界超过一半的石油储量。与此同时，曾是石油领先大国的美国，石油储量急剧下降，更强化了伊斯兰地区对石油的控制地位。另一个变化也让伊斯兰国家的荷包更饱满：到了60年代，石油成为比煤炭更重要的世界能源。

1973年，由阿拉伯国家主导的石油生产商大大提高石油价格。他们禁止向支持以色列的国家输送石油。他们也曾暂时向美国实施石油禁运，引发混乱。美国的经济依赖石油，因而曾一度想要诉诸武力，重新打通珍贵的石油输送管道。但苏联是很多石油国家的保护国。倘若美国介入，美苏两个超级大国很可能就会擦枪走火，爆发战争。

随着石油价格屡创新高，财富源源不断地流入中东地区。阿拉伯的石油巨头买下了他们过去的统治者住过的英国别墅。在全球最富有的家族榜单上，穆斯林名列前茅。伊斯兰地区曾经是一片积贫积弱的土地，在最近的几百年里，它头一次拥有了最为富饶的一些土地。

伊斯兰教和基督教的分歧

伊斯兰教和基督教的思维方式渐行渐远。在1900年时，二者的想法还很相似。当时基督教国家将家庭看作一个组织，他们关注过度酗酒的问题，把礼拜日视作圣日。他们对待女性的态度在当时比现在更接近伊斯兰教。严重的犯罪行为被更严苛地看待，通常被判处死刑。美国爱荷华州的周日和开罗的周五，有诸多相似之处。

接下来的百年里，基督教国家走上了世俗化的道路。美国的广告不乏烟酒和毒品，性冒险和青少年叛逆也可以接受。对于西方电视、好莱坞电影和国际明星鼓吹的商业主义、消费主义和道德松弛的生活，更加虔诚的伊斯兰国家一概予以拒绝。伊斯兰国家嫌西方国家变得太快，西方国家嫌伊斯兰国家墨守成规。西方国家谴责伊斯兰国家缺少个人自由，伊斯兰国家则反对西方国家滥用其自由。

在 20 世纪初，西方国家和伊斯兰国家的政治观点也颇为相似。在世界上的大部分地区，民主都是个新玩意儿。但七十年过去，民主已经成为西方世界的代名词，而专制制度则成了伊斯兰国家的标志。宗教和政治权威在伊斯兰国家举足轻重。

20 世纪的最后几十年里，伊斯兰开始繁荣起来。伊斯兰教的信徒基础稳定，同时又吸收着新的血液。穆斯林的子女追随同样的宗教。穆斯林家庭一般都很大，这也就增加了穆斯林在全球人口的占比。1893 年，大概世界人口的 12% 都是穆斯林，刚好在一百年后，这个数字升至 18%。伊斯兰教是世界第二大宗教，现在规模几乎是印度教和佛教的总和。基督教依旧遥遥领先，占据世界人口的三分之一，但是伊斯兰教和基督教之间的差距正在越来越小。

伊斯兰教在它的大本营根深叶茂，在其他一些地区也站稳了脚跟。伊斯兰教信仰通过穆斯林移民传播开来。1900 年时，旅行者若是去往世界上活力四射的城市——无论是巴黎、芝加哥还是布宜诺斯艾利斯和达尼丁这样的南半球城市——在这些地方，他们可以看见犹太教堂赫然矗立，而不见清真寺的踪影。美国的穆斯林非常少，但到了 20 世纪末，他们的人口增长速度已经超过犹太人。与此同时，在很多英语国家，清真寺吸引来的崇拜者和诸多基督教教堂的信徒一样多。巴黎的清真寺门庭若市，天主教堂却冷冷清清。穆斯林比基督徒更热衷于修筑规模惊人的“大教堂”，往往让游客为之震惊。卡萨布兰卡在 90 年代初期建成了世界上最高的宣礼塔，塔尖射出的激光束直指麦加。

绝大多数穆斯林的日子都过得不错。他们遵照先知的话语生活，往往可以与其他的宗教信条和平共处。

伊朗数以百万计的穆斯林不承认他们自己的沙阿，希望他下台。沙阿的劲敌是鲁霍拉·霍梅尼，被称为阿亚图拉，意为“安拉的显迹”。60 年代时，他曾在庇护他的伊拉克传教，70 年代又在巴黎的庇护下传教。1979 年 1 月，沙阿失势流亡，年迈的阿亚图拉从流亡途中归来。他立志建立一个敬畏神的共和国，很多宗教和政治的异议者以及普通犯罪行为都将判处死刑。

他热情澎湃能言善辩，吸引了大批信众。他谴责美国是“大撒旦”。伊朗的激进分子为响应阿亚图拉，抓了 66 个美

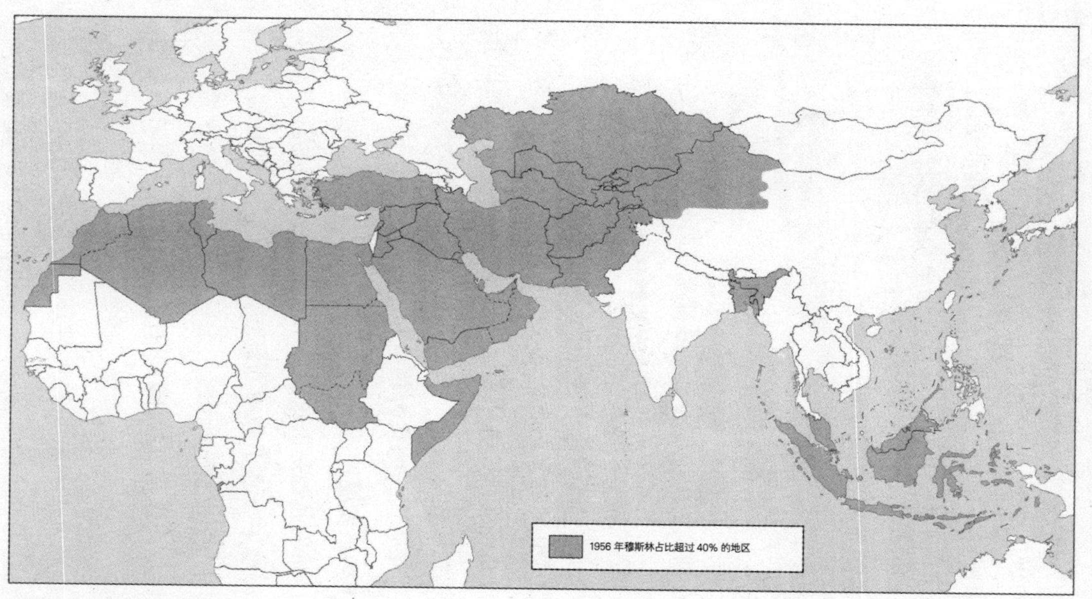

信仰伊斯兰教的区域

国人，将他们当作人质关押超过一年之久。伊朗的混乱期间，相邻的伊拉克的萨达姆·侯赛因抓住了出击的机会：他的大军向伊朗展开攻势。两个伊斯兰国家之间的战争，分别由逊尼派和什叶派主导，成为世界历史上位居前五的最惨烈的战争。

沙漠里的宗教热情和石油

在阿拉伯，沙特王室一般都是瓦哈比主义的保护者。瓦哈比主义是一种清教徒般恪守宗教信条的伊斯兰教派。20世纪瓦哈比主义的复兴者是国王伊本·沙特，也就是新的沙特阿拉伯的开国之父。他是王国个头最高的人，是英勇的战士，他举止舒缓优雅，讲话总能让人肃然倾听。在他的治下，一直延续着某种奴隶制，其中一个奴隶成了他的财政部长。瓦哈比主义所宣扬的宗教热情和纪律，也在国王伊本·沙特的统治下得到发展。

沙特阿拉伯是一片绽放出五光十色异彩的辽阔沙漠。它的经济地位一直不被看重。1938年，沙特阿拉伯发现石油之后，它的财富开始由缓入疾地增长。它拥有世界上最大的石油储量，激发了人们膨胀的欲望，尽管伊斯兰教瓦哈比派一直强烈抵制欲望的膨胀。虽然国王已经年迈，但他依旧大力阻止西方道德松弛的生活方式的侵袭。1951年以前，足球一直是他禁止的体育项目。他也不许外国人在沙特阿拉伯境内买酒。他于1953年去世，之后被埋葬在不知名的坟墓中——他的宗教如此规定——他的几位继承者和上千名亲戚终于松了一口气。沙特阿拉伯宫殿林立，到欧洲声色场所的访客也更多了，尽管亲戚里严守戒律的比放浪形骸的要多。到20世纪中叶，这个沙漠王国兼有沙漠的单调和都市的奢华。统治者逐渐感受到了财富上升和宗教热情复苏之间的冲突。

在阿拉伯国家中，沙特阿拉伯是美国唯一的长期同盟。两个国家的合作欣然无间，一个提供石油，另一个提供武装保护。随着美国的产油量越来越少，供不应求，它也越来越倚赖沙特阿拉伯。住在沙特阿拉伯的美国人表面上也要遵守伊斯兰清教徒式的生活。到80年代，住在沙特阿拉伯的美国人还非常少，就算有也只是为数不多的犹太人。当地酒店禁止男女共用游泳池，美国陆军成员也要同意不在其沙特阿拉伯的基地有任何庆祝圣诞节的正式宗教仪式。对于更激进的穆斯林来说，美国人的妥协还远远不够。

恐怖分子倍增

从20世纪70年代开始，国际恐怖分子就开始增加。每一次恐怖活动成功，似乎就激发着下一次行动。1982年，一场鲜为人知的关于恐怖主义的会议在美国费城举行，会上提到，在过去的十年里，一连串的恐怖分子挟持了55个大使馆和领事馆，将 11 个国家的石油部长押为人质，暗杀了埃及总统萨达特，还曾企图刺杀教皇和法国总统。在一份记录了之前十二年里发生的政治暗杀的列表中，阿根廷以 78 起位居榜首，接着是意大利 67 起，危地马拉 37 起，西班牙 34 起。恐怖分子抓准时机下手，袭击范围从北爱尔兰到西班牙，从斯里兰卡到秘鲁。

对于缺少军事力量并处于劣势的组织来说，恐怖主义是个更好的武器。他们利用了繁荣强盛的国家的自满情绪和安全意识。在这些地方，自由派组织有时恰恰保护了恐怖分子的自由行动。媒体也在不自知的情况下成为恐怖分子的推手，给了他们出风头的机会：要是没有媒体的大肆报道，恐怖气氛并不会那么快蔓延开来。

20 世纪 40 年代末期，犹太的极端分子为控制巴勒斯坦，发动了疯狂的恐怖主义活动。二十年后，巴勒斯坦的极端分子开始组织恐怖主义活动。1968 年 7 月 22 日，三个武装的巴勒斯坦人在罗马登上了一架以色列客机。在飞机飞往特拉维夫途中，这三个巴勒斯坦人威胁要炸毁飞机。这个事件的"新闻价值"是惊人的。在之后的二十年里，发生了 110 起类似的事件。恐怖主义的另一策略是将炸弹藏在乘客的行李箱内，至少造成 15 架飞机爆炸。飞机场的货物检查设备道高一尺，恐怖分子的手法就魔高一丈。1988 年的圣诞节前夕，从希思罗机场起飞的一架美国飞机里藏了一枚炸弹，该飞机在苏格兰的洛克比上空爆炸，乘客和机组人员无一幸存。

极端分子正如一个世纪前的无政府主义者一样无所畏惧，赔上性命也在所不惜。伊朗的青少年还没当上兵，就被培训着如何在战区像人体地雷探测器一样行走，以防踩到伊拉克暗藏的地雷。80 年代，这些招募来的恐怖分子一直延伸到阿富汗，他们企图帮助同胞将无神论的苏联侵略者逐出阿富汗。阿富汗战争结束后，他们把仇恨的矛头指向代表西方堕落的美国：他们是基督徒，支持以色列，它的物质主义文化让年轻的穆斯林走上歧途。

奥萨马·本·拉登便是一名极端分子，他是沙特阿拉伯的公民——直到后来他的护照被撤销。本·拉登生在一个建筑业富商之家，是 57 个兄弟姐妹中的一个，他忌恨沙特阿拉伯与美国长久以来的纽带。在宗教上，他反对沙特阿拉伯的贵族家庭，认为他们不够恪守宗教戒律，不配掌管麦加。本·拉登充满了使命感，曾在阿富汗英勇抵抗苏军。他在另一个伊斯兰宗教复兴国家苏丹住了五年，接着在 1996 年返回已被塔利班控制的阿富汗，本·拉登在那里对年轻的伊斯兰教徒进行宗教和恐怖主义方面的培训，本国的外国的都有。无辜平民的生命对他而言毫无意义。他有勇有谋，他的恐怖组织在 90 年代末屡屡得手，在沙特阿拉伯杀害了 19 名美国士兵，在东非用炸弹袭击两个美国大使馆，导致 260 人丧生，还在也门附近杀害了登陆美国“科尔”号军舰的水手。

纽约：9·11 事件

2001 年 9 月 11 日清晨，19 名不寻常的乘客正准备登上不同的美国国内航班，从美国东岸起飞。他们都是男性，要是放在中东或许看起来没什么异常。几乎所有人都持有商务舱或头等舱的机票，倘若在波士顿、华盛顿杜勒斯国际机场和纽瓦克机场被安保人员质疑，或许商务舱和头等舱的机票能帮上点儿忙。其中一名遭到质问，可他的英语水平太差，根本听不懂问题。尽管他举止不太对劲儿，也没带够足以证明身份的证件，还是被放行登机。

四架飞机计划飞往加州，于是从各自的机场加满了油，然后直飞上天。最后一架飞机在早晨 8 点 42 分起飞，比第一架晚了 45 分钟。在这几架飞机起飞后不久，这群外国乘客就离开了他们的座位，快速行动起来。他们对任何阻拦他们的机组人员挥拳舞刀，冲进驾驶舱，其中有飞行经验的人控制了飞机的飞行。他们彪悍的同伙儿，用辣椒粉或其他刺激物将乘客从飞机前方赶到了后面。整个行动，从头到尾的细节都计划周全，下手又快又稳。

劫机者人数较少，无暇控制每一名乘客和机组人员的动作。一些乘客和飞行人员在悄悄用手机发送消息，或者通过空中电话报告他们正遭遇危险。民航当局马上得到通知，事态严重，但是由于收到的信息支离破碎，他们花了不少时间才了解到真相。

与此同时，波士顿的一架飞机在接近纽约市中心的时候，朝着世贸中心的双子塔飞去，撞到了北塔的高楼层上，燃起大火，机上乘客全部身亡。事情发生得太不可思议，以致起初的报道混乱不明，或者轻描淡写。美国总统乔治·布什正在佛罗里达准备正式参访一所小学，他收到其安全顾问康多莉扎·赖斯的消息，得知世贸大楼遭到袭击。总统最开始得到的信息并不准确，错报为一架两个引擎的小飞机。

早晨9点03分的纽约，新闻团队拍摄着燃烧的110层大楼，他们拍摄到了一架飞机撞上双子塔的第二栋。这架飞机也在离开波士顿后不久即被劫持。事件发生之时，双子塔

美国航空11航班
波士顿飞往洛杉矶
上午7:59起飞

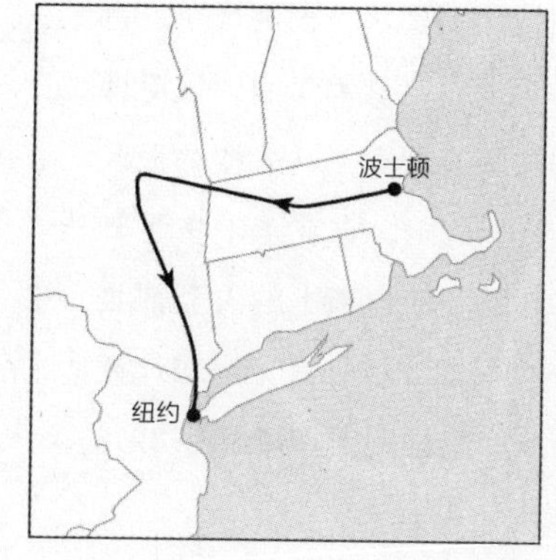

联合航空175航班
波士顿飞往洛杉矶
上午8:14起飞

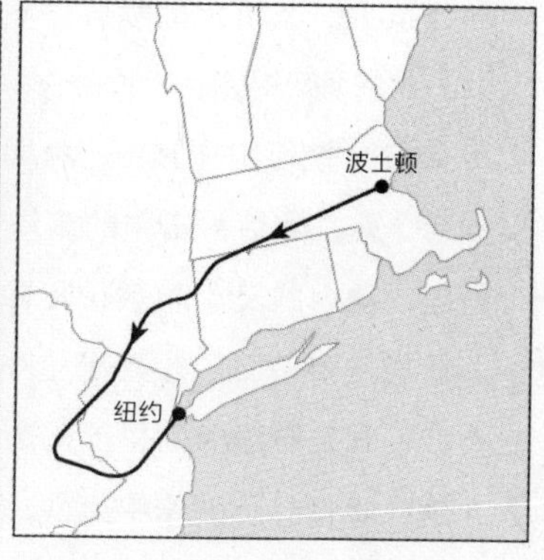

飞行线路：2011年9月11日

内有至少 1.6 万名工作人员或访客，损失可能十分惨重。新闻传到总统的耳朵里时，他正在学校的教室里给孩子们讲故事。很快他就坐上紧急飞机返回华盛顿。他回来时，纽约城已陷入危机，一架飞机离开华盛顿后改了方向，纽约可能就是攻击目标。上午 9 点 37 分，第三架飞机在与白宫擦身而过之后，撞击了五角大楼。

第四架飞机依旧迂回着往华盛顿飞去 。它的目标要么是白宫，要么是国会山。飞机上的一群乘客勇敢地决定冲入驾驶舱，从劫机者手中夺回飞机的控制权。控制飞机的只有四名劫机者，而不是计划中的五名，被俘的乘客差点就成功了。面对乘客的反击，驾驶飞机的恐怖分子或许失去了对飞机的控制，或许动作过于仓促。飞机上下颠倒，撞毁在宾夕法尼亚州的空地上。

不到一个小时，三架飞机撞到了华盛顿和纽约具有象征性的建筑上。飞机上的喷气燃料成为助燃物，损失惨重。世贸中心北塔的 92 层上，数百人瞬间丧命，还有数百人因电梯和楼梯被封锁而困在其中。黑烟缓缓升入天空，大楼的很多层都着了火。随后被击中的南塔更加危险。它在上午 9 点 59 分坍塌，楼内的民众和救护人员，以及周边街上的人全部丧生。北塔越燃越烈，也于半个小时后的 10 点 28 分坍塌。死亡人数在很长一段时间里都无法准确统计出来。最终有 2973 人在这次联合恐怖袭击中死亡。

同时丧生的还有来自中东的 19 名劫机者，他们大部分来自美国的同盟国沙特阿拉伯。他们相信自己是在为伊斯兰献身。他们攻击的国家被其领袖称为“蛇头”。这次袭击之后，这条蟒蛇终于被激起了。

在现代历史中，还没有哪个大国，于相对和平的时期在自己的地盘上遭遇如此惨重的袭击。美国国内此前还未曾发生过如此多人丧生的袭击事件。这次事件骇人听闻，以至于让十年前登陆月球的美国几乎震惊得动弹不得。纽约双子塔被撞的画面，马上出现在瑞典和新西兰这样遥远国家的电视上，更增添了对此事件的恐慌和震惊程度。这 19 名劫机者攻击了有史以来最强大的国家，至于他们是否得到其他国家的援助，众说纷纭。

同年，极端分子又有了新动作，这一次是对付亚洲的敌人。他们的敌人滞后又守旧。在巴米扬小城之外，阿富汗首都喀布尔以西的地方，耸立着陡峭的断崖，多年来人们在岩石上慢慢凿出了两尊巨大佛像。这两尊佛像巍峨壮观，其中一尊足有 15 层楼那么高。很久之前，佛的面部被涂以石膏，饰以从异域而来的珍奇瑰丽的石头，让悬崖上轮廓分明的佛像更添庄严，成为那片土地上的一个奇观。这些从石头中雕刻出的佛像，就矗立在一条古老商道的旁边，几个世纪以来，在这一地区被穆斯林占领并修筑堡垒之后，佛像曾为过往如流的旅客带来慰藉和灵感。这条贸易之路跨越白雪皑皑的兴都库什山，连接印度和中亚。2001 年，塔利班成员认为这些佛像是渎神的，是对伊斯兰的侮辱。他们用大炮和火箭摧毁了佛像的面部和其他部分。

这一年，古老大道旁的双佛雕像，还有世界贸易中心的双子塔，就在这些渴望救赎的人的不安分的手中灰飞烟灭了。然而，这些自我救赎的人带给世界的，莫过于愤怒和仇恨。

第二十七章

回顾 20 世纪

倘若将 20 世纪对半分开，两边的景象大相径庭。

20 世纪伊始，整个世界沉浸在乐观的氛围中。最初的几十年里气氛由喜转悲。两场世界大战和前所未有的经济大萧条降临。富裕国家的生活水平在 20 世纪上半叶提高得并不显著。贫困国家的状况也没改善多少。

国际联盟这一大胆的构想，原以为可以阻止国际战争，最后却以失败告终。1900 年到 20 年代中期，民主在欧洲各民族之间迅速蔓延，但并未如期望那样成功。相反，墨索里尼、希特勒和其他独裁者倒是借着民主一步步走向集权：他们几乎从选举产生的国会那里得到了无边的权力。主要民主国家的选民对外交事务忽冷忽热，没有阻止希特勒德国重整军备。1940 年，法国成为第一个面对强敌而沦陷的国家，它的失守让人大跌眼镜。

20 世纪上半叶仍然有值得人们乐观的理由。共产主义实验曾让多少亿人欢欣鼓舞，心驰神往。苏联在二战中顽强抵抗，损失比其他国家都惨重，对逼退德国回柏林起到了关键作用。还有另一股欣欣向荣之风：20 世纪上半叶的创新硕果累累——飞机、大批量生产的汽车、广播、电影、电话还有家用冰箱。这些都是 20 世纪中后期消费者市场繁荣的根基。

一些制度发展起来，而包括君主制在内的另外一些制度在 20 世纪蒙上了历史的尘埃。民主制在 20 世纪下半叶比上半叶发展的势头更好，因为当时已没有像 20 年代和 30 年代时那么多的阻碍。然而在 1901 年，民主还是个鲜为人知的概念；只有几个国家赋予男性公民投票权，而没有一个国家的妇女可以同时拥有投票权和进入国会的权利。甚至在 2001 年，彻底的民主制也只是勇敢的实验，是古代雅典人的历史。想当然地以为民主在全球必将战无不胜，是不明智的。因为民主并不总是容易执行的治理方法，它需要政治家和选民双方经验的积累。

经济和政治的个人主义，资本主义民主制度的优越地位，都在 20 世纪上半叶黯淡下来，之后又在下半叶迅速复苏。环保运动在 1930 年时还未成气候，而到 20 世纪后半叶已极具影响力。全世界的人都感到地球越来越小，每片陆地上的人都呼吸着同样的空气。全球的信息光速般传播：1901 年时，最快的信息通过电线和电缆传播；而到了 2001 年，最快速的信息通过卫星在全球传播。到了20世纪后半叶，那些曾祖父辈在同一个村庄里生老病死的人，他们的曾孙一辈已经可以长途旅行，看外面的山川沙漠、圣地都市，参观画廊，观看体育赛事。大多数国家的大多数人住在了城市而不是乡下，可谓前所未有的景象。他们不再到田里或工厂里做工，每天的工作也不会让他们精疲力竭。

20世纪之初统领天下的欧洲在一百年后已经退居次位。那些西欧统治的广大海外帝国要么烟消云散，要么只剩下几块遥远的海岛受其托管或成为帝国制的边角余料。随着这些帝国的消退，一系列独立国家出现，尤其在非洲和亚洲——但很多独立后的国家都前路不明。世纪初小心地走出隔离的状态的美国，到了世纪末，已经成了唯一的超级大国。世纪初，亚洲还势单力薄，到了20世纪中叶，一系列大事件发生，它的地位大大提升——原子弹在日本爆炸，印度独立，中国共产党取得胜利。南亚第一次选出了女总理。

中国和印度这两个人口大国越来越被视为潜在的世界领导者，但是过去一个世纪里发生的种种并没有证明人多地广就意味着能成为国际主导；大不列颠岛坐拥庞大的帝国；只拥有世界一小部分人口的德国和日本在几年的时间，曾打败或打击了几国联盟的势力；被包围的以色列——只是地图上的一小块——打乱了整个中东的阵脚。

20世纪中后期的太空探索，是五百年前哥伦布和瓦斯科·达·伽马跨越重洋以来，最为大胆的探索。20世纪的医疗发展速度之快也是前所未有的。人们寿命越来越长，痛苦越来越少。人们史无前例地享受着物质的极大充盈。1901年时，有读写能力的人还不多，但到2001年能读会写已经司空见惯。尽管还是有过失败，但现在与20世纪初比已经大大减少。诚然，不乏具有远见的人士担心人口过剩、陆海空污染，还有大范围的贫困等问题，但是认识到这些问题的国际意识是1901年不具备的。严格说来，20世纪后半叶出人意料地是在历史长河中最少灾少难的五十年。

20世纪，让人心情跌宕起伏，尽管大风大浪已经过去。这种跌宕被战争和战争带来的恐惧所加深着。发起战争的决定，是20世纪前半叶重大而影响深远的事件——1914年和1917年，还有1939年和1941年。20世纪后半叶的重大决定是，不要再有战争。

1953年朝鲜战争结束后，还未出现过一次全面战争——这里全面战争指的是多个主要国家卷入的战争。尽管1950年后世界各地依然战事频发，当时世界上的国家也更多，但没有一场是全球规模的战争。现代史告诉我们，多方卷入的国际战争是一次体力的消耗，也是一场文化的浩劫。20世纪的后半叶也时有危机浮现，其中不乏要彻夜不眠做好最坏打算的情况发生。让人冒了一身冷汗的事件发生在1962年，苏联的导弹秘密在古巴部署。两个超级大国箭在弦上，一场核战争一触即发，直到肯尼迪和赫鲁晓夫都妥协一步，战争才得以避免。另一卓越的成就发生在80年代，里根和戈尔巴乔夫多次会晤，加深了彼此的理解。20 世纪上半叶爆发了两场损失惨重的大战，而下半叶奇迹般地避免了此种战争的爆发。

1945 年发明的致命武器倘若使用，很可能冤冤相报，它是否对于强大的有核国家之间的长久和平起到了最重要的震慑作用，我们还很难回答。核武器的和平是否会持续下去，是 21 世纪要面临的问题，与之相比，其他问题似乎都不算什么。

1914 年 8 月 3 日，一战爆发之际，英国外交大臣爱德华·格雷曾严肃地宣称："欧洲的灯火已经熄灭，我们有生之年再也看不到它们点亮了。"然而随着时间流逝，灯火又在欧洲和世界亮起。这灯火比以往更耀眼，是奇迹，也是危机。

世界的大城市（2001 年）

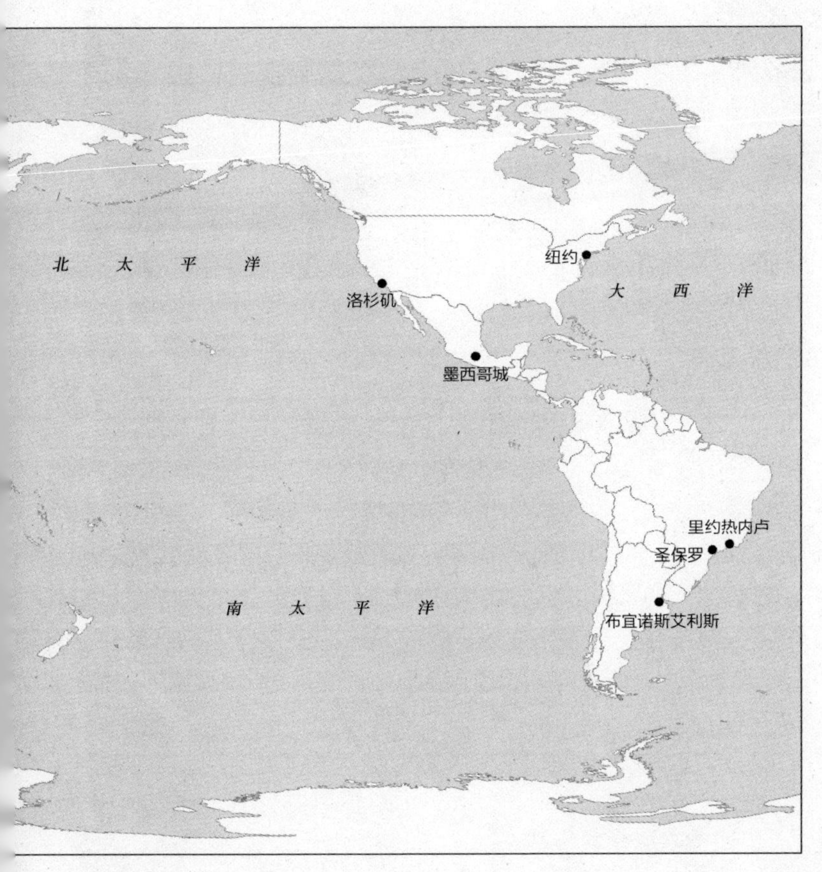
北 太 平 洋
纽约
大 西 洋
洛杉矶
墨西哥城
里约热内卢
圣保罗
南 太 平 洋
布宜诺斯艾利斯

延伸阅读

Beschloss, Michael R, *The Crisis Years: Kennedy and Khrushchev, 1960–1963*, New York, 1991.

Blainey, Geoffrey, *The Causes of War*, New York, 1973 plus.

Cohen, J.M & M.J. *The Penguin Dictionary of Twentieth-Century Quotations*, London, 1993.

Davies, Norman, *Europe: A History*, London, 1997.

Evans, Richard J, *The Coming of the Third Reich*, London, 2003.

Ferguson, Niall, *The Pity of War*, New York, 1999.

Galbraith, James Kenneth, *The Age of Uncertainty*, London, 1977.

Gilbert, Martin, *A History of the Twentieth Century*, London, 3 vols., 1997-1999.

Johnson, Paul, *A History of the American People*, New York, 1998.

Michel, Henri, The Second World War, London, 1975.

Porter, Roy, *The Greatest Benefit to Mankind; A Medical History of Humanity*, London, 1997.

Roberts, J M., *The Penguin History of the Twentieth Century*, London, 2000.

Sowell, Thomas, *Migrations and Cultures: A World View*, New York, 1996.

The 9/11 Commission, *Final Report of the National Commission on Terrorist Attacks upon the United States*, New York, 2004.

Wilson, A.N. *God' s Funeral*, London, 1999.

译名对照表

人名

D. F. 马兰　D.F.Malan

F. S. 斯迈思　F.S.Smythe

H. E. 威塞尔曼
　H. E. Wieselman

H. F. 维沃尔德
　H. F. Verwoerd

H. V. 伊瓦特　H. V. Evatt

J. G. 斯特赖敦　J. G. Strijdom

JM 罗伯茨　JM Roberts

SEK 赫尔姆 QC
　SEK Hulme QC

T. S. 艾略特　T. S. Eliot

W. F. 奥康纳
　W. F. O' Conner

阿伯特·施韦泽
　Albert Schweitzer

阿尔伯特·爱因斯坦
　Albert Einstein

阿卜杜拉·麦吉德
　Abdul Mecid

阿尔弗雷德·葛尔威
　Alfred Garvie

阿尔弗雷德·诺伊斯
　Alfred Noyes

阿尔图罗·托斯卡尼尼
　Arturo Toscanini

阿尔西德·加斯派瑞 Alcide de Gasperi
阿道夫·希特勒 Adolf Hitler
阿克顿勋爵 Lord Acton
阿兰·图灵 Alan Turing
阿里斯蒂德·白里安 Aristide Briand
阿马努拉 Amanullah
阿诺德·汤因比 Arnold Toynbee
阿斯塔·尼尔森 Asta Nielsen
阿瑟·詹姆斯·贝尔福 Arthur James Balfour
阿塔图尔克 Ataturk
爱 德 华· 格 雷 Edward Grey
爱德华·格里格 Edward Grigg
埃尔布里奇·格里 Elbridge Gerry
埃尔维斯·普雷斯利 Elvis Presley
埃德蒙·希拉里 Edmund Hillary
埃里克·格迪斯爵士 Sir Eric Geddes
埃里希·昂纳克 Erich Honecker
埃莉诺·罗斯福 Eleanor Roosevelt
埃塞尔·史密斯 Ethel Smyth
埃塞尔·斯诺登 Ethel Snowden
艾格妮斯·欧兹曼 Agnes N. Ozman
艾伦·亚历山大·米恩 A.A. Milne
艾伦·科巴姆 Alan Cobham
安 Ann
安德烈·萨哈罗夫 Andrei Sakharov
安东·邓尼金 Anton Denikin
安东·契诃夫 Anton Chekhov
安东尼·艾登爵士 Anthony Eden
安娜 Anna
安塞尔·基斯 Ancel Keys
昂山素季 Aung San Suu Kyi
巴赫 J. S. Bach
巴滕伯格 Battenberg
白思华 Arthur Percival
贝当 Petain

贝兰　Beran
贝奈戴托·克罗齐
　Benedetto Croce
贝尼托·华雷斯
　Benito Juarez
贝尼托·墨索里尼
　Benito Mussolini
贝蒂·弗里丹　Betty Friedan
鲍勃·迪伦　Bob Dylan
鲍勃·赛森斯　Bob Sessions
保罗-亨利·斯巴克
　Paul-Henri Spaak
保罗·埃利希　Paul Ehrlich
保罗·尼普科夫　Paul Nipkow
保罗·欣德米特
　Paul Hindemith
保罗·约翰逊　Paul Johnson
本田　Honda
滨口雄幸　Hamaguchi
博尔达　Borda
博尔顿　Boulton
勃拉姆斯　Brahms
勃鲁西洛夫　Brusiloff
伯尔尼　Berne
伯蒂　Bertie
伯纳德·巴鲁克
　Bernard Baruch
伯特兰·罗素
　Bertrand Russell
波尔布特　Pol Pot
比阿特丽克斯·波特
　Beatrix Potter
毕苏斯基　Pilsudski
布莱奇　Blacky
布莱斯勋爵　Lord Bryce
布柳赫尔　Bliukher
布罗尼斯瓦·马林诺夫斯基
　Bronislaw Malinowski
查尔斯·A. 林德伯格
　Charles A.Lindbergh
查尔斯·巴贝奇
　Charles Babbage
查尔斯·布拉德劳
　Charles Bradlaugh
查尔斯·戴高乐
　Charles de Gaulle
查尔斯·皮尔逊
　Charles H. Pearson
查尔斯·纳雷
　Charles Jeanneret
楚泽　Zuse

大卫·赫伯特·劳伦斯
D. H. Lawrence
大卫·沃克·格里菲斯
David Wark Griffith
戴维·本-古里安
David Ben-Gurion
戴维·弗罗斯特　David Frost
丹增·诺盖　Tenzing Norgay
道格拉斯·麦克阿瑟
Douglas MacArthur
道格拉斯·莫森
Douglas Mawson
德怀特·艾森豪威尔
Dwight Eisenhower
德皇威廉二世
Kaiser Wilhelm II
德米特里·肖斯塔科维奇
Dmitry Shostakovich
恩里科·费米　Enrico Fermi
恩斯特·柴恩　Ernst Chain
恩佐·比亚吉　Enzo Biagi
法鲁克国王　King Farouk
范妮·布兰克尔斯-科恩
Fanny Blankers-Koen
菲德尔·卡斯特罗
Fidel Castro
菲利普·莫顿·尚德
P.Morton Shand
费迪南德·保时捷
Ferdinand Porsche
费罗兹·甘地　Feroze Gandhi
斐迪南　Ferdinand
弗朗茨·斐迪南大公
the Archduke Franz Ferdinand
弗兰克·霍姆斯　Frank Holmes
弗兰兹·卡夫卡　Franz Kafka
弗兰克·温菲尔德·伍尔沃斯
Frank W. Woolworth
弗朗茨·约瑟夫　Franz Josef
弗朗西斯·克里克
Francis Crick
弗里克　Frick
福尔克·贝纳多特
Folke Bernadotte
富尔亨西奥·巴蒂斯塔
Fulgencio Batista
格雷戈里·平卡斯
Gregory Pincus
伽利尔摩·马可尼
Guglielmo Marconi
果达·梅厄　Golda Meir

哈里·杜鲁门　Harry Truman
赫伯特·胡佛
Herbert Hoover
哈里·布里奇特　Harry Bridges
哈罗德·麦克米伦
Harold Macmillan
哈罗德·威尔逊
Harold Wilson
哈伊姆·魏兹曼
Chaim Weizmann
汉斯·路德　Hans Luther
赫尔曼·戈林
Herman Goering
赫尔穆特·科尔　Helmut Kohl
海斯廷斯·卡穆祖·班达
Hastings Banda
海因里希·豪瑟
Heinrich Hauser
亨伯特　Humbert
亨利·贝克勒尔
Henri Becquerel
亨利·福特　Henry Ford
亨利·基辛格
Henry Kissenger
亨利·米歇尔　Henri Michel
亨利·奥尔良
Henry d'Orleans
亨利·梭罗　Henry Thoreau
亨利·伍德爵士
Sir Henry Wood
霍华德·弗洛里
Howard Florey
吉米·卡特　Jimmy Carter
加夫里洛·普林西普
Gavrilo Princip
加富尔　Cavour
加里·鲍尔斯　Gary Powers
加里波第　Garibaldi
贾迈勒·阿卜杜勒·纳赛尔
Gamal Adbel Nasser
贾瓦哈拉尔·尼赫鲁
Jawaharlal Nehru
教皇本笃十五世
Pope Benedict XV
教皇庇护十一世
Pope Pius XI
教皇利奥十三世
Pope Leo XIII
杰弗里·布莱尼
Geoffrey Blainey
杰克·邓普西　Jack Dempsey

杰克·基尔比　Jack Kilby
杰克·约翰逊　Jack Johnson
杰奎琳·肯尼迪
Jacqueline Kennedy
杰拉尔德·曼利·霍普金斯
Gerard Manley Hopkin
简·惠曼　Jane Wyman
金　Kim
科恩　Cohen
克尔斯滕·弗拉格斯塔
Kirsten Flagstad
克莱尔·福斯特　Clare Forster
克莱门　Clementine
克莱门特·艾德礼
Clement Attlee
克莱门特·哥特瓦尔德
Klement Gottwald
克莱纳　Krainer
克里斯汀·迪奥
Christian Dior
克里斯蒂安·巴纳德
Christian Barnard
克列孟梭　Clemenceau
克伦斯基　Kerensky
克瓦米·恩克鲁玛
Kwame Nkrumah
卡尔·马克思　Karl Marx
卡尔·迈　Karl May
卡洛斯　Carlos
卡鲁索　Caruso
卡内基　Carnegie
卡诺　Carnot
卡诺瓦斯·德尔·卡斯蒂略
Canovas del Castillo
凯瑟琳·麦考密克
Katherine McCormick
凯瑟琳·曼斯菲尔德
Katherine Mansfield
康多莉扎·赖斯
Condoleezza Rice
康拉德·阿登纳
Konrad Adenauer
康斯坦丁·齐奥尔科夫斯基
Konstantin Tsiolkovsky
库尔特·艾斯纳　Kurt Eisner
拉尔·夏斯特里　Lal Shastri
拉尔夫·邦奇　Ralph Bunche
拉斯普京　Rasputin
莱赫·瓦文萨　Lech Walesa
劳迪奥·维利斯
Claudio Veliz

劳合·乔治　Lloyd George
勒·柯布西耶　Le Corbusier
雷金纳德·希伯　Reginald Heber
雷蒙·弗劳沃　Raymond Flower
雷切尔·卡森　Rachel Carson
理查德·埃文斯　Richard J Evans
理查德·多尔　Richard Doll
理查德·格罗斯曼　Richard Crossman
理查德·哈根　Richard Hagen
理查德·科布登　Richard Cobden
理查德·尼克松　Richard Nixon
利奥波德·桑戈尔　Leopold Senghor
利曼·冯·桑德斯　Liman von Sanders
李·哈维·奥斯瓦尔德　Lee Harvey Oswald
列昂·托洛茨基　Leon Trotsky
列昂尼德·伊里奇·勃列日涅夫　Leonid Ilyich Brezhnev
列夫·托尔斯泰　Leo Tolstoy
列宁　Lenin
林登·约翰逊　Lyndon Johnson
鲁德亚德·吉卜林　Rudyard Kipling
鲁道夫·纽瑞耶夫　Rudolf Nureyev
鲁迪·瓦里　Rudy Vallee
鲁珀特·布鲁克　Rupert Brooke
鲁霍拉·霍梅尼　Ruhollah Khomeini
路德维希·玻尔兹曼　Ludwig Boltzmann
路易·布莱里奥　Louis Bleriot
罗伯特·戈登·孟席斯　R. G. Menzies
罗伯特·路易斯·史蒂文森　Robert Louis Stevenson
罗伯特·舒曼　Robert Schuman
罗尔德·阿蒙森　Roald Amundsen
罗纳德·里根　Ronald Reagan
罗莎　Rosa

罗莎·卢森堡
Rosa Luxemburg
罗莎琳德·富兰克林
Rosalind Franklin
罗斯柴尔德勋爵
Lord Rothschild
罗斯科·阿巴克尔
Fatty Arbuckle
罗斯威尔·吉尔帕特里克
Roswell Gilpatric
罗伊·波特　Roy Porter
洛克比　Lockerbie
洛卡　Loka
马丁·吉尔伯特　Martin Gilbert
马丁·尼莫拉
Martin Niemoller
马克·夏加尔　Marc Chagall
马克斯·普朗克　Max Planck
马克斯·纽曼　Max Newman
马克西姆·高尔基
Maxim Gorki
马勒　Mahler
玛格·芳登　Margot Fonteyn
玛丽·贝克·艾迪
Mary Baker Eddy
玛丽·毕克馥　Mary Pickford
玛丽·居里　Marie Curie
玛格丽塔·萨尔法季
Margherita Sarfatti
玛格丽特·撒切尔
Margaret Thatcher
麦金莱　Mckinley
迈克尔·贝施洛斯
Michael R. Beschloss
曼德尔·克雷顿
Mandell Creighton
梅·萨顿　May Sutton
蒙巴顿　Mountbatten
米哈伊尔·戈尔巴乔夫
Mikhail Gorbachev
米里亚姆·坎内尔
Miriam Cannell
闵真谛　Mindszenty
穆罕默德·阿里·真纳
Mohammed Ali Jinnah
穆罕默德六世　Mehmed VI
穆斯塔法·凯末尔
Mustafa Kemal
纳尔逊·曼德拉
Nelson Mandela
内佛·舒特　Nevil Shute

内莉·梅尔巴　Nellie Melba
内维尔·卡德斯
Neville Cardus
尼尔·阿姆斯特朗
Neil Armstrong
尼尔·弗格森　Niall Ferguson
尼尔斯·玻尔　Niels Bohr
尼古拉二世　Nicholas II
尼基塔·赫鲁晓夫
Nikita Khrushchev
尼娜·彼得罗夫娜
Nina Petrovna
诺埃尔·科沃德
Noel Coward
诺曼·戴维斯
Norman Davies
奥萨马·本·拉登
Osama bin Laden
奥斯丁·张伯伦
Austen Chamberlain
奥斯卡·汉默斯坦二世
Oscar Hammerstein II
奥托·冯·俾斯麦
Otto von Bismarck
奥维尔·莱特　Orville Wright
欧内斯特·卢瑟福
Ernest Rutherford
欧仁·尤内斯库
Eugene Ionesco
帕里　Parry
帕特里斯·卢蒙巴
Patrice Lumumba
帕西瓦尔·罗威尔
Percival Lowell
皮埃尔　Pierre
平·克劳斯贝　Bing Crosby
普里莫·卡尔内拉
Primo Carnera
普罗科菲耶夫　Prokofiev
乔莫·肯雅塔　Jomo Kenyatta
乔纳斯·索尔克　Jonas Salk
乔瓦尼·夏帕瑞利
Giovanni Schiaparelli
乔治·布什　George W. Bush
乔治·卡彭铁尔
Georges Carpentier
乔治六世　George VI
乔治·马歇尔
George C. Marshall
乔治·奥威尔　George Orwell
让·莫内　Jean Monnet

瑞德　Red

萨达姆·侯赛因
Saddam Hussein

萨达特　Sadat

塞尔曼·瓦克斯曼
Selman Waksman

塞缪尔·贝克特
Samuel Beckett

桑洛沙　Saloth Sar

圣弗朗西斯　Saint Francis

圣拉扎尔　St. Lazare

圣雄甘地　Mahatma Gandhi

斯科特　Scott

斯里尼瓦萨·拉马努詹
Srinivasa Ramanujan

斯坦利·鲍德温
Stanley Baldwin

苏加诺　Sukarno

索非亚　Sophie

所罗门·班达拉奈克
Solomon Bandaranaike

汤米·伯恩斯　Tommy Burns

汤姆·菲利普斯　Tom Phillips

汤姆·赫利　Tom Hurley

汤姆·朗斯塔夫
Tom Longstaff

唐纳德·道格拉斯
Donald Douglas

铁托　Tito

托马斯·曼　Thomas Mann

托马斯·索维尔
Thomas Sowell

托尼·布莱尔　Tony Blair

瓦尔特·多恩贝格尔
Walter R. Dornberger

瓦尔特·拉特瑙
Walther Rathenau

瓦格纳　Wagner

瓦伦蒂娜·捷列什科娃
Valentina Tereshkova

瓦斯科·达·伽马
Vasco da Gama

瓦特　Watt

威尔伯　Wilbur

威廉·达西
William K. D'Arcy

威廉·古德爵士
Sir William Goode

威廉·克鲁克斯爵士
Sir William Crookes

威廉·莱希　William Leahy

威廉·伦琴
Wilhelm Roentgen
威廉·沙克尔顿
William Shackleton
威廉·史图德·肯尼迪
William Studdert Kennedy
威廉·尤尔特·格莱斯顿
William Ewart Gladstone
维达·戈尔茨坦
Vida Goldstein
维克多·雨果 Victor Hugo
维克托·伊曼纽尔三世
Victor Emmanuel III
维吉尔 Virgil
维申斯基 Wyszynski
维亚切斯拉夫·莫洛托夫
Vyacheslav Molotov
文卡塔·拉曼
Venkata Raman
温斯顿·丘吉尔
Winston Churchill
翁贝托·诺毕尔
Umberto Nobile
沃纳·冯·布劳恩
Wernher von Braun
伍德罗·威尔逊
Woodrow Wilson
吴丹 U Thant
西奥多·赫茨尔
Theodor Herzl
西奥多·罗斯福
Theodore Roosevelt
西奥多·泰勒
Theodore Taylor
西格蒙德·弗洛伊德
Sigmund Freud
西哈努克 Sihanouk
霞飞 Joffre
萧伯纳 George Bernard Shaw
谢尔盖·科罗廖夫
Sergei P. Korolev
谢尔盖·拉赫玛尼诺夫
Sergei Rachmaninov
兴登堡
Hindenburg
亚历克·凯恩克罗斯爵士
Sir Alec Cairncross
亚历克斯·杜布切克
Alex Dubcek
亚历山大·弗莱明
Alexander Fleming

詹姆斯·肯尼思·加尔布雷思 James Kenneth Galbraith
詹姆斯·沃森 James Watson
朱加什维利 Dzhugashvili
朱莉娅·查尔德 Julia Child

地名

阿比西尼亚 Abyssinia
阿尔汉格尔 Archangel
阿尔及尔 Algiers
阿尔萨斯 Alsace
阿登 Ardennes
阿克伦 Akron
阿肯色 Arkansas
阿帕帕 Apapa
阿萨姆 Assam
阿斯旺 Aswan
埃拉特 Eilat
埃森 Essen
安卡拉 Ankara
安科纳 Ancona
安纳托利亚 Anatolia
安汶 Ambon
巴库 Baku
巴林 Bahrain
巴米扬 Bamian
巴统 Batumi
北安普顿 Northampton
贝尔格莱德 Belgrade
贝尔法斯特 Belfast
奔巴岛 Pemba
比夫拉 Biafra
比哈尔邦 Bihar
伯利恒 Bethlehem
伯特利 Bethel
波茨坦 Potsdam
波尔多 Bordeaux
波恩 Bonn
波斯尼亚和黑塞哥维那 Bosnia and Herzegovina
布哈拉 Bukhara
布加勒斯特 Bucharest
布拉德福德 Bradford
布莱切利 Bletchley
布雷斯劳 Breslau
布里斯班 Brisbane
布列斯特-立陶夫斯克 Brest-Litovsk
采尔马特 Zermatt
查茨沃斯 Chatsworth

达卡　Dacca
代顿　Dayton
但泽自由市　Danzig Free City
德班　Durban
德尔亚辛　Deir Yassin
德黑兰　Tehran
德兰士瓦　Transvaal
德属多哥　Togolan
德累斯顿　Dresden
蒂罗尔　Tyrol
帝汶　Timor
的里雅斯特　Trieste
都灵　Turin
多佛　Dover
多格滩　Dogger Bank
敦刻尔克　Dunkirk
俄克拉荷马州　Oklahoma
费利　Forli
芬斯伯里　Finsbury
弗罗茨瓦夫　Wroclaw
弗热希尼亚　Wreschen
伏尔加　Volga
富尔顿市　Fulton
格兰斯维　Grandsview
格林斯博罗　Greensboro
戈兰高地　Golan Heights
根特　Ghent
瓜达尔卡纳尔　Guadalcanal
瓜德罗普岛　Guadeloupe
关岛　Guam
圭亚那　Guiana
果阿　Goa
海参崴　Vladivostok
黑尔戈兰　Helgoland
怀特岛　Isle of Wight
惠灵顿　Wellington
加丹加　Katanga
加尔各答　Calcutta
加莱　Calais
加利波利　Gallipoli
加罗林群岛　Caroline Islands
加蓬　Gabon
吉布提　Djibouti
基尔　Kiel
津巴布韦　Zimbabwe
卡尔古利　Kalgoorlie
卡拉布里亚　Calabria
卡普里岛　Isle of Capri
凯尔盖朗群岛　Kerguelen
凯恩　Cairns
克拉科夫　Krakow
克里特岛　Crete

科孚岛 Corfu
科科斯群岛 Cocos Islands
科雷马 Kolyma
科隆 Cologne
喀布尔 Kabul
康沃尔 Cornwall
昆士兰 Queensland
哈顿 Hatton
哈桑湖 Lake Khasan
拉包尔 Rabaul
拉各斯 Lagos
拉合尔 Lahore
赖莎 Raisa
莱比锡 Leipzig
莱茵兰 Rhineland
兰开斯特 Lancaster
兰开夏郡 Lancashire
勒拿河 Lena River
里昂 Lyon
里加 Riga
里维埃拉 Riviera
利姆诺斯岛 Lemnos
留尼汪岛 Reunion
洛迦诺 Locarno
洛林 Lorraine
洛斯阿拉莫斯 Los Alamos

鲁尔 Ruhr
马德拉斯 Madras
马恩岛 Isle of Man
马拉维 Malawi
马来亚 Malaya
马里亚纳群岛 Marianas
马瑙斯 Manaus
马其顿 Macedonia
马赛 Marseilles
马提尼克岛 Martinique
马特宏峰 Matterhorn
麦地那 Medina
蒙得维的亚 Montevideo
蒙扎 Monza
棉兰老岛 Mindano
摩尔曼斯克 Murmansk
墨西拿 Messina
穆德洛斯 Mudros
纳塔尔 Natal
拿撒勒 Nazareth
内罗毕 Nairobi
尼亚萨兰 Nyasaland
纽卡斯尔 Newcastle
奥兰 Oran
奥里萨邦 Orissa
奥克兰 Auckland

敖德萨　Odessa
帕丁顿　Paddington
佩内明德　Peenemunde
平斯克　Pinsk
普罗维登斯　Providence
朴次茅斯　Portsmouth
恰纳克　Chanak
热那亚　Genoa
日德兰　Jutland
日惹　Jogjakarta
萨尔茨堡　Salzburg
萨尔纳诺　Sarnano
萨赫勒　Sahul
萨拉热窝　Sarajevo
萨洛尼卡　Salonika
撒丁岛　Sardinia
撒马尔罕　Samarkand
塞德　Said
塞内加尔　Senegal
塞瓦斯托波尔
Sebastopol
桑给巴尔　Zanzibar
瑟堡　Cherbourg
沙佩维尔　Sharpeville
圣雷莫　San Remo
士麦那　Smyrna
石勒苏益格 - 荷尔斯泰因州
Schleswig Holstein
斯卡拉　La Scala
斯匹次卑尔根岛　Spitzbergen
斯塔夫罗波尔　Stavropol
斯图加特　Stuttgart
斯特拉斯堡　Strasbourg
塔尔萨　Tulsa
塔兰托　Taranto
特伦托　Trento
塔什干　Tashkent
塔斯马尼亚　Tasmania
塔希提岛　Tahiti
特拉维夫　Tel Aviv
天宁岛　Tinian
托布鲁克　Tobruk
托皮卡　Topeka
托斯卡纳　Tuscany
瓦尔帕莱索　Valparaiso
威克岛　Wake
威斯敏斯特　Westminster
危地马拉　Guatemala
魏玛　Weimar
维希　Vichy
温布尔登　Wimbledon
翁布里亚　Umbria

乌迪内　Udine

伍尔弗汉普顿　Wolverhampton

西里西亚　Silesia

锡兰　Ceylon

希思罗　Heathrow

谢菲尔德　Sheffield

新地岛　Novaya Zemlya

新喀里多尼亚　New Caledonia

雅法城　Jaffa

亚速尔群岛　Azores

以弗所城　Ephesus

伊斯坦布尔　Istanbul

伊兹密尔　Izmir

约翰内斯堡　Johannesburg

约克郡　Yorkshire

扎伊尔　Zaire

猪湾　Bay of Pigs

泽西市　Jersey City